U0643589

高等学校教材

计算机控制系统技术

朱苏朋 肖 蕾 符文星 杨 军 编著

西北工业大学出版社
西安

【内容简介】 本书介绍了计算机控制系统的概念、理论、工作原理和设计方法。作者在多年教学工作的基础上，广泛参考国内外相关资料完成了本书的编写。作者在编写本书的过程中力图做到理论与实践相结合、内容精练、难易适中。学生通过学习本课程，将掌握计算机控制系统设计的基本方法，培养应用所学过的控制理论基本知识分析和解决实际问题的能力，为进一步的学术研究和工程应用奠定基础。

全书共 9 章，内容包括计算机控制概述、计算机控制系统信号分析、计算机控制系统分析、数字程序控制及仿真实现、基于传递函数的计算机控制系统模拟化设计方法、微分先行 PID 控制在飞行器姿态控制中的应用、基于传递函数的计算机控制系统离散化设计方法、复杂规律的计算机控制系统设计及多采样频率系统的分析与设计。本书包含全部示例的 MATLAB 计算程序源代码，方便学习、使用。

本书可供高等学校飞行器控制及相关专业师生以及工程技术人员学习使用。

图书在版编目(CIP)数据

计算机控制系统技术 / 朱苏朋等编著. —西安：
西北工业大学出版社，2024.2
ISBN 978 - 7 - 5612 - 8689 - 0

Ⅰ. ①计… Ⅱ. ①朱… Ⅲ. ①计算机控制系统 Ⅳ.
①TP273

中国国家版本馆 CIP 数据核字(2023)第 060424 号

JISUANJI KONGZHI XITONG JISHU
计 算 机 控 制 系 统 技 术

朱苏朋 肖蕾 符文星 杨军 编著

责任编辑：华一瑾		策划编辑：华一瑾	
责任校对：朱晓娟		装帧设计：高永斌 李 飞	

出版发行：西北工业大学出版社
通信地址：西安市友谊西路 127 号 　　邮编：710072
电　　话：(029)88493844,88491757
网　　址：www.nwpup.com
印　刷　者：兴平市博闻印务有限公司
开　　本：787 mm×1 092 mm 　　1/16
印　　张：18.5
字　　数：462 千字
版　　次：2024 年 2 月第 1 版 　　2024 年 2 月第 1 次印刷
书　　号：ISBN 978 - 7 - 5612 - 8689 - 0
定　　价：78.00 元

如有印装问题请与出版社联系调换

前　言

　　"计算机控制及仿真"是针对全校开放,特别是为航空宇航学科的本科生设置的一门专业基础课程。该课程采用课堂教学和实验、仿真相结合的教学模式。

　　本书重点总结、归纳了计算机控制系统的概念、理论、工作原理和设计方法。本书结合笔者长期从事制导控制技术教学及科研工作的心得体会与经验,在设计实例方面,本书将控制算法与本专业知识结合,使学生能够理解导弹制导控制系统设计的方法实际上是以控制算法为基础,结合控制理论进行的控制系统设计,将算法应用于实际控制设计中,并附全部示例的计算程序源代码,方便学生学习、使用。特别是其中的 Simulink 结构图,对学生理解各种算法结构图有很好的帮助作用。

　　本书在设计实例方面,以微分先行 PID 控制算法为例,讲解学生在自动控制原理中学的测速反馈控制和 PD 控制这两种控制方法的联系与区别,以及如何将微分先行 PID 控制算法应用在导弹控制系统设计中。这样既可以让学生掌握相应章节内容,又可以使学生通过这种例子的完整学习,体会到制导控制系统设计实际上是以控制算法为基础同时考虑容错、抗干扰等因素的设计方法。

　　本书共分为 9 章,编写分工为:朱苏朋负责统稿并编写第 2,5~8 章,肖蕾编写第 1,3 章,符文星编写第 4 章,杨军编写第 9 章。

本书可供高等学校飞行器控制及自动化、计算机应用、机械电子和电气自动化领域相关专业、师生以及工程技术人员学习使用。

由于笔者的水平有限,书中疏漏和不妥之处在所难免,敬请广大读者批评指正。

编著者

2022 年 12 月

目 录

第1章　计算机控制概述

我们知道,自动控制对于工业、农业生产的发展有着重要的作用,在飞行器飞行控制如导弹制导、导弹控制飞行等领域中也有着广泛的应用。

随着计算机的出现和发展,数字计算机不仅在科学计算、数据处理等方面获得了广泛的应用,而且在自动控制领域中也得到了越来越广泛的应用。数字计算机在自动控制中的基本应用就是直接参与控制,承担了控制系统中控制器的任务,从而形成了计算机控制系统。它的参与使自动控制系统的结构、分布和设计发生了较多的变化,由于计算机控制的优越性及其良好的发展前景,这就迫切需要我们掌握计算机控制技术,掌握分析、设计和构成一个计算机控制的理论和方法。

本书以计算机控制理论为基础,概述计算机控制系统(Computer Control System,CCS)的分析方法,总结计算机控制系统的设计方法和控制规律,同时,联系实际讨论计算机控制系统的实现方法。

本课程的特点如下:

(1)以自动控制理论、计算机原理、模拟/数字、系统仿真、MATLAB 等课程为基础。

(2)技术性、综合性和实践性强。

1.1　计算机控制系统的概念

计算机控制系统是应用计算机参与控制并借助一些辅助部件与被控对象相联系,以获得一定控制目的而构成的系统。控制的目的可以是使被控对象的状态和运动过程达到某种要求,也可以是达到某种最优化目标。

这里的计算机通常指数字计算机,可以有各种规模,例如从微型到大型的通用或专用计算机。辅助部件主要指输入输出接口、检测装置和执行装置等。与被控对象的联系和部件间的联系:可以是有线方式,如通过电缆的模拟信号或数字信号进行联系;也可以是无线方式,例如用红外线、微波、无线电波、光波等进行联系。

1.1.1　计算机控制基础

计算机控制系统是建立在计算机控制理论基础上的一种以计算机为手段的控制系统。简单地讲,含有计算机并且由计算机完成部分或全部控制功能的控制系统,就叫计算机控制系统。

众所周知,控制系统的一般形式如图1.1所示,而这种控制系统实际上就是模拟控制系统。

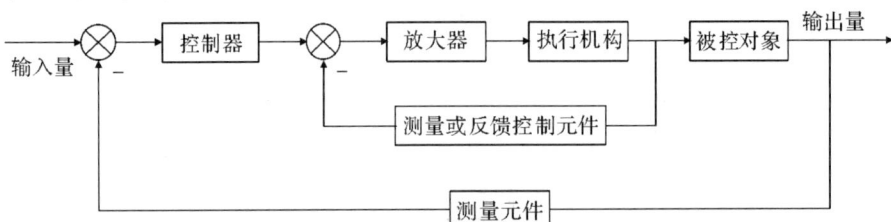

图 1.1　自动控制系统的基本结构图

从图1.1中可以看出,自动控制系统的基本功能是信号的传递、加工和比较。一般来说,一个闭环控制系统由以下基本元件或装置组成。

(1)测量元件。它对系统输出量进行测量。

(2)比较元件。它对系统的输入量和输出量进行比较,给出偏差信号,起信号综合作用。

(3)放大元件。它对微弱偏差信号进行放大,使之可输出足够的功率。

(4)执行机构。它根据放大后的偏差信号,对被控对象执行控制任务,使被控的输出量与给定量相一致。

(5)被控对象。它是指自动控制系统需要进行控制的机器、设备或生产过程。这里被控对象的范围很广,包括各行各业的生产过程、机械装置、交通工具、机器人、实验装置、仪器仪表、家庭生活设施、家用电器和儿童玩具等。

(6)控制器。它又称校正装置,将偏差信号进行比例、积分、微分等运算的器件,它是控制系统中最重要的部分,决定了控制系统的性能和应用范围。

计算机控制系统就是利用计算机(通常称为工业控制计算机)来实现工业过程自动控制的系统。在计算机控制系统中,由于工业控制机的输入和输出是数字信号,而现场采集到的信号或送到执行机构的信号大多是模拟信号,因此与常规的按偏差控制的闭环负反馈系统相比,计算机控制系统需要有D/A转换器和A/D转换器这两个环节。

因此,如果把图1.1中的控制器用计算机来代替,再配以D/A和A/D,这样就组成了一个典型的计算机控制系统,如图1.2所示。

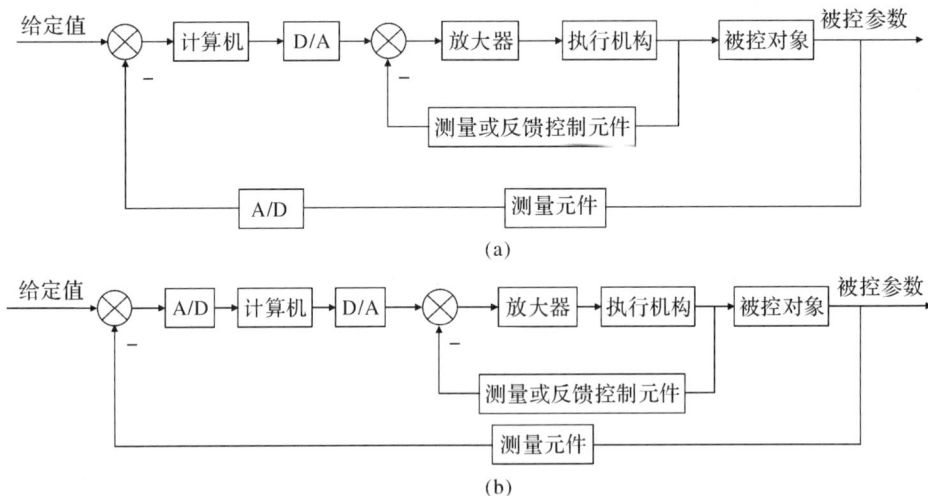

(a)

(b)

图 1.2　计算机控制系统的基本结构图

计算机把通过测量元件、变送单元和模数转换器送来的数字信号，直接反馈到输入端与设定值进行比较，然后根据要求按偏差进行运算，所得到数字量输出信号经过数模转换器送到执行机构，对被控对象进行控制，使被控变量稳定在给定值上。这种系统称为闭环控制系统。

1.1.2　计算机控制系统的基本特点

计算机控制系统与连续控制系统相比，具有以下特点。

1. 计算机控制系统是模拟和数字的混合系统

在连续控制系统中，各处的信号是连续的模拟信号。而在计算机控制系统中，给定量和反馈量都是二进制数，因而反馈量要经过模拟量转换为数字量的 A/D 转换器。计算机接收了给定量和反馈量后，运用计算机中的各种指令，就能对该偏差值进行运算（如 PID 运算），再经过将数字信号转换成模拟控制信号的 D/A 转换器输出到执行机构，便完成了对控制量的控制作用。

2. 改变控制算法只要改变程序而不必改动硬件电路

在连续控制系统中，控制规律是由模拟电路实现的，控制规律越复杂，所需要的模拟电路往往越多。如果要修改控制规律，一般必须改变原有的电路结构。而在计算机控制系统中，控制规律是由计算机通过程序实现的数字控制器，要改变控制规律，只要改变计算机的程序就可以了，而不必对硬件电路进行改动，因此具有很大的灵活性和适应性。

3. 能够实现复杂的控制规律

计算机具有丰富的指令系统和很强的逻辑判断功能，能够实现模拟电路不能实现的复杂控制规律。

4. 计算机控制系统是离散控制

在连续控制系统中，给定值与反馈值的比较是连续进行的，控制器对产生的偏差也是连续控制的。而在计算机控制系统中，计算机每隔一段时间，向 A/D 转换器发出启动转换信号，并对连续信号进行采样，经过计算机处理后，产生控制信号通过 D/A 输出，将离散时间信号转换成连续时间信号，作用于被控对象。因此，严格地讲，计算机控制系统并不是连续控制的，而是离散控制的。

5. 一个数字控制器可同时控制多个回路

在连续控制系统中，一般是一个控制器控制一个回路。而在计算机控制系统中，由于计算机具有高速的运算处理能力，一个数字控制器经常可以采用分时控制的方式，可同时控制多个回路。

6. 使自动化的程度进一步提高

采用计算机控制，如集散控制系统、计算机网络等，便于实现控制与管理的一体化，使工业企业的自动化程度进一步提高。

在掌握自动控制理论与计算机控制技术基础上,要注意计算机引入控制系统后带来的特殊问题及其处理方法,以及与经典的控制系统设计的联系与区别。

1.1.3 计算机控制系统的控制过程

从信息转化与使用角度看,计算机控制的控制过程可归纳为以下四方面。

1.实时数据采集

实时数据采集对被控参数的瞬时值进行检测和输入。对被控参数在一定的采样间隔进行检测,并将采样结果输入计算机。

2.实时计算

实时计算也称为实时决策。对实时的给定值和采集的被控参数的状态量进行分析,并按已定的控制规律,决定下一步的控制过程。对采集到的被控参数进行处理后,按一定的预先规定的控制规律进行控制率的计算,决定当前的控制量。

3.实时控制

实时控制根据实时计算的结果,将控制信号作用到控制的执行机构。控制系统根据实时计算的结果,适时地对执行机构发出控制信号,在线、实时完成控制任务。

所谓实时,是指信号的输入、计算和输出都要在一定的时间或采样间隔范围内完成,也就是要求计算机对输入的信息,以足够快的速度进行处理,并在一定的时间内做出反应或进行控制,超出这个时间,就失去了控制的意义,这就是计算机控制系统最基本的功能。

如果计算机能够在要求的时间范围内及时对被控参数进行测量、计算和控制输出,称为实时控制。

以上这三个过程不断重复,使整个系统按照一定的品质指标进行工作,并对被控量和设备本身的异常现象及时做出处理。

4.信息管理

随着网络技术和控制策略的发展,信息共享和管理也介入控制系统中。

1.2 计算机控制系统的工作方式和组成

1.2.1 计算机控制系统的工作方式

1.在线方式

在计算机控制系统中,计算机与被控对象相连,且直接控制被控对象,且不需要人工干预的方式称为在线或联机方式。

2.离线方式

计算机不与被控对象相连,或相连但不直接控制被控对象,它只完成被控对象或被控过程的状态检测,并对检测的数据进行处理,而后制定出控制方案,输出控制指示,操作人员参考控制指示,人工手动操作使控制器对被控对象或被控过程进行控制,这种控制方式称为离线或脱机方式。

3.实时控制

实时控制是指信号的输入、处理和输出都必须在一定的时间范围内完成,即计算机对输入信息要以足够快的速度进行控制。控制过程是连续进行的,计算机一旦进行控制,就要求计算机对来自被控对象的信息在规定的时间内做出反应或控制。应用于控制的计算机控制系统也必须是一个实时控制系统。

综上所述,一个在线系统并不一定是实时系统,但是一个实时系统必是一个在线系统。

1.2.2　计算机控制系统的控制方式

与一般控制系统相同,计算机控制系统可以是开环的,也可以是闭环的。

1.开环控制

开环控制有两种方式:一种是计算机按时间顺序或某种给定的规则控制被控对象;另一种是计算机将来自被控对象的信息处理后,只向操作人员提供操作指导信息,然后由人工去影响被控对象。也就是说,控制过程的状态没有反馈给计算机,而是由操作人员监视控制过程的状态,决定控制方案,并"告诉"控制计算机使其行使控制作用。开环控制结构图如图1.3所示。

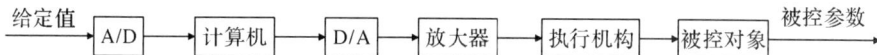

图 1.3　计算机控制系统的开环控制结构图

2.闭环控制

计算机对被控对象进行控制时,控制过程状态能直接影响计算机控制的系统,称为计算机闭环控制系统,如图1.4所示。

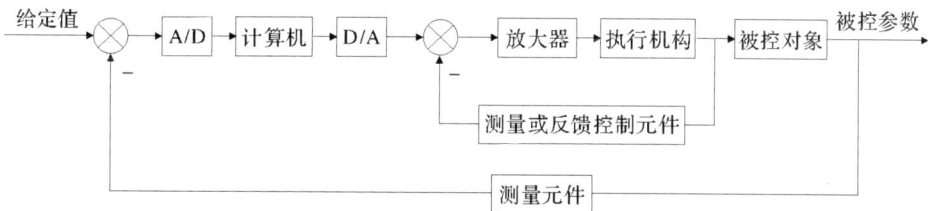

图 1.4　计算机控制系统的闭环控制结构图

计算机不断采集被控对象的各种状态信息,按照一定的控制策略处理后,输出控制信息直接影响被控对象。控制计算机在操作人员监视下,自动接受生产过程状态检测结果,计算并确定控制方案,直接指挥控制部件(器)动作,行使控制作用。

在这样的控制系统中,一方面控制部件(器)按控制计算机发来的控制信息对运行设备进行控制,另一方面运行设备的运行状态作为输出,由测量元件测出后,作为输入反馈给控制计算机,从而使控制计算机、控制器、被控对象、测量元件构成一个闭环回路。我们将这种控制系统称为计算机闭环控制系统。

计算机闭环控制系统,利用数学模型设置控制过程最佳值与测量结果反馈值之间的偏差,控制达到控制过程运行在最佳状态。

1.2.3 计算机控制系统的组成

计算机控制系统由控制计算机和控制过程原件两部分组成(见图1.5)。

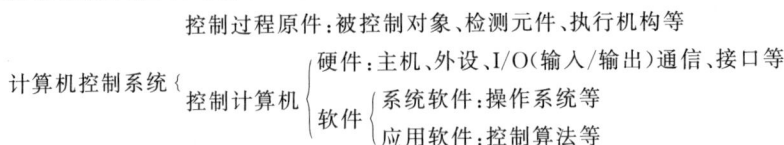

$$计算机控制系统 \begin{cases} 控制过程原件:被控制对象、检测元件、执行机构等 \\ 控制计算机 \begin{cases} 硬件:主机、外设、I/O(输入/输出)通信、接口等 \\ 软件 \begin{cases} 系统软件:操作系统等 \\ 应用软件:控制算法等 \end{cases} \end{cases} \end{cases}$$

图1.5 计算机控制系统的组成

1. 硬件组成

图1.6为计算机控制系统的一般组成。

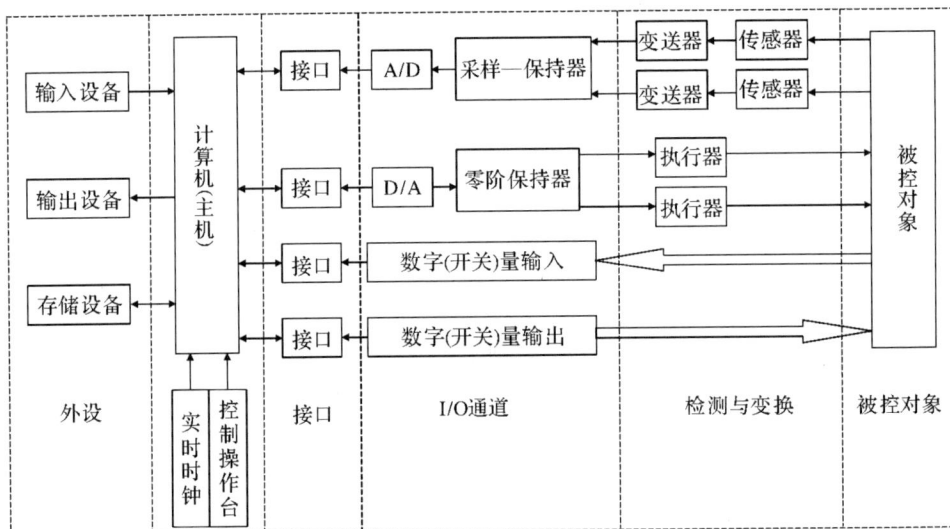

图1.6 计算机控制系统的一般组成

系统从左向右依次解释为:

(1)外设,分为输入设备、输出设备和存储设备,它提供人-机对话。例如:输入设备有键盘、鼠标、数字化仪等,主要用来输入程序和数据等;输出设备有显示器、打印机等,主要将各种数据和信息提供给操作人员,使其能够了解控制过程的情况。

(2)主机,进行信息处理。

(3)接口,供计算机主机与输入输出通道连接,一般有并行接口、串行接口和管理接口等通用接口。

(4)I/O通道,是计算机与被控对象之间传递信息的通路,一般分为模拟量I/O通道、数字量I/O通道和开关量I/O通道。

(5)检测与变换,被控对象的过程参数一般是非电物理量,必须经传感器变换为等效的电信号。

1)传感器:实现从非电量到电量的转换。

2)变送器:将信号变换为标准电压或电流。

2.软件组成

计算机控制系统的硬件只是控制系统的躯体,还必须要有相应的软件才能构成完整的控制系统。软件是指能够完成各种功能的计算机控制系统的程序系统。它是系统的神经中枢,整个系统的动作都是在软件的协调指挥下进行工作的。它通常由系统软件和应用软件组成。

系统软件一般包括操作系统、语言处理程序和服务性程序等,是帮助人们使用和管理计算机的一些软件。它具有一定的通用性,这些通常由计算机制造厂为用户配套提供。

应用软件是为实现特定控制目的而编制的专用程序,如数据采集程序、控制决策程序、输出处理程序、报警处理程序、绘图程序和打印程序等。它们涉及被控对象的自身特征和控制策略等,由实施控制系统的专业人员自行编制。

1.2.4　导弹计算机控制系统举例

【例 1.1】　导弹的姿态控制系统。

图 1.7 是典型的连续控制系统,系统中的所有信号都是连续的时间变量的函数。它由俯仰角速率反馈回路、俯仰姿态角反馈回路组成。输出变量是导弹的姿态角 $\vartheta(t)$,它随给定的 $\vartheta_0(t)$ 变化。角速率反馈回路的基本作用除了为其提供足够的阻尼外,更重要的是增加回路的稳定性。俯仰角的测量不是直接由姿态陀螺测量得到的,而是由速率陀螺积分得到的,积分初值由火控系统装订。

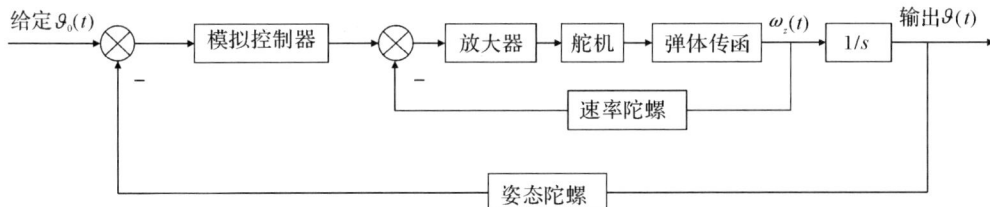

图 1.7　导弹纵向通道自动驾驶仪连续控制系统

当图 1.7 中的模拟控制器由数字控制器代替时,即为计算机控制系统,如图 1.8 所示。数字控制器实际上是由数字计算机等组成的,为了使系统中的信号匹配而引入 A/D 和 D/A 转换器。比较图 1.7 和图 1.8 可以看出,连续控制系统和计算机控制系统的结构是十分相似的。

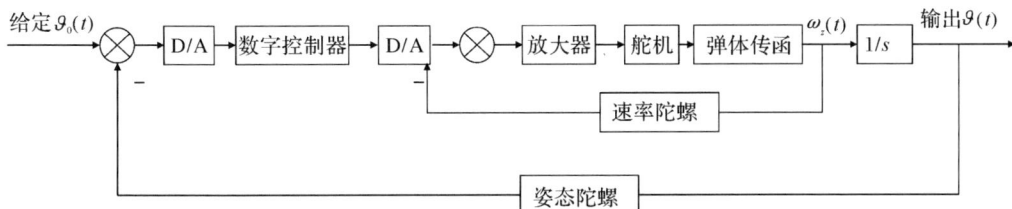

图 1.8　导弹纵向通道自动驾驶仪计算机控制系统

1.2.5 计算机控制系统的控制计算机特点

计算机控制系统是计算机在控制过程中的应用,是计算机很重要的应用领域之一,控制计算机就是为满足这一特点的应用领域而发展起来的。控制计算机,简称控制机,是以计算机为核心的测量与控制系统,它处理来自系统的输入信号,再根据控制要求将处理结果输出到控制器去控制被控对象,同时对控制过程进行监督和管理。

控制计算机不同于一般的计算机,对计算机有着特殊的要求。控制计算机的主要特点体现在以下几方面。

1.可靠性高和可维修性好

可靠性和可维修性是两个非常重要的因素,它们决定着系统在控制上的可用程度。可靠性就是指设备在规定的时间内运行并不发生故障;可维修性是指控制机发生故障时,能够快速、方便、简单地维修。

2.环境适应性强

由于控制环境恶劣,这就要求控制机适应高温、高湿、腐蚀、振动、冲击、灰尘等环境。控制环境的电磁干扰严重,供电条件不良,控制计算机必须要有极高的电磁兼容性。

3.控制的实时性好

控制机应具有时间驱动和事件驱动能力,要能对控制过程变化实时地进行监视和控制。为此,需要配有实时操作系统和中断系统。

4.完善的输入输出通道

为了对控制过程进行控制,需要给控制机配备完善的 I/O 通道,如模拟量输入/输出、开关量 I/O、人-机通信设备等。

5.系统的开放性与扩充性好

要求系统在软件与硬件上具有开放性结构,以便于系统扩充、异种机连接、软件升级和互换。

6.丰富的软件

控制机应配备较完善的操作系统和适合控制过程控制的应用程序。

7.适当的计算机精度和运算速度

一般控制过程对精度和运算速度要求并不苛刻,但在实际控制过程中,对于精度和运算速度的要求应根据具体的应用对象和使用方式,选择合适的机型。

1.3 计算机控制系统的分类

采用什么样的计算机控制系统与被控对象的复杂程度及控制要求有关,对象不同,要求不同,控制方案也不同。计算机控制系统一般可分为以下几种。

1.3.1　按功能分类

1.数据采集与处理系统

(1)结构。数据采集与处理系统结构图如图 1.9 所示。

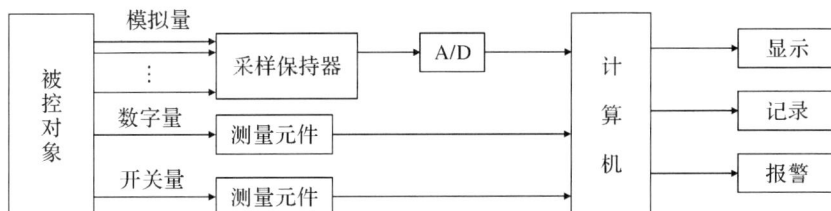

图 1.9　数据采集与处理系统结构图

(2)工作原理。在计算机的指挥下,定期地对控制过程的参数进行巡回检测、数据记录、数据计算、数据统计和整理、数据越限报警及对大量数据进行积累和实现分析。

(3)特点。计算机不直接参与过程控制,对控制过程不直接产生影响,而是由操作人员根据测量结果改变设定值或进行必要的操作。

(4)优点:

1)对整个控制过程进行集中监视。一台计算机可代替大量常规的显示仪表和记录仪表,从而对整个控制过程进行集中监视。

2)对大量数据集中进行综合加工处理。对大量数据集中进行综合加工处理可以得到更精确更需要的结果,对指导控制过程有利。

3)利于建立理想的数学模型。因为在计算机控制系统设计的初始阶段,尚无法构成闭环系统,可根据采集到的输入和输出数据,来摸清系统的数学模型、控制规律和调试控制程序。

说明:数据采集与处理系统严格讲不属于计算机控制系统,但由于计算机控制系统都必然包含数据采集和处理,故仍将其作为计算机控制系统的分类。

2.直接数字控制

(1)结构。直接数字控制(Direct Digital Control,DDC)系统结构图如图 1.10 所示。

(2)工作原理。计算机通过过程输入通道对一个或多个被控参数进行巡回检测,并根据规定的控制规律进行运算,然后发出控制信号,通过输出通道对被控对象进行控制。

(3)特点:

1)计算机参与了直接控制。控制系统经计算机构成了闭环。

2)给定值在控制过程中不发生变化。给定值是预先设定好后送给或存入计算机内的,所以控制过程中不发生变化。

(4)优点:

1)一台计算机可取代多个模拟调节器,非常经济。这利用了计算机的分时能力,实现了多回路的 PID 调节。

2)实现各种复杂的控制规律只需要改变软件,而不必更换硬件。复杂的控制规律如串级、前馈、解耦、纯滞后补偿等。

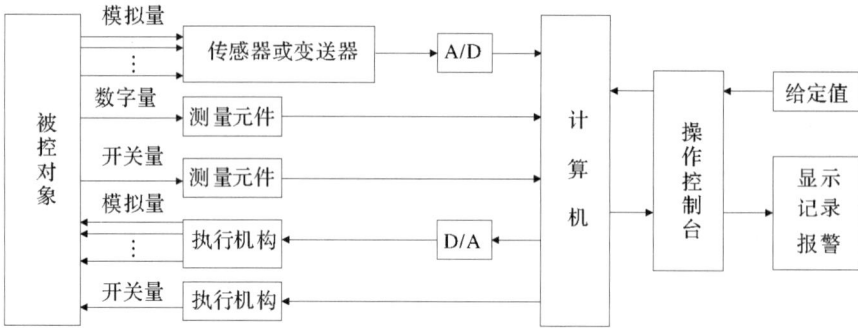

图 1.10 直接数字控制系统结构图

3.监督计算机控制

(1)结构。监督计算机控制((Supervisory Computer Control,SCC))系统结构图如图1.11所示.

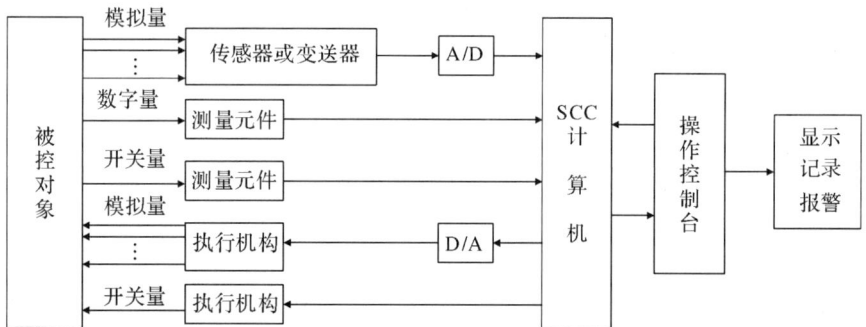

（a）

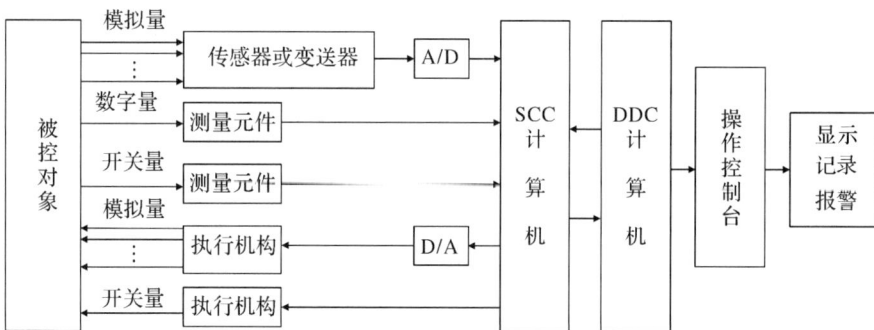

（b）

图 1.11 监督计算机控制系统结构图

(a)SCC＋模拟控制器;(b)SCC＋DDC 系统

(2)工作原理。在计算机控制下,不断检测控制过程的参数,并根据给定的数据,控制指令和控制规律,计算出最佳给定值,自动地改变模拟调节器或以直接数字控制方式工作的计算机中的给定值,从而使控制过程始终处于最优工作状态。

（3）特点。给定值是计算出来的。这里的给定值是计算出来的,而 DDC 中设定值是预先给定的,不随参数或命令而改变。

（4）优点:

1）能根据控制变化,改变给定值,以实现最优控制。

2）SCC＋模拟调节器法,即用上了原来的模拟调节器,又用计算机实现了最佳给定值控制。

3）可靠性好。SCC 故障时可用 DDC 或模拟调节器工作,或 DDC 故障时用 SCC 代之。

4）仍有 DDC 的优点。

4. 集散控制系统

集散控制系统也称分布型计算机控制系统（Distributed Computer Control System,DCCS）,它是以微处理技术为基础,以控制技术、计算机技术、通信技术和屏幕显示技术为核心的基本控制器,实现了地理和功能上的分散控制,又通过数据通道把各个分散点的信息集中起来送到监控计算机和操作站,以进行集中监视和操作,并实现高级复杂规律的控制。这样就构成了一种新的控制系统,其结构图如图 1.12 所示。

在图 1.12 中,测量装置是指数据采集装置,用来收集控制过程变化和现场控制信息。基本控制器的功能是完成现场控制任务。测量装置与基本控制器将现场信号进行预处理后,经高速数据通道送入上位计算机。基本控制器可以是数字的,也可以是模拟控制装置。显示操作站是人-机接口装置,完成显示操作任务。监控计算机的功能是协调基本控制器,完成生产过程的动态优化任务。

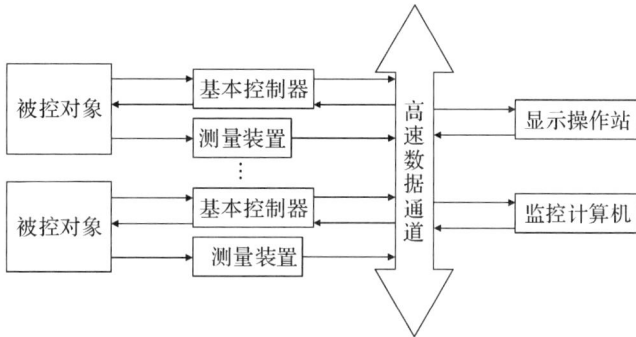

图 1.12　集散控制系统结构图

1.3.2　按控制规律分类

1. 程序控制和顺序控制

（1）程序控制:被控制量按预先规定的时间函数变化。

（2）顺序控制:它相当于多个程序控制的相互连接和转换,即从一个程序控制按规定的

"时间"或"条件"转换到另一个程序控制。它可以看作是程序控制的扩展,在各个时期所给出的设定值可以是不同的物理量,而且每次设定值的给出,不仅取决于时间,还取决于对以前的控制结果的逻辑判断。

2.PID 控制

这是用途最广、工程技术人员最熟悉的一种控制规律。

3.最少拍控制

这是一种设计成使系统能在最短采样周期里完成调节过程的控制,也称为最短时间控制或时间最优控制,多用于数字随动系统设计。

最少拍控制将在第 7 章中详细讲解。

4.复杂规律的控制

复杂规律的控制常指串级控制、前馈控制、纯滞后补偿控制、解耦控制、最优控制及自适应控制等。

5.智能控制

智能控制理论可以看作是人工智能、运筹学和控制理论三个主要理论领域的交叉或汇合,它实质上是一个大系统,是综合的自动化系统。

1.4　计算机控制系统的性能指标

控制系统总是要求实际的被控对象,在给定信号的作用下达到稳定、快速和准确的性能指标。

计算机控制系统的性能主要指稳定性、能控性、能观测性、稳态特性和动态特性等,性能指标主要指稳定裕度、稳态指标、动态指标和综合指标等。

工程上常从稳定性、快速性、准确性三方面来评价控制系统。稳是指动态过程的平稳性;快是指动态过程的快速性;准是指动态过程的最终精度。但这三方面的性能指标,往往由于被控对象的具体情况不同,各系统要求也有所侧重,而且同一个系统的稳定性、快速性、准确性的要求是相互制约的。

控制系统只有稳定,才有可能谈得上控制系统性能的好或优。计算机控制系统的稳定性跟连续控制系统的稳定性一样,也是一个重要的概念。

稳定性是指在扰动作用消失以后,系统恢复到原平衡状态的性能。若系统能恢复平衡状态,就称系统是稳定的,否则为不稳定的。系统的稳定性是系统固有特性,它与扰动的形式无关。

控制系统的能控性和能观测性在多变量最优控制中是两个重要的概念。可观测性反映了由系统的量测来确定系统状态的可能性。如果系统的状态在有限的时间间隔内可由输出的观测值来确定,那么称系统在这样一个时间段内是可观测的。

可控性是指控制作用对被控系统影响的可能性。如果在一个有限的时间间隔里,可以用一个无约束的控制向量,使得系统由初始状态转移到终点状态,那么系统就称在这样一个时间里是可控的。如果所研究的系统是不能控的,那么,最优控制问题就不存在。

计算机控制系统用稳定裕度来衡量闭环系统的相对稳定程度,经常将其作为控制系统的频域性能指标。稳态指标是用来衡量控制系统精度的指标,例如稳态误差。动态指标是用来反映控制系统的过渡过程特性的指标,例如超调量、调节时间、峰值时间、衰减比和振荡周期等。

综合指标有三种类型:积分型指标、末值型指标和复合型指标。

在现代控制理论中,如最优控制系统的设计,经常使用综合性能指标来衡量控制系统。

1.5　计算机控制系统的研究内容和基本要求

1.5.1　计算机控制系统的研究内容

计算机控制系统虽然有不同的类型,但其研究内容却是相似的。

1. 系统建模

计算机控制系统研究的基本内容是对控制系统建立数学模型,简称系统建模。数学模型是描述系统变量之间关系的数学表达式,对连续系统为微分方程,对离散系统为差分方程。在现代控制理论中,要建立状态方程。在控制理论中,从不同的角度,数学模型有多种形式。例如:在时域分析和设计系统中,常用的数学模型是微分方程、差分方程、状态方程、离散状态方程;在频域分析和设计系统中,常用的数学模型是频率特性;在复数域分析和设计系统中,常用的数学模型是传递函数、z 传递函数、结构图和信号流图等。复数域也称为频域。

一般用分析和实验两种方法建立系统的数学模型。分析法是根据物理和化学定律,建立系统的动态方程。实验法是用系统辨识方法,即对系统加入已知信号,记录系统的输出,然后用数学模型逼近,从而得到系统的数学模型。

对系统进行分析和设计,都离不开系统的数学模型。如何建立数学模型,也是系统分析和设计的重要内容。

2. 系统分析

系统分析是在系统给定的情况下,研究系统的稳定性、动态性能指标和稳态误差等问题,并且讨论系统的性能指标和结构参数之间的关系。这些分析,分别采用时域分析和频域分析两种方法。

3. 系统设计

系统设计是建立一个能够完成设定的控制任务,满足一定的控制要求的系统。设计系统比分析系统更复杂,要考虑可实现性、经济性和可靠性等问题。设计系统除了理论工作之外,还要进行局部和整体的实验。

系统控制器的设计称为校正。控制器也称为校正装置。所谓校正是指在系统中加入一些参数可调的装置,使系统的性能指标发生变化,满足设计要求。通常讲的控制系统设计,就是指控制器设计。

以上提到的这些研究内容,不仅是针对计算机控制系统提出的,而且也是针对连续和离散控制系统的共同研究内容。

1.5.2　计算机控制系统的基本要求

控制系统有不同的类型,每种类型都有特殊要求。控制理论是研究控制中共同规律的学科。各类系统从整体来看,都有共同的规律。对计算机控制系统和连续控制系统的基本要求是类似的。

1. 系统必须是稳定的

稳定的控制系统,是当被控量偏离期望值时,其偏差随时间的增长逐渐减小或趋于零。若系统不稳定,其被控量一旦偏离期望值,偏差将随时间的增长而发散,因此无法实现控制任务。系统的稳定性是控制系统正常工作不可缺少的条件。

2. 动态过程必须满足动态性能指标的要求

一般控制系统包含有惯性元件,诸如电枢转动惯量、电炉热容量和物体的质量等储能元件。这些元件的能量不能突变,当系统加上输入量(或受到扰动)时,控制过程要发生延迟,这一过程称为动态过程。控制系统必须满足对其动态过程的形式和快速性的要求。这些要求称为动态性能。这些性能诸如调节时间、上升时间、超调量和振荡次数等,都要满足一定的要求。

3. 系统必须满足稳态误差的要求

系统稳态情况,一般用稳态误差来衡量。在理想状态,动态过程结束,被控量达到稳态值应与期望值相同。但是实际系统,由于摩擦间隙及其外界作用和系统结构等因素的影响,被控量的稳态值与期望值之间存在误差。这个误差称为稳态误差。这是衡量控制系统的重要指标,必须满足一定的要求。

1.6　计算机控制系统的优缺点

为什么要用计算机控制系统? 它的优势如何? 与由模拟元部件或常规仪表组成的控制系统相比,计算机控制系统有以下优缺点。

1. 优点

与连续控制系统相比,计算机控制系统有以下优点:

(1)能实现复杂的控制规律,提高控制质量。这主要是因为复杂控制规律往往难以用模拟元件实现,而数字计算机是通过算法编程实现的,同时具有强大的记忆和判断功能。

(2)控制规律灵活、多样,程序改变方便。计算机控制系统中,控制规律由软件实现,所以可任意设计或改动程序,而不必像模拟控制那样,要重新设计加工电路或更换仪表及连接。

(3)一台计算机可以代替多台模拟调节器或装置。这是因为计算机有分时功能,阴极射线管(Cathode Ray Tube,CRT)的引用可节省大量的显示仪表,使庞大的仪表屏大大缩小。

(4)控制与管理相结合,自动化程度大大提高。这主要是由于计算机有计算、记忆、判断、人-机对话等功能。

2. 缺点

与连续控制系统相比,计算机控制系统也有一些缺点:

(1)可靠性还要进一步提高。

(2)对环境要求较高。

(3)需要一定熟练程度的使用和维修人员。

但全面比较起来,随着对自动控制系统功能要求的不断提高,现代的控制系统不管是简单的还是复杂的,几乎都是采用计算机进行控制的。

1.7　计算机控制系统面临的问题

计算机控制系统虽然控制规律灵活多样,程序改变方便;控制精度高,抑制扰动能力强,能实现最优控制;能够实现数据统计和工况显示,控制效率高;控制与管理一体化,能进一步提高自动化程度;但是由于经典控制理论主要研究的对象是单变量常系数线性系统,所以它只适用于单输入、单输出控制系统。系统的数学模型采用传递函数表示,系统的分析和综合方法主要是基于根轨迹法和频率法。现代控制理论主要采用最优控制、系统辨识和最优估计、自适应控制等分析和设计方法。而系统分析的数学模型主要用状态空间描述。要研究的对象和系统越来越复杂,依赖于数学模型的传统控制理论也越来越难以解决复杂系统的控制问题:

(1)不确定性的模型。传统控制是基于模型的控制,模型包括控制对象和干扰模型。传统控制通常认为模型是已知的或经过辨识可以得到的,对于不确定性的模型,传统控制难以满足要求。

(2)高度非线性。在传统的控制理论中,对于具有高度非线性的控制对象,虽然也有一些非线性控制方法可供使用,但总体来说,到目前为止,非线性控制理论还很不成熟,有些方法又过于复杂,无法广泛应用。

(3)复杂的任务要求。在传统的控制系统中,控制任务往往要求输出量为定值或者要求输出量跟随期望的运动轨迹,因此控制任务比较单一。但过于复杂的控制任务使传统的控制理论无能为力。

本 章 要 点

1.计算机控制系统的概念；

2.计算机控制系统的基本特点；

3.计算机控制系统的控制过程；

4.计算机控制系统的工作方式和控制方式；

5.计算机控制系统的一般组成；

6.计算机控制系统的控制计算机特点；

7.计算机控制系统的分类；

8.计算机控制系统的研究内容及基本要求；

9.计算机控制系统的优缺点。

习 题

1.计算机控制系统定义是什么？

2.计算机控制系统的基本特点有哪些？

3.计算机控制系统的控制过程、工作方式及控制方式是什么？

4.计算机控制系统是怎样分类的？按功能和控制规律可分为哪几类？

5.计算机控制系统由哪些部分组成？回答并画出结构图。

6.计算机控制系统的性能指标有哪些？

7.计算机控制系统的研究内容和基本要求是什么？

8.计算机控制系统有哪些优越性？

第2章　计算机控制系统信号分析

连续系统的信号在时间上都是连续的,而离散系统中至少有一个信号在时间上是不连续的,或者说有一个信号不是连续信号而是一个离散时间信号序列。离散系统存在于各个工程领域,尤其是现在数字计算机已非常广泛地应用于各方面。每台计算机或每片微处理器都可以成为一个数字信号处理单元,从而成为离散系统中的一部分。

计算机控制系统是一种以数字计算机为控制器去控制具有连续工作状态的被控对象的控制系统。因此,计算机控制系统是一种混合控制系统,包括工作于离散状态下的数字计算机和连续状态下的被控对象等两大部分。

计算机控制系统的典型原理图如图 2.1 所示。图 2.1 中 $r(t)$ 是给定模拟信号,$e(t)$ 是误差模拟信号,$e^*(t)$ 是误差量化信号,$u^*(t)$ 是控制量化信号,$u_h(t)$ 是控制模拟信号,$y(t)$ 是输出模拟信号。

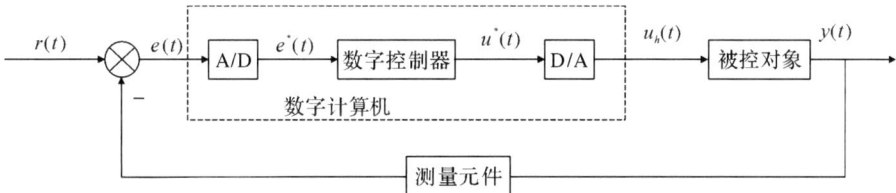

图 2.1　计算机控制系统典型原理图

计算机作为控制系统的控制器,其输入和输出只能是二进制编码的数字信号,而系统中被控对象和测量元件的输入和输出是连续信号。经过数字计算机或数字控制器处理的信号都是离散信号,需将连续的误差信号 $e(t)$ 经过 A/D 转换器转换成离散的信号 $e^*(t)$。经控制器处理后的数字控制信号 $u^*(t)$ 要经过 D/A 转换器转换为连续控制信号 $u_h(t)$,再输出到连续部分的执行元件去控制被控对象。因此在计算机控制系统中,需要应用 A/D 转换器和 D/A 转换器,以实现两种信号的转换。

数字计算机在对系统进行实时控制时,每隔时间 T 进行一次控制修正,在每个采样周期中,控制器要完成对于连续信号的采样编码(即 A/D 转换过程)和按控制律进行的数码运算,然后将计算结果解码转换成连续信号(即 D/A 转换过程)。因此,A/D 转换器和 D/A 转换器是计算机控制系统中的两个特殊环节。

1. A/D 转换器

A/D 转换器是把输入的连续模拟信号转换为离散数字信号的装置。通常,A/D 转换器要按下述顺序完成 3 种变换:采样、量化及编码。其框图如图 2.2 所示。

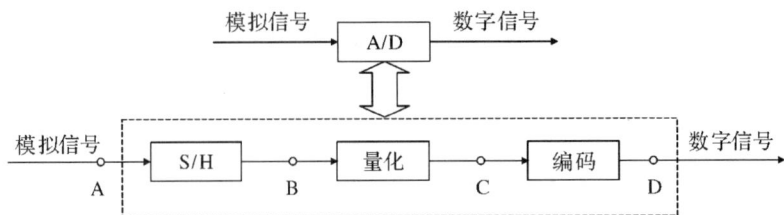

图 2.2 A/D 转换器框图

（1）采样。采样-保持器（S/H）对连续的模拟输入信号,按一定的时间间隔 T 进行采样,并保持时间 τ（采样持续时间）,从而使其变成时间离散（断续）、幅值等于采样时刻输入信号值的方波序列信号,如图 2.3（b）所示。从理论上来说,不需要保持操作,但由于 A/D 变换需要时间,为了减少在变换过程中信号变化带来的影响,采样后的信号在 τ 这段时间将保持幅值不变,直到完成变换。显然,采样过程是将连续时间信号变为离散时间信号的过程,也即将时间轴上连续存在的信号变成了时有时无的断续信号,这个过程涉及信号的有无问题,因而是 A/D 变换中最本质的变换。

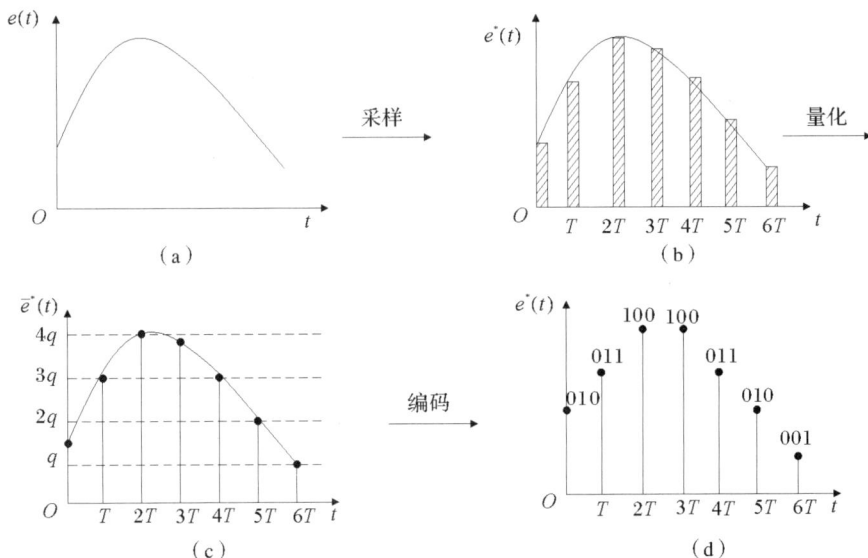

图 2.3 A/D 转换中信号变化的形式

（2）量化。将采样时刻的信号幅值按最小量化单位取整,这个过程称为整量化。若连续信号为 $e(t)$,经理想采样后得到的采样信号用 $e^*(t)$ 表示,它在采样时刻的幅值为 $e(kT)$,$e(kT)$ 是模拟量,它可以任意取值,为了将它变换成有限位数的二进制数码,必须对 $e(kT)$ 进行整量化处理,即用 $\overline{e}(kT)=Lq$ 表示,其中 L 为整数,q 为最小量化单位。这样,可以任意取值的模拟量 $e(kT)$ 只能用 $\overline{e}(kT)$ 近似表示。显然,量化单位 q 越小,它们之间的差异也越小。量化过程如图 2.3（c）所示。

（3）编码。编码是将整量化后的信号变换为二进制数码形式,也即用数字量表示,如图 2.3（d）所示。编码只是信号表示形式的改变,可将它看作是无误差的等效变换过程。

2.D/A 转换器

D/A 转换器将数字编码信号转换为相应的时间连续的模拟信号（一般用电流或电压表

示）。从功能角度来看，通常可将 D/A 转换器看作是解码器与保持器的组合，如图 2.4 所示。

其中，解码器的功能是把数字量转换为幅值等于该数字量的模拟脉冲信号。保持器的作用是将解码后模拟脉冲信号保持规定的时间，从而使时间上离散的信号变成时间上连续的信号，如图 2.5(c)所示。在一个采样周期内将信号保持为常值形成阶梯状信号的装置称为保持器。目前，控制系统中采用零阶保持器。

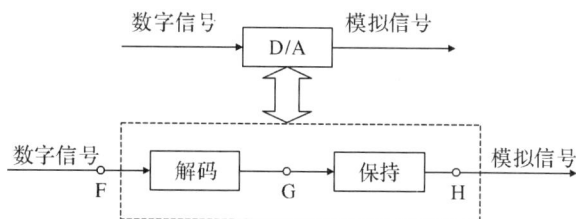

图 2.4　D/A 转换器框图

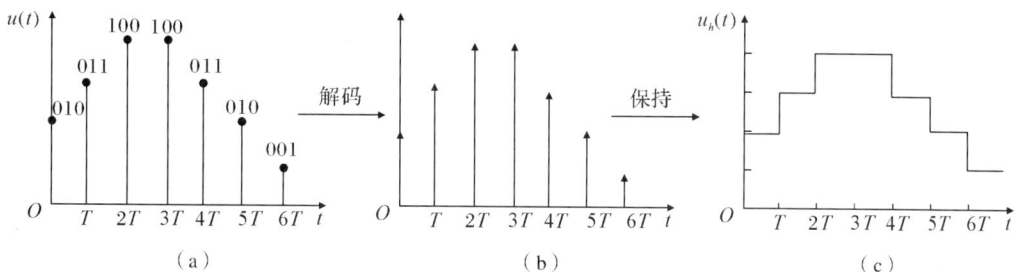

图 2.5　D/A 转换中信号变化的形式

注意：点 G 的信号在时间上仍是离散的，但幅值上已是解码后的模拟脉冲信号。

分析 D/A 转换的过程，解码也是信号形式的改变，可看作是无误差的等效变换，而保持器则将时间离散的信号变成了时间连续的信号。在实际系统中，由于 D/A 转换器的结构不同，可能是如图 2.5 所示的先解码后保持，也可能是先数字保持后解码。

显然，在图 2.5 中经保持后的 $u_h(t)$ 只是一个阶梯信号，但是当采样频率足够高时，$u_h(t)$ 将趋于连续信号。

2.1　信号的转换和处理

由于大多数计算机控制系统是属于数-模混合系统，即系统中传递的信号既有数字量也有模拟量，因此，信号就必须进行转换和处理。

2.1.1　采样过程及其数学描述

1.采样过程

采样是指用每隔一定时间的信号样值序列来代替原来在时间上连续的信号，也就是在时间上将模拟信号离散化。

把连续信号变换为脉冲序列的装置称为采样器,又称为采样开关。采样器的采样过程,可以用一个周期性闭合的采样开关来表示,如图 2.6 所示。

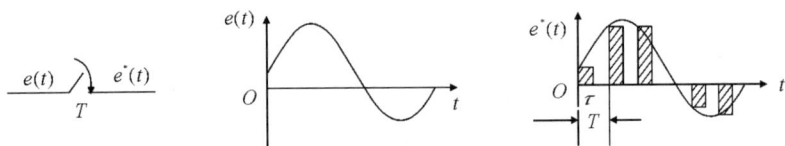

图 2.6 实际采样过程

一个时间连续的信号 $e(t)$ 通过一个模拟采样开关后,在开关的输出端形成一连串的脉冲信号 $e^*(t)$。这种把时间连续的信号变成一串时间不连续的脉冲信号的过程称为采样过程或离散化过程。

假设采样器每隔时间 T 闭合一次,闭合的持续时间为 τ,采样器的输入 $e(t)$ 为连续信号,则输出 $e^*(t)$ 为宽度等于 τ 的调幅脉冲序列,在采样瞬时 $kT(k=0,1,2,\cdots,\infty)$ 时出现。也就是说,在 $t=0$ 时,采样器闭合时间 τ,此时 $e^*(t)=e(t)$;$t=\tau$ 后,采样器打开,输出 $e^*(t)=0$;以后每隔时间 T 重复一次这种过程。相邻两次采样之间的间隔时间称为采样周期 T。

采样过程可以是恒速采样,即等时间间隔的,也可以是变速采样。对于具有有限脉冲宽度的采样系统来说,要准确进行数学分析是非常复杂的,为分析方便(将采样过程用数学形式表达),本书只研究恒速采样,并且采样周期 T 比采样持续时间 τ 大得多。另外,当 A/D 转换器有足够的字长来表示数码,且量化单位 q 足够小,采样时间 τ 可以忽略不计,因此在分析时,可以认为采样宽度 $\tau\approx0$,即近似认为采样是瞬间完成的,采样开关闭合后又瞬间打开,相当于在该时刻作用一个单位脉冲函数。

通常理想的采样开关是指采样开关以采样周期 T 为周期闭合,并瞬间打开,既没有时延也没有惯性,也就是说它只让采样时刻的输入信号通过,非采样时刻的信号一律阻断,由此形成一个单位脉冲序列。这样,有限宽度的脉冲序列可近似看成理想脉冲序列,采样器就可以用一个理想采样器来代替。这时采样过程称为理想采样过程。

如图 2.7 所示,$e(t)$ 为调制信号,$\delta_T(t)$ 为载波信号,$e^*(t)$ 为幅值被调制的采样信号。

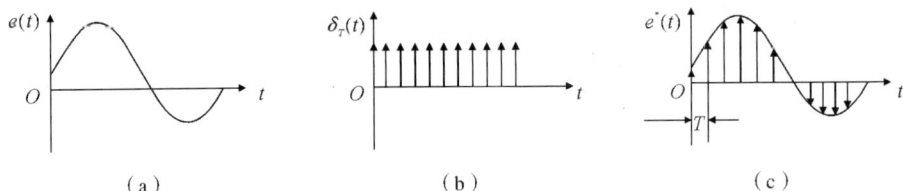

(a)   (b)   (c)

图 2.7 理想采样过程

采样过程的物理意义是单位理想脉冲序列 $\delta_T(t)$ 被输入信号 $e(t)$ 进行幅值调节的过程。

2. 理想采样过程的数学描述

(1)理想采样过程的时域数学描述。

采样过程可以看成一个幅值调制过程。理想采样器好像是一个载波为 $\delta_T(t)$ 的幅值调制器,如图 2.7(b)所示,采样开关闭合后又瞬时打开一次,相当于在该时刻作用一个 δ 函数,采样开关以 T 为周期闭合并瞬时打开,由此形成一个理想单位脉冲序列 $\delta_T(t)$。图 2.7(c)所示的理想采样器的输出信号 $e^*(t)$,可以认为是图 2.7(a)所示的输入连续信号 $e(t)$ 调制在载波 $\delta_T(t)$ 上的结果,输出采样信号是一系列幅值被调制的脉冲序列。用数学形式描述上述调制过程,则有

$$e^*(t) = e(t)\delta_T(t) \tag{2.1.1}$$

理想单位脉冲序列 $\delta_T(t)$ 可以表示为

$$\delta_T(t) = \sum_{k=0}^{\infty} \delta(t-kT) = \delta(t) + \delta(t-T) + \delta(t-2T) + \cdots \tag{2.1.2}$$

式中:$\delta(t-kT)$ 表示在时刻 $t=kT$ 时,强度为 1 的单位脉冲,其他处为零。将式(2.1.2)代入式(2.1.1)有

$$e^*(t) = e(t)\sum_{k=0}^{\infty} \delta(t-kT) \tag{2.1.3}$$

由于 $e(t)$ 的数值仅在采样瞬时才有意义,所以式(2.1.3)又可表示为

$$e^*(t) = \sum_{k=0}^{\infty} e(kT)\delta(t-kT) = e(0)\delta(t) + e(T)\delta(t-T) +$$
$$e(2T)\delta(t-2T) + \cdots \tag{2.1.4}$$

在上述的讨论中,假设了 $e(t)=0$(对于 $\forall t<0$)。因此,脉冲序列从零开始。在实际控制系统中都是这样应用的。

(2)采样定理。

从信号的采样过程可知,采样后得到的离散模拟信号没有包括全部时间上的信号值,而只是取了某些时间点上的值。这样处理后的信号会造成信号的丢失吗? 显然,采样周期 T 的合理选取是重要的,采样周期 T 越短,采样信号 $e^*(t)$ 就越接近连续信号 $e(t)$。

香农采样定理:如果随时间变化的连续信号 $e(t)$(包括噪声干扰在内) 的最高频率为 $\omega_{\max}$,那么当采样频率 $\omega_s \geqslant 2\omega_{\max}$ 时,采样信号 $e^*(t)$ 足以不失真地代表(或恢复)原连续信号 $e(t)$,即原连续信号 $e(t)$ 可以用其采样信号 $e^*(t)$ 来表征。

因此,只要恰当地选择采样周期 T,就不会失去信号的特征。实际使用中,常取

$$\omega_s \geqslant (5 \sim 10)\omega_{\max}$$

(3)理想采样过程的频域数学描述。

设被采样的连续信号 $e(t)$ 的傅里叶变换为 $E(j\omega)$,理想采样信号 $e^*(t)$ 的傅里叶变换用 $E^*(j\omega)$ 表示,则

$$E^*(j\omega) = \mathcal{F}[e^*(t)] = \mathcal{F}[e(t)\delta_T(t)] \tag{2.1.5}$$

式中:$\delta_T(t)$ 是具有周期为 T 的周期函数,对应的采样角频率为 $\omega_s = 2\pi/T$,它可以用傅里叶级数的复数形式表示,即

$$\delta_T(t) = \sum_{k=-\infty}^{\infty} \delta(t-kT) = \sum_{k=-\infty}^{\infty} C_k e^{jk\omega_s t} \tag{2.1.6}$$

C_k 是傅里叶系数,其值为

$$C_k = \frac{1}{T} \int_{-T/2}^{T/2} \delta_T(t) e^{-jk\omega_s t} \, dt \tag{2.1.7}$$

由于在 $[-T/2, T/2]$ 区间中,$\delta_T(t)$ 仅在 $t=0$ 时有值,且 $e^{-jk\omega_s t}|_{t=0}=1$,所以式(2.1.7)可进一步写成

$$C_k = \frac{1}{T} \int_{0_-}^{0^+} \delta(t) \, dt = \frac{1}{T} \left[e^{-jk\omega_s t} \right] |_{t=0} = \frac{1}{T} \tag{2.1.8}$$

将式(2.1.8)和式(2.1.6)代入式(2.1.5)有

$$E^*(j\omega) = \mathcal{F}\left[e^*(t)\right] = \mathcal{F}\left[e(t) \frac{1}{T} \sum_{k=-\infty}^{\infty} e^{jk\omega_s t}\right] = \frac{1}{T} \sum_{k=-\infty}^{\infty} \mathcal{F}\left[e(t) e^{jk\omega_s t}\right] \tag{2.1.9}$$

根据傅氏变换的复数位移定理 $\mathcal{F}\left[e(t) e^{\mp at}\right] = E\left[z e^{\pm at}\right] = E[j\omega \pm a]$,式(2.1.9)可写成

$$E^*(j\omega) = \frac{1}{T} \sum_{k=-\infty}^{\infty} E(j\omega + jk\omega_s) \tag{2.1.10}$$

其中,$E(j\omega)$ 为连续信号 $e(t)$ 的傅里叶变换。

式(2.1.10)也可写为

$$\begin{aligned} E^*(j\omega) &= \frac{1}{T} \sum_{k=-\infty}^{\infty} E(j\omega + jk\omega_s) \\ &= \cdots + \frac{1}{T} E(j\omega - j\omega_s) + \frac{1}{T} E(j\omega) + \frac{1}{T} E(j\omega + j\omega_s) + \cdots \end{aligned} \tag{2.1.11}$$

由式(2.1.11)可以看出,采样信号的幅频谱表达式为

$$\left| E^*(j\omega) \right| = \frac{1}{T} \left| \sum_{k=-\infty}^{\infty} E(j\omega + jk\omega_s) \right| \tag{2.1.12}$$

可见,采样信号频谱在 ω 处的幅值是连续信号频谱在频率$(\omega + k\omega_s)$处的所有矢量和的模。因此,信号经过采样就不可能区分出这些频率点上$(\omega, \omega \pm \omega_s, \omega \pm 2\omega_s, \cdots, \omega \pm k\omega_s,)$幅值的大小。

当连续信号幅频谱是 ω 的无限曲线时,则无论采样角频率 ω_s 取多高(或者采样周期 T 选多小),所得采样信号的各频谱分量总是互相有混叠的。只是 ω_s 越高,混叠现象比较弱。

一般情况下,连续信号 $e(t)$ 的频谱 $E(j\omega)$ 通常是单一的连续频谱,如图 2.8 所示。

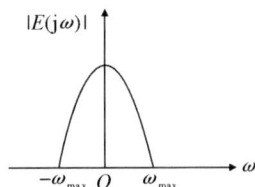

图 2.8 连续信号频谱

其中,ω_{max} 为连续频谱 $E(j\omega)$ 中的最大角频率。

由式(2.1.11)可以看出,若连续信号的频谱为复数,则采样信号的频谱等于连续信号频谱与由于采样而产生的高频频谱的矢量和,并具有以下特性:

1) 当 $k = 0$ 时,$E^*(j\omega)\big|_{k=0} = \dfrac{1}{T}E(j\omega)$,它正比于连续信号 $e(t)$ 的频谱,仅在幅值上变化了 $1/T$ 倍,$E^*(j\omega)$ 称为基本频谱。如图 2.9 曲线 1 所示。由于采样而产生的以 ω_s 为周期的高频频谱分量,每隔一个 ω_s 就重复连续信号频谱 $\dfrac{1}{T}|E(j\omega)|$ 一次,如图 2.10 所示。其周期恰好等于采样角频率 ω_s。

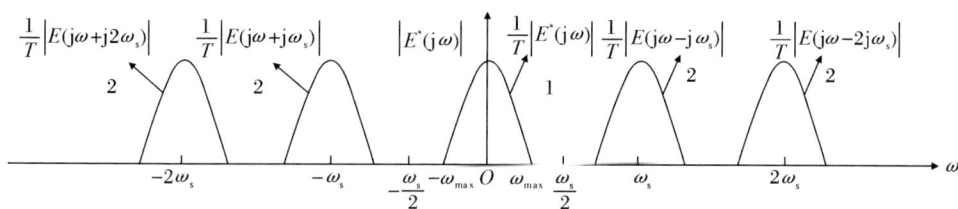

图 2.9　采样信号频谱$(\omega_s > 2\omega_{max})$

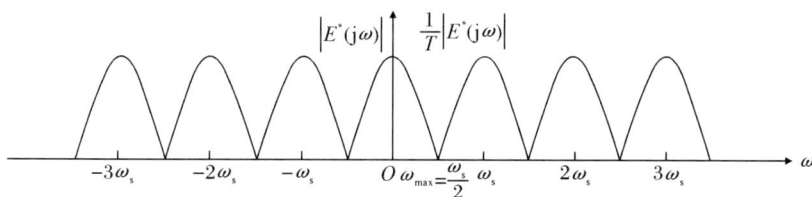

图 2.10　采样信号频谱$(\omega_s = 2\omega_{max})$

2) 当 $k \neq 0$ 时,采样信号 $e^*(t)$ 的 $|E^*(j\omega)|$,则是以采样角频率 ω_s 为周期的无穷多个频谱之和,$k = \pm 1, \pm 2, \cdots$ 的频谱都是由于采样而引起的高频频谱,称为采样频谱的补分量,如图 2.9 中曲线 2 所示。

3) 若连续信号的频谱是有限带宽,其最高频率为 ω_{max},如图 2.8 所示,连续信号采样后产生的高频频谱与基本频谱不发生重叠的条件是采样角频率 ω_s 必须满足下列关系式:

$$\omega_s \geqslant 2\omega_{max} \tag{2.1.13}$$

4) 若不满足采样定理,就会发生频谱重叠现象,或称折叠、混叠现象,如图 2.11 所示。从图 2.11 可以看出,在采样信号的基本频谱与连续信号频谱之间产生了畸变。

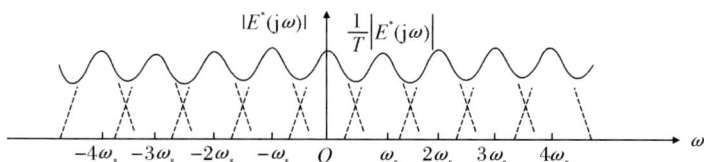

图 2.11　采样信号频谱$(\omega_s < 2\omega_{max})$

分析式(2.1.11)和图 2.9 ～ 图 2.11 可知:

(1) 若连续信号 $e(t)$ 的频谱带宽有限,最高频率为 ω_{max},则

1) 当采样频率 $\omega_s \geqslant 2\omega_{max}$ 时,采样后的高频频谱分量和基本频谱不重叠,如图 2.9 和图

2.10 所示。

2) 当采样频率 $\omega_s < 2\omega_{max}$ 时,采样后的高频频谱分量和基本频谱混叠,如图 2.11 所示。

(2) 当高频频谱分量和基本频谱不重叠时,则可以通过一个理想滤波器把所有的高频频谱分量消除,只保留基本频谱。

由此可见,当采样频率 $\omega_s \geqslant 2\omega_{max}$ 时,采样信号 $e^*(t)$ 可以不失真地代表(或恢复)原连续信号 $e(t)$,即原连续信号 $e(t)$ 可以用其采样信号 $e^*(t)$ 来表征。

【例 2.1】 试分别画出信号 $e(t) = 5e^{-10t}$ 及其采样信号 $e^*(t)$ 的幅频曲线($T = 0.1$ s)。

解 $e(t)$ 的傅里叶变换

$$
\begin{aligned}
E(j\omega) &= \mathcal{F}[e(t)] = \mathcal{F}[5e^{-10t}] \\
&= \int_{-\infty}^{\infty} 5e^{-10t} e^{-j\omega t} dt = 5 \int_{-\infty}^{\infty} e^{-(10+j\omega)t} dt = \frac{5}{10+j\omega}
\end{aligned}
\tag{2.1.14}
$$

其幅频特性为

$$
|E(j\omega)| = \frac{5}{\sqrt{100+\omega^2}}
\tag{2.1.15}
$$

由式(2.1.15)可见,该信号的频谱是无限的,当 $\omega \to \infty$ 时,$|E(j\omega)| \to 0$,如图 2.12 所示。

因此可以预见,无论采样角频率 ω_s 取多高,所得采样信号的各频谱分量总是互相有混叠的。

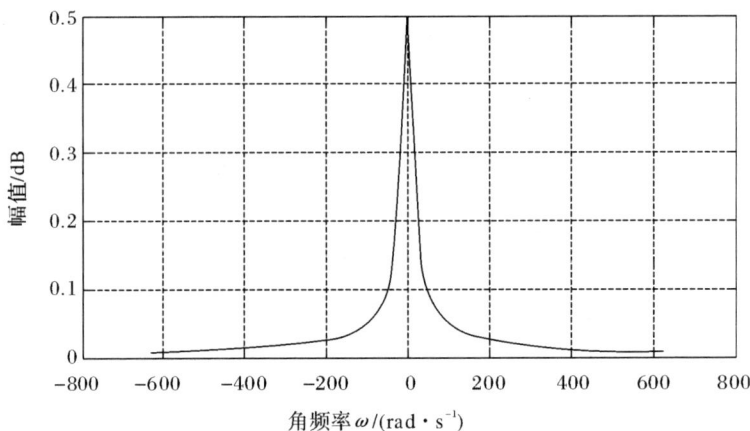

图 2.12 连续信号 $e(t) = 5e^{-10t}$ 的频谱

$$
\begin{aligned}
e^*(t) &= \sum_{k=0}^{\infty} e(kT)\delta(t-kT) = e(0)\delta(t) + e(T)\delta(t-T) + e(2T)\delta(t-2T) + \cdots \\
&= 5 \cdot \delta(t) + 5e^{-10T} \cdot \delta(t-T) + 5e^{-20T} \cdot \delta(t-2T) + \cdots
\end{aligned}
\tag{2.1.16}
$$

$e^*(t)$ 的傅里叶变换,根据式(2.1.11)有

$$E^*(j\omega) = \mathscr{F}[e^*(t)] = \frac{1}{T} \sum_{k=-\infty}^{\infty} E(j\omega + jk\omega_s)$$

$$= \cdots + \frac{1}{T} E(j\omega - j2\omega_s) + \frac{1}{T} E(j\omega - j\omega_s) + \frac{1}{T} E(j\omega) +$$

$$\frac{1}{T} E(j\omega + j\omega_s) + \cdots \tag{2.1.17}$$

其幅频特性根据式(2.1.11)有

$$|E^*(j\omega)| \approx \frac{1}{T} \sum_{k=-\infty}^{\infty} |E(j\omega + jk\omega_s)| = \sum_{k=-\infty}^{\infty} \frac{50}{\sqrt{100 + (\omega + k\omega_s)^2}}$$

采样信号 $e^*(t)$ 的幅频曲线如图 2.13 所示。

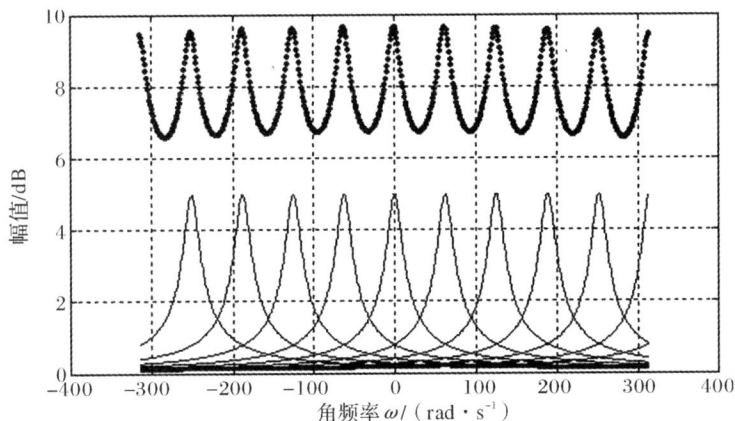

图 2.13　采样信号 $e^*(t)$ 的频谱

在实际系统中,当频率相当高时,幅值已经很小。取幅值衰减至 5% 时的频率为该信号的最大角频率 $\omega_{max}(\omega_{max} \approx 200)$,即

$$|E(j\omega_{max})| = \varepsilon |E(0)| \quad \varepsilon = 0.05 \tag{2.1.18}$$

连续信号 $e(t) = 5e^{-10t}$ 的有限频谱如图 2.14 所示。

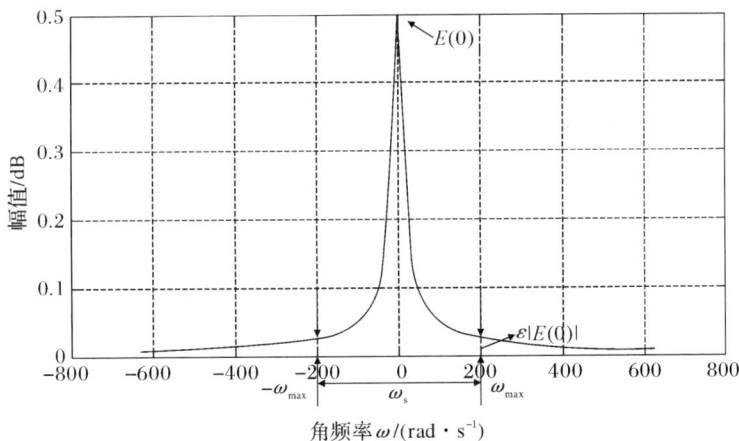

图 2.14　连续信号 $e(t) = 5e^{-10t}$ 的有限频谱

若取采样角频率 $\omega_s \geqslant 2\omega_{max}$,则此时 $E^*(j\omega)$ 的混叠不会太严重。$\omega_s = 2\omega_{max}$ 和 $\omega_s > 2\omega_{max}$

时采样信号的频谱曲线如图 2.15 和图 2.16 所示。

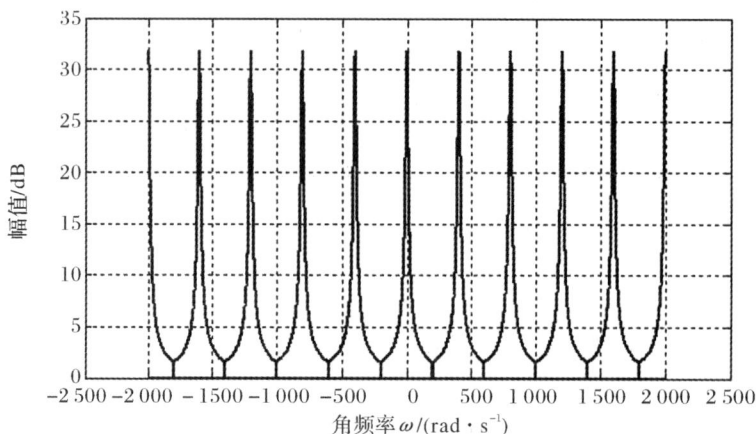

图 2.15　$\omega_s = 2\omega_{max}(\omega_s \approx 400 \text{ rad/s})$ 时采样信号的频谱

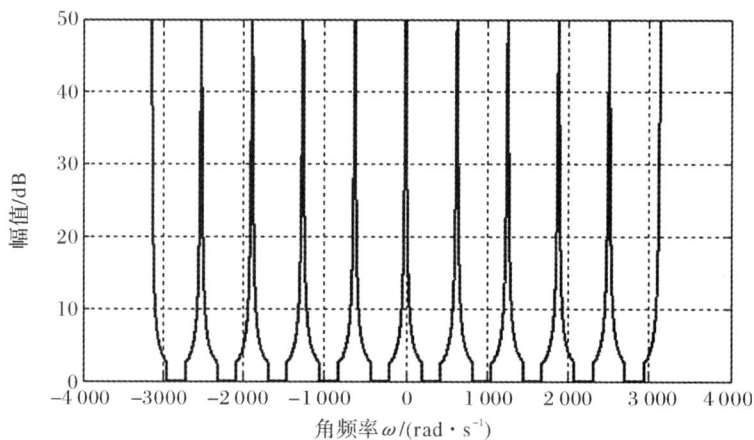

图 2.16　$\omega_s > 2\omega_{max}(\omega_s \approx 628 \text{ rad/s})$ 时采样信号的频谱

2.1.2　前置滤波

在计算机控制系统中,若有用信号混杂有高频干扰信号,而采样频率相对干扰信号的频率不满足香农采样定理,那么这些干扰信号经过采样后将变成低频信号夹杂在有用信号中进入系统,由于系统的低通特性,这些干扰也能通过系统,从而影响系统的正常输出。

要解决此问题,一种方法是按高频干扰的频率选取采样频率 ω_s,但这会使 ω_s 过高,难以实现;另一种方法就是工程上经常用的,在采样开关之前加入低通滤波器,滤除高频干扰,如图 2.17 所示。混有高频干扰的连续信号,经采样后,干扰会折叠到有用信号的低频段,如图 2.18 所示。这说明有用信号的采样频率即使满足香农采样定理,仍需要有前置滤波器,以便在采样前先滤掉高频干扰信号。

前置滤波器指的是一个在 $\pm\omega_s/2$ 处锐截止的低通滤波器,它是一个理想滤波器。

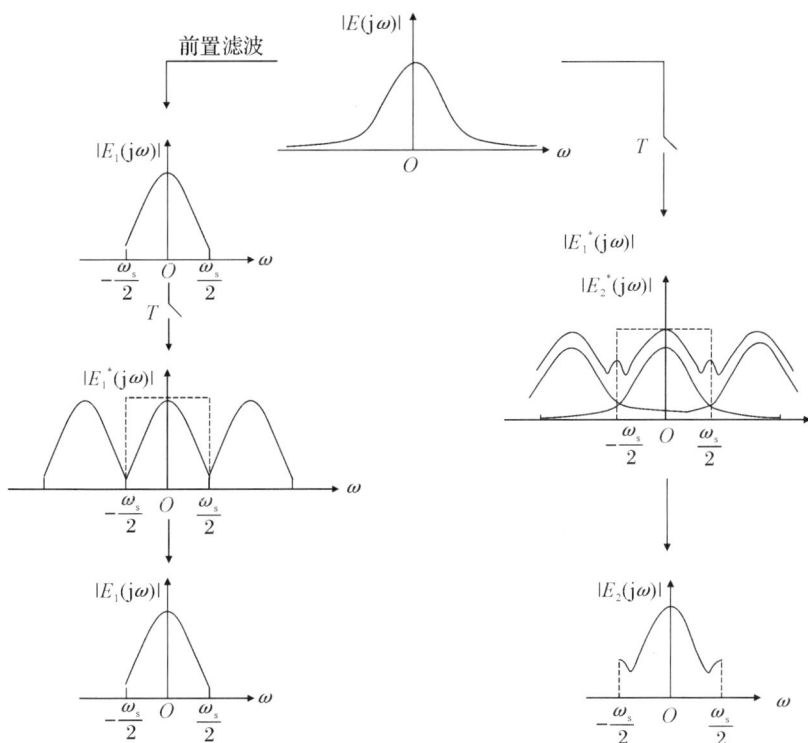

图 2.17　前置滤波器的作用

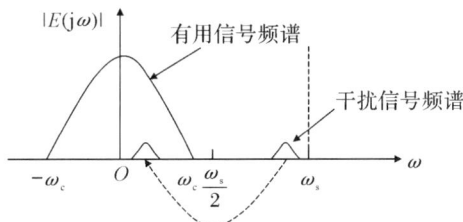

图 2.18　有用信号频谱和干扰信号频谱

2.1.3　采样信号的复现

计算机控制系统或采样系统中,由数字计算机输出的信号和采样信号在送入系统连续部件之前必须进行平滑,即连续化,否则这些模拟部件很容易被磨损。用于这种转换过程的装置,称为保持器。保持器的作用表现在两方面:一是将离散信号变成连续信号,从数学上来讲,要解决两个采样点之间的插值问题;二是要完成一部分滤波的作用。前面提到,信号被采样后,当高频频谱分量和基本频谱不重叠时,可以通过一个理想低通滤波器把所有的高频频谱分量消除,只保留基本频谱,所以,信号的保持过程也必须从频谱的角度加以考虑。高频频谱在系统中相当干扰信号,导致在被控制信号中产生额外的误差。因此,在到达系统的输出端之前,希望将离散频谱中的高频频谱能够全部滤掉。下面讨论怎样使采样信号复现采样前的连续信号。

1. 采样信号复现的条件

采样信号的复现,从时域来说,就是要通过离散的采样值求出连续的时间函数;从频域来说,就是要把采样信号频谱中与原连续信号频谱完全一样的基本频谱分量保持下来,其余高频频谱分量彻底滤掉,这就完成了理想复现。要达到这一目的,必须具备三个条件:① 原连续信号的频谱必须是有限带宽,即 $|\omega| < \omega_{max}$;② 满足香农采样定理($\omega_s \geqslant 2\omega_{max}$);③ 采用理想的低通滤波器。第二个条件提供了理想复现的可能性,否则采样频谱呈现重叠现象,那么采用最理想的滤波器也无法将基本频谱分离出来。

(1)理想低通滤波器的频率特性。

所谓理想低通滤波器是指它对某个频率(如 ω_{max})以下的所有频率分量都给予不失真的传输,而对 ω_{max} 以上的所有频率分量全部滤掉。如图 2.19 所示的理想滤波器,其频率特性的幅值 $|H(j\omega)|$ 必须在 $\omega = \pm\omega_s/2$ 处突然截止。

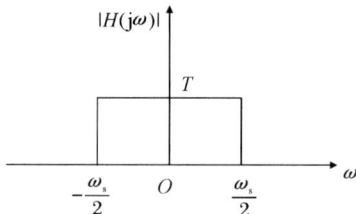

图 2.19 理想滤波器的频率特性

关于信号不失真的传输,在时间域,是指系统的输入、输出信号波形完全相同,而只允许有幅值的衰减或增大,且时间上允许有延迟。若从频率域来看,是指系统的幅频特性为常值(与 ω 无关),而相频特性为零或与 ω 成线性关系。这类系统称为理想系统。其频率特性为

$$H(j\omega) = Te^{-j\omega t_0} \tag{2.1.19}$$

式中:t_0 为常量。可见,理想低通滤波器的频率特性为

$$H(j\omega) = \begin{cases} Te^{-j\omega t_0} & |\omega| \leqslant \omega_c = \omega_s/2 \\ 0 & |\omega| > \omega_c \end{cases} \tag{2.1.20}$$

式中:ω_c 为理想滤波器的截止频率,取 $\omega_s/2$。由此可见,如果某信号采样后频谱不互相重叠,通过理想滤波器以后,可以毫不失真地复现原连续信号。

设滤波器输出信号 $y(t)$ 的频谱为 $Y(j\omega)$,在上述三个条件下,由于 $H(j\omega)$ 在 $|\omega| > \omega_c$ 后均为零,所以 $E^*(j\omega)$ 中只有 $k = 0$ 时的基本频谱才能通过理想滤波器,其余所有高频频谱均被滤掉,所以

$$Y(j\omega) = H(j\omega)E^*(j\omega) = T \times \frac{1}{T}E(j\omega) = E(j\omega) \tag{2.1.21}$$

式(2.1.21)说明滤波器的输出可以毫不失真地复现原连续信号,如图 2.20 所示。

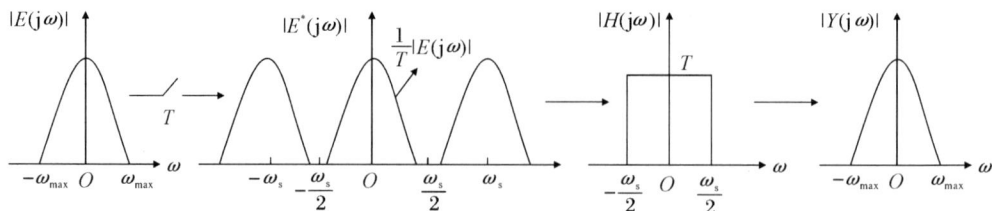

图 2.20 采样信号通过理想滤波器的恢复

（2）理想低通滤波器的物理不可实现。

理想低通滤波器的单位脉冲响应为

$$h(t) = \mathcal{F}^{-1}\left[H(\mathrm{j}\omega)\right] = \frac{\omega_{\max}}{\pi} \frac{\sin\omega_{\max}(t - t_0)}{\omega_{\max}(t - t_0)} \qquad (2.1.22)$$

对应的响应曲线如图 2.21 所示。从图 2.21 可以看出，$h(t)$ 是 $t = 0$ 时加入的单位脉冲的响应，可是它在 $t < 0$ 时已有响应存在，这不符合物理可实现系统的因果关系，其响应不可能发生在输入信号作用之前，所以它在物理上是不可实现的。

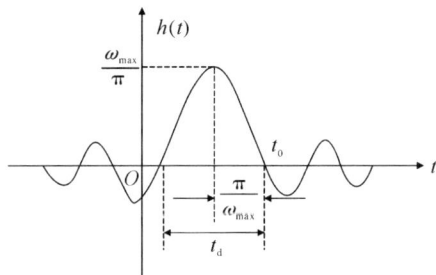

图 2.21　理想滤波器的脉冲响应

工程上通常采用简单的低通滤波器来复现采样信号，如零阶保持器。

2. 采样信号的复现

由采样过程的数学描述可知，在采样时刻上，连续信号的函数值与脉冲序列的脉冲强度相等。在 kT 时刻，有

$$e(t)\big|_{t=kT} = e(kT) = e^*(kT) \qquad (2.1.23)$$

而在 $(k + 1)T$ 时刻，则有

$$e(t)\big|_{t=(k+1)T} = e[(k + 1)T] = e^*[(k + 1)T] \qquad (2.1.24)$$

然而，在由脉冲序列 $e^*(t)$ 向连续信号 $e(t)$ 的转换过程中，在 kT 与 $(k+1)T$ 时刻之间，即当 $0 < \Delta t < T$ 时，连续信号 $e(kT + \Delta t)$ 到底多大？这就是保持器要解决的问题。前面我们已经讲过，将数字信号转换为连续信号的装置就是保持器。实际上，保持器是具有外推功能的元件。

保持器的外推作用，表现为现在时刻的输出信号取决于过去时刻离散信号的外推。通常，采用如下多项式外推公式描述保持器。

$$e(kT + \Delta t) = a_0 + a_1 \Delta t + a_2 (\Delta t)^2 + \cdots + a_m (\Delta t)^m \qquad (2.1.25)$$

式中：Δt 是以 kT 时刻为原点的坐标。式 (2.1.25) 表示，现在时刻的输出值 $e(kT + \Delta t)$，取决于 $\Delta t = 0, -T, -2T, \cdots, -mT$ 各时刻的离散信号 $e^*(kT), e^*[(k-1)T], \cdots,$ $e^*[(k-m)T]$ 的 $(m+1)$ 个值。式 (2.1.25) 中 $(m+1)$ 个待定系数 $a_i(i = 0, 1, 2, \cdots, m)$，唯一地由过去各采样时刻 $(m+1)$ 个离散信号值 $e^*[(k-i)T](i = 0, 1, 2, \cdots, m)$ 来确定，故系数 a_i 有唯一解。这样保持器称为 m 阶保持器。若 $m = 0$，则称零阶保持器；若 $m = 1$，则称为一阶保持器。在工程实践中，普遍采用零阶保持器。

（1）零阶保持器。

零阶保持器的外推公式为

$$e(kT + \Delta t) = a_0 \qquad (2.1.26)$$

显然，$\Delta t = 0$ 时，式(2.1.26)也成立，所以 $a_0 = e(kT)$。

因此，零阶保持器的数学表达式为

$$e(kT + \Delta t) = e(kT) \qquad 0 \leqslant \Delta t < T \tag{2.1.27}$$

式(2.1.27)说明，零阶保持器是一种按常值外推的保持器，它把前一时刻 kT 的采样值 $e(kT)$，一直保持到下一采样时刻 $(k+1)T$ 到来之前，从而使采样信号 $e^*(t)$ 变成阶梯信号 $e_h(t)$，如图 2.22 所示。

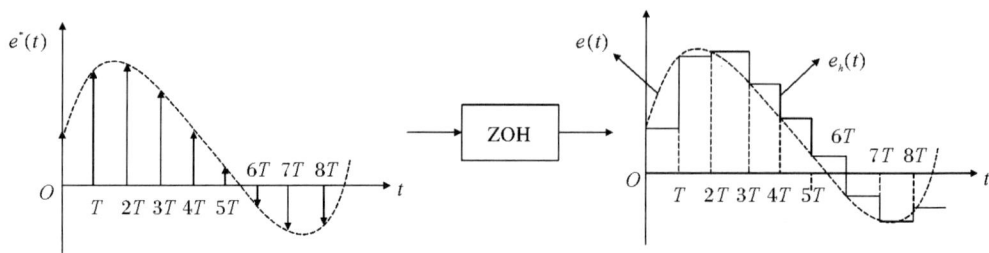

图 2.22 零阶保持器的输出特性

式(2.1.27)还表示，零阶保持过程是由于理想脉冲 $e(kT)\delta(t - kT)$ 的作用结果。如果给零阶保持器输入一个理想单位脉冲 $\delta(t)$，则其脉冲过渡函数 $g_h(t)$ 是幅值为 1、持续时间为 T 的矩形脉冲，其脉冲响应如图 2.23 所示，数学表达式为

$$g_h(t) = 1(t) - 1(t - T) \tag{2.1.28}$$

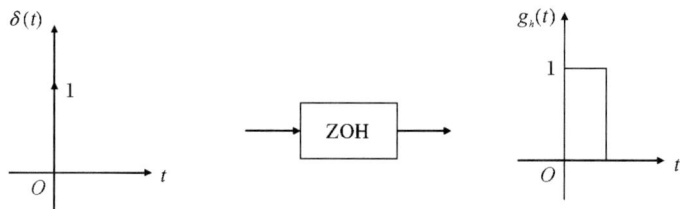

图 2.23 零阶保持器的脉冲过渡函数

对式(2.1.28)进行拉氏变换，可得零阶保持器的传递函数

$$G_h(s) = \mathcal{L}\left[g_h(t)\right] = \frac{1 - \mathrm{e}^{-Ts}}{s} \tag{2.1.29}$$

式(2.1.29)，令 $s = \mathrm{j}\omega$，得零阶保持器的频率特性

$$G_h(\mathrm{j}\omega) = \frac{1 - \mathrm{e}^{-\mathrm{j}\omega T}}{\mathrm{j}\omega} = \frac{2\mathrm{e}^{-\mathrm{j}\omega T/2}\,(\mathrm{e}^{\mathrm{j}\omega T/2} - \mathrm{e}^{-\mathrm{j}\omega T/2})}{2\mathrm{j}\omega} = T\,\frac{\sin(\omega T/2)}{(\omega T/2)}\mathrm{e}^{-\mathrm{j}\omega T/2} \tag{2.1.30}$$

或者以采样角频率 $\omega_s = 2\pi/T$ 来表示

$$G_h(\mathrm{j}\omega) = \frac{2\pi}{\omega_s}\,\frac{\sin(\pi\omega/\omega_s)}{(\pi\omega/\omega_s)}\mathrm{e}^{-\mathrm{j}\pi\omega/\omega_s} \tag{2.1.31}$$

其幅频特性为

$$\left|G_h(\mathrm{j}\omega)\right| = \left|T\,\frac{\sin(\omega T/2)}{(\omega T/2)}\right| = \left|\frac{2\pi}{\omega_s}\,\frac{\sin(\pi\omega/\omega_s)}{(\pi\omega/\omega_s)}\right| \tag{2.1.32}$$

其相频特性为

$$\angle G_h(\mathrm{j}\omega) = -\omega T/2 = -\pi\omega/\omega_s \tag{2.1.33}$$

频率特性如图 2.24 所示。

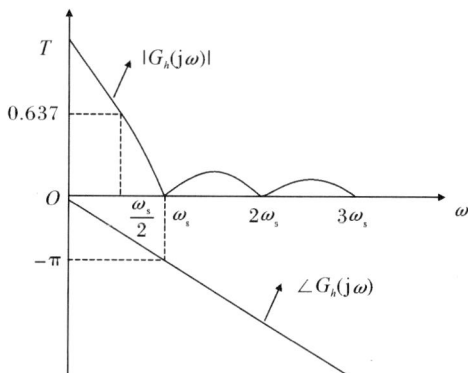

图 2.24　零阶保持器的幅频特性和相频特性

由图 2.24 可见，零阶保持器具有如下特性：

1) 低通滤波特性。由于幅频特性的幅值随频率值的增大而迅速衰减，因此说明零阶保持器基本上是一个低通滤波器，但不是理想的低通滤波器。与理想低通滤波器特性相比，在 $\omega = \omega_s/2$ 时，其幅值只有初值的 63.7%，且截止频率不止一个，所以零阶保持器除允许主要频谱分量通过外，还允许部分高频频谱分量通过，从而造成数字控制系统的输出中存在波纹，引起执行机构的高频振动，机械磨损。

2) 相角滞后特性。由相频特性可见，零阶保持器会产生相角滞后，且随 ω 的增大而加大，在 $\omega = \omega_s$ 处，相角滞后可达 $-180°$，从而使闭环系统的稳定性和动态特性变差。若再串入后置滤波器，又会给系统增添一个滞后环节，为克服这一影响，应当在系统适当位置串入一个超前环节进行补偿。

3) 时间滞后特性。零阶保持器的输出为阶梯信号 $e_h(t)$，表明其输出比输入在时间上要滞后 T，相当于给系统增加了一个延迟时间为 T 的延迟环节，使系统总的相角滞后增大，对系统的稳定性不利。此外，零阶保持器的阶梯输出也同时增加了系统输出中的波纹。

（2）一阶保持器。

与零阶保持器相比，一阶保持器复现原信号的准确度较高。然而，一阶保持器的幅频特性普遍较大，允许通过的信号高频分量较多，更易造成波纹，这也意味着高频成分更容易通过一阶保持器。此外，一阶保持器的相角滞后比零阶保持器大，在 $\omega = \omega_s$ 时，相角滞后可达 $-280°$，对系统的稳定性更加不利。相对来说，一阶保持器能较好地复现斜坡信号，而零阶保持器能较好地复现阶跃信号。因此，在数字控制系统中，一般很少采用一阶保持器，更不用高阶保持器，而普遍采用零阶保持器。

2.1.4　后置滤波

由于零阶保持器允许部分高频频谱分量通过，当采样周期较大时，零阶保持器的输出将对系统的动态特性产生不良影响。若噪声的频率高、幅值大，而执行机构和被控对象的惯性又偏小，这时在保持器的后面应串一个低通滤波器，称为后置滤波器，用来消除或削弱高频噪声。但低通滤波器必然会给系统引入相位滞后。为了克服这一影响，可以在系统的适当位置串入超前环节，或通过修改控制器参数加以补偿。

如果噪声不很严重，而执行机构及被控对象的惯性又比较大，依靠对象本身的惯性已足以将其滤掉，这就不需要另加后置滤波器。当然，当连续信号变化缓慢时，在满足精度要求的条件下，也可以不用零阶保持器。

通过图 2.25 将系统中信号恢复前后的频谱形式以及时域特性变化情况加以总结。由图 2.25 可见，由于设置了前置滤波器和后置滤波器，经过零阶保持器恢复的信号基本上保持了原信号的特性，高频噪声也受到了抑制。

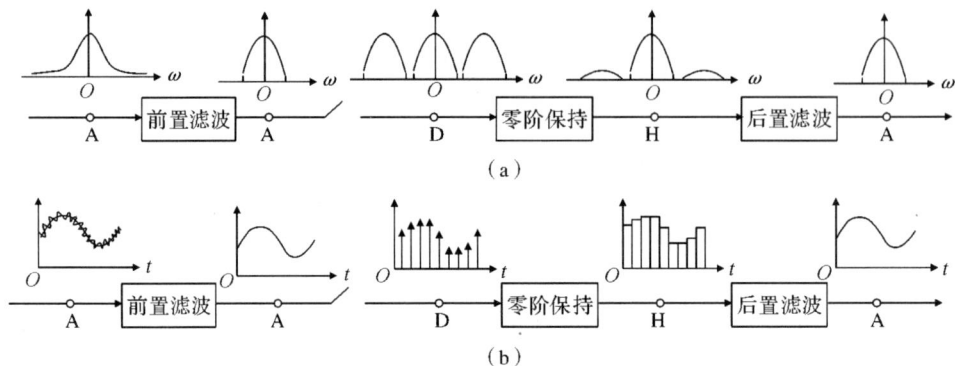

图 2.25　信号采样和复现过程中特性的变化

(a) 信号频谱变化情况；(b) 信号时域特性变化情况

2.1.5　信号的数字化过程

一个模拟信号经过 A/D 转换器将变成二进制数字信号，必须要进行整量化处理和编码。如前文所述，编码只是形式上的变化，对信号所含信息大小无影响，但整量化对信息的大小有影响，下面讨论有关整量化的一些特性。

A/D 转换器将一个模拟量变成二进制数字量时，二进制的位数是有限的。假定它的位数为 n，那么不管用来表示整数还是小数，n 位二进制只能表示 2^n 个不同状态，最低位所代表的量，称为量化单位 $q = 1/2^n$。若用 3 位二进制数表示 $0 \sim 1$ 之间的任意变化的模拟量，只能有 8 个不同数，如图 2.26 所示，若模拟量小于 1/8，只能令它等于 0 或 1/8；1/8～2/8 之间的模拟量，只能令它等于 1/8 或 2/8，依次类推。可见模拟量和有限字长二进制之间不是一一对应的，用数字量表示模拟量是有误差的，这种误差称为量化误差。显然，增加字长 n 可以减小量化单位，从而降低量化误差。

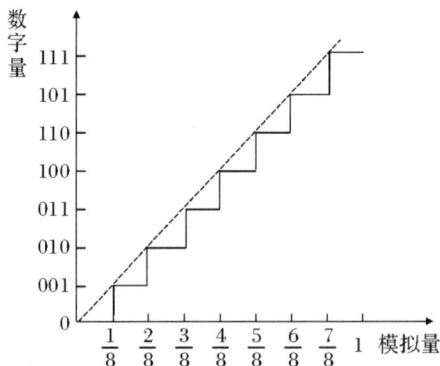

图 2.26　数字二进制编码与模拟量关系

整量化处理不仅发生在 A/D 转换过程中,而且在计算机内运算时和数字量输出时也同样存在整量化问题。通常有两种整量化方法。

(1)"只舍不入"的截尾整量化。

根据这种方法取整时,凡是小于量化单位 q 的数全部截掉舍去,其量化特性如图 2.27(a) 所示。由图中可见,所产生的量化误差为 $e = x^*(t) - \bar{x}^*(t)$。其中,$x^*(t)$ 为量化前的采样信号,$\bar{x}^*(t)$ 为量化后的采样信号。误差 e 可取 $0 \sim q$ 之间的任意值,而且机会均等,因而是在 $[0, q]$ 区间上均匀分布的随机变量。这种随机变量称为量化噪声。

量化特性曲线 $Q(x)$ 表示量化过程中输出量与输入量之间的关系。当 $x^*(t)$ 在 $0 \sim q$ 之间时,$\bar{x}^*(t)$ 取为 0,编码器无输出,故 $Q(x)$ 在 $0 \sim q$ 之间与 x 轴重合;当 $x^*(t)$ 在 $q \sim 2q$ 之间时,编码器输出为 q,依次类推;反向过程类似。因此,编码器输出的量化特性曲线为阶梯状,在 $(-q, q)$ 区间存在死区,为非线性特性。

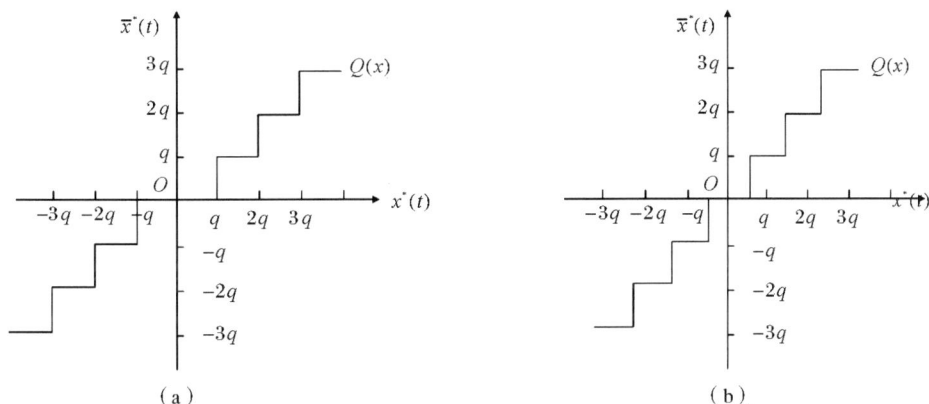

图 2.27　整量化特性曲线

(a) 只舍不入;(b) 有舍有入

(2)"有舍有入"的舍入整量化。

这种量化方法类似于十进制数中的四舍五入方法,即模拟量小于 $q/2$ 时,将其舍去,而大于或等于 $q/2$ 时,将其进位,其特性曲线如图 2.27(b) 所示。其量化误差 e 有正有负,它可以在 $-q/2 \sim q/2$ 之间取任意值,且机会均等,因而量化噪声是在 $[-q/2, q/2)$ 区间上均匀分布的连续随机变量。

不管哪种量化方法,都是一个非线性变化过程,线性信号通过量化处理后变成了阶梯状的非线性信号。从另一个角度来看,这种量化处理相当于在系统中引入了随机噪声信号,噪声幅度和量化单位 q 成正比,噪声频率与量化单位 q 成反比,和原信号变化率成正比。所以当 q 较大时,混入系统的噪声幅值较大,而频率较低,这将使数字控制系统输出不平滑。

2.2　计算机控制系统的典型结构图

综上所述,计算机控制系统信号变换结构图如图 2.28 所示。

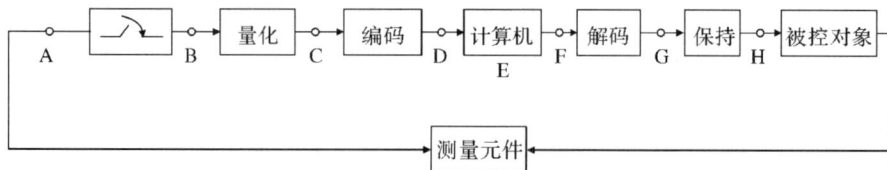

图 2.28　计算机控制系统信号变换结构图

其中广义被控对象包括执行机构、测量装置和被控对象。

在图 2.28 所示的计算机控制系统中,信号转换共有五个过程:采样、量化、编码、解码和保持。A/D 和 D/A 转换中,采样将连续时间信号转换为离散时间信号,保持器将离散时间信号又恢复成连续时间信号,这是涉及采样间隔中信号的有无问题,是影响系统传递特性的问题,因而是本质问题,在系统的分析和设计中是必须考虑的;编码和解码过程只是改变信号的表示形式,其变换过程可看作是无误差的等效变换,在系统的分析和设计中可以不考虑。

量化是将模拟信号按最小量化单位整量化,量化过程不只影响信号的信息量,还将使信号产生误差并影响系统的特性。通常,假定所选择的 A/D 转换器有足够的字长来表示数码,且量化单位 q 足够小,所以由量化引起的幅值断续性可以忽略。则在计算机控制系统分析和控制器控制规律设计时,图 2.28 可简化为图 2.29。

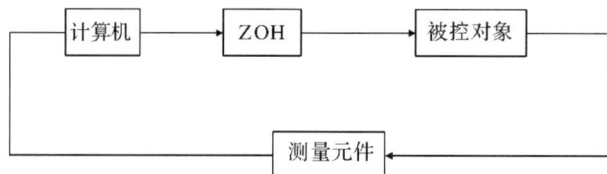

图 2.29　典型的计算机控制系统简化结构图

2.3　过程通道的组成和功能

在计算机控制系统中,为了实现对生产过程的控制,必须把现场的各种测试参数,如温度、压力等连续变化的物理量或开关量,转换为计算机可识别的数字量输入计算机进行数据处理;经计算机运算处理后的数字信号又必须转换为电压或电流,以推动执行机构工作。因此,在计算机和控制对象之间,必须设置信息的传递和变换的装置。这个装置就称为过程 I/O 通道,简称为过程通道或 I/O 通道。

I/O 信号一般有两种类型:一种是随时间连续变化的物理量,称为模拟信号;一种是只有开和关(或 1 和 0)两种状态的量,称为开关量。因此计算机控制系统中,I/O 通道分模拟量通道和数字量通道两类。

模拟量 I/O 通道对计算机控制系统来说是相当重要的。所以对模拟量 I/O 通道做重点介绍。数字量 I/O 通道比较简单。I/O 通道信息种类及来源见表2.1和表2.2。

表 2.1 输入通道信号

输入信息种类		信息来源	通道类型
数字量	开关量输入	阀门的开、关,接点的通、断,电平的高、低	数字量输入通道
	数据数码	各类数字传感器、控制器等	
	脉冲量输入	长度、转速、流量测定转换等	
	中断输入	操作人员请求、过程报警等	
模拟量	电流信号	压力、温度、液位、湿度、速度、质量、位移等	模拟量输入通
	电压信号		

表 2.2 输出通道信号

信息来源	输出驱动	输出信息种类	通道类型
计算机输出的数字量	阀门的开、关,接点的通、断,电平的高、低	开关量	数字量输出通道
	数字量(数字设备)	数字量	
	执行器(电动、气动、液压执行器械)	电压或电流	模拟量输出通道

过程通道是在计算机和被控对象之间进行信息、传递和变换的装置,是微型计算机用于各种数据和分配系统、控制和实时数据处理系统的重要组成部分,是微型计算机和被控对象之间的桥梁,所以我们主要介绍模拟量 I/O 通道。

2.3.1 模拟量输入通道

1. 概念

模拟量输入通道的主要功能是把随时间连续变化的模拟信号通过传感器的和变送器经检测、变换和预处理,把它们转换为标准的模拟电流或电压,最终变为数字信号送入计算机。

由于计算机只能识别数字量,故模拟电信号必须通过模拟量输入通道转换为相应的数字信号。常见的模拟量有压力、温度、液面流量、速度、位移、电流、电压等。

2. 任务

模拟量输入通道把从控制对象检测得到的模拟信号,变换成二进制数字信号,经接口送入计算机。

3. 组成

模拟量输入通道由信号处理、多路转换器、放大器、采样-保持器、A/D 转换器组成。

模拟量输入通道根据应用要求的不同,可以有不同的结构形式,图 2.30 是多路模拟量输入通道的一般组成框图。

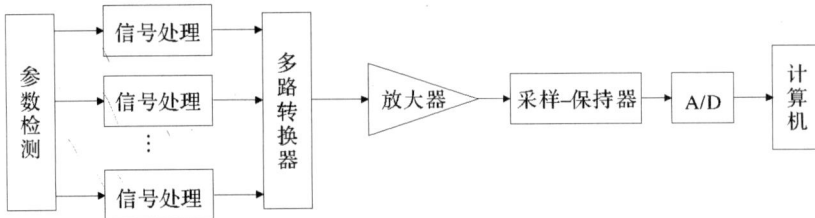

图 2.30　模拟量输入通道一般组成框图

（1）信号处理：信号放大、滤波、电平变换、电流/电压转换等。

输入信号的处理。①信号滤波：控制过程参数变化的时间常数一般很大，所以模拟量输入信号中，有用信息的频率常在 1 Hz 以下，由于控制现场干扰因素多，模拟信号中混杂有干扰信号，应该通过滤波使输入信号中最高频率低于采样频率的一半，滤波的方法也有软、硬之分。硬件有 RC 滤波和有源滤波等。软件方法有数字滤波等。②统一信号电平：输入信号可能是毫伏级电压信号、电阻信号或电流信号等，应变成统一的信号电平。可以都变成 0～50 mV 的统一的小信号电平，也可以变成 0～5 V 的大信号电平，因此即使从变送器来的 0～10 mA 或 4～20 mA 的标准信号，一般也需经电阻网络进行电流电压变换。

（2）多路转换器。当多个信号源来的数据要用一个模拟量通道输入计算机进行处理时，就要用模拟多路转换器，按某种顺序把输入信号接到 A/D 转换器。它又称多路开关，是用来切换模拟电压信号的关键元件。理想的多路开关其开路电阻无穷大，而接通时的导通电阻应为零。

（3）放大器。①运算放大器：把传感器传来的信号从毫伏电平按比例地放大到典型的 A/D 转换器输入电平，就要选用一个具有适当闭环增益的运算放大器。②可编程序放大器：多个信号源来的信号幅值相差悬殊，就要设计一个可编程序放大器，由计算机控制它的闭环增益。③仪表放大器或隔离放大器：当模拟信号传输很长的距离时，信号源和 A/D 转换器之间的地电位差（即共模干扰）会给系统带来麻烦（即使传送距离短，有时也会出现这样的问题），为此，就需要采用仪表放大器或隔离放大器。

（4）采样-保持器：它完成采样和保持任务。当检测信号变化较快时，往往要求通道比较灵敏，而 A/D 转换都要花一定的时间才能完成转换过程，这样就会造成一定的误差。这是因为转换所得的数字量不能真正代表出转换命令的那一瞬间所要转换的数据电平。用采样-保持器对变化的模拟信号进行快速"采样"，并在转换过程中"保持"该信号。

（5）A/D 转换器：把输入的模拟量转换为数字量的元件。

2.3.2　模拟量输出通道

1. 概念

模拟量输出通道将计算机输出的数字信号转换为连续的标准电压或电流信号，经功放后送到执行部件对生产过程或装置进行控制。

2. 任务

模拟量输出通道把计算机输出的数字量转换成模拟量。模拟量输出通道是微型计算机的数据分配系统,对该通道的要求,除了可靠性高、满足一定的精度要求外,输出还必须具有保持功能,以保证被控对象可靠地工作。

3. 结构形式

多路模拟量输出通道的结构形式,主要取决于输出保持器的构成方式。输出保持器的作用主要是在新的控制信号到来之前,使本次控制信号维持不变。保持器一般有数字保持方案和模拟保持方案两种。这就决定了模拟量输出通道的两种保持基本结构形式。

(1)一个通路设置一个 D/A 转换器的形式,如图 2.31 所示。

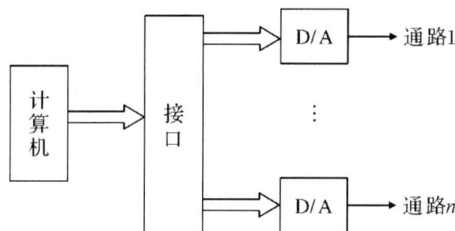

图 2.31　一个通路设置一个 D/A 转换器

在这种结构形式下,处理器(计算机)和通路之间通过独立的接口缓冲器传送信息,这是一种数字保持的方案。它的优点是转换速度快,工作可靠,即使某一路 D/A 转换器有故障,也不会影响其他通路的工作;缺点是使用了较多的 D/A 转换器。

(2)多个通路共用一个 D/A 转换器的形式,如图 2.32 所示。

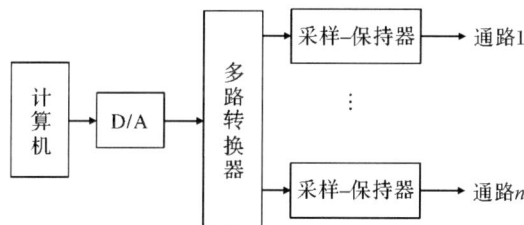

图 2.32　多个通路公用一个 D/A 转换器

因为共用一个 D/A 转换器,在计算机控制下依次把 D/A 转换器转换成模拟电流/电压,通过多路模拟开关传送给输出采样-保持器。它的优点是节省了 D/A 转换器;缺点是还要用多路模拟开关,而且要求采样-保持器的保持时间比采样时间大。

2.3.3　数字量输入通道

数字量输入也称为开关量输入通道,是以电平高低和开关通断等两位状态表示的信号通过数字量输入通道输入计算机。

数字量输入主要有三种形式:①以若干位二进制数字表示的数字量,它们输入计算机,如拨码盘开关输出的二进码十进数(Binary Coded Decimal,BCD)码等。②以一位二进制数表示的开关量,如启停信号和限位信号等。③频率信号:它是以串行形式进入计算机的,如来自转速表、感应同步器、涡轮流量计等信号。

2.3.4 数字量输出通道

有的执行部件只要求提供数字量,例如步进电机,控制电机启停和报警信号等。这时应采用数字输出通道。

本 章 要 点

1. A/D 转换器(采样-保持、量化、编码);

2. D/A 转换器(解码、保持);

3. 采样过程(实际采样过程、理想采样过程);

4. 采样信号复现的条件(满足香农采样定理、零阶保持器);

5. 信号采样和复现过程中特性的变化(前置滤波、后置滤波);

6. 信号的数字化过程(整量化方法);

7. 计算机控制系统的典型结构图(信号变换结构图、计算机控制系统结构图、计算机控制系统典型原理图);

8. 过程通道的组成和功能(模拟量输入通道、模拟量输出通道、数字量输入通道、数字量输出通道)。

习 题

1. 简述采样定理及其含义。

2. 下述信号被理想采样开关采样,采样周期为 T,试写出采样开关输出信号的表达式。

(1)$e(t) = 1(t)$ (2)$e(t) = te^{-at}$ (3)$e(t) = e^{-at}\sin(\omega t)$

3. 试分别画出 $e(t) = e^{-5t}$ 及其采样信号 $e^*(t)$ 的幅频曲线(采样周期为 $T = 0.01$ s)。

4. 若数字计算机的输入信号为 $e(t) = e^{-5t}$,试根据采样定理选择合适的采样周期 T,并画图示意定义信号中的最大角频率 ω_h 定义为 $|E(j\omega_h)| - 0.1|E(0)|$。

5. 已知信号 $e(t) = A\cos(\omega_1 t)$,试画出该信号的频谱曲线以及它通过采样器和理想滤波器以后的信号频谱。设采样器的采样频率 ω_s 分别为 $4\omega_1$,$1.5\omega_1$,ω_1。并解释本题结果。

6. 已知信号 $e_1(t) = \sin(t)$ 和 $e_2(t) = \sin(4t)$,若 $\omega_s = 1$,3,4,试求各采样信号的 $e_1(kT)$ 和 $e_2(kT)$,并说明由此结果所得的结论。

7. 试证明 ZOH 传递函数 $G_h(s) = \dfrac{1 - e^{-sT}}{s}$ 中的 $s = 0$ 不是 $G_h(s)$ 的极点,而 $Y(s) = \dfrac{1 - e^{-sT}}{s^2}$ 中,只有一个单极点 $s = 0$。

8. 为什么舍入量化特性与负数无关?

9. 计算机过程通道应包括哪些装置?计算机是如何指挥它们工作的?

第3章 计算机控制系统分析

计算机控制系统一般是指用数字计算机控制连续被控对象的闭环系统。为数学描述方便起见，一般将该系统中不同形式的信号都转化为时间离散信号来表示。线性连续控制系统的动态及稳态性能，可以应用拉普拉斯变换（以下简称"拉氏变换"）的方法进行分析。与此相似，线性离散系统的性能，可以采用 $\mathscr{Z}$ 变换的方法来获得。本章基于 $\mathscr{Z}$ 变换数学工具，实现在离散域描述和研究计算机控制系统的目的。

3.1 $\mathscr{Z}$ 变 换

连续信号 $e(t)$ 的拉氏变换 $E(s)$ 是复变量 s 的有理分式函数。微分方程通过拉氏变换后可化为 s 的代数方程，从而可以大大简化微分方程的求解。

对计算机控制系统中的采样信号也可以进行拉氏变换，并试图找到简化运算的方法，因此引出了 $\mathscr{Z}$ 变换。

连续信号 $e(t)$ 通过采样周期为 T 的理想采样开关后，其采样信号 $e^*(t)$ 是一组加权理想脉冲序列，其表达式为

$$e^*(t) = \sum_{k=0}^{\infty} e(kT)\delta(t - kT) = e(0)\delta(t) + e(T)\delta(t - T) +$$
$$e(2T)\delta(t - 2T) + \cdots \tag{3.1.1}$$

对式（3.1.1）做拉氏变换，得

$$E^*(s) = \mathscr{L}[e^*(t)] = e(0) + e(T)e^{-sT} + e(2T)e^{-2sT} + \cdots = \sum_{k=0}^{\infty} e(kT)e^{-ksT} \tag{3.1.2}$$

从式（3.1.2）明显看出，$E^*(s)$ 是 s 的超越函数，因此仅用拉氏变换这一数学工具、无法使问题简化。为此，引入另一个复变量"z"，令

$$z = e^{sT} \tag{3.1.3}$$

将其代入式（3.1.2）并令 $E^*(s)\big|_{s=\frac{1}{T}\ln z} = E(z)$，得

$$E(z) = e(0) + e(T)z^{-1} + e(2T)z^{-2} + \cdots = \sum_{k=0}^{\infty} e(kT)z^{-k} \tag{3.1.4}$$

式（3.1.4）定义为采样信号 $e^*(t)$ 的 $\mathscr{Z}$ 变换，它是变量 z 的幂级数形式，从而有利于问题的简化求解。通常以 $E(z) = L[e^*(t)]$ 表示。

由以上推导可知，$\mathscr{Z}$ 变换实际上是拉氏变换的特殊形式，即它是对采样信号做拉氏变换并做 $z = e^{sT}$ 的变量置换。

$e^*(t)$ 的 $\mathscr{Z}$ 变换式的符号写法有多种,如 $\mathscr{Z}[e^*(t)]$,$\mathscr{Z}[e(t)]$,$\mathscr{Z}[E^*(s)]$,$\mathscr{Z}[E(s)]$,$E(z)$,$E^*(s)\big|_{s=\frac{1}{T}\ln z}$ 等,不管括号内写的是连续信号还是拉氏变换式,其概念都应理解为对是采样脉冲序列进行 $\mathscr{Z}$ 变换

式(3.1.1)~式(3.1.4)分别是采样信号在时域、s 域和 z 域的表达式,它们形式上很相似,都用多项式之和表示,加权系数都是 $e(kT)$,并且时域中的合 $\delta(t-kT)$、s 域中的 e^{-ksT} 及 z 域中的 z^{-k} 均表示信号延迟了 k 拍,体现了信号的定时关系。

3.2　广义$\mathscr{Z}$变换

广义 $\mathscr{Z}$ 变换也称扩展 $\mathscr{Z}$ 变换。首先,我们从物理概念上来研究获取采样瞬间输出响应的方法。图 3.1 所示是典型的计算机控制系统结构图。

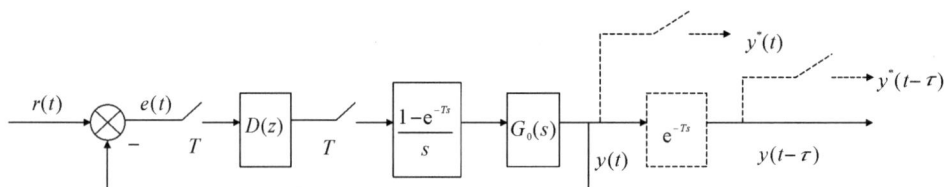

图 3.1　计算机控制系统典型结构图

从系统输出端的采样器上,我们仅能获得在采样瞬间上的输出 $y^*(t)$,当我们要确定所有时刻的输出响应时,可以在输出端加一个假想的延迟环节 $\mathrm{e}^{-\tau s}$,它使输出 $y(t)$ 延迟,并使我们能获取到采样瞬间之间的信息,其中 $\tau=\lambda T(0<\lambda<1)$。

为了弄清这一点,我们考察图 3.1 所示的输出信号。图 3.2(a) 使系统的连续输出 $y(t)$,用 $\mathscr{Z}$ 变换法只能获得 $y(t)$ 在采样瞬间 $T,2T,3T,\cdots$ 上的值 $y^*(t)$。在图 3.2(b) 中,这个信号在采样之前被延迟了 $\tau=\lambda T$,而从采样器上得到了信号 $y(t)$,在 $t=T-\tau,2T-\tau,3T-\tau$,$\cdots$ 上的值,当 λ 由 $0\to1$,即 τ 由 $0\to T$,我们就能获得介于采样瞬间之间的任意时刻的输出值。

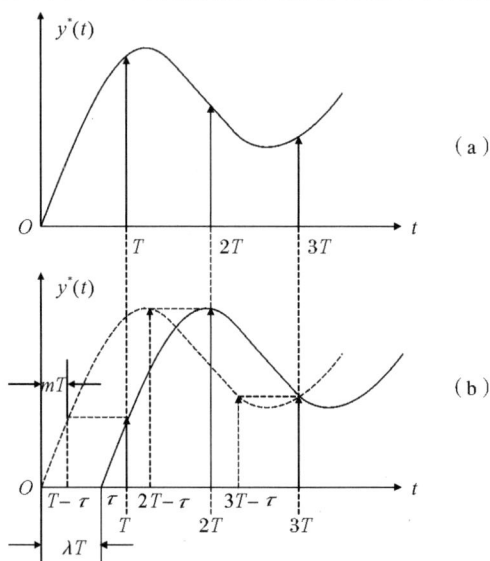

图 3.2　$y(t)$ 与 $y(t-\tau)$ 的采样

下面来定义广义 $\mathscr{Z}$ 变换,对假想延迟环节的输出 $y(t-\tau)$ 进行 $\mathscr{Z}$ 变换,则(注意到 $y(t-\tau)$ 的单边性)

$$\mathscr{Z}[y(t-\tau)] = y(T-\tau)z^{-1} + y(2T-\tau)z^{-2} + \cdots + y(kT-\tau)z^{-k} + \cdots \quad (3.2.1)$$

令 $m = 1 - \lambda = 1 - \dfrac{\tau}{T}(0 < m < 1)$,则

$$T - \tau = T\left(1 - \frac{\tau}{T}\right) = mT \quad (3.2.2)$$

于是,式(3.2.2) $\mathscr{Z}$ 变换可写成

$$\begin{aligned}
\mathscr{Z}[y(t-\tau)] &= y(mT)z^{-1} + y(T+mT)z^{-2} + \cdots + \\
&\quad y[(k-1)T+mT]z^{-k} + \cdots = \\
&\quad z^{-1}[y(mT) + y(T+mT)z^{-1} + \cdots + \\
&\quad y(kT+mT)z^{-k} + \cdots] = \\
&\quad z^{-1}\sum_{k=0}^{\infty} y(kT+mT)z^{-k}
\end{aligned} \quad (3.2.3)$$

式(3.2.3) 称为延时输出 $y(t-\tau)$ 的 $\mathscr{Z}$ 变换,或 $y(t)$ 的广义 $\mathscr{Z}$ 变换。

广义 $\mathscr{Z}$ 变换中,包含了参变数 m,而 $0 < m < 1$,一般又可写成下述形式:

$$\begin{aligned}
Z[y(t-\tau)] &= Y(z,m) = Z_m[y(t)] = Z[Y(s)\mathrm{e}^{-\tau s}] = Z_m[Y(s)] \\
&= z^{-1}\sum_{k=0}^{\infty} y(kT+mT)z^{-k}
\end{aligned} \quad (3.2.4)$$

这是考虑 m 的两种极端情况:

(1) $m = 0$(即 $\lambda = 1$),则

$$Y(z,0) = z^{-1}\sum_{k=0}^{\infty} y(kT)z^{-k} = z^{-1}Y(z) \quad (3.2.5)$$

也就是说,当 $m = 0$ 时,相当于输出信号延迟一个采样周期。

(2) $m = 1$(即 $\lambda = 0$),则

$$\begin{aligned}
Y(z,1) &= z^{-1}\sum_{k=0}^{\infty} y(kT+T)z^{-k} - y(0) = \sum_{k=0}^{\infty} y(kT+T)z^{-(k+1)} - y(0) \\
&= \sum_{k=0}^{\infty} y(k+1)Tz^{-(k+1)} - y(0) \\
&= Y(z) - y(0)
\end{aligned} \quad (3.2.6)$$

若 $y(0) = 0$,则 $Y(z,1) = Y(z)$。

这就是说,当 $m = 1$,并且初值 $y(0) = 0$ 时,$y(t)$ 的广义 $\mathscr{Z}$ 变换变为一般的 $\mathscr{Z}$ 变换。

【例 3.1】　$G_0(s) = \dfrac{\mathrm{e}^{-0.25s}}{s+1}$,$T = 1\,\mathrm{s}$,试求经过采样保持后的 $G_m(z)$。

解　$\tau = 0.25, T = 1 \Rightarrow \lambda = \dfrac{\tau}{T} = 0.25, m = 1 - \lambda = 0.75$

$$\begin{aligned}
G_m(z) &= Z[\mathrm{ZOH} \cdot G_0(z)] = (1-z^{-1})Z_m\left[\frac{1}{s(s+1)}\right] = (1-z^{-1})\left[\frac{1}{z-1} - \frac{\mathrm{e}^{-mT}}{z-\mathrm{e}^{-T}}\right] = \\
&\quad (1-z^{-1})\frac{(z-0.368) - (z-1)\mathrm{e}^{-0.75}}{(z-1)(z-0.368)} =
\end{aligned}$$

$$\frac{0.528z^{-1}(1+0.198z^{-1})}{1-0.368z^{-1}}$$

借助 MATLAB 工具,运行如下程序,可以更快捷地得出被控对象的广义z变换值。

```
clear all; clc;
ts = 1;   tau = 0.25;   L = floor(tau/ts);
Gs = tf([1],[1,1],'inputdelay',tau);
Gz = c2d(Gs,ts,'zoh');
delay = tf([1],[1 0],ts);
Gz = Gz * delay;
[num,den] = tfdata(Gz,'v');
Gz = filt(num,den,ts);
Gz = zpk(Gz);
```

3.3　计算机控制系统的 z 传递函数

线性离散系统的数学描述形式和线性连续系统的数学描述形式是相对应的,通常有差分方程、z 传递函数(又称脉冲传递函数)、单位脉冲响应序列(又称权序列)和离散状态空间表达式等四种数学描述形式,分别与连续系统的四种数学描述形式相对应。

离散系统的四种数学描述形式之间存在着密切的内在联系,并可以相互转换,这四种不同的数学描述形式的具体应用与系统建模、系统分析和系统设计时所采用的方法有关,通常是不同的方法采用不同形式的数学描述。

对于连续时间系统,采用拉氏变换,定义了 s 变换域传递函数,传递函数模型是系统的最重要的一类数学描述。与其相似,对于计算机(采样)控制系统可以定义 z 变换域的脉冲传递函数,通过脉冲传递函数来研究它们的性能。从应用上来说,由于 z 算子与时间有更为直接的联系,可以直接应用于计算机控制算法的计算,因此 z 传递函数在应用中更为方便。本节讲述求取计算机控制系统的 z 传递函数的方法。

3.3.1　z 传递函数的定义

与连续系统传递函数的定义类似,如果系统的初始条件为零,输入信号为 $r(t)$,经采样后 $r^*(t)$ 的 z 变换为 $R(z)$,连续部分输出为 $y(t)$,采样后 $y^*(t)$ 的 z 变换为 $Y(z)$,如图 3.3 所示。

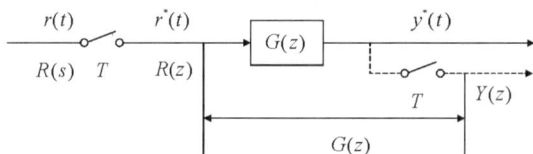

图 3.3　z 传递函数

z 传递函数定义为:输出采样信号的 z 变换与输入采样信号的 z 变换之比,用 $G(z)$ 表

示,即

$$G(z) = \frac{Y(z)}{R(z)} \tag{3.3.1}$$

若已知系统的 z 传递函数 $G(z)$ 及输入信号的 z 变换 $R(z)$,则由输出的采样信号就可求得

$$r^*(t) = z^{-1}[Y(z)] = z^{-1}[G(z)R(z)] \tag{3.3.2}$$

因此,求解 $r^*(t)$ 的关键就在于怎样求出系统的 z 变换函数 $G(z)$。

但是对于大多数实际系统来说,其输出往往是连续信号 $y(t)$,而不是采样信号 $y^*(t)$。在这种情况下,可在输出端虚设一个采样开关,如图 3.3 中虚线所示。它与输入端采样开关一样以周期 T 同步工作。若系统的实际输出 $y(t)$ 比较平滑,在采样点处无跳变,则可用 $y^*(t)$ 来近似描述系统的实际输出 $y(t)$。

3.3.2　计算机控制系统典型结构图

计算机控制系统的典型原理图如图 3.4 所示。在图 2.1 中,$r(t)$ 是给定模拟信号,$e(t)$ 是误差模拟信号,$e^*(t)$ 是误差量化信号,$u^*(t)$ 是控制量化信号,$u_h(t)$ 是控制模拟信号,$y(t)$ 是输出模拟信号。

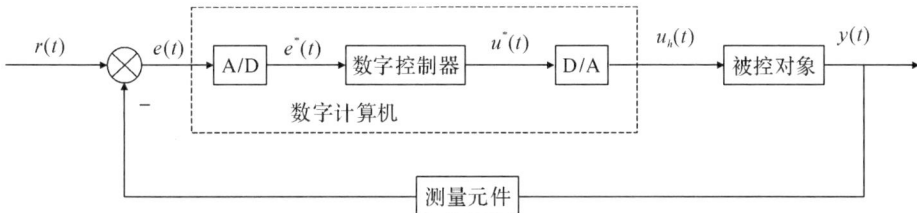

图 3.4　计算机控制系统典型原理图

计算机控制系统信号转换中假设采样编码过程是瞬时完成的,因此,可用理想脉冲的幅值等效代替数字信号的大小,则 A/D 转换器可以用周期为 T 的理想采样开关来代替。同理,将数字量转换为模拟量的 D/A 转换器可以用零阶保持器代替。其传递函数为 $G_h(s)$。在图 3.4 中数字控制器的功能是按照一定的控制规律,将采样后误差信号 $e^*(t)$ 加工成所需要的数字信号,并以一定的周期 T 给出运算后的数字信号 $u^*(t)$,所以数字控制器实质上是一个数字校正装置,在结构图中可以等效为一个传递函数为 $D(s)$ 的脉冲控制器和与一个周期为 T 的理想采样开关相串联,用采样开关每隔 T 秒的输出强度 $u^*(t)$ 来表示数字控制器每隔 T 秒输出的数字量 $u^*(t)$。再令被控对象的传递函数为 $G(s)$,测量元件的传递函数为 $H(s)$。

图 3.4 的等效采样系统结构图为图 3.5 所示的典型结构形式。

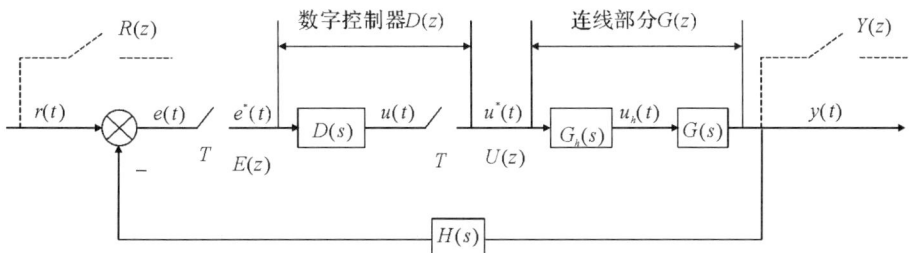

图 3.5　计算机控制系统典型结构图

在图 3.5 中,数字控制器的输入和输出皆为离散序列,因而可以用传递函数 $D(z)$ 来表示它的输出、输入之间的关系。如果能求出连续部分的等效 z 传递函数 $G(z)$,就能够求出系统的闭环 z 传递函数。

3.3.3　数字控制器的 z 传递函数

在图 3.5 计算机控制系统中,数字控制器就是在线执行控制算法程序的计算机,计算机将离散的误差信号 $e^*(t)$ 按照预先设计好的控制算法通过实时计算产生并输出相应的离散控制信号 $u^*(t)$。从系统观点来看,误差信号 $e^*(t)$ 为数字控制器的输入信号,控制信号 $u^*(t)$ 为数字控制器的输出信号,其输出与输入信号之间的动态关系是由计算机执行的控制算法决定的。

1. 在 z 域中设计的数字控制器的 z 传递函数

在 z 域中设计出的计算机控制系统的控制算法(或数字控制器)通常都是直接以 z 传递函数的形式给出,亦即计算机控制器的 z 传递函数:

$$D(z) = \frac{U(z)}{E(z)} = \frac{u_0 + u_1 z^{-1} + \cdots + u_m z^{-m}}{e_0 + e_1 z^{-1} + \cdots + e_l z^{-l}} \tag{3.3.3}$$

2. 在 s 域中设计的数字控制器的 z 传递函数

计算机具有很强的数据处理能力和逻辑判断能力,可以灵活地实现各种控制规律,因而广泛应用于各种过程控制中。当连续控制系统已经存在,要改为计算机控制时,最直接的方法就是通过某种近似,将连续控制器离散化为数字控制器,并由计算机来实现,用计算机代替模拟控制器,构成计算机控制系统。由于广大工程技术人员对 s 平面比 z 平面更为熟悉,因此数字控制器的连续化设计技术被广泛采用。

当设计新的计算机控制系统时,为了借用连续域系统分析、设计的成熟方法,经常采用先在连续域中设计控制器,再将其离散化,编程实现其控制律,达到设计目的。连续域中设计,离散化后实现,这就是计算机控制系统连续域—离散化设计的基本思想。这将在第 4 章重点介绍。

3.3.4　连续部分的 z 传递函数

计算机控制系统中的连续部分是由连续被控对象和保持器串联构成的,如图 3.5 所示。保持器的作用是滤除计算机输出的离散控制信号 $u^*(t)$ 的高频分量,获取其中有用的低频分量,同时将离散信号 $u^*(t)$ 转换为阶梯形连续信号。计算机控制系统通常都是采用零阶保持器,$G_h(s) = \dfrac{1 - \mathrm{e}^{-sT}}{s}$ 所以,连续部分的传递函数为

$$G(s) = G_h(s)G_0(s) = \frac{1 - \mathrm{e}^{-sT}}{s}G_0(s) \tag{3.3.4}$$

连续部分的输入是计算机给出的离散控制信号 $u^*(t)$,其输出是被控对象的连续输出信号 $y(t)$。由于连续输出信号 $y(t)$ 要经过采样和 A/D 转换后反馈到计算机中,所以感兴趣的是 $y(t)$ 在采样时刻 $0, T, 2T, \cdots$ 的值,即 $y(t)$ 的采样信号 $y^*(t)$。因此计算机控制系统中

的连续部分可以当作一个离散环节（或系统）来处理,用 z 传递函数来描述它的输出采样信号 $y^*(t)$ 与离散输入信号 $u^*(t)$ 之间的动态关系,如图 3.6 所示。

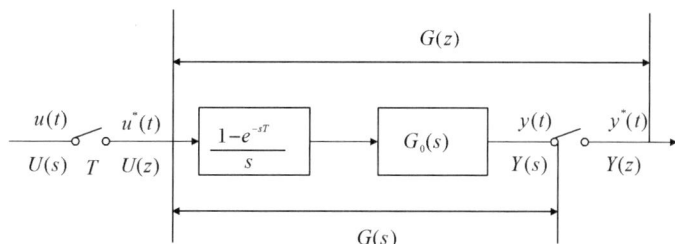

图 3.6　连续部分等效的 z 传递函数

按照 z 传递函数的定义,连续部分等效 z 传递函数为

$$G(z) = Z[G(s)] = Z\left[\frac{1-e^{-Ts}}{s}G_0(s)\right] \tag{3.3.5}$$

当连续部分的输入不是离散信号 $u^*(t)$,而是连续信号出 $u(t)$ 时,如图 3.7(a) 所示。

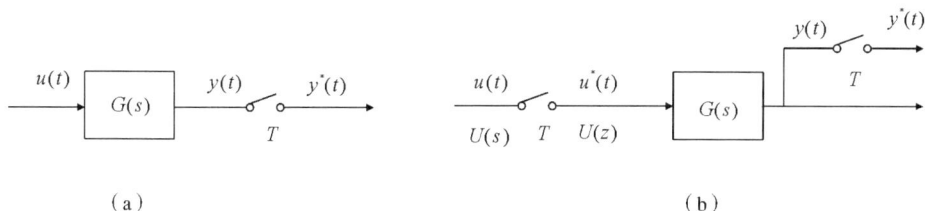

（a）　　　　　　　　　　　　　　　　　　　（b）

图 3.7　不同情况下连续环节的等效 z 传递函数

即便连续部分输出端有采样开关,连续部分也不能等效为离散环节（或系统）,当然不能用 z 传递函数来描述它的输出采样信号 $y^*(t)$ 与连续输入信号 $u(t)$ 之间的关系。这是因为在这种情况下,连续部分的输出采样信号 $y^*(t)$ 的 $\mathscr{Z}$ 变换为

$$Y(z) = \mathscr{Z}[Y(s)] = \mathscr{Z}[G(s)U(s)] = GU(z) \neq G(z)U(z) \tag{3.3.6}$$

显然,连续部分的输入 $u(t)$ 的 $\mathscr{Z}$ 变换不能从输出 $\mathscr{Z}$ 变换 $Y(z)$ 表示式(3.3.6)中分离出来,所以在这种情况下,虽然输出可以用 $\mathscr{Z}$ 变换表示,但是不存在 z 传递函数,而当连续部分的输入是离散信号 $u^*(t)$ 时,即便连续部分输出无采样开关,只要了解连续部分的输出 $y(t)$ 在采样时刻 $0,T,2T,\cdots$ 的值与输入 $u^*(t)$ 之间的动态关系,连续部分仍然可以等效为一个离散环节（或系统）。这种情况相当于在连续输出端设置一个虚拟采样开关,如图 3.7(b) 所示,这种情况下的连续部分的输出 $y^*(t)$ 与输入 $u^*(t)$ 之间的动态关系也可以用 z 传递函数来描述。

综上所述,可得到结论:① 若连续环节或系统的输入是连续信号,则不论其输出端有无采样开关,不可以等效为离散环节,其输出与输入之间的动态关系不能用 z 传递函数来描述,而且也不存在 z 传递函数;② 一个连续环节或系统只要其输入是离散信号,则不论其输出端有无采样开关,都可以等效为一个离散环节,而且其输出与输入之间的动态关系可用 z 传递函数来描述。

3.3.5　闭环 z 传递函数

在计算机闭环控制系统中既有离散信号（即采样信号）也有连续信号。求取闭环系统的

z 传递函数情况比较复杂,主要是因为闭环系统的环节多,而且采样开关的位置也不相同,这样,只能根据不同情况,分别推导。典型计算机控制系统的闭环 z 传递函数如图 3.8 所示。$D(z)$ 为数字控制器的脉冲传递函数,$G(z)$ 为零阶保持器与被控对象的传递函数。

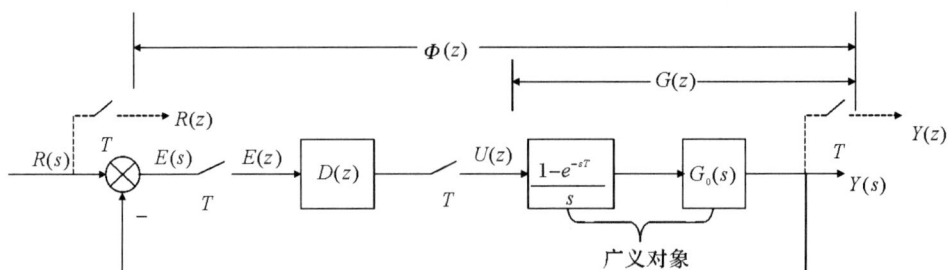

图 3.8 计算机控制系统的结构图

广义被控对象的 z 传递函数:

$$G(z) = Z\left[\frac{1-e^{-Ts}}{s}G_0(s)\right] = (1-z^{-1})\mathscr{Z}\left[\frac{G_0(s)}{s}\right] \tag{3.3.7}$$

系统闭环 z 传递函数:

$$\Phi(z) = \frac{Y(z)}{R(z)} = \frac{D(z)G(z)}{1+D(z)G(z)} \tag{3.3.8}$$

【例 3.2】 试推导图 3.9 所示计算机控制系统的闭环脉冲传递函数。

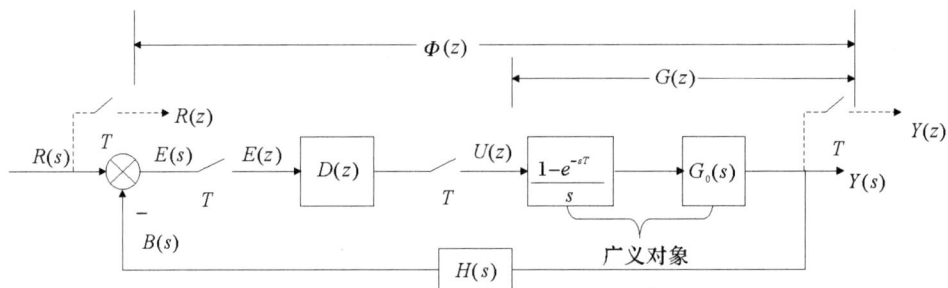

图 3.9 例 3.2 计算机控制系统的结构图

解 在图 3.9 中,由于误差通道有采样开关,所以输入信号 $R(s)$ 和反馈信号 $B(s)$ 均可获得采样信号,即

$$E(z) = R(z) - B(z) \tag{3.3.9}$$

而

$$B(z) = \mathscr{L}[G(s)H(s)]U(z) = GH(z)U(z) = GH(z)E(z)D(z) \tag{3.3.10}$$

将式(3.3.10)代入式(3.3.9),得

$$E(z) = R(z) - GH(z)E(z)D(z) \tag{3.3.11}$$

所以

$$E(z) = \frac{R(z)}{1+GH(z)D(z)} \tag{3.3.12}$$

而系统输出

$$Y(z) = G(z)U(z) = G(z)D(z)E(z) = \frac{G(z)D(z)}{1+GH(z)D(z)}R(z) \tag{3.3.13}$$

由式(3.3.13)得闭环系统的脉冲传递函数为

$$\Phi(z) = \frac{Y(z)}{R(z)} = \frac{D(z)G(z)}{1 + D(z)GH(z)} \qquad (3.3.14)$$

由式(3.3.14)系统输出 $\mathscr{Z}$ 变换的算式可看到,它的分子是前向通道 $R(s) \to Y(z)$ 所有独立环 $\mathscr{Z}$ 变换的荣积,分母是 1 加闭环回路所有独立环节 $\mathscr{Z}$ 变换的乘积,这与连续系统的计算方法一致的,只是采样系统以独立环节为计算传递函数的最小单位。

【例 3.3】　试推导图 3.9 所示系统的闭环脉冲传递函数。

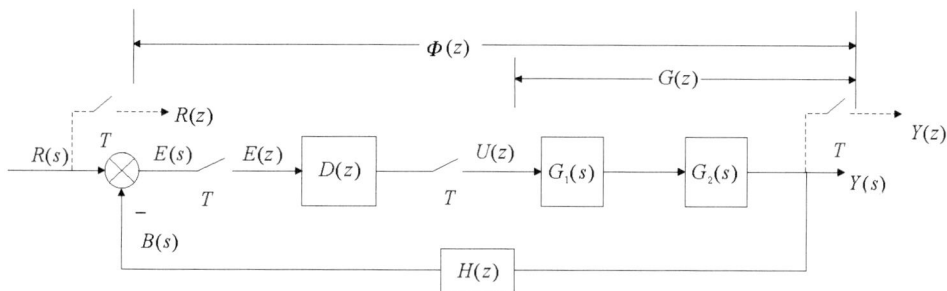

图 3.10　例 3.3 计算机控制系统的结构图

解　在输出端加一个虚拟采样开关,综合点之后的采样开关可等效为综合点之前 $R(s)$ 和 $Y(s)$ 分别有一个采样开关。这样:

$$E(z) = R(z) - B(z) \qquad (3.3.15)$$

$$B(z) = \mathscr{L}[G_1(s)G_2(s)H(s)]U(z) = G_1G_2H(z)U(z) = G_1G_2H(z)E(z)D(z)$$

$$(3.3.16)$$

将式(3.3.16)代入式(3.3.15),得

$$E(z) = R(z) - G_1G_2H(z)E(z)D(z) \qquad (3.3.17)$$

故

$$E(z) = \frac{R(z)}{1 + D(z)G_1G_2H(z)} \qquad (3.3.18)$$

而系统输出

$$Y(z) = \mathscr{L}[G_1(s)G_2(s)]U(z) = G_1G_2U(z) = G_1G_2(z)E(z)D(z) \qquad (3.3.19)$$

求得闭环系统的脉冲传递函数为

$$\Phi(z) = \frac{Y(z)}{R(z)} = \frac{D(z)G_1G_2(z)}{1 + D(z)G_1G_2H(z)} \qquad (3.3.20)$$

式(3.3.20)中,令 $1 + D(z)G_1G_2H(z) = 0$ 为闭环特征多项式。由式(3.3.19)可见 $Y(z)$ 的计算式符合例 3.2 所述计算规律。因此,无须更多的推导,闭环系统的输出 $\mathscr{Z}$ 变换可按以下公式直接写出:

$$Y(z) = \frac{\text{前向通道所有独立环节}\mathscr{Z}\text{变换的乘积}}{1 + \text{闭环回路中前向通道所有独立环节}\mathscr{Z}\text{变换的乘积}} \qquad (3.3.21)$$

3.4 计算机控制系统的性能指标

计算机控制系统,相对于一般控制系统而言,系统能实现最佳的性能指标。本节描述控制系统的基本性能指标,以及这些性能指标与系统的固有参数和设计参数的关系,从而为分析和设计控制系统提供依据。

1.性能指标

自动控制系统在动态阶段中,受控变量从一个稳态到另一个稳态随时间变化的过程称为过渡过程。过渡过程与干扰类型、幅值、组成自动控制系统各个环节特性等有关。

过渡过程分为非周期过程和振荡过程,如图 3.11 所示。

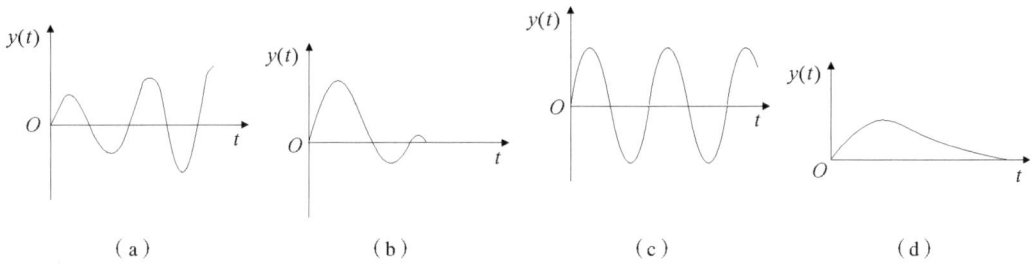

图 3.11 过渡过程图

(a)发散振荡;(b)衰减振荡;(c)等幅振荡;(d)非周期衰减

(1)发散振荡:系统不稳定,不允许存在,容易造成严重事故。

(2)等幅振荡:系统临界稳定,在实际系统中也是不允许的。

(3)衰减振荡:当控制器参数选择合适时,系统可以在比较短的时间内,以比较少的振荡次数,比较小的振荡幅度回复到给定值状态,得到比较满意的性能指标。

(4)非周期衰减:当控制器参数选择合适时,可以使系统既无振荡,又比较快地结束过渡过程。

性能良好的控制系统,在受到外来扰动作用或给定值发生变化后,应平稳、准确、迅速地回复(或趋近)到给定值上。

对控制系统的要求可概括为:①稳定性要求,系统必须是稳定的,这是最基本的要求;②准确性要求,系统应能提供尽可能好的稳态调节;③快速性要求,系统应能提供尽可能快的过渡过程。

计算机控制系统频域性能指标用稳定裕度来衡量闭环系统的相对稳定程度,时域指标有稳态误差、超调量、调节时间、峰值时间、衰减比和振荡周期等。

2.特征参数

下面以阶跃响应曲线的几个特征参数作为评价控制系统性能优劣的指标来进行分析。

以衰减振荡过程为例,在单位阶跃输入情况下,对于定值系统典型过程曲线如图 3.12

所示。

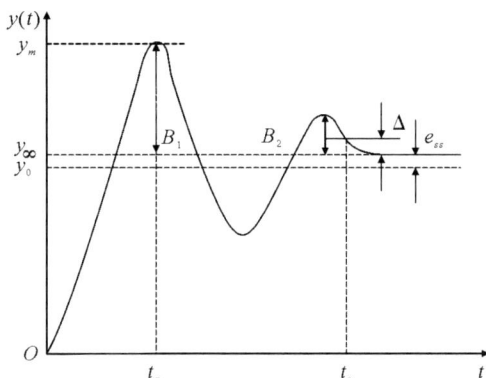

图 3.12　过渡过程性能指标示意图

（1）稳态误差 e_{ss}。

1）定义：稳态误差是输出量的稳态值与给定值的差值，即 $e_{ss} = y_{\infty} - y_0$。

对稳定系统而言，随着时间趋于无穷，系统的动态过程结束，动态分量将趋于零。根据拉氏变换终值定理，稳定的非单位反馈系统的稳态误差为

$$e_{ss} = \lim_{t \to \infty} e(t) = \lim_{s \to 0} sE(s) = \lim_{s \to 0} s \frac{R(s)}{1 + G(s)H(s)} \qquad (3.4.1)$$

由式（3.4.1）可知，控制系统的稳态误差与输入信号的形式和开环传递函数的结构有关。在输入信号形式确定后，系统的稳态误差就取决于以开环传递函数描述的系统结构。

2）工程意义：表示了控制精度，越小越好。稳态误差与控制系统本身的特性有关，也与系统的输入信号形式有关。

（2）衰减比 N。

1）衰减比：第一个波峰值与稳态值之差 B_1 跟第二个波峰值与稳态值之差 B_2 之比，即 $N = B_1/B_2$。

2）工程意义：反映过程稳定性的一个指标。表示过渡过程衰减快慢的程度。

$N > 1$ 为衰减振荡；$N = 1$ 为等幅振荡；$N < 1$ 为发散振荡；$N \gg 1$ 为非周期。工程上希望 $N = 4 \sim 10$。

（3）超调量。

1）超调量：超调量也叫最大偏差或过冲量，是第一个波峰值与稳态值之差除以稳态值的百分比。即 $\sigma = \dfrac{B_1}{y_{\infty}} \times 100\%$。

2）工程意义：反映过程稳定性的一个指标。表示系统过冲的程度，反映了系统动态过程的平稳性。

控制系统品质指标最大偏差（或超调量）表示被调参数动态偏离给定值的最大程度。最大偏差或超调量愈大，系统偏离生产规定的状态愈远，对一些有危险限制的控制系统是不允许的。例如：民航客机要求飞行平稳，不允许有超调；歼击机则要求机动灵活，响应迅速，允许有适当的超调。

（4）调节时间（恢复时间）t_s。

1)定义:控制系统受到扰动作用后,被控变量从原稳定状态回复到新的平衡状态所经历的最短时间。理论上过渡时间为无限长,在实际应用时,规定只要被控变量进入新的稳态值的 $\pm 5\%$ 或 $\pm 2\%$ 的范围,而且不再越出时为止所经历的最短时间。

2)工程意义:反映过程快慢、长短标志(快速性指标)。在衰减比 N 一定,相同情况下,t_s 越短,过程越快,适应性越强,质量越好。

(5)峰值时间 t_p。

1)定义:过渡过程到达第一个峰值所需要的时间。

2)工程意义:它反映了系统对输入信号反应的快速性。

(6)振荡周期 T。

1)定义:从第一个波峰到第二个波峰的时间。周期倒数为振荡频率。

2)工程意义:反映过程快慢的标志。在衰减比 N 一定情况下周期越短,频率越高。

由于被控对象的具体情况不同,各系统要求也有所侧重,而且同一个系统的稳定性、快速性、准确性的要求是相互制约的。

各指标之间关系具体如下:

1)有些是相互矛盾的,如超调量与过渡过程时间;

2)对于不同的控制系统,这些性能指标各有其重要性;

3)应根据具体要求,分清主次,统筹兼顾,保证优先满足主要的品质指标要求。

3.5　计算机控制系统的特性分析

和连续系统类似,计算机控制系统的性能可从时域特性和频域特性来分析,时域特性包括稳定性,稳态特性和动态响应特性,它们的定义和连续系统十分类似,但要性意它们的差别,尤其要注意采样周期的影响。离散系统的频率特性与连续系统有较大的不同,并且由于它不是 w 域的有理分式函数,所以连续系统中绘制对数频率特性的有效方法[伯德(Bode)图]不能简单地用于离散系统。

3.5.1　稳定性

对于线性时不变系统而言,无论是连续系统还是离散系统,所谓稳定性是指当扰动作用消失以后,系统恢复到原平衡状态的性能。若系统能恢复平衡状态,就称系统是稳定的;若系统在扰动作用消失以后,不能恢复平衡状态,则称系统是不稳定的。线性系统的稳定性是系统的固有特性,它与扰动信号的有无和强弱无关,而只取决于系统本身的结构参数。

在连续系统中,通常在 s 域就可以判断系统的稳定性。在离散系统中,相应地可在 z 域进行研究。为了研究计算机控制系统的稳定性,首先要搞清 s 平面和 z 平面的关系。

1. s 平面和 z 平面之间的映射关系

在 z 变换定义中,$z = \mathrm{e}^{-Ts}$ 给出了 s 域到 z 域之间的关系。s 域中的任意点可表示为 $s = \sigma + \mathrm{j}\omega$,映射到 z 域则为

$$z = \mathrm{e}^{(\sigma+\mathrm{j}\omega)T} = \mathrm{e}^{\sigma T}\,\mathrm{e}^{\mathrm{j}\omega T} \tag{3.5.1}$$

于是,s 域到 z 域之间的映射关系为

$$|z| = \mathrm{e}^{\sigma T}, \quad \angle z = \omega T \tag{3.5.2}$$

令 $\sigma = 0$,即 s 平面虚轴上的点,当 ω 从 $-\infty \rightarrow \infty$ 时,由式(3.5.2)可知,映射到 z 平面的轨迹是以原点为圆心的同心圆。只是当 s 平面上的点沿虚轴从 $-\infty$ 移到 ∞ 时,z 平面上的相应点已经沿着单位圆转过了无穷多圈。这是因为当 s 平面上的点沿虚轴从 $-\omega_s/2$ 移到 $\omega_s/2$ 时(ω_s 为采样角频率),z 平面上的相应点沿着单位圆从 $-\pi$ 逆时针变化到 π,正好转了一圈;而当 s 平面上的点沿虚轴从 $\omega_s/2$ 移到 $3\omega_s/2$ 时,z 平面上的相应点又将逆时针沿单位圆转过一圈。依次类推,如图 3.13 所示。由图可见,可以把 s 平面划分为无穷多条平行于实轴的周期带,其中从 $-\omega_s/2$ 到 $\omega_s/2$ 的周期带称为主要带,其余的周期带称为次要带。我们主要研究 s 左半平面上的主要带在 z 平面上的映射关系,可分为以下几种情况讨论。

(1)等 ω 线映射。等 ω 线映射也即等频率线映射。当 $\omega =$ 常数时,由式(3.5.2)可知,s 半面上的等 ω 水平线(与实轴的平行线),映射到 z 平面上的轨迹,是一簇从原点出发的射线,其相角 $\angle z = \omega T$ 从正实轴开始,如图 3.14 所示。由图可见,s 平面上 $\omega = \omega_s/2$ 的水平线,在 z 平面上正好映射为负实轴。

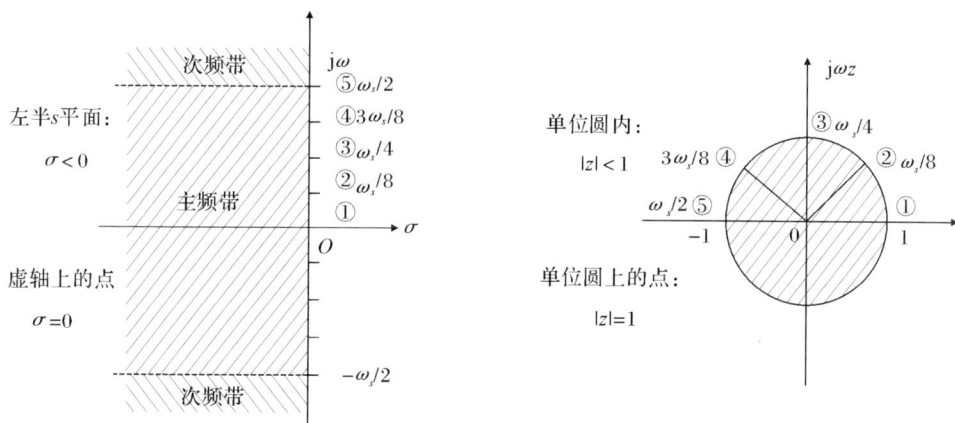

图 3.13　s 左半平面与虚轴上的点在 z 平面上的映射

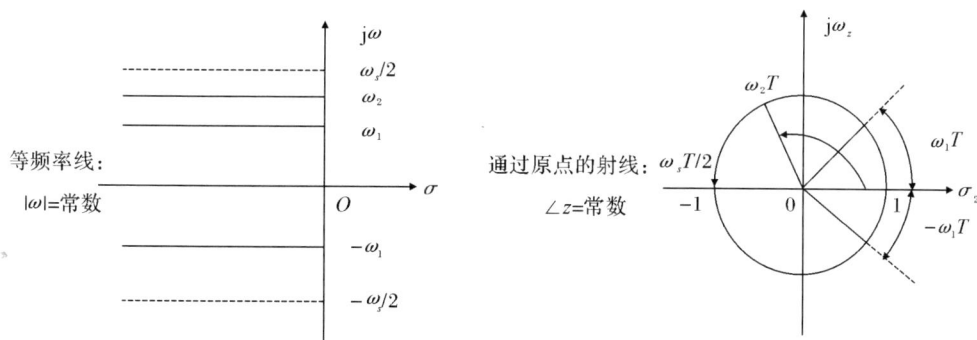

图 3.14　s 左半平面与 z 平面上的等 ω 轨迹

(2)等 σ 线映射。等 σ 线映射也即等衰减系数线,s 平面上的等 σ 垂线(与虚轴的平行线),映射到 z 平面上的轨迹,是以原点为圆心,以 $|z| = \mathrm{e}^{\sigma T}$ 为半径的圆,如图 3.15 所示。由于 s 平

面上的虚轴映射为 s 平面上的单位圆,所以 s 左半平面上等 σ 线映射为 z 平面上的同心圆,在单位圆内。

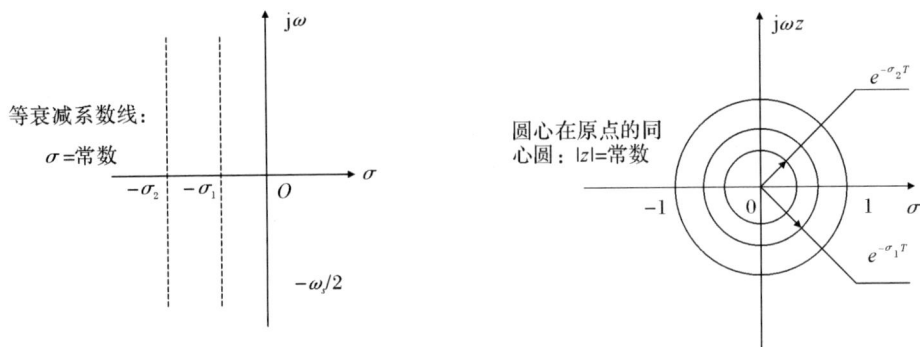

图 3.15 s 左半平面与 z 平面上的等 σ 轨迹

(3) 等 ζ 线映射。等 ζ 线映射也即等阻尼线,设 s 平面上有一对共轭复极点,它是二阶振荡系统特征方程 $s^2 + 2\zeta\omega_n s + \omega_n^2 = 0$ 的根:

$$s_{1,2} = -\sigma \pm j\omega_{d = -\zeta\omega_n} \pm j\omega_n\sqrt{1 - \zeta^2} \tag{3.5.3}$$

式中:ζ 为阻尼比;ω_n 为无阻尼自然振荡频率。图 3.16 表示了特征根与 σ、ζ、ω_n 和阻尼振荡频率 ω_d 之间的关系。从图中可知:

$$\zeta = \cos\beta \tag{3.5.4}$$

式(3.5.4)表示,阻尼比 ζ 相同的特征根轨迹是从原点出发的射线。在该射线上,特征根的实部可用其虚部 ω 来表示,即

$$s = \sigma + j\omega = -\omega\mathrm{ctg}\beta + j\omega \tag{3.5.5}$$

因此,等 ζ 线从 s 域到 z 域之间的映射关系为

$$|z| = e^{-(2\pi/\omega_s)\omega\mathrm{ctg}\beta}, \quad \angle z = 2\pi\omega/\omega_s \tag{3.5.6}$$

由式(3.5.6)可见,除 $\beta = 0°$ 和 $\beta = 90°$ 外,当 β 为常数时,s 左半平面上等 ζ 线,映射为 z 平面上单位圆内一簇收敛的对数螺旋线,其起点为 z 平面上正实轴的 1 处,终点为 z 平面的原点。图 3.16 表示了 $\beta = 60°$ 的等 ζ 线映射关系。

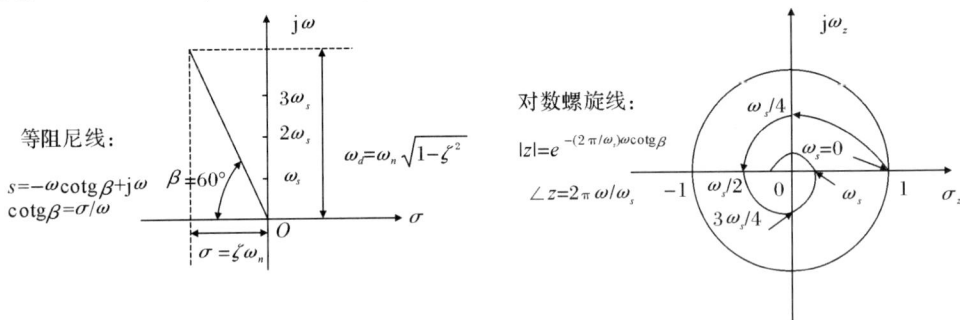

图 3.16 s 左半平面与 z 平面上的等 ζ 轨迹($\beta = 60°$)

当 $\beta = 0°$,即 $\zeta = 1$ 时,这是 s 平面负实轴,根据前面讨论的映射关系,螺旋线变为单位圆的上半周。

当 $\beta = 90°$,即 $\zeta = 0$ 时,这是 s 平面正实轴,它映射为 z 平面单位圆内的正实轴。

下面讨论 s 平面上周期带在 z 平面上的映射。设 s 平面上的主要带如图 3.17 所示，通过 $z = \mathrm{e}^{-Ts}$ 变换，映射为 z 平面上的单位圆及单位圆内的负实轴，如图 3.17 所示。

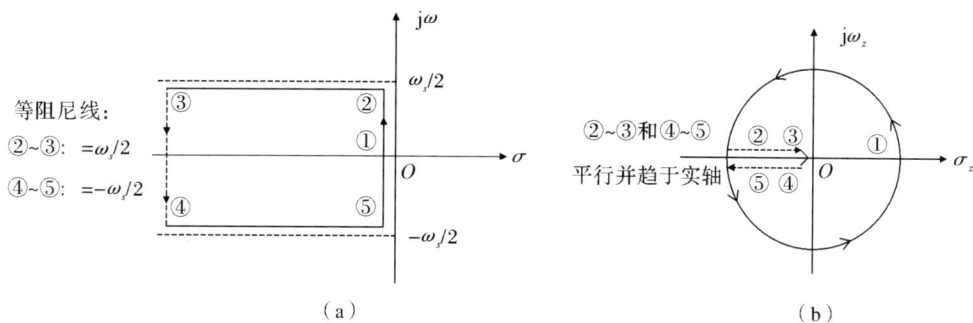

图 3.17　s 左半平面上的主要带在 z 平面上的映射

2. 计算机控制系统稳定的充要条件

连续系统稳定与否取决于闭环系统的特征根在 s 平面上的位置。若特征根全在 s 左半平面，则系统稳定，只要有一个根在 s 平面的右半平面或虚轴上，则系统不稳定。

设计算机控制系统闭环脉冲传递函数为

$$\Phi(z) = \frac{Y(z)}{R(z)} = \frac{y_m z^m + y_{m-1} z^{m-1} + \cdots + y_1 z + y_0}{r_n z^n + r_{n-1} z^{n-1} + \cdots + r_1 z + r_0} \tag{3.5.7}$$

若系统的输入为 δ 函数（代表瞬时扰动）$R(z) = \mathscr{Z}[\delta(t)] = 1$，系统输出 $Y(z)$ 为

$$Y(z) = \Phi(z)R(z) = \frac{y_m z^m + y_{m-1} z^{m-1} + \cdots + y_1 z + y_0}{r_n z^n + r_{n-1} z^{n-1} + \cdots + r_1 z + r_0} \tag{3.5.8}$$

设该脉冲传递函数有 n 个相异的极点 p_i，对式（3.5.8）进行部分分式分解，有

$$Y(z) = \frac{A_1 z}{z - p_1} + \frac{A_2 z}{z - p_2} + \cdots + \frac{A_n z}{z - p_n} \tag{3.5.9}$$

式（3.5.9）中，$A_i (i = 1, 2, \cdots, n)$ 是常数。式（3.5.9）的 $\mathscr{Z}$ 反变换后得

$$y(k) = A_1 p_1^k + A_2 p_2^k + \cdots + A_n p_n^k = \sum_{i=1}^{n} A_i p_i^k \tag{3.5.10}$$

根据系统稳定性定义，如果系统对 δ 函数的响应 $y(k)$，在 $k \to \infty$ 时衰减为零，即

$$\lim_{k \to \infty} y(k) = \lim_{k \to \infty} \sum_{i=1}^{n} A_i p_i^k = 0 \tag{3.5.11}$$

则离散系统是稳定的，为此，要求式（3.5.11）中每一个分量都要衰减为零，即

$$\lim_{k \to \infty} A_i p_i^k = 0 \tag{3.5.12}$$

由于 $A_i \neq 0$，为此要求每一特征根的模应小于 1，即位于单位圆中

$$|p_i| < 1, i = 1, 2, \cdots, n \tag{3.5.13}$$

上述结论对 $\Phi(z)$ 中有重根时也成立。

根据 s 平面和 z 平面的映射关系，计算机控制系统稳定的充要条件是：系统的特征根全部位于 z 平面的单位圆内 $|p_i| < 1$，只要有一个根在单位圆外 $|p_i| > 1$，系统就不稳定，若系统的根位于单位圆上 $|p_i| = 1$，系统处于临界稳定状态，亦称为系统不稳定。

3.采样周期 T 和开环增益对计算机控制系统稳定性的影响

离散系统的开环脉冲传递函数与采样周期 T 有关,采样周期的大小不仅影响系统动态性能的好坏,而且还关系到系统能否稳定。随着 T 的改变,开环零极点的位置也会改变,根轨迹也相应变化。

为简单起见,下面通过例子来说明这个问题。

【例 3.4】 设连续二阶控制系统和它所对应的离散二阶控制系统分别如图 3.18 所示。试分析采样周期 T 取不同值时这两个系统的。

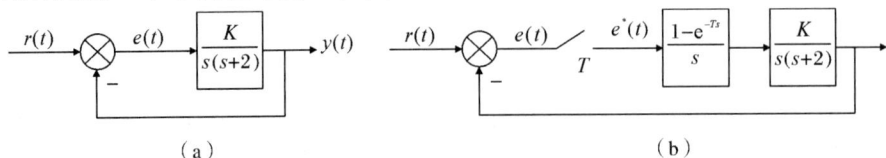

图 3.18　二阶控制系统结构图

(a) 连续系统;(b) 离散系统

解　连续系统开环脉冲传递函数为

$$G(s) = \frac{K}{s(s+2)}$$

数字控制系统开环脉冲传递函数为

$$G(z) = \mathscr{Z}\left[\frac{1-\mathrm{e}^{-Ts}}{s}\frac{K}{s(s+2)}\right] = K_z \frac{z + \dfrac{1-\mathrm{e}^{-2T}-2T\mathrm{e}^{-2T}}{2T+\mathrm{e}^{-2T}-1}}{(z-1)(z-\mathrm{e}^{-2T})}$$

其根轨迹增益

$$K_z = (T + 0.5\mathrm{e}^{-2T} - 0.5)K$$

取 $K = 10$,采样周期 $T = 0.1$ s,则系统开环零、极点分别为 $z_1 = -0.936$;$p_1 = 1$,$p_2 = 0.819$;则系统闭环零、极点分别为 $z_1 = -0.936$;$p_1 = 0.8860 + 0.2786\mathrm{i}$,$p_2 = 0.8860 - 0.2786\mathrm{i}$。

所以,采样周期 $T = 0.1$ s 时,该系统稳定。

执行如下仿真程序,得仿真结果如图 3.19 所示。

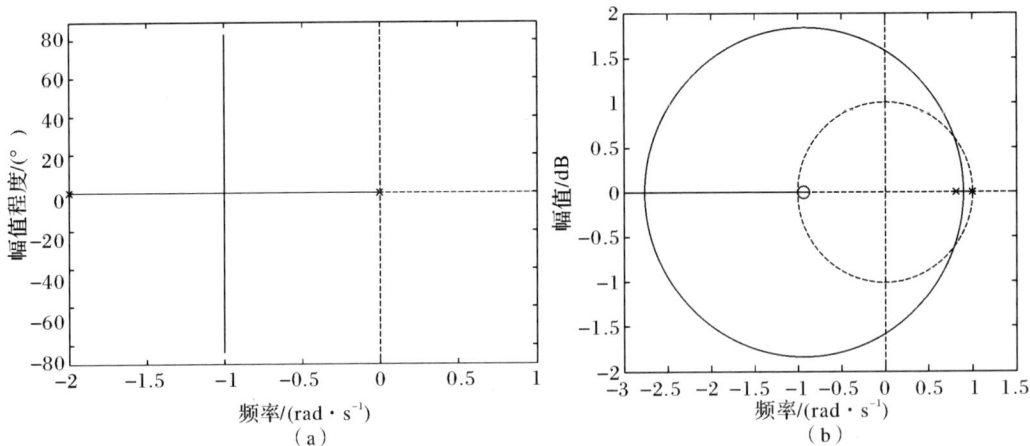

图 3.19　例 3.4 的系统根轨迹图

(a) 连续系统根轨迹图;(b) 离散系统根轨迹图($T = 0.1$ s)

```
clear all;close all;
sys = tf(10,[1 2 0]);
figure(1);rlocus(sys);
ts = 0.1;
dsysc = c2d(sys,ts,'z');
figure(2);rlocus(dsysc);
```

从图 3.19 中可以看出：① 在 $z = 1$ 处有一个开环极点，它同属于 I 型系统，说明连续系统离散化后不改变系统的类型；② 根轨迹增益 $K_z > 0.388\ 9$（相当于开环增益 $K > 41.53$）时，系统不稳定，如图 3.20 所示。说明连续系统离散化后稳定性会变差；③ 在稳定区域内，随 K 增大，σ_p 和 t_s 增大，t_r 减小。

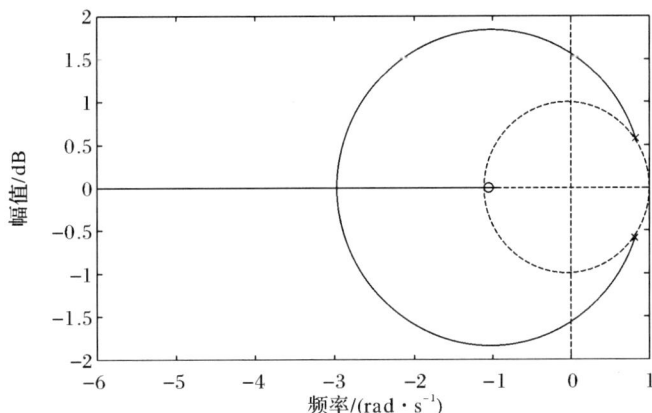

图 3.20　例 3.4 的闭环系统根轨迹图（$T = 0.1$ s，$K = 41.53$）

若取 $K = 10$，采样周期 $T = 2$ s，则系统开环零、极点分别为 $z_1 = -0.301\ 0$；$p_1 = 1$，$p_2 = 0.018\ 3$；则系统闭环零、极点分别为 $z_1 = -0.301\ 0$；$p_1 = -6.155\ 6$，$p_2 = -0.371\ 9$。

所以，采样周期 $T = 2$ s 时，其中 $|p_1| > 1$，即位于单位圆外，该系统不稳定。如图 3.21 所示。

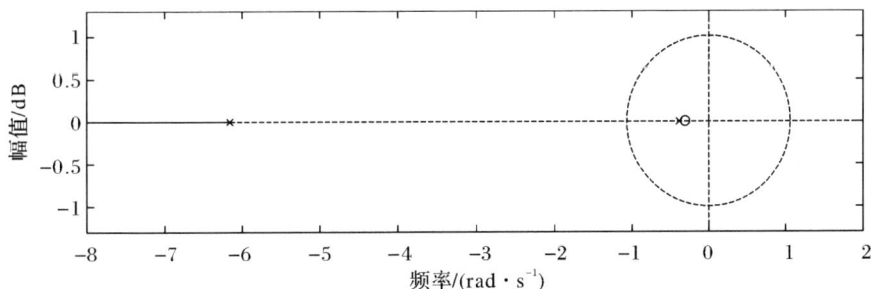

图 3.21　例 3.4 的闭环系统根轨迹图（$T = 2$ s，$K = 10$）

从图 3.21 中这个例子可以看出，一个原来稳定的离散反馈系统，当加大采样周期时，如超过一定程度，系统就会不稳定。这说明增大采样周期对系统稳定不利，而减小采样周期对稳定有利。当 $T \to 0$ 时，采样系统就成为连续系统了。这也说明，稳定的连续系统经采样后的数字系统不一定稳定。

对于例 3.4 中，采样周期 T 与系统临界增益 K 有关。采样周期 T 增大，临界增益 K 降低。

令 $K = 10$ 时,T 变化时闭环系统的根轨迹如图 3.22 所示。从图 3.22 中可以看出,随 T 增加,σ_p 和 t_s 也增加,t_r 减小。

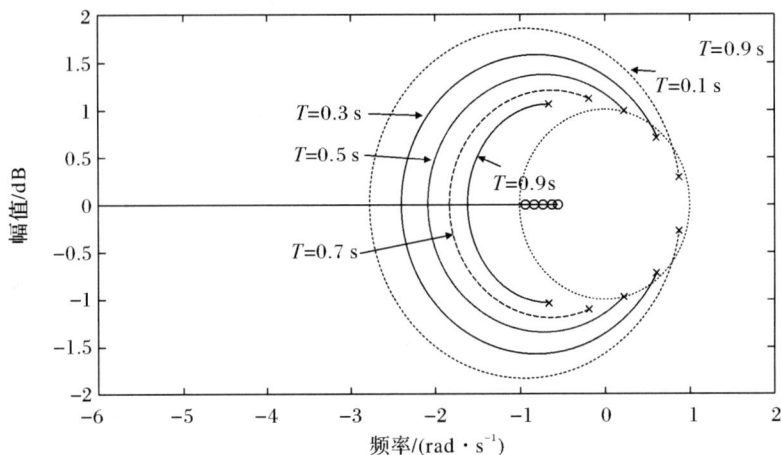

图 3.22 T 变化时闭环系统的根轨迹图

4. 计算机控制系统的稳定性判据

为了解系统的稳定性,就需要求出它的全部特征根,但这对高阶系统是很困难的。计算机控制系统的稳定性通过直接求出系统特征方程的根来判断;判断系统稳定性并不必求出特征根的具体数值,而只要了解特征根的位置就可以了。

连续系统中的劳思稳定判据,实质上是用来判断系统特征方程的根是否都在左半 s 平面。而在计算机控制系统中需要判断系统特征方程的根是否都在 z 平面的单位圆内。因此连续系统的稳定性代数判据不能用于计算机控制系统,也就是说在 z 域中不能直接套用劳思稳定判据,必须引入 z 域到 w 域的线性变换,使 z 平面单位圆内的区域,映射成 w 平面上的左半平面,这种新的坐标变换,称为 w 变换。

(1)w 变换与 w 域中的劳思判据。

若令

$$z = \frac{1 + w}{1 - w} \tag{3.5.14}$$

则有

$$w = \frac{z - 1}{z + 1} \tag{3.5.15}$$

式(3.5.14)与式(3.5.15)表明,复变量 z 与 w 互为线性变换,故 w 变换也称双线性变换。令复变量

$$z = x + \mathrm{j}y, w = u + \mathrm{j}v \tag{3.5.16}$$

代入式(3.5.15),得

$$u + \mathrm{j}v = \frac{(x^2 + y^2) - 1}{(x - 1)^2 + y^2} - \mathrm{j}\frac{2y}{(x - 1)^2 + y^2} \tag{3.5.17}$$

则有

$$u = \frac{(x^2 + y^2) - 1}{(x - 1)^2 + y^2} \tag{3.5.18}$$

由于式(3.5.18)的分母$(x-1)^2+y^2$始终为正,因此可得:

1)$u=0$等价为$x^2+y^2=1$,表明w平面的虚轴对应于z平面的单位圆周;

2)$u<0$等价为$x^2+y^2<1$,表明左半w平面对应于z平面单位圆内的区域;

3)$u>0$等价为$x^2+y^2>1$,表明右半w平面对应于z平面单位圆外的区域。

z平面和w平面的这种对应关系,如图 3.23 所示。

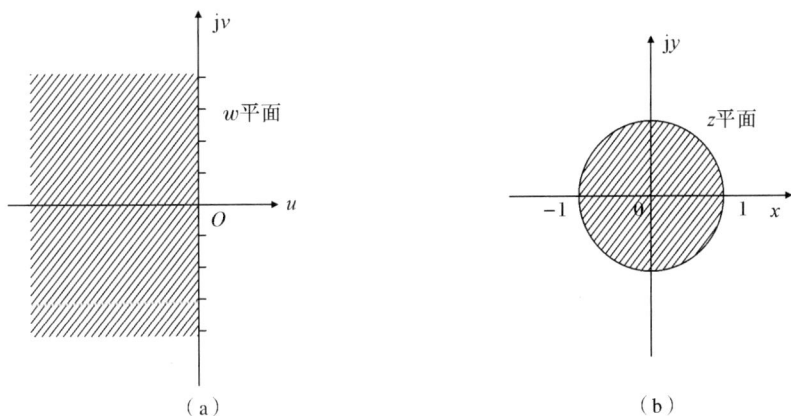

（a）　　　　　　　　　　　　　　　（b）

图 3.23　z 左半平面与 w 平面上的对应关系

根据w变换,通过式(3.5.14)可将线性定常离散系统在z平面上的特征方程$1+\mathrm{GH}(z)=0$,转化为在w平面上的特征方程$1+\mathrm{GH}(w)=0$。

于是,离散系统稳定的充分必要条件,由判别特征方程$1+\mathrm{GH}(z)=0$的所有根是否位于z平面上的单位圆内,转换为判别特征方程$1+\mathrm{GH}(w)=0$的所有根是否位于左半w平面。这在w平面上的判别,正好与在s平面上应用劳思稳定判据的情况一样,所以根据w域中的特征方程系数,可以直接应用劳思判据判断计算机控制系统的稳定性,称为w域中的劳思稳定判据。

【例 3.5】　设离散二阶控制系统结构图如图 3.24 所示。其中$G(s)=\dfrac{K}{s(0.1s+1)}$,采样周期$T=0.1\,\mathrm{s}$,试分析系统稳定时$K$的临界值。

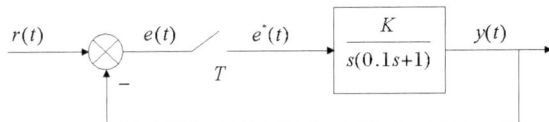

图 3.24　变换离散系统

解　先求解被控对象$G(s)$的$\mathscr{Z}$变换:

$$G(z)=\mathscr{Z}\left[\frac{K}{s(0.1s+1)}\right]=\frac{0.632Kz}{z^2-1.368z+0.368}$$

闭环特征方程为

$$1+G(z)=z^2+(0.632K-1.368)z+0.368=0$$

令$z=\dfrac{1+w}{1-w}$,得

$$\left(\frac{1+w}{1-w}\right)^2+(0.632K-1.368)\left(\frac{1+w}{1-w}\right)+0.368=0$$

化简后,得w域特征方程

$$0.632Kw^2 + 1.264w + (2.736 - 0.632K) = 0$$

列出劳思表

$$\begin{array}{lll} w^2 & 0.632K & 2.736 - 0.632K \\ w^1 & 1.264 & 0 \\ w^0 & 2.736 - 0.632K \end{array}$$

从劳思表第一列系数可以看出,为保证系统稳定,必须有 $0 < K < 4.33$,故系统稳定的临界增益 $K = 4.33$。

借助 MATLAB 工具,运行如下程序,可以更快捷地判定系统稳定的临界增益值,如图 3.25 所示,根据根轨迹穿越单位圆的点求得系统稳定的临界增益 $K = 4.33$。

```
clear all;close all;clc;
sys = tf(1,conv([1 0],[0.1 1]));
ts = 0.1;
dsys = c2d(sys,ts,'impulse');
sys = feedback(dsys,1);
figure(1);rlocus(dsys);figure(2);rlocus(sys);
```

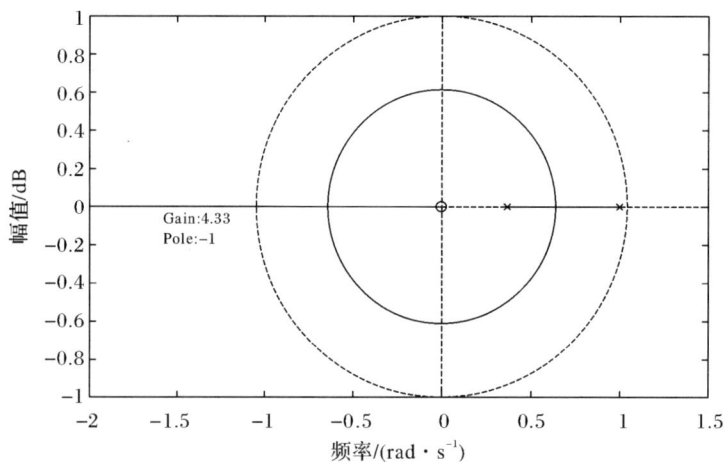

图 3.25 例 3.5 离散系统的根轨迹图

闭环离散系统的根轨迹图如图 3.26 所示。

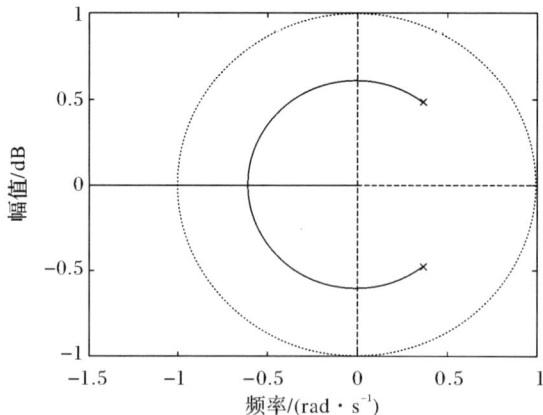

图 3.26 例 3.5 闭环离散系统的根轨迹图

（2）朱利稳定判据。

朱利判据是一个判断特征根的模值是否小于 1 的判据。直接在 z 域内应用的稳定判据，根据离散系统闭环特征方程 $\Delta(z)$ 的系数，判别其根是否位于 z 平面上的单位圆内，从而判断系统是否稳定。

设线性定常离散系统的闭环特征方程为

$$\Delta(z) = a_0 + a_1 z + a_2 z^2 + \cdots + a_{n-1} z^{n-1} + a_n z^n = 0 \qquad (3.5.19)$$

式中：$a_n > 0$。

排出朱利阵列见表 3.1，其中第一行是特征方程的系数，偶数行的元素是齐次行元素的反顺序排列。

表 3.1 朱利阵列表

行 数	z^0	z^1	z^2	z^3	$\cdots$	z^{n-k}	$\cdots$	z^{n-1}	z^n
1	a_0	a_1	a_2	a_3	$\cdots$	a_{n-k}	$\cdots$	a_{n-1}	a_n
2	a_n	a_{n-1}	a_{n-2}	a_{n-3}	$\cdots$	a_k	$\cdots$	a_1	a_0
3	b_0	b_1	b_2	b_3	$\cdots$	b_{n-k}	$\cdots$	b_{n-1}	
4	b_{n-1}	b_{n-2}	b_{n-3}	b_{n-4}	$\cdots$	b_{k-1}	$\cdots$	b_0	
5	c_0	c_1	c_2	c_3	$\cdots$	c_{n-2}			
6	c_{n-2}	c_{n-3}	c_{n-4}	c_{n-5}	$\cdots$	c_0			
$\vdots$	$\vdots$	$\vdots$	$\vdots$	$\vdots$					
$2n-5$	p_0	p_1	p_2	p_3					
$2n-4$	p_3	p_2	p_1	p_0					
$2n-3$	q_0	q_1	q_2						

阵列中的各元素定义如下：

$$\left.\begin{aligned}
b_k &= \begin{vmatrix} a_0 & a_{n-k} \\ a_n & a_k \end{vmatrix}; & k &= 0,1,2\cdots,n-1 \\
c_k &= \begin{vmatrix} b_0 & b_{n-k-1} \\ b_{n-1} & b_k \end{vmatrix}; & k &= 0,1,2\cdots,n-2 \\
d_k &= \begin{vmatrix} c_0 & c_{n-k-2} \\ c_{n-2} & c_k \end{vmatrix}; & k &= 0,1,2\cdots,n-3 \\
&\cdots\cdots \\
q_0 &= \begin{vmatrix} p_0 & p_3 \\ p_3 & p_0 \end{vmatrix}, q_1 = \begin{vmatrix} p_0 & p_2 \\ p_3 & p_1 \end{vmatrix}, q_2 = \begin{vmatrix} p_0 & p_1 \\ p_3 & p_2 \end{vmatrix}
\end{aligned}\right\} \qquad (3.5.20)$$

则线性定常离散系统稳定的充要条件为

$$\Delta(1) > 0, \Delta(-1) \begin{cases} > 0, \text{当 } n \text{ 为偶数时} \\ < 0, \text{当 } n \text{ 为奇数时} \end{cases} \qquad (3.5.21)$$

且以下 $n-1$ 个约束条件成立

$$|a_0| < |a_n|, \ |b_0| > |b_{n-1}|, \ |c_0| > |c_{n-2}|, \ |d_0| > |d_{n-3}|, \cdots, |q_0| > |q_2| \qquad (3.5.22)$$

当以上诸条件均满足时,离散系统才是系统稳定的,否则系统不稳定。

【例 3.6】 设二阶计算机控制系统结构图如图 3.27 所示。其中 $G(s) = \dfrac{K}{s(s+1)}$,采样周期 $T = 1$ s,试分析系统稳定时 K 的临界值。

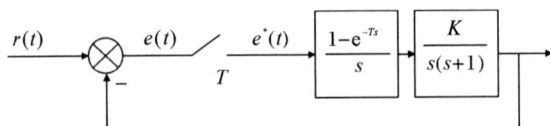

图 3.27 二阶计算机控制系统结构图

解 系统的开环脉冲传递函数为

$$G(z) = (1 - z^{-1}) \mathscr{Z}\left[\frac{K}{s^2(s+1)}\right] = K\frac{0.368z + 0.264}{z^2 - 1.368z + 0.368}$$

系统的闭环特征方程为

$$\Delta(z) = 1 + G(z) = z^2 + (0.368K - 1.368)z + (0.368 + 0.264K) = 0$$

代入离散系统稳定的充要条件得

1) $|\Delta(0)| = |0.368 + K| < 0.264$,有 $-5.18 < K < 2.39$。

2) $\Delta(1) = 1 + (0.368K - 1.368) + (0.368 + 0.264K) > 0$,有 $K > 0$。

3) $|\Delta(-1)| = 1 - (0.368K - 1.368) + (0.368 + 0.264K) > 0$,有 $K < 26.3$。

取以上 3 个条件的共集,可得使系统稳定的临界增益 K 值范围 $0 < K < 2.39$。

借助 MATLAB 工具,运行如下程序,可以更快捷的判定系统稳定的临界增益值,如图 3.28 所示,根据根轨迹穿越单位圆的点求得系统稳定的临界增益 $K = 2.39$。

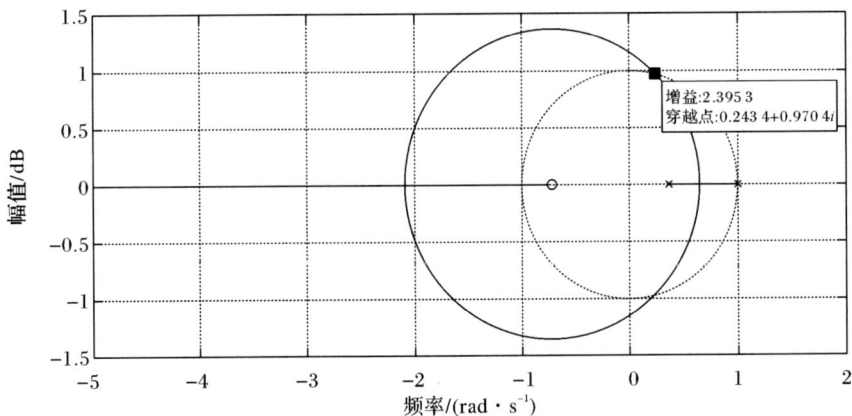

图 3.28 例 3.6 计算机控制系统的根轨迹图

```
clear all;close all;clc;
sys = tf(1,[1 1 0]);
ts = 1;
dsysc = c2d(sys,ts,'z')
sys = feedback(dsysc,1);
```

figure(1);rlocus(dsysc);

figure(2);rlocus(sys);

闭环计算机控制系统的根轨迹图如图 3.29 所示。

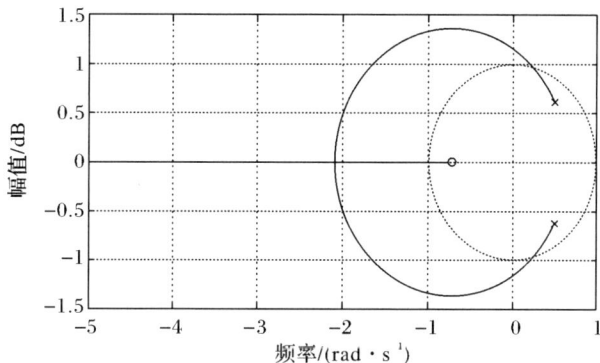

图 3.29   例 3.6 闭环计算机控制系统的根轨迹图

3.5.2   计算机控制系统稳态误差分析

在连续系统中,稳态误差的计算可以利用两种方法进行:一种是建立在拉氏变换终值定理基础上的计算方法,可以求出系统的稳态误差;另一种是从系统误差传递函数出发的动态误差系数法,可以求出系统动态误差的稳态分量。这两种计算稳态误差的方法,在一定条件下都可以推广到离散系统。与连续系统不同的是,离散系统的稳态误差只对采样点而言。

1.计算机控制系统稳态误差定义(利用终值定理)

设单位反馈离散系统如图 3.30 所示。

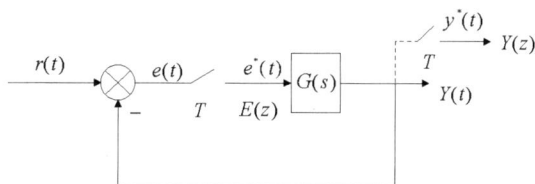

图 3.30   离散系统结构图

系统误差脉冲传递函数为

$$\Phi_e(z) = \frac{E(z)}{R(z)} = \frac{1}{1 + G(z)} \tag{3.5.23}$$

$$E(z) = \Phi_e(z) R(z) = \frac{1}{1 + G(z)} R(z) \tag{3.5.24}$$

如果系统稳定,则可用 z 变换的终值定理求出采样瞬时的稳态误差:

$$e(\infty) = \lim_{t \to \infty} e^*(t) = \lim_{z \to 1}(1 - z^{-1})E(z) = \lim_{z \to 1} \frac{(z-1)}{1 + G(z)} R(z) \tag{3.5.25}$$

式(3.5.25)表明,线性定常离散系统的稳态误差,与系统本身的结构和参数有关,而且与输入序列的形式及幅值有关。除此之外,还与采样周期 T 的选取也有关。

【例3.7】 设离散系统结构图如图3.30所示。其中 $G(s) = \dfrac{1}{s(s+1)}$,采样周期 $T = 1\text{ s}$,试针对输入连续信号 $r(t)$ 分别为 $1(t)$ 和 t 时,求离散系统的稳态误差。

解 系统的开环脉冲传递函数为

$$G(z) = \mathscr{Z}[G(s)] = \frac{z(1 - \mathrm{e}^{-1})}{(z - 1)(z - \mathrm{e}^{-1})}$$

系统的误差脉冲传递函数为

$$\Phi_e(z) = \frac{1}{1 + G(z)} = \frac{(z - 1)(z - 0.368)}{z^2 - 0.736z + 0.368}$$

系统稳定,可以应用终值定理求稳态误差。

当 $r(t) = 1(t)$,相应 $r(nT) = 1(nT)$ 时,$R(z) = z/(z - 1)$,由式(3.5.25)求得

$$\Phi_e(z) = \lim_{z \to 1} \frac{(z - 1)(z - 0.368)}{z^2 - 0.736z + 0.368} = 0$$

当 $r(t) = t$,相应 $r(nT) = nT$ 时,$R(z) = Tz/(z - 1)^2$,由式(3.5.25)求得

$$\Phi_e(z) = \lim_{z \to 1} \frac{Tz(z - 0.368)}{z^2 - 0.736z + 0.368} = T = 1$$

2. 静态误差系数法

由 z 变换算子 $z = \mathrm{e}^{Ts}$ 关系式可知,如果开环传递函数 $G(s)$ 有 v 个 $s = 0$ 的极点,即 v 个积分环节,则与 $G(s)$ 相应的 $G(z)$ 必有 v 个 $z = 1$ 的极点。在连续系统中,把开环传递函数 $G(s)$ 具有 $s = 0$ 的极点数作为划分系统型别的标准,在离散系统中,对应把开环脉冲传递函数 $G(z)$ 具有 $z = 1$ 的极点数,作为划分离散系统型别的标准,类似把 $G(z)$ 中 $v = 0,1,2$ 的闭环系统,称为 0 型、1 型和 2 型离散系统等。

由图3.8所示系统的误差传递函数为

$$\Phi_e(z) = \frac{1}{1 + D(z)G(z)} \tag{3.5.26}$$

设

$$D(z)G(z) = \frac{1}{(z - 1)^v}W(z) \tag{3.5.27}$$

式中:$R(z)$ 中不含 $z = 1$ 的零极点。假设系统稳定,则稳态误差为

$$\begin{aligned}
e_{ss}^* &= \lim_{t \to \infty} e^*(t) = \lim_{z \to 1}(1 - z^{-1})E(z) = \\
&\lim_{z \to 1}(1 - z^{-1})\frac{1}{1 + D(z)G(z)}R(z) = \\
&\lim_{z \to 1}(1 - z^{-1})\frac{1}{1 + \dfrac{W(z)}{(z - 1)^v}}R(z)
\end{aligned} \tag{3.5.28}$$

利用式(3.5.28)分别讨论不同类型(v)的系统在不同输入下的稳态误差,见表3.2。

表 3.2 **系统类型与稳态误差的关系**

系统类型	加速度输入 位置误差 $r(t) = 1(t)$ $R(z) = \dfrac{z}{z-1}$	阶跃输入 速度误差 $r(t) = t \times 1(t)$ $R(z) = \dfrac{Tz}{(z-1)^2}$	速度输入 加速度误差 $r(t) = (t^2/2) \times 1(t)$ $R(z) = \dfrac{T^2 z(z+1)}{2 \ (z-1)^3}$
0	$K_p = \lim\limits_{z \to 1} D(z)G(z)$ $e_{ss}^* = \dfrac{1}{1+K_p}$	∞	∞
1	0	$K_v = \dfrac{1}{T} \lim\limits_{z \to 1}(z-1)D(z)G(z)$ $e_{ss}^* = \dfrac{1}{K_v}$	∞
2	0	0	$K_a = \dfrac{1}{T^2} \lim\limits_{z \to 1}(z-1)^2 D(z)G(z)$ $e_{ss}^* = \dfrac{1}{K_a}$

在离散系统中,系统的类型由开环脉冲传递函数中 $z = 1$ 的极点数(相当于连续系统 $G(s)$ 中 $s = 0$ 的极点数)来决定。

由表 3.2 可见,与连续系统相比较,离散系统的稳态误差不仅与系统本身的结构、参数有关,而且与采样周期 T 也有关。

3.5.3 计算机控制系统的动态特性分析

应用 z 变换法分析线性定常离散系统的动态性能,通常有时域法、根轨迹法和频域法,其中时域法最简便。本节主要介绍在时域中如何求取离散系统的时间响应,指出采样器和保持器对系统动态性能的影响,以及在 z 平面上定性分析离散系统闭环极点与其动态性能之间的关系。

1. 采样器和保持器对动态性能的影响

前面指出,采样器和保持器不影响开环脉冲传递函数的极点,仅影响开环脉冲传进函数的零点。但是,对闭环离散系统而言,开环脉冲传递函数零点的变化,必然引起闭环脉冲传递函数极点的改变,因此采样器和保持器会影响闭环离散系统的动态性能。下面通过一个具体例子定性说明这种影响。

设离散系统的闭环脉冲传递函数 $\Phi(z) = Y(z)/R(z)$,则系统单位阶跃 $R(z) = z/(z-1)$ 的 z 变换函数为

$$Y(z) = \frac{z}{z-1}\Phi(z) \qquad (3.5.29)$$

将式(3.5.29)展成幂级数,通过 z 反变换,可以求出输出信号的脉冲序列 $y^*(t)$。$y^*(t)$ 代表线性定常离散系统在单位阶跃输入作用下的响应过程。由于离散系统时域指标的定义与连续系统相同,故根据单位阶跃响应曲线 $y^*(t)$ 可以方便地分析离散系统的动态性能。

【**例** 3.8】 设二阶离散系统结构图如图 3.31 所示。其中 $r(t) = 1, G(s) = \dfrac{1}{s(s+1)}$，采样周期 $T = 1$ s，试分析系统的动态性能。

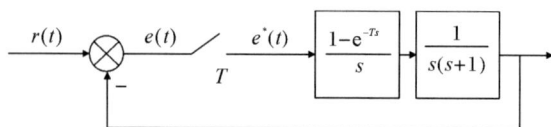

图 3.31 二阶离散系统结构图

解 系统的开环脉冲传递函数 $G(z)$ 为

$$G(z) = (1 - z^{-1}) \mathscr{Z}\left[\frac{1}{s^2(s+1)}\right] = \frac{0.368z + 0.264}{z^2 - 1.368z + 0.368}$$

闭环脉冲传递函数

$$\Phi(z) = \frac{G(z)}{1 + G(z)} = \frac{0.368z + 0.264}{z^2 - z + 0.632}$$

将 $R(z) = z/(z-1)$ 代入上式，求出单位阶跃序列响应的 z 变换，得

$$Y(z) = \Phi(z)R(z) = \frac{0.368z^{-1} + 0.264z^{-2}}{1 - 2z^{-1} + 1.632z^{-2} - 0.632z^{-3}}$$

通过长除法，将 $Y(z)$ 展成无穷幂级数

$$Y(z) = 0.367\ 9z^{-1} + z^{-2} + 1.4z^{-3} + 1.4z^{-4} + 1.147z^{-5} + 0.894\ 4z^{-6}$$
$$+ 0.801\ 5z^{-7} + 0.868\ 2z^{-8} + 0.993\ 7z^{-9} + 1.077z^{-10} + \cdots$$

则可得到系统的阶跃响应序列值 $y(nT)$ 为

$y(0) = 0$	$y(1) = 0.367\ 9$	$y(2) = 1$	$y(3) = 1.4$
$y(4) = 1.4$	$y(5) = 1.147$	$y(6) = 0.894\ 4$	$y(7) = 0.801\ 5$
$y(8) = 0.868\ 2$	$y(9) = 0.993\ 7$	$y(10) = 1.077$	$y(11) = 1.081$
$y(12) = 1.032$	$y(13) = 0.981\ 1$	$y(14) = 0.960\ 7$	$y(15) = 0.972\ 6$

离散系统的单位阶跃响应序列 $y(nT)$ 如图 3.32 中"*"所示，由响应序列值可以确定离散系统的近似性能指标：超调量 $\sigma\% = 40\%$，上升时间 $t_r = 2$，峰值时间 $t_p = 4$，调节时间 $t_s = 2$。

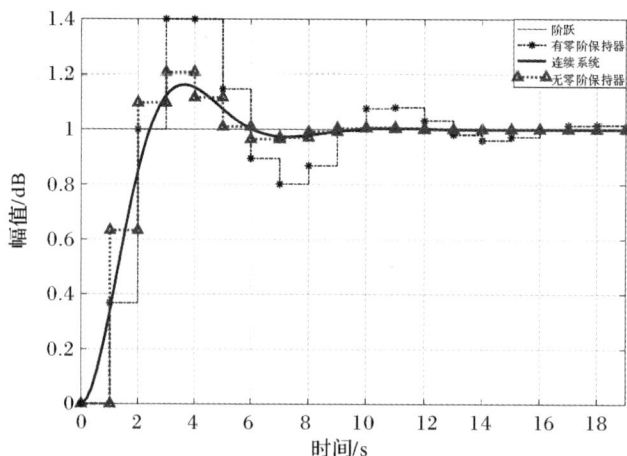

图 3.32 系统单位阶跃响应

应当指出,离散系统的时域性能指标只能按采样点上的值来计算,所以是近似的。

图 3.32 中同时绘出了相应无零阶保持器时离散系统的单位阶跃响应序列(图 3.32 中"△"所示),和连续系统的单位阶跃响应(图中实线所示)。可以看出,在相同条件下,由于采样损失了信息,与连续系统相比,离散系统的动态性能会有所降低。采样器和保持器对离散系统的动态性能影响如下:

(1)采样器可使系统的峰值时间和调节时间略有减小,但使超调量增大,故采样造成的信息损失会降低系统的稳定性。然而,在某些情况下,例如在具有大延迟的系统中,误差采样反而会提高系统的稳定性。

(2)零阶保持器使系统的峰值时间和调节时间都加长,超调量和振荡次数也增加。这是因为除了采样造成的不稳定因素外,零阶保持器的相角滞后降能了系统的稳定性。

(3)相对于无零阶保持器的离散系统,理论上其相角裕度会降低,稳定程度和动态性能会变差,但在实际系统中,用脉冲序列直接驱动被控对象是不合适的,一般都要经过零阶保持器,用连续的模拟量控制被控对象。

借助 MATLAB 工具,运行如下程序,可以更快捷地画出系统单位阶跃响应。

```
clear all;clc;
ts = 1; t = 20; d = t/ts;
Gs = tf([1],conv([1,0],[1 1]))
Gz = c2d(Gs,ts,'zoh');
[num,den] = tfdata(Gz,'v');
Gz = filt(num,den,ts);
phiz = minreal(Gz/(1+Gz));
Rs = tf([1],[1 0]);
Rz = c2d(Rs,ts,'imp');
yz = minreal(phiz * Rz);
[numy,deny] = tfdata(yz,'v');
zero = zeros(1,d);
y = filter(numy,deny,[1 zero]);
Yz = filter(numy,deny,[1 0 0 0 0 0 0 0 0 0 0 0 0 0 0 0 0 0 0 0 0]);
yz = tf([Yz],[1],ts,'variable','z^-1');
for k = 0:1:d
    rin(k+1) = 1;
    time(k+1) = k * ts;
end
stairs(time,rin,'r');hold on;stairs(time,y,'-.ob');hold on;
sys = feedback(Gs,1);
step(sys,20);
Gsyz = c2d(Gs,ts,'imp');
syz = feedback(Gsyz,1);
step(syz,'-.^r',20);
```

2. 系统极点分布与动态响应的关系

在连续系统中,如果已知传递函数的极点位置,便可估计出它对应的瞬态响应形状,这对分析系统性能很有帮助。在离散系统中,若已知脉冲传递函数的极点,同样也可估计出它对应的瞬态响应。

设闭环脉冲传递函数为

$$\Phi(z) = \frac{B(z)}{A(z)} = \frac{b_m z^m + b_{m-1} z^{m-1} + \cdots + b_1 z + b_0}{a_n z^n + a_{n-1} z^{n-1} + \cdots + a_1 z + a_0} = \frac{b_m}{a_m} \frac{\prod\limits_{i=1}^{m}(z - z_i)}{\prod\limits_{j=1}^{n}(z - p_j)} \quad (3.5.30)$$

式中:$z_i(i = 1, 2, \cdots, m)$,$p_j(j = 1, 2, \cdots, n)$ 分别为 $\Phi(z)$ 的零极点,且 $n \geqslant m$。为了便于讨论,假定 $\Phi(z)$ 无重极点。

当输入信号为 $r(t) = 1(t)$ 时,离散系统输出的 $\mathcal{Z}$ 变换

$$Y(z) = \Phi(z)R(z) = \frac{B(z)}{A(z)} \frac{z}{z-1} = \frac{B(1)}{A(1)} \frac{z}{z-1} + \sum_{j=1}^{n} \frac{c_j z}{z - p_j} \quad (3.5.31)$$

式中:

$$c_j = \frac{B(p_j)}{(p_j - 1)\dot{A}(p_j)}, \dot{A}(p_j) = \frac{\mathrm{d}A(p_j)}{\mathrm{d}z}\bigg|_{z = p_j}$$

在式(3.5.31)中,等号右端第一项的 $\mathcal{Z}$ 反变换为 $B(1)/A(1)$,是 $y^*(t)$ 的稳态分量,若 $B(1)/A(1) = 1$,则单位反馈离散系统在单位阶跃输入作用下的稳态误差为 0;第二项的 $\mathcal{Z}$ 反变换为 $y^*(t)$ 的瞬态分量。

若设脉冲传递函数 $G(z)$ 为

$$G(z) = \frac{c_j z}{z - p_j} \quad (3.5.32)$$

则 p_j 对应的瞬态分量为

$$y_j{}^*(t) = Z^{-1}\left[\frac{c_j z}{z - p_j}\right] \quad (3.5.33)$$

求 $G(z)$ 的 $\mathcal{Z}$ 反变换(即为它的脉冲响应)有

$$y(kT) = c_j p_j^k \quad (3.5.34)$$

式中:$c_j p_j^k$ 是收敛还是发散、振荡,取决于 p_j 在 z 平面上的分布。

若令 $a = \frac{1}{T}\ln p_j$,则式(3.5.34)可进一步写为

$$y_j(kT) = c_j \mathrm{e}^{akT} \quad (3.5.35)$$

下面分几种情况来讨论。

(1) 正实轴上的闭环单极点。

当 p_j 为正实数时,正实轴上的闭环极点对应的是指数规律变化的动态过程形式。

1) 若 $p_j > 1$,闭环单极点位于 z 平面上单位圆外的正实轴上,有 $a > 0$,故脉冲响应 $y_j(kT)$ 是按指数规律单调发散。

2) 若 $p_j = 1$,闭环单极点位于右半 z 平面上单位圆上,有 $a = 0$,故脉冲响应 $y_j(kT) = c_j$(常值),是等幅脉冲。

3）若 $0<p_j<1$，闭环单极点位于 z 平面上单位圆内的正实轴上，有 $a<0$，故脉冲响应 $y_j(kT)$，是按指数规律单调收敛，且 p_j 越接近原点，$|a|$ 越大，$y_j(kT)$ 收敛越快。

（2）负实轴上的闭环单极点。

设 p_j 为负实数。由式（3.5.34）可知，当 k 为奇数时 p_j^k 为负；当 k 为偶数时 p_j^k 为正。因此，负实数极点对应的脉冲响应 $y_j(kT)$ 是交替变号的双向脉冲。

1）若 $p_j<-1$，闭环单极点位于 z 平面上单位圆外的负实轴上，则 $y_j(kT)$ 是交替变号的发散脉冲。

2）若 $p_j=-1$，闭环单极点位于左半 z 平面上单位圆上，则 $y_j(kT)$ 是交替变号的等幅脉冲。

3）若 $-1<p_j<0$，闭环单极点位于 z 平面上单位圆内的负实轴上，则 $y_j(kT)$ 是交替变号的衰减脉冲或称振荡收敛，且 p_j 越接近原点，$y_j(kT)$ 衰减越快。

闭环极点分布与相应的动态响应形式之间的关系，如图 3.33（a）所示。

由图 3.33（a）可见，若闭环实数极点位于右半 z 平面，则输出动态响应形式为单向正脉冲序列。实极点位于单位圆内，脉冲序列收敛，且实极点越接近原点，收敛越快；实极点位于单位圆上，脉冲序列等幅变化；实极点位于单位圆外，脉冲序列发散；

若闭环实数极点位于左半 z 平面，则输出动态响应形式为双向交替脉冲序列。实极点位于单位圆内，双向脉冲序列收敛，且实极点越接近原点，收敛越快；实极点位于单位圆上，双向脉冲序列等幅变化；实极点位于单位圆外，双向脉冲序列发散；

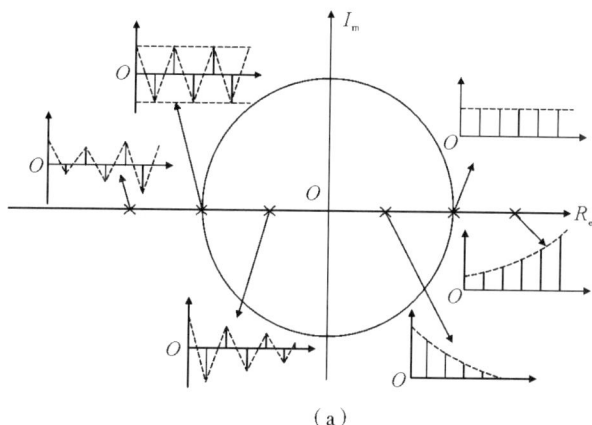

（a）

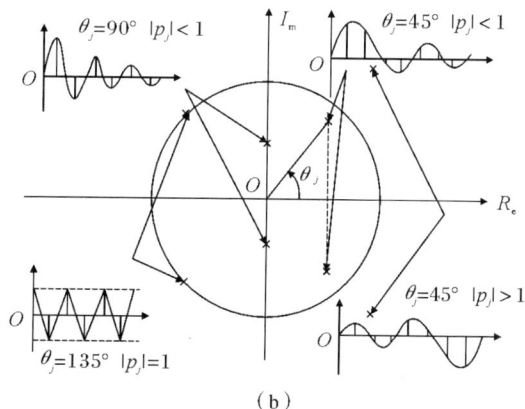

（b）

图 3.33 z 平面极点分布与相应的动态响应形式

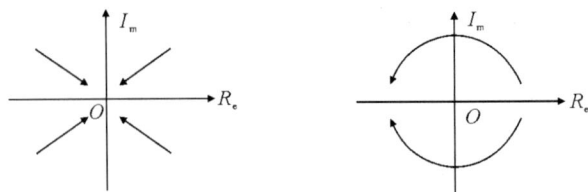

（c）

续图 3.33　z 平面极点分布与相应的动态响应形式

（a）闭环极点分布与相应的动态响应形式；（b）闭环共轭复数极点分布与相应的动态响应形式；
（c）瞬态分量随极点移动的变化趋势

（3）共轭复数极点。

设 p_j 和 $\bar{p}_j$ 为一对共轭复数极点，即

$$p_j, \bar{p}_j = |p_j| e^{\pm j\theta_j} \tag{3.5.36}$$

式中：θ_j 为共轭复数极点 p_j 的相角，从 z 平面上的正实轴算起，逆时针为正。显然，由式（3.5.31）可知，一对共轭复数极点对应的瞬态分量为

$$y_{j,\bar{j}}^*(t) = \mathscr{Z}^{-1}\left[\frac{c_j z}{z - p_j} - \frac{\bar{c}_j z}{z - \bar{p}_j}\right] \tag{3.5.37}$$

对式（3.5.37）求 $\mathscr{Z}$ 反变换有

$$y_{j,\bar{j}}(kT) = c_j p_j^k + \bar{c}_j \bar{p}_j^k \tag{3.5.38}$$

由于 $\Phi(z)$ 的分子多项式与分母多项式的系数均为实数，故 c_j 和 $\bar{c}_j$ 也一定是共轭复数。令

$$c_j = |c_j| e^{j\varphi_j}, \bar{c}_j = |c_j| e^{-j\varphi_j} \tag{3.5.39}$$

将式（3.5.39）和式（3.5.36）代入式（3.5.38），可得

$$\begin{aligned}
y_{j,\bar{j}}(kT) &= |c_j| e^{j\varphi_j} |p_j|^k e^{jk\theta_j} + |c_j| e^{-j\varphi_j} |p_j|^k e^{-jk\theta_j} = \\
&\quad |c_j| |p_j|^k \left[e^{j(k\theta_j + \varphi_j)} e^{-j(k\theta_j + \varphi_j)}\right] = \\
&\quad 2|c_j| |p_j|^k \cos(k\theta_j + \varphi_j)
\end{aligned} \tag{3.5.40}$$

若令

$$a_j = \frac{1}{T}\ln(|p_j| e^{j\theta_j}) = \frac{1}{T}\ln|p_j| + j\frac{\theta_j}{T} = a + j\omega$$

$$\bar{a}_j = \frac{1}{T}\ln(|p_j| e^{-j\theta_j}) = \frac{1}{T}\ln|p_j| - j\frac{\theta_j}{T} = a - j\omega \tag{3.5.42}$$

则式（3.5.40）可表示为

$$\begin{aligned}
y_{j,\bar{j}}(kT) &= c_j p_j^k + \bar{c}_j \bar{p}_j^k = \\
&\quad |c_j| e^{j\varphi_j} e^{(a+j\omega)kT} + |c_j| e^{-j\varphi_j} e^{-(a+j\omega)kT} = \\
&\quad 2|c_j| e^{akT} \cos(k\omega T + \varphi_j)
\end{aligned} \tag{3.5.41}$$

式中：$a = \frac{1}{T}\ln|p_j|$，$\omega = \frac{\theta_j}{T}$，$0 < \theta_j < \pi$。

由式（3.5.42）可知，一对共轭复数极点对应的瞬态分量 $y_{j,\bar{j}}(kT)$ 按余弦规律振荡变化，振荡的角频率为 ω。在 z 平面上，共轭复数极点的位置越靠近原点，衰减越快，$y_{j,\bar{j}}(kT)$ 振荡的角频率为 ω 随共轭复数极点幅角 θ_j 而增加。由式（3.5.42）和式（3.5.40）可见：

1）若 $|p_j| > 1$，闭环复数极点位于 z 平面上的单位圆外，有 $a > 0$，故脉冲响应 $y_{j,\bar{j}}(kT)$ 为振荡发散脉冲序列。

2）若 $|p_j| = 1$，闭环复数极点位于 z 平面上的单位圆上，有 $a = 0$，故脉冲响应 $y_{j,\bar{j}}(kT)$ 为等幅振荡脉冲序列。

3）若 $|p_j| < 1$，闭环复数极点位于 z 平面上的单位圆内，有 $a < 0$，故脉冲响应 $y_{j,\bar{j}}(kT)$

为振荡收敛脉冲序列。且 $|p_j|$ 越小,即共轭复极点越接近原点,振荡收敛得越快。

闭环共轭复数极点分布与相应的动态响应形式之间的关系,如图 3.33(b) 所示。图 3.33(c) 描述了不同极点的变化趋势。

由图 3.33(b) 可见,位于 z 平面上单位圆内的共轭复数极点,对应输出动态响应形式为振荡收敛脉冲序列;但复极点位于左半单位圆内所对应的振荡频率,要高于右半单位圆内的情况。综上所述,离散系统的动态特性与闭环极点的分布密切相关。当闭环实极点位于 z 平面上左半单位圆内时,由于输出衰减脉冲交替变号,故动态过程质量很差;当闭环复极点位于 z 平面上左半单位圆内时,由于输出衰减高频振荡脉冲,故动态过程性能欠佳。因此,在离散系统设计时,应把闭环极点安置在 z 平面的右半单位圆内,且尽量靠近原点。

3. 系统动态指标和 z 域零极点的关系

计算机控制系统典型结构图如图 3.34 所示。其时域性能指标定义(稳态性能、动态性能)与连续系统定义相类似,只是计算机控制系统只讨论采样时刻的状况。

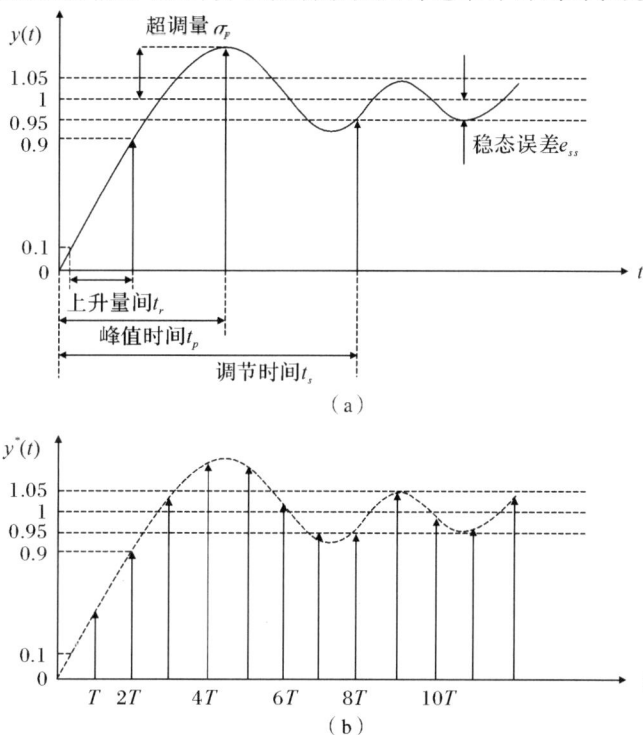

（a）

（b）

图 3.34 计算机控制系统性能指标

计算机控制系统性能除了与系统结构参数有关外,还与采样周期 T 的大小有关,在分析设计时必须特别注意。

根据任意高阶系统零极点分布来计算系统动态指标是很困难的,在很多种情况下,高阶系统中除一对共轭主导极点以外,其余零极点都远离圆周,这时可把高阶系统近似看作二阶系统来研究,在此基础上进一步讨论附加主导零极点(比较靠近单位圆的零极点)的影响,忽略非主导零极点的作用,就可以近似估计高阶系统的性能。

4. 无零点的二阶系统

连续系统主导极点在 s 平面的位置同单位阶跃响应特性有密切的关系。设二阶系统传递函数为

$$\Phi(s) = \frac{Y(s)}{R(s)} = \frac{\omega_n^2}{s^2 + 2\zeta\omega_n s + \omega_n^2}, \ 0 < \zeta < 1 \tag{3.5.43}$$

其特征根为 $s_{1,2} = -\zeta\omega_n \pm j\omega_n \sqrt{1-\zeta^2} = -\sigma \pm j\omega_d$

其中

$$\sigma = \zeta\omega_n \tag{3.5.44}$$

$$\omega_d = \omega_n \sqrt{1-\zeta^2} \tag{3.5.45}$$

式(3.5.43)的单位阶跃响应表达式为

$$c(t) = 1 - \frac{e^{-\zeta\omega_n t}}{\sqrt{1-\zeta^2}} \sin(\omega_n \sqrt{1-\zeta^2} t + \arccos\zeta) \tag{3.5.46}$$

根据式(3.5.46)可求得离散系统动态指标如下:

超调量:

$$\sigma_p = e^{-\pi\zeta/\sqrt{1-\zeta^2}} \times 100\% \tag{3.5.47}$$

上升时间:

$$t_r = \frac{\pi - \arccos\zeta}{\omega_d} \tag{3.5.48}$$

峰值时间:

$$t_p = \frac{\pi}{\omega_d} \tag{3.5.49}$$

调节时间:

$$t_s = \frac{-\ln[\Delta \sqrt{1-\zeta^2}]}{\zeta\omega_n} = \frac{-\ln[\Delta \sqrt{1-\zeta^2}]}{\sigma} \tag{3.5.50}$$

式中: Δ 是误差带范围。

图 3.35 给出了 $\sigma_p \sim \zeta, t_r\omega_d \sim \zeta, t_s\sigma \sim \zeta$ 三条曲线,其中 $\Delta = 0.05, \Delta = 0.02$ 对应一条曲线,只是坐标不同。根据 z 平面和 s 平面的映射关系,可以在 z 平面绘制出等 σ(同心圆)、等 ω_d(射线)、等 ζ(对数螺旋线)特征曲线族。如图 3.36 所示。利用图 3.35 和图 3.36 可以根据系统动态指标,确定 $\Phi(z)$ 极点的分布范围;反之也可以由 $\Phi(z)$ 极点的位置求出其动态指标。

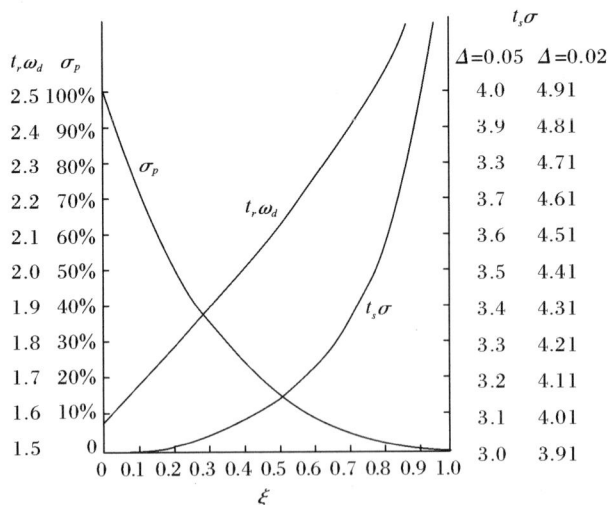

图 3.35　σ_p、$t_r\omega_d$、$t_s\sigma$ 和 ζ 的关系曲线

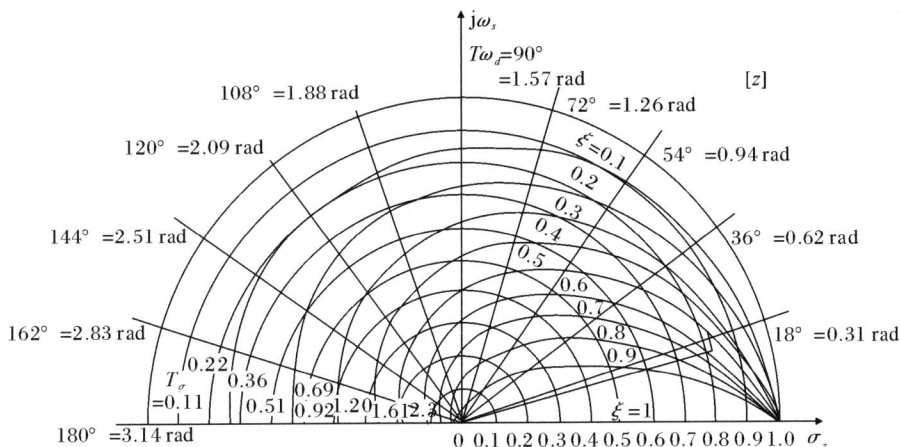

图 3.36　特征曲线

【例 3.9】　设某二阶数字控制系统的采样周期 $T = 0.5$ s,要求系统的动态性能指标为 $\sigma_p \leqslant 17\%$、$t_r \leqslant 1.7$ s、$t_s \leqslant 2.3$ s,试确定闭环系统主导极点所在的位置。

解　依据所规定的指标,查图 3.35 有

$$\begin{cases} \zeta \geqslant 0.5 \\ t_s \leqslant 3.14/\sigma = 2.3 \\ t_r \leqslant 2.09/\omega_d = 1.7 \end{cases} \Rightarrow \begin{cases} \zeta \geqslant 0.5 \\ T\sigma \geqslant 0.5 \times 1.37 = 0.683 \\ T\omega_d \geqslant 0.5 \times 1.23 = 0.616 \end{cases}$$

或者将 $\sigma_p \leqslant 17\%$ 代入式(3.5.47),求得 $\zeta \geqslant 0.5$;

将 $t_s \leqslant 2.3$s 代入式(3.5.50),取 $\Delta = 0.05$,求得 $\sigma \geqslant 1.365$;

将 $t_r \leqslant 1.7$s 代入式(3.5.48),求得 $\omega_d \geqslant 1.232$。

在 z 平面上,画出 $\zeta \geqslant 0.5$ 的对数螺旋线、$R \leqslant \mathrm{e}^{-T\sigma} = 0.505$ 的同心圆和 $\theta \geqslant T\omega_d = 35.3°$ 的射线,3 条特征曲线包围的阴影区即为满足以上指标的 z 平面极点所在位置。如图 3.37 所示。

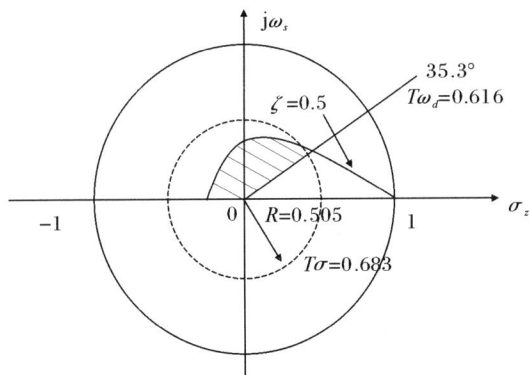

图 3.37　例 3.9 的特征根位置($\zeta \geqslant 0.5, R = 0.505, \theta = 35.3°$)

5. 附加零极点对系统动态指标的影响

在一对主导共轭极点 $p_{1,2}$ 的基础上附加零点 $z_i(i = 1, 2, \cdots, m)$ 和极点 $p_j(j = 1, 2, \cdots, n)$ 后,可以求出系统超调量的近似计算公式为

$$\sigma_p = \left(\prod_{j=3}^{n} \frac{|1-p_j|}{|p_1-p_j|} \right) \left(\prod_{i=1}^{m} \frac{|p_1-z_i|}{|1-z_i|} \right) |p_1|^{t_p/T} \tag{3.5.51}$$

$$t_p = T\left(\pi - \sum_{i=1}^{m} \theta_{z_i} + \sum_{j=3}^{n} \theta_{p_j}\right)/\theta_1 \tag{3.5.52}$$

从式(3.5.51)参考图 3.38,不难看出,主导极点 $p_{1,2}$ 以外的实极点 p_j 若在单位圆的正实轴上,或实零点 z_i 在负实轴上,都可以减小 σ_p。p_j 在正实轴上越靠近单位圆,或 z_i 在负实轴离原点越远,作用越明显。另外从式(3.5.52)可看出,这样的设置同时使 t_p 增加。

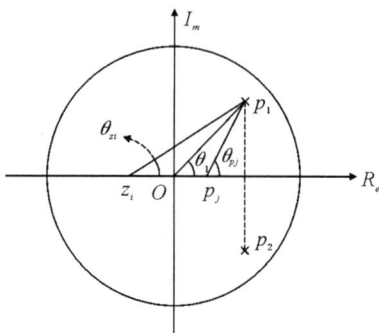

图 3.38　闭环零极点分布图

本 章 要 点

1. $\mathcal{Z}$ 变换及广义 $\mathcal{Z}$ 变换;

2. 计算机控制系统的 z 传递函数(连续部分,离散部分);

3. 计算机控制系统的性能指标;

4. 计算机控制系统的特性分析。

习　　　题

1. 设 $G_0(s) = \dfrac{\mathrm{e}^{-0.5s}}{s+1}$,$T = 0.5$ s,试求经过采样保持后的 $G_m(z)$。

2. 试推导图 3.39 所示系统的闭环脉冲传递函数。

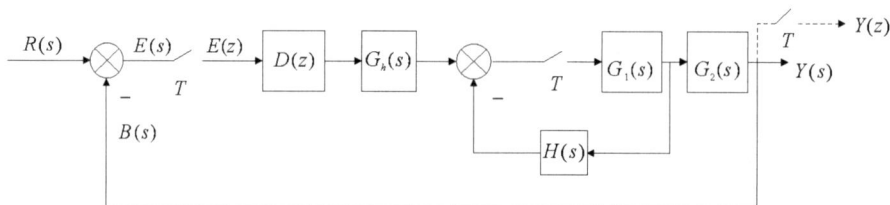

图 3.39　计算机控制系统的结构图

3. 画出计算机控制系统典型结构图。

4.计算机控制系统的性能指标有哪些?

5.设二阶计算机控制系统结构图如图 3.40 所示。其中 $G(s) = \dfrac{K}{s(10s+1)}$,采样周期 $T = 1$ s,试分析系统稳定时 K 的临界值。

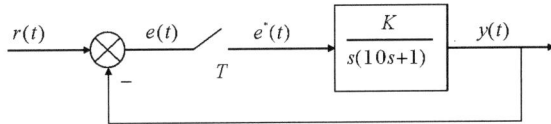

图 3.40　离散系统

6.设二阶离散系统结构图如图 3.41 所示。其中 $r(t) = 1$,$G(s) = \dfrac{5}{s(s+5)}$,采样周期 $T = 1$ s,试分析系统的动态性能。

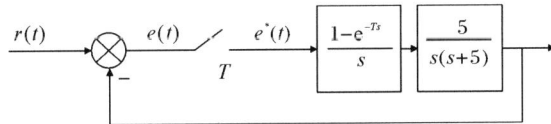

图 3.41　二阶离散系统结构图

第4章 数字程序控制及仿真实现

4.1 数字程序控制基础

所谓数字程序控制,就是计算机根据输入的指令和数据,控制被控对象(如各种加工机床)按规定的工作顺序、运动轨迹、运动距离和运动速度等规律自动地完成工作的自动控制。

计算机数字程序控制主要分为开环数字程序控制和闭环数字程序控制两大类,由于它们的控制原理不同,因此其系统结构差异很大。

4.1.1 闭环数字程序控制

闭环数字程序控制的结构如图 4.1 所示。

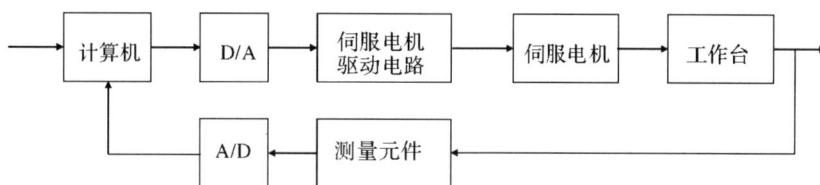

图 4.1 闭环数字程序控制结构图

这种结构的执行机构多采用直流电机(小惯量伺服电机和宽调速力矩电机)作为驱动元件,反馈测量元件采用光电编码器(码盘)、光栅、感应同步器等,该控制方式主要用于大型精密加工机床,但其结构复杂,难于调整和维护,一些常规的数字控制系统很少采用。

例如,生活中的饮水机、先进的电水壶、电饭锅、导弹等就是闭环控制。

4.1.2 开环数字程序控制

随着计算机技术的发展,开环数字程序控制得到了广泛的应用。例如各类数控机床、线切割机、低速小型数字绘图仪等,它们都是利用开环数字程序控制原理实现控制的机械加工设备或绘图设备,开环数字程序控制的结构如图 4.2 所示。

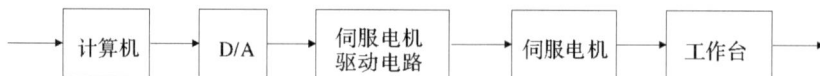

图 4.2 开环数字程序控制结构图

这种控制结构没有反馈检测元件,工作台由步进电机驱动,步进电机接收步进电机驱动电路发来的指令脉冲作相应的旋转,把刀具移动到与指令脉冲相当的位置,至于刀具是否到达了指令脉冲规定的位置,那是不受任何检查的,因此,这种控制的可靠性和精度基本上由步进电机和传动装置来决定。

开环数字程序控制结构简单,因此可靠性高,成本低,易于调整和维护等,应用最广泛。由于采用了步进电机作为驱动元件,系统的可控性变得更加灵活,更易于实现各种插补运算和运动轨迹控制。

例如,生活中的微波炉、打印机、电风扇等就是开环控制。

本章节主要是讨论开环数字程序控制技术。

4.2　开环数值控制的基本原理

开环数字程序控制装置随着微型计算机和可编程逻辑控制器(PLC)的大量普及得到了广泛的应用,例如数字控制机床、线切割机以及小型数字绘图仪等,它们都是利用数值控制原理实现控制的机械加工设备或绘图设备。对于不同的设备,其控制系统有所不同,但其基本的数值控制原理是相同的。

4.2.1　数值控制的基本原理

1.平面图形的重现方法

先看图 4.3 所示的这样一种平面图形,如何用计算机在绘图仪或加工装置上重现。

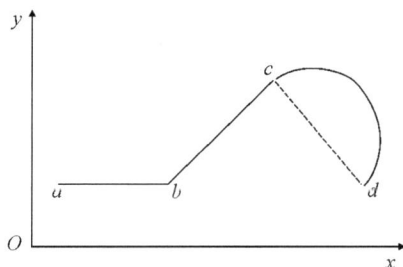

图 4.3　曲线分段

(1)分割曲线。

首先,将曲线分割成若干段可以是直线段,也可以是曲线段,我们将该图分割成三段$\overrightarrow{ab}$,$\overrightarrow{bc}$ 和$\overrightarrow{cd}$。然后把 a,b,c,d 四个点的坐标记下来并送给计算机。

图形的分割的原则应保证线段所连接成的曲线(或折线)与原图形的误差在允许范围之内,从图 4.3 可以看出,采用$\overrightarrow{ab}$,$\overset{\frown}{bc}$,$\overrightarrow{cd}$ 要比$\overrightarrow{ab}$,$\overrightarrow{bc}$,$\overrightarrow{cd}$ 要精确的多。

(2)插补。

给定 a,b,c,d 各点坐标 x 和 y 值之后,还要确定各坐标值之间的中间值。求得这些中间值的数值计算方法称为插值或插补。

插补计算的宗旨是通过给定的基点坐标,以一定的速度连续定出一系列中间点,而这些中间点的坐标值以一定的精度逼近给定的线段。

从理论上说,插补的形式可以用任意函数形式,但为了简化插补运算过程和加快插补速度,常用的是直线插补和二次曲线插补两种形式。

所谓直线插补是指在给定的两个基点之间用一条近似直线来逼近,也就是由此定出的中间点连接起来的折线近似于一条直线,并不是真正的直线。

所谓二次曲线插补是指给定的两个基点之间用一条近似曲线来逼近,也就是实际的中间点连线是一条近似于曲线的折线弧。常用的二次曲线有圆弧、抛物线和双曲线。对于图4.3来说,显然 ab 和 bc 线段用直线插补,cd 段用圆弧插补。

(3)步进电机控制。

把插补运算过程中定出的各中间点,以脉冲信号形式去控 x、y 方向上的步进电机,带动画笔、刀具或线电极运动,从而绘出图形或加工出符合要求的轮廓来。

这里的每一个脉冲信号代表步进电机走一步,即画笔或刀具 x 方向和 y 方向移动一个位置,我们把对应于每个脉冲,步进电机移动的相对位置称为脉冲当量,又称为步长。常用 Δx 和 Δy 来表示,并且总是取 $\Delta x = \Delta y$。

下面通过看一个具体的例子来说明步长的概念。

图 4.4 是用折线逼近直线的直线插补线段,其中,(x_0, y_0) 为该线段的起点坐标值,(x_e, y_e) 为终点坐标值,则 x 方向和 y 方向应移动的总步数为 N_x 和 N_y 分别为

$$N_x = \frac{x_e - x_0}{\Delta x}, N_y = \frac{y_e - y_0}{\Delta y} \tag{4.2.1}$$

若把 Δx 和 Δy 约定为坐标增量值,即 x_0、y_0、x_e、y_e 均是以脉冲当量定义的坐标值,则

$$N_x = x_e - x_0, N_y = y_e - y_0 \tag{4.2.2}$$

所以,插补运算就是如何分配这两个方向上的脉冲数值,使实际的中间点轨迹尽可能地逼近理想轨迹。

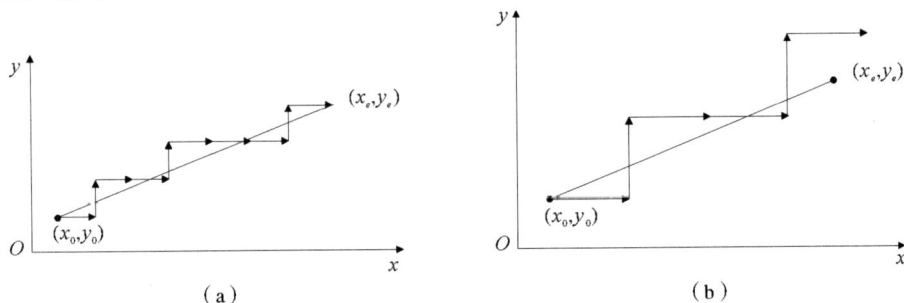

图 4.4　用折线逼近直线段

从图4.4中可以看出,实际的中间点连接线是一条由 Δx 和 Δy 增进量组成的折线,只是由于实际的 Δx 和 Δy 的值很小,眼睛分辨不出来,看起来似乎与直线一样而已。显然,Δx 和 Δy 的值越小,就越逼近于理想的直线段。图中均以"→"代表 Δx 或 Δy 的长度。

4.2.2　逐点比较法插补原理

所谓逐点比较法插补,就是刀具或绘图笔每走一步,都要和给定轨迹上的坐标值进行比较,看这点在给定轨迹的上方或下方,或是给定轨迹的里面和外面,从而决定下一步的进给

方向。如果原来在给定轨迹的下方，下一步就向给定轨迹的上方走，如果原来在给定轨迹的里面，下一步就向给定轨迹的外面走 …… 如此，走一步，看一看，比较一次，决定下一步走向，以便逼近给定轨迹，即形成逐点比较插补。

逐点比较插补法是以阶梯折线来逼近直线或圆弧等曲线的，它与规定的加工直线或圆弧之间的最大误差为一个脉冲当量，因此只要把脉冲当量（每走一步的距离即为步长）取得足够小，就可达到加工要求。

1. 四方向逐点比较法直线插补

每当画笔或刀间向某一方向移动一步时，就进行一次偏差计算和偏差判别，根据偏差的正、负决定下一步的走向，来逼近给定轨迹。也就是比较到达的新位置和理想线形上对应点的理想位置坐标之间的偏离程度，然后根据偏差的大小确定下一步的移动方向，使画笔或刀尖始终紧靠理想线形运动，起到步步紧逼的效果。

众所周知，在笛卡儿坐标系中，x,y 轴把一个平面划分成四个象限，那么对整个平面来讲，插补所得的中间点的位置可以向四个坐标轴方向（$+x,-x,+y,-y$）移动。也就是插补运算始终是按这四个方向中的任一个方向来逼近理想线形的，所以称为四方向插补。

对于四方向直线插补来说，若把直线段的起点坐标放在坐标系的原点时，则任何一条直线段总落在这四个象限中的某一象限内，除非这条直线段与坐标轴重合。

为叙述方便起见，均以绘图仪的画笔控制为例来说明四方向逐点比较法直线插补原理。

（1）第一象限内的直线插补。

1）偏差计算公式。

根据逐点比较法插补原理，必须把每一插值点的实际位置与给定轨迹的理想位置间的误差，即"偏差"计算出来，根据偏差的正、负决定下一步的走向，来逼近给定轨迹。因此，偏差计算是逐点比较法关键的一步。

在第一象限内的直线段 OP，取直线段的起点为坐标原点，直线段终点坐标 (x_e,y_e) 是已知的，如图 4.5 所示。

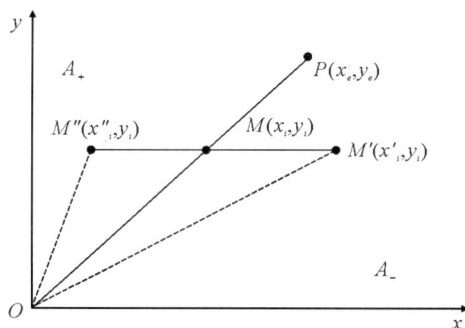

图 4.5　第一象限内的直线

此直线将第一象限划分成两个区域，形成三个点集。

其中，第一个点集是重合于直线段 OP 上的所有点。

第二个点集是位于 A_+ 区域内的点。

第三个点集是位于 A_- 区域内的点。

若点 M 在直线段 OP 上,则有

$$x_e y_i - y_e x_i = 0$$

现定义直线插补的偏差判别式为

$$F = x_e y_i - y_e x_i \qquad (4.2.3)$$

那么:当 $F = 0$ 时,表示点 M 在直线段 OP 上;当 $F > 0$ 时,表示点 M 在 A_+ 区域内(直线段上方)即 M'' 处;当 $F < 0$ 时,表示点 M 在 A_- 区域内(直线段下方)即 M' 处。

下面我们讨论一下,画笔的行进路线。

当 $F > 0$ 时,画笔在 A_+ 区,在 OP 上方,为了逼近直线 OP,则画笔必须沿 $+x$ 方向走一步,若穿过 OP,则进入 A_- 区域;若沿 $+x$ 方向走一步,未穿过 OP,则此时画笔仍在 A_+ 区域,因此经判别式判断,仍有 $F > 0$,故继续沿 $+x$ 方向走一步,直至穿过 OP 走入 A_- 区域为止。

同理,当 $F < 0$ 时,画笔向 $+y$ 方向走一步,再判断,若仍有 $F < 0$,则再次沿 $+y$ 方向走一步,直到穿过 OP 进入 A_+ 区域为止。

如果 $F = 0$ 时,则说明画笔正好落在理想直线 OP 上。由于未到终点前画笔不能停止运动,但又不能沿着 OP 方向走斜线,于是人为规定按 $F > 0$ 来处理。

由此可得第一象限直线逐点比较法插补原理:从直线的起点(即坐标原点)出发,当 $F \geqslant 0$ 时,沿 $+x$ 方向走;当 $F < 0$ 时,沿 $+y$ 方向走,当插值点坐标 x_i 和 y_i 两值之和($x_i + y_i$)与终点坐标 x_e 和 y_e 两值之和($x_e + y_e$)相等时,停止插补。

2)偏差计算公式的另一种表达形式。

如图 4.6(a)所示,我们规定沿着 $+x$ 方向走一步的步长为 Δx,$+y$ 方向走一步的步长为 Δy。

当画笔落在 A_+ 区域,即 $M(x_i, y_i)$ 在 OP 直线上或 OP 直线上方时,应沿 $+x$ 方向走一步至 $M'(x_i + \Delta x, y_i)$ 点。令 M' 点的新偏差为 F',则有

$$F' = x_e y_i - y_e(x_i + \Delta x) = x_e y_i - y_e x_i - \Delta x * y_e = F - \Delta x * y_e \qquad (4.2.4)$$

式中:F 为进给前一步的老偏差;y_e 为已知的终点坐标值,即当 $F \geqslant 0$ 时,画笔沿 $+x$ 方向进给一步而到达新的一点,而该点的新偏差 F' 等于前一点的老偏差 F,减去 $+x$ 方向步长 Δx 与终点坐标值 y_e 的乘积。

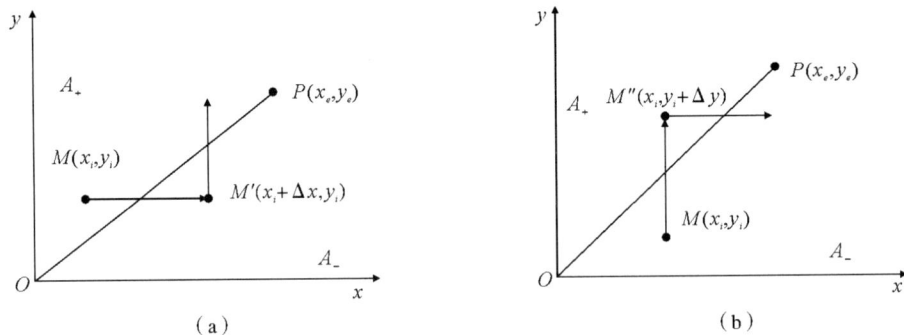

图 4.6　第一象限直线插补的进给方向

(a)$F \geqslant 0$ 时的进给;(b)$F < 0$ 时的进给

同理,如图 4.6(b)所示,当画笔落在 A_- 区域,即 $F < 0$,$M(x_i, y_i)$ 点在直线 OP 下方时,

画笔应沿 $+y$ 方向进给一步到达 $M''(x_i, y_i+1)$ 点,此时,M'' 点处的新偏差 F' 为

$$F' = x_e(y_i + \Delta y) - y_e x_i = x_e y_i - y_e x_i + \Delta y * x_e = F + \Delta y * x_e \qquad (4.2.5)$$

即到达 M'' 点时的新偏差 F' 等于前一点的老偏差 F 加上 $+y$ 方向步长 Δy 与终点坐标 x_e 的乘积。

用此方法作为确定下一步进给方向的判别依据,对于新偏差的点,仍然有:

当 $F \geqslant 0$ 时,画笔沿 $+x$ 方向进给一步。

当 $F < 0$ 时,画笔沿 $+y$ 方向进给一步。

进给完成后,F' 就是下一步的 F 值。

特别要注意,画笔起点是坐标原点,起点的偏差是已知的,即 $F_0 = 0$。

3) 终点判断方法。

逐点比较法的终点判断有很多种方法,下面介绍两种方法:

a. 判断插值点的坐标值之和是否等于终点坐标之和。比较每一个插值点的坐标值之和 $(x_i + y_i)$ 是否等于终点坐标 $(x_e + y_e)$ 之和。若相等,则终点已到。否则,终点未到,继续插补。注意,这主要是因为直线起点在坐标原点。

b. 取终点坐标 $\max(x_e, y_e)$,作为终判计数器(N_{xy})的初值。只要沿长轴方向有进给,终判计数器就减步长,直至终判计数器为 0。

我们称 x_e 和 y_e 中较大者为长轴,另一个较小者为短轴,在插补过程中,只要沿长轴方向有进给,终判计数器就减步长,长轴的进给数一定多于短轴的进给数,长轴总是最后到达终点值,所以,沿短轴方向的进给不影响终判计数器。

特别要注意,终点判断方法 b 中,这里的步长 $\Delta x = \Delta y$。若步长 $\Delta x \neq \Delta y$,则不能用终点判断方法 b。

4) 插补计算过程。

插补计算时,每走一步,都要进行以下四个步骤的插补计算过程:偏差判别、坐标进给、偏差计算、终点判断。

综上所述,逐点比较法直线插补工作过程可归纳为以下四步:

第一步:偏差判别。判断上一步进给后的偏差值是 $F \geqslant 0$,还是 $F < 0$。

第二步:坐标进给。根据偏差判别的结果和插补所在的象限,决定在什么方向上进给一步。

第三步:偏差运算。计算出进给一步后的新偏差值,作为下一步进给的判别依据。

第四步:终点判断。看是否已到达终点,若已到达终点,就停止插补;若未到终点,则重复第一至第四步的工作。

(2) 四个象限的直线插补。

如果需要在其他 3 个象限内画直线,只要将它化作第一象限的插补处理即可。这样处理后,偏差运算公式没有变化,仅仅是进给方向对于不同的象限有所改变。

以轴对称法则可以得到其他象限的进给方向。

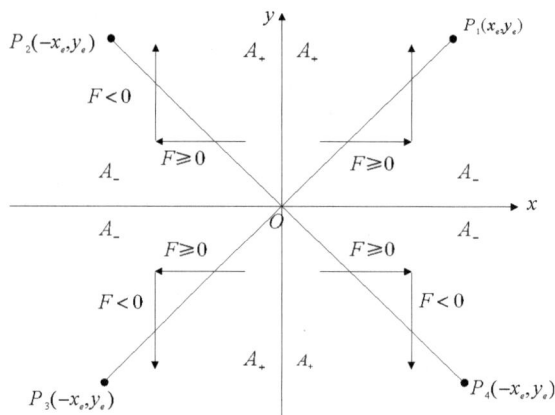

图 4.7　偏差符号与进给方向的关系

原则:$F \geqslant 0$ 时,画笔由 $A_+ \to A_-$;$F < 0$ 时,画笔由 $A_- \to A_+$

根据图 4.7 可以得到四个象限直线插补的偏差计算公式和坐标进给方向,见表 4.1。

表 4.1　直线插补的进给方向及偏差计算公式

	$F \geqslant 0$			$F < 0$	
所在象限	进给方向	偏差计算	所在象限	进给方向	偏差计算
一、四	$+x$	$F' = F - \lvert \Delta x \cdot y_e \rvert$	一、二	$+y$	$F' = F + \lvert \Delta y \cdot x_e \rvert$
二、三	$-x$		三、四	$-y$	

2.四方向逐点比较法圆弧插补原理

它的原理与四方向逐点比较法直线插补原理相同。只是圆弧插补要注意圆弧的方向,有顺圆弧,逆圆弧,这样圆弧插补就有八种圆弧进给方向。

在这里,它实际仍是用直线段逼近圆弧,虽然是圆弧插补,但它通过画笔走直线来实现的,因为画笔只能走直线,但圆弧插补有它的直线走法。只是人们的肉眼看起来还是圆弧。

4.3　MATLAB 仿真实现

1.直线插补的流程图

直线插补的流程图如图 4.8 所示。

(1)初始化:取终点坐标值(x_e, y_e),确定插补所在象限,步长大小,并置偏差 $F = 0$。

(2)判断象限:由偏差值的大小决定进给的方向。进给的方向当然取决于所在象限。

(3)计算偏差:不论直线在任何象限,要把象限的终点坐标值取绝对值代入计算式中的 x_e 和 y_e。

(4)终点判别:判断插值点的坐标值之和是否等于终点坐标之和。比较每一个插值点的坐标值之和$(x_i + y_i)$是否等于终点坐标$(x_e + y_e)$之和。若相等,则终点已到。否则,终点未到,继续插补。

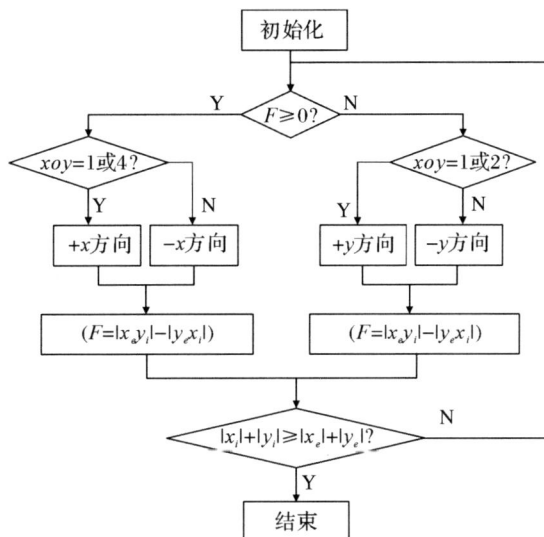

图 4.8　四方向直线插补程序流程图

2.程序实现

【**例 4.1**】　设加工第一象限直线 OP,起点为 $O(0,0)$,终点坐标为 $P(6,4)$。试进行插补计算(步长为 1)。

(1) 插补计算过程。

解　因为 $x_e = 6, y_e = 4$

所以 $N_{xy} = x_e = 6, xoy = 1, F_0 = 0, x_e + y_e = 10$。

插补计算过程见表 4.2 和表 4.3。

表 4.2　等步长插补计算过程判断方法一

步　数	偏差判别	坐标进给	偏差计算	终点判断方法 b
起点			$F_0 = 0$	$N_{xy} = 6$
1	$F_0 = 0$	$+x$	$F_1 = F_0 - y_e = -4$	$N_{xy} = 5$
2	$F_1 < 0$	$+y$	$F_2 = F_1 + x_e = 2$	$N_{xy} = 5$
3	$F_2 > 0$	$+x$	$F_3 = F_2 - y_e = -2$	$N_{xy} = 4$
4	$F_3 < 0$	$+y$	$F_4 = F_3 + x_e = 4$	$N_{xy} = 4$
5	$F_4 > 0$	$+x$	$F_5 = F_4 - y_e = 0$	$N_{xy} = 3$
6	$F_5 = 0$	$+x$	$F_6 = F_5 - y_e = -4$	$N_{xy} = 2$
7	$F_6 < 0$	$+y$	$F_7 = F_6 + x_e = 2$	$N_{xy} = 2$
8	$F_7 > 0$	$+x$	$F_8 = F_7 - y_e = -2$	$N_{xy} = 1$
9	$F_8 < 0$	$+y$	$F_9 = F_8 + x_e = 4$	$N_{xy} = 1$
10	$F_9 > 0$	$+x$	$F_{10} = F_9 - y_e = 0$	$N_{xy} = 0$

表 4.3　等步长插补计算过程判断方法二

步　数	偏差判别	坐标进给	当前坐标点 (x_i, y_i)	偏差计算	终点判断方法 a
起点			$(0,0)$	$F_0 = 0$	$|x_0| + |y_0| = 0$
1	$F_0 = 0$	$+x$	$(0,1)$	$F_1 = F_0 - y_e = -4$	$|x_1| + |y_1| = 1$
2	$F_1 < 0$	$+y$	$(1,1)$	$F_2 = F_1 + x_e = 2$	$|x_2| + |y_2| = 2$
3	$F_2 > 0$	$+x$	$(2,1)$	$F_3 = F_2 - y_e = -2$	$|x_3| + |y_3| = 3$
4	$F_3 < 0$	$+y$	$(2,2)$	$F_4 = F_3 + x_e = 4$	$|x_4| + |y_4| = 4$
5	$F_4 > 0$	$+x$	$(3,2)$	$F_5 = F_4 - y_e = 0$	$|x_5| + |y_5| = 5$
6	$F_5 = 0$	$+x$	$(4,2)$	$F_6 = F_5 - y_e = -4$	$|x_6| + |y_6| = 6$
7	$F_6 < 0$	$+y$	$(4,3)$	$F_7 = F_6 + x_e = 2$	$|x_7| + |y_7| = 7$
8	$F_7 > 0$	$+x$	$(5,3)$	$F_8 = F_7 - y_e = -2$	$|x_8| + |y_8| = 8$
9	$F_8 < 0$	$+y$	$(5,4)$	$F_8 = F_7 + x_e = 4$	$|x_9| + |y_9| = 9$
10	$F_9 > 0$	$+x$	$(6,4)$	$F_{10} = F_9 - y_e = 0$	$|x_{10}| + |y_{10}| = 10$

（2）MATLAB 源程序。

1）方法 1

```
%example4.1
% 四方向逐点比较法四象限直线等步长插补
% 采用终点判断方法 ①
clear all;clc;
F = 0;x = 0;y = 0;
dx = 1;   dy = 1;      % 步长
xe = 6;ye = 4;
K = ye/xe;
xx(1) = x;yy(1) = y;
Index = 2;
while(1)
    if(F >= 0)
        if(xe > 0)
            x = x + dx;
        else
            x = x - dx;
        end
        y = y;
        F = F - abs(ye * dx);
    else
        if(ye > 0)
            y = y + dy;
```

```
            else
                  y = y - dy;
            end
            x = x;
            F = F + abs(xe * dy);
        end
        xx(Index) = x;yy(Index) = y;
        Index = Index + 1;
        if((abs(x) + abs(y)) >= (abs(xe) + abs(ye)))
            break;
        end
end
if(xe > 0)
    xxx = 0:0.001:xe;
else
    xxx = 0: -0.001:xe;
end
yyy = K * xxx;
if(xe > 0)
    plot(xx,yy,′r ->′,xxx,yyy,′b′);
else
    plot(xx,yy,′r <-′,xxx,yyy,′b′);
end
grid on;
```

2) 方法 2

```
% 四方向逐点比较法四象限直线等步长插补
% 采用终点判断方法 b
clear all;clc;
F = 0;x = 0;y = 0;
dx = 0.5;      dy = 0.5;            % 步长
xe = +6;ye = 4;
Nxy = max(abs(xe),abs(ye));
K = ye/xe;
xx(1) = x;yy(1) = y;Index = 2;
while(1)
    if(F >= 0)
        if(xe > 0)
            x = x + dx;
```

```
        else
            x = x - dx;
        end
        if(abs(xe) >= abs(ye))
            Nxy = Nxy - dx;
        end
        y = y;
        F = F - abs(ye * dx);
    else
        if(ye > 0)
            y = y + dy;
        else
            y = y - dy;
        end
        if(abs(xe) < abs(ye))
            Nxy = Nxy - dy;
        end
        x = x;
        F = F + abs(xe * dy);
    end
    xx(Index) = x; yy(Index) = y;
    Index = Index + 1;
    if(Nxy <= 0)
        break;
    end
end
if(xe > 0)
    xxx = 0:0.001:xc;
else
    xxx = 0:-0.001:xe;
end
yyy = K * xxx;
if(xe > 0)
    plot(xx,yy,'r->',xxx,yyy,'b');
else
    plot(xx,yy,'r<-',xxx,yyy,'b');
end
grid on;
```

（3）仿真结果。

直线插补的走步轨迹图如图 4.9 和图 4.10 所示。

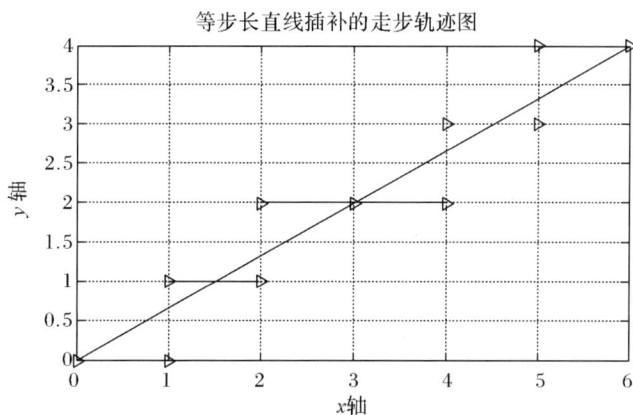

图 4.9 等步长直线插补的走步轨迹图(步长 = 1)

注:不论采用那种终点判断方法,其最终仿真结果是相同的。

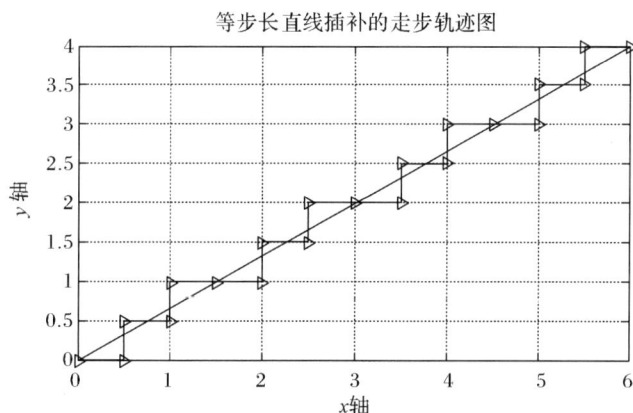

图 4.10 等步长直线插补的走步轨迹图(步长 = 0.5)

【例4.2】 设加工第二象限直线 OP,起点为 $O(0,0)$,终点坐标为 $P(-2,3)$,步长 $\Delta x = 0.4, \Delta y = 0.6$。试进行插补计算。

解 因为 $x_e = -2, y_e = 3$

所以 $xoy = 2, F_0 = 0, |x_e| + |y_e| = 5$,插补计算过程见表 4.4。

1) 插补计算过程。

表 4.4 不等步长插补计算过程

步数	偏差判别	坐标进给	当前坐标点(x_i, y_i)	偏差计算	终点判断方法
起点			$(0,0)$	$F_0 = 0$	$|x_0| + |y_0| = 0$
1	$F_0 = 0$	$-x$	$(-0.4, 0)$	$F_1 = |-2y_1| - |3x_1| = -1.2$	$|x_1| + |y_1| = 0.4$
2	$F_1 < 0$	$+y$	$(-0.4, 0.6)$	$F_2 = |-2y_2| - |3x_2| = 0$	$|x_2| + |y_2| = 1$
3	$F_2 = 0$	$-x$	$(-0.8, 0.6)$	$F_3 = |-2y_3| - |3x_3| = -1.2$	$|x_3| + |y_3| = 1.4$
4	$F_3 < 0$	$+y$	$(-0.8, 1.2)$	$F_4 = |-2y_4| - |3x_4| = 0$	$|x_4| + |y_4| = 2$

续　表

步数	偏差判别	坐标进给	当前坐标点(x_i,y_i)	偏差计算	终点判断方法
5	$F_4=0$	$-x$	$(-1.2,1.2)$	$F_5=\lvert-2y_5\rvert-\lvert3x_5\rvert=-1.2$	$\lvert x_5\rvert+\lvert y_5\rvert=2.4$
6	$F_5<0$	$+y$	$(-1.2,1.8)$	$F_6=\lvert-2y_6\rvert-\lvert3x_6\rvert=0$	$\lvert x_6\rvert+\lvert y_6\rvert=3$
7	$F_6=0$	$-x$	$(-1.6,1.8)$	$F_7=\lvert-2y_7\rvert-\lvert3x_7\rvert=-1.2$	$\lvert x_7\rvert+\lvert y_7\rvert=3.4$
8	$F_7<0$	$+y$	$(-1.6,2.4)$	$F_8=\lvert-2y_8\rvert-\lvert3x_8\rvert=0$	$\lvert x_8\rvert+\lvert y_8\rvert=4$
9	$F_8=0$	$-x$	$(-2,2.4)$	$F_9=\lvert-2y_9\rvert-\lvert3x_9\rvert=-1.2$	$\lvert x_9\rvert+\lvert y_9\rvert=4.4$
10	$F_9<0$	$+y$	$(-2,3)$	$F_{10}=\lvert-2y_{10}\rvert-\lvert3x_{10}\rvert=0$	$\lvert x_{10}\rvert+\lvert y_{10}\rvert=5$

2)MATLAB 源程序。

```
%example4.2
% 四方向逐点比较法四象限直线不等步长插补
clear all;clc;
F=0;x=0;y=0;
dx=0.4;dy=0.6;
xe=-2;ye=3;
dmin=min(dx,dy)/2.0;
K=ye/xe;
xx(1)=x;yy(1)=y;
Index=2;
while(1)
    if(F>=0)
        if(xe>0)
            x=x+dx;
        else
            x=x-dx;
        end
        y=y;
        F=abs(xe*y)-abs(ye*x);
    else
        if(ye>0)
            y=y+dy;
        else
            y=y-dy;
        end
        x=x;
        F=abs(xe*y)-abs(ye*x);
    end
```

```
        if(abs(F) <= 0.01)
            F = 0;
        end
        xx(Index) = x;
        yy(Index) = y;
        Index = Index + 1;
    if(abs((abs(x) + abs(y)) - (abs(xe) + abs(ye))) < dmin)
            break;
        end
end
if(xe > 0)
    xxx = 0:0.001:xe;
else
    xxx = 0: - 0.001:xe;
end
yyy = K * xxx;
if(xe > 0)
    plot(xx,yy,'r - >',xxx,yyy,'b');
else
    plot(xx,yy,'r - <',xxx,yyy,'b');
end
grid on;
```

3）仿真结果。

直线插补的走步轨迹图如图 4.11 所示。

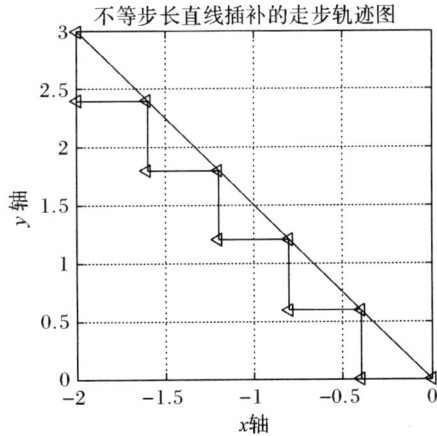

图 4.11　不等步长直线插补的走步轨迹图

此例主要说明等步长直线插补与不等步长的直线插补的区别在于偏差 F 的计算公式不同。

以上程序对任何象限的坐标点都适应,只要在源程序中替换坐标点的值即可得到所需的仿真结果。大家自己可以进行仿真分析。

4.4 步进电机的控制

前面介绍了数值控制系统原理及程序设计方法。下面给大家介绍一种常用的控制装置 —— 步进电机。

步进电机又叫脉冲电机,它是一种将电脉冲信号转换为角位移或线位移的机电式 D/A 转换器。在开环数字程序控制系统中,输出控制部分常采用步进电机作为驱动元件。步进电机的控制线路接收计算机发来的指令脉冲,控制步进电机作相应的转动,步进电机驱动数控系统(如数控机床)的刀具或工作台。显然,指令脉冲的总数就决定了数控系统的工作台或刀具的总移动量,指令脉冲的频率就决定了移动的速度。因此,指令脉冲能否被可靠地执行,基本上取决于步进电机的性能。

在非超载的情况下,电机的转速、停止的位置只取决于脉冲信号的频率和脉冲数,而不受负载变化的影响,当步进驱动器接收到一个脉冲信号时,它就驱动步进电机按设定的方向转动一个固定的角度,称为"步距角",它的旋转是以固定的角度一步一步运行的。可以通过控制脉冲个数来控制角位移量,从而达到准确定位的目的;同时,可以通过控制脉冲频率来控制电机转动的速度和加速度,从而达到调速的目的。"步距角"这一线性关系的存在,加上步进电机只有周期性的误差而无累积误差等特点,使得在速度、位置等控制领域用步进电机来控制变得非常得简单。

步进电机在构造上有三种主要类型:反应式(Variable Reluctance,VR)、永磁式(Permanent Magnet,PM)和混合式(Hybrid Stepping,HS)。

(1)反应式:定子上有绕组、转子由软磁材料(是指用铁等材料做的磁体,磁性不能永久保持)组成。结构简单、成本低、步距角小,可达 $1.2°$,但动态性能差、效率低、发热大,可靠性难保证。

(2)永磁式:永磁式步进电机的转子用永磁材料(也称硬磁体,一般用钢做的,磁性能永久保持)制成,转子的极数与定子的变极数相同。其特点是动态性能好、输出力矩大,但这种电机精度差,步距角大(一般为 $7.5°$ 或 $15°$)。

(3)混合式:混合式步进电机综合了反应式和永磁式的优点,其定子上有多相绕组,转子上采用永磁材料,转子和定子上均有多个小齿以提高步距精度,其特点是输出力矩大,动态性能好、步距角小,但结构复杂、成本相对较高。

按定子上绕组来分,共有二相、三相、四相和五相等系列。最受欢迎的是两相混合式步进电机,占 97% 以上的市场份额,其原因是性价比高,配上细分驱动器后效果良好。该种电机的基本步距角为 $1.8°$/步,配上半步驱动器后,步距角减少为 $0.9°$,配上细分驱动器后其步距角可细分达 256 倍($0.007°$/步),由于擦力和制造精度等原因,实际控制精度略低。同一步进电机可配不同细分的驱动器以改变精度和效果。

4.4.1 步进电机的工作原理

电机的工作就是步进转动,在一般的步进电机工作中,其电源都是采用单极性的直流电源。要使步进电机转动,就必须对步进电机定子的各相绕组以适当的时间顺序进行通电。步进电机的步进过程,如图 4.12 所示。

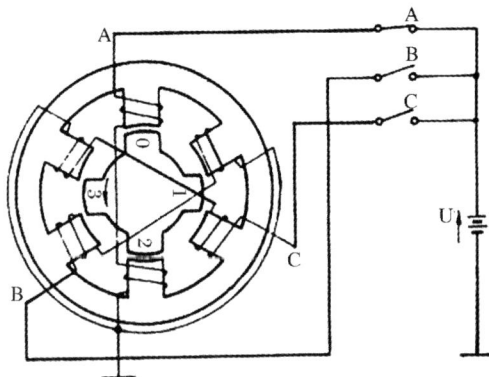

图 4.12 步进电机的工作原理分析图

此图是一个三相反应式步进电机,其定子的每相都有一对磁极,每个磁极都只有一个齿,即磁极本身,故三相步进电机有三对磁极共 6 个齿;其转子有 4 个齿,分别称为 0,1,2,3 齿。直流电源 U 通过开关 A,B,C 分别对步进电机的 A,B,C 相绕组轮流通电。

初始状态时,开关 A 接通,则 A 相磁极和转子的 0,2 号齿对齐,同时转子的 1,3 号齿和 B,C 相磁极形成错齿状态。

当开关 A 断开,B 接通,由于 B 相绕组和转子的 1,3 号齿之间的磁力线作用,使得转子的 1,3 号齿和 B 相磁极对齐,则转子的 0,2 号齿就 A,C 相绕组磁极形成错齿状态。

此后,开关 B 断开,C 接通,由于 C 相绕组和转子 0,2 号之间的磁力线作用,使得转子 0,2 号齿和 C 相磁极对齐,这时转子的 1,3 号齿和 A,B 相绕组磁极产生错齿。

当开关 C 断开,A 接通后,由于 A 相绕组磁极和转子 1,3 号齿之间的磁力线的作用,使转子 1,3 号齿和 A 相绕组磁极对齐,这时转子的 0,2 号齿和 B,C 相绕组磁极产生错齿。

这时,转子移动了一个齿距角。实际上,错齿是促进步进电机旋转的根本原因。

如果对一相绕组通电的操作称为一拍,那么对 A,B,C 三相绕组轮流通电需要三拍。对 A,B,C 相绕组轮流通电一次称为一个周期。从上面分析看出,该三相步进电机转子转动一个齿距,需要三拍操作。由于按 A → B → C → A 相轮流通电,则磁场沿 A,B,C 方向转动了 360° 空间角。而这时转子沿 ABC 方向转动了一个齿距的位置。在图 4.12 中,转子的齿数为 4,故齿距角90°,转动了一个齿距也即转动了90°。

对于一个步进电机,如果它的转子的齿数 Z,它的齿距角 θ_Z 为

$$\theta_Z = 2\pi/Z = \frac{360°}{Z} \tag{4.4.1}$$

而步进电机运行 N 拍可使转子转动一个齿距位置。

实际上,步进电机每一拍就执行一次步进,所以步进电机的步距角 θ 可以表示如下:

$$\theta = \theta_z / N = \frac{360^\circ}{NZ} \tag{4.4.2}$$

式中:N 是步进电机工作拍数;Z 是转子的齿数。

对于图 4.12 来说,若采用三拍方式,则它的步距角是

$$\theta = \frac{360^\circ}{3 \times 4} = 30^\circ \tag{4.4.3}$$

对于转子有 40 个齿且采用三拍方式的步进电机来说,其步距角是

$$\theta = \frac{360^\circ}{3 \times 40} = 3^\circ \tag{4.4.3}$$

4.4.2 步进电机的工作方式

步进电机有三相、四相、六相等多种,为了分析方便,这里仍以三相步进电机为例进行分析和讨论。步进电机可工作于单相通电方式,也可工作双相通电方式和单相、双相交叉通电方式。

选用不同的工作方式,可使步进电机具有不同的工作性能,如减小步距,提高定位精度和工作稳定性等。对于三相步进电机则有单相三拍、双相三拍、三相六拍的工作方式。

1. 单相三拍

为了使步进电机能正向旋转,对各相的通电顺序为:

(1) 正转:A → B → C → A;

(2) 反转:A → C → B → A

各相通电的电压波形如图 4.13 所示。

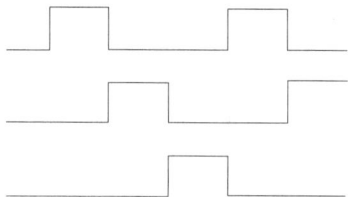

图 4.13　单相三拍工作的电压波形

2. 双相三拍

双相三拍工作方式各相的通电顺序为:

(1) 正转:AB → BC → CA → AB;

(2) 反转:AB → AC → CB → BA

各相通电的电压波形如图 4.14 所示。

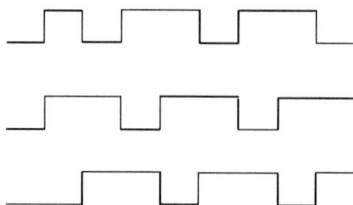

图 4.14　双相三拍工作的电压波形

3.三相六拍

三相六拍工作方式各相的通电顺序为：

(1) 正转：A → AB → B → BC → C → CA → A；

(2) 反转：A → AC → C → CB → B → BA → A

各相通电的电压波形如图 4.15 所示。

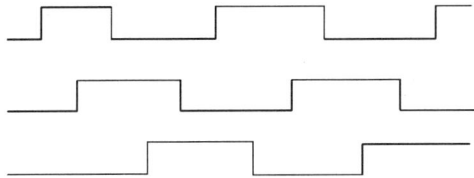

图 4.15　三相六拍工作的电压波形

步进电机又称为脉冲电机，它接受脉冲数字信号，每来一个脉冲，步进电机就走一步。

4.4.3　步进电机控制系统原理

典型的步进电机控制系统如图 4.16 所示。

图 4.16　步进电机控制系统的组成

典型的步进电机控制系统主要由步进控制器、功率放大器及步进电机组成。

步进控制器的作用就是能把输入的脉冲转换成环形脉冲，以便控制步进电机，并能进行正反向控制。功率放大器的作用就是把控制器输出的环形脉冲加以放大，以驱动步进电机转动。

对于这种常规的步进电机控制方法，由于步进控制器线路复杂，成本高，所以它的应用不广泛。但是，如果用计算机控制系统，由软件代替上述步进控制器，会使系统成本降低，可靠性加强，而且可以根据系统的需要，灵活改变步进电机的控制方案，因而用起来更加灵活。

典型的计算机控制的步进电机系统原理如图 4.17 所示。

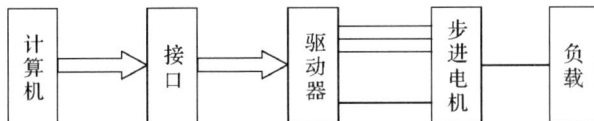

图 4.17　用计算机控制步进电机原理系统图

图 4.16 与图 4.17 相比，主要区别在于用计算机代替了步进控制器。这里，计算机的主要作用就是把并行二进制码转换成串行脉冲序列，并实现方向控制。

每当步进电机脉冲输入线上得到一个脉冲，它便沿着转向控制线信号所确定的方向走一步。只要负载在步进电机的允许范围内，每个脉冲将使电机转动一个固定的步距角度，根据步距角的大小及实际走的步数，只要知道最初位置，便可知道步进电机的最终位置。

本 章 要 点

1. 数字程序控制(闭环数字程序控制、开环数字程序控制);

2. 开环数值控制的基本原理(四方向逐点比较法直线插补原理);

3. 用 MATLAB 实现直线插补计算程序;

4. 步进电机的控制(步进电机的工作原理、工作方式、控制系统原理)。

习　　题

1. 数值控制的基本原理是什么?

2. 设加工第三象限直线 OP,起点为 $O(0,0)$,终点坐标为 $P(-5,-6)$,步长 $\Delta x = 0.5$, $\Delta y = 0.6$。试进行插补计算。

3. 叙述步进电机的控制原理。

第5章 基于传递函数的计算机控制系统模拟化设计方法

计算机具有很强的数据处理能力和逻辑判断能力,可以灵活地实现各种控制规律,因而广泛应用于各种过程控制中。当连续控制系统已经存在,要改为计算机控制时,最直接的方法就是将原系统的模拟控制器数学模型进行离散化,转化为可实现的算法,用计算机代替模拟控制器,构成计算机控制系统。当设计新的计算机控制系统时,为了借用连续域系统分析、设计的成熟方法,也经常采用先在连续域中设计控制器,再将其离散化,编程实现其控制律,达到设计目的。连续域中设计,离散化后实现,这就是计算机控制系统连续域-离散化设计的基本思想。

5.1 连续域-离散化设计

5.1.1 模拟化设计方法

可以从两个不同的角度来看图 5.1 的计算机控制系统,或者说可以有两种不同的理解。当从 A 点观察时,它是一个离散系统,因而可将 A 点右侧的连续部分数字化为 $G(z)$,直接在离散域设计数字控制器 $D(z)$。若从 B 点观察时,则可看作是模拟系统,只要计算机运算速度和精度足够高,A/D 和 D/A 位数足够高,采样周期足够小,则由于幅值量化引入的误差、ZOH 延时和计算延时等对系统动态和静态性能的影响可以忽略,这时可把 B 点左侧也看作是连续系统的一部分。也就是说,在已知连续对象时,先按照经典的模拟系统设计方法,设计出连续控制器 $D(s)$,然后将 $D(s)$ 离散化并用计算机实现,这种方法称为模拟化设计方法。

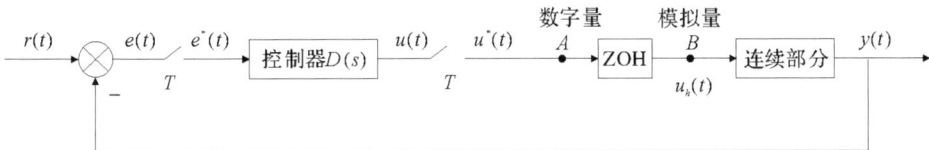

图 5.1 计算机控制系统结构图

1.连续域-离散化设计的基本条件

为了使离散化后的 $D(z)$ 能保持 $D(s)$ 的性能,要求计算机的运算速度和运算位数足够高,A/D 和 D/A 的速度和位数也要足够高,只有这样,才不致损失信息的精度,也不会产生大的滞后。通常,这些条件都不难满足。但是,系统中的保持器(最常用的是零阶保持器)会使信号发生幅值衰减和相位滞后,只有当采样周期足够小时,其影响才可忽略,这一点可说明如下。

设模拟信号 $u_0(t)$ 的频率特性为 $u_0(j\omega)$,经采样开关后成为离散信号,$u_0^*(t)$ 的频率特性为

$$U_0^*(j\omega) = \frac{1}{T}\sum_{k=-\infty}^{\infty}U_0(j\omega + jk\omega_s) \tag{5.1.1}$$

这是一个以采样角频率 $\omega_s = 2\pi/T$ 为周期的连续频谱。

式中:T 是采样周期;ω 是模拟角频率。

已知零阶保持器 $G_h(s) = (1 - e^{-Ts})/s$ 的频率特性为

$$G_h(j\omega) = T\frac{\sin(\omega T/2)}{\omega T/2}e^{-j\omega T/2} \tag{5.1.2}$$

采样信号 $u_0^*(t)$ 作用于零阶保持器如图 5.2 所示。

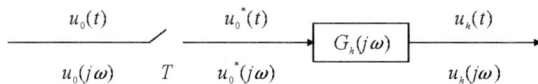

图 5.2　零阶保持器的信息传递

$u_0^*(t)$ 经零阶保持器后的输出 $u_h(t)$ 的频率特性为

$$U_h(j\omega) = G_h(j\omega)U_0^*(j\omega) = \frac{\sin(\omega T/2)}{\omega T/2}e^{-j\omega T/2}\sum_{k=-\infty}^{\infty}U_0(j\omega + jk\omega_s) \tag{5.1.3}$$

当采样频率足够高时,由于 ZOH 的低通滤波特性,除了主频谱以外,高频部分全部被滤掉,则式(5.1.3)可近似为

$$U_h(j\omega) \approx \frac{\sin(\omega T/2)}{\omega T/2}e^{-j\omega T/2}U_0(j\omega) \tag{5.1.4}$$

当 ωT 较小时:

$$\frac{\sin(\omega T/2)}{\omega T/2} \approx 1 \tag{5.1.5}$$

式(5.1.4)可进一步近似为

$$U_h(j\omega) \approx U_0(j\omega) \tag{5.1.6}$$

式(5.1.6)说明,只有当采样频率 ω_s 比系统的通频带 ω_m 大得多时($\omega_s > 10\omega_m$),相角滞后也不大,约$18°$,即 $e^{-j\omega T/2} \approx e^{-j0} = 1$ 时,可以忽略掉 ZOH 的影响,把计算机控制系统可以近似看作连续系统。也就是说,先用连续系统设计方法得到 $D(s)$,再在上述条件满足的情况下,将 $D(s)$ 离散化为 $D(z)$,并由计算机实现才是可行的。

2.连续域—离散化的基本原理

用连续域—离散化方法进行设计时,首先还是根据对系统的性能要求,设计控制器 $D(s)$,然后,将 $D(s)$ 用 Tustin 或预修正 Tustin 变换进行离散化,以获得 $D(z)$。如果在设计 $D(s)$ 时忽略了数字保持器 D/A 中的零阶保持器的时延,则会使采样系统其相位稳定储备比连续系统的下降,而超调量增大,致使采样系统的动态性能低于所设计的连续系统的动态性能。为了解决这个问题,我们可以在连续域对 $D(s)$ 进行设计时,必须考虑零阶保持器的相位

滞后,然后再对 $D(s)$ 进行离散化,如图 5.3 所示。

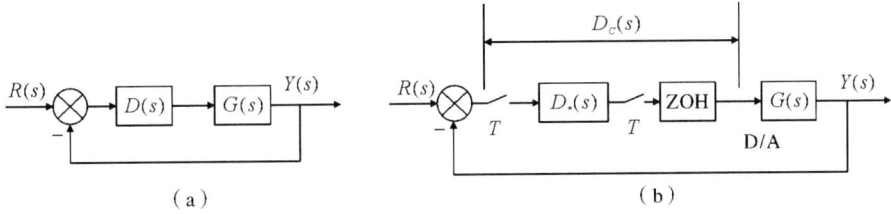

（a）　　　　　　　　　　　　　　　（b）

图 5.3　连续系统及其对应的采样系统

由图 5.3(b) 可知,离散化后等效的控制器传递函数 $D_c(s)$,当采样频率较高,在只考虑基频分量时,则可表示为

$$D_c(s) = D^*(s)e^{-\frac{T}{2}s} \tag{5.1.7}$$

式中: $\dfrac{1}{T}$ 为采样开关; $Te^{-\frac{T}{2}s}D^*(s)$ 为 D/A 保持器。

式(5.1.7) 表明, $D(s)$ 等效为 $D_c(s)$ 后, $D^*(s)$ 以较高的频率离散化,精度较高,滞后减少。 $e^{-T/2s}$ 是零阶保持器引起的时延,这说明采用这种连续域 — 离散化方法设计时,仅仅将 $D(s)$ 用高速率采样离散,没有考虑零阶保持器相位滞后的影响。为此,连续域设计时就应考虑上述时延的影响,对 $D(s)$ 进行修正。就是在 $D(s)$ 设计时,将 D/A 保持器的时延 $e^{-T/2s}$ 用 $\dfrac{1}{\frac{T}{2}s+1}$ 近似,加入被控对象 $G(s)$ 中,在连续域进行设计,求得 $D_c(s)$,再将其离散化。控制器离散化后,由于设计方法的近似性,还需要对整个系统进行数字仿真,以验证其动态性能。

3. 连续域–离散化设计步骤

连续域–离散化设计的基本步骤如下:

(1) 设计连续控制器 $D(s)$。利用连续系统的频率特性法、根轨迹法等设计出连续控制器 $D(s)$。

(2) 选择采样周期 T。根据连续系统方法和具体设计要求,选择合适的采样频率 ω_s,以保证变换精度。

(3) 确定数字控制器脉冲传递函数 $D(z)$。

可以在先考虑零阶保持器时间延迟效应基础上,用连续系统设计方法确定校正环节传递函数 $D(s)$,然后采用合适的离散化方法求得 $D(z)$;也可以先设计满足性能的模拟控制器 $D(s)$,将其离散化,再设计数字补偿环节,补偿零阶保持器引起的相位迟后效应,得到 $D(z)$。

将连续控制器 $D(z)$ 离散化为数字控制器 $D(z)$ 的方法有很多,如双线性变换法,后向差分法、前向差分法、冲击响成不变法、零极点匹配法、零阶保持器法等。

(4) 校验。检查计算机控制系统性能指标是否与连续系统性能指标一致。因为原连续系统是按指标要求设计好的,只要两者性能指标一致,才能说离散系统的性能是好的,否则应修改设计。

(5) 根据 $D(z)$ 编程实现。

必要时进行数模混合仿真,检验系统设计与程序编制的正确性。

以上几步,关键在第(2)步,选用合适的离散变换方法将模拟控制器 $D(s)$ 离散化成数字控制器脉冲传递函数 $D(z)$。

下面介绍几种工程上常用的离散变换方法。

5.1.2　离散化方法

这里假定已按连续设计方法设计出了满足要求的 $D(s)$,研究将 $D(s)$ 离散化为 $D(z)$ 的方法。每种方法的优劣,主要看它对原 $D(s)$ 性能的近似程度及使用是否方便而定。

1. 差分变换法

(1) 概念。将微分方程离散化为差分方程的方法,就称为差分变换法。这种方法主要利用最简单的一阶差分代替微分,并由此得出一个 s 平面与 z 平面的转换关系。事实上,PID(Prortional-Integral-Derivate 的简称)离散化就是用的这种方法。差分变换法有前向差分和后向差分两种方法。

(2) 方法。

1) 一阶后向差分。

将一阶微分用一阶后向差分近似代替,有

$$\frac{\mathrm{d}e(t)}{\mathrm{d}t} \approx \frac{e(kT) - e(kT - T)}{T} \tag{5.1.8}$$

将微分用算子形式表示,则有

$$se(t) \approx \frac{e(kT) - e(kT - T)}{T} \tag{5.1.9}$$

令 $t = kT$,对式(5.1.9)做 z 变换,即

$$\mathscr{Z}\left[se(t)\right] = \mathscr{Z}\left[\frac{e(kT) - e(kT - T)}{T}\right]$$

$$sE(z) = \frac{1 - z^{-1}}{T}E(z) \tag{5.1.10}$$

由式(5.1.10)可得

$$s = \frac{1 - z^{-1}}{T} \ 或者 \left(z = \frac{1}{1 - Ts}\right) \tag{5.1.11}$$

由式(5.1.11)得

$$z = \frac{1}{1 - Ts} = \frac{1}{2} + \left(\frac{1}{1 - Ts} - \frac{1}{2}\right) = \frac{1}{2} + \frac{1}{2} \times \frac{1 + Ts}{1 - Ts} \tag{5.1.12}$$

将 $s = \sigma + \mathrm{j}\omega$ 代入式(5.1.12)可得

$$z - \frac{1}{2} = \frac{1}{2} \times \frac{1 + T(\sigma + \mathrm{j}\omega)}{1 - T(\sigma + \mathrm{j}\omega)} = \frac{1}{2} \times \frac{1 - T^2(\sigma^2 + \omega^2) + 2\mathrm{j}\omega T}{(1 - T\sigma)^2 + (\omega T)^2} \tag{5.1.13}$$

对式(5.1.13)两端取模二次方得

$$\left|z - \frac{1}{2}\right|^2 = \frac{1}{4}\frac{(1 + T\sigma)^2 + (\omega T)^2}{(1 - T\sigma)^2 + (\omega T)^2} \tag{5.1.14}$$

当 $\sigma = 0$ 时,代入式(5.1.13)有

$$z - \frac{1}{2} = \frac{1}{2} \times \frac{1 - \omega^2 T^2 + 2\mathrm{j}\omega T}{1 + (\omega T)^2} = \frac{1}{2}\mathrm{e}^{\mathrm{j}\omega_z} \tag{5.1.15}$$

式中 $\omega_z = \arctan \dfrac{2\omega T}{1 - \omega^2 T^2}$，是一阶后向差分变换对应的数字角频率。则有

$$\omega = \frac{1}{T} \tan \frac{\omega_z}{2} \tag{5.1.16}$$

因此

$$D(z) = D(s)\big|_{s=\frac{1-z^{-1}}{T}} \tag{5.1.17}$$

由式(5.1.15)可见，此变换将 s 平面虚轴($\sigma = 0$)映射到 z 平面上一个圆心在 $\left(\dfrac{1}{2}, 0\right)$，半径为 $\dfrac{1}{2}$ 的圆上；由式(5.1.14)可见，将 s 左半平面($\sigma < 0$)映射到 z 平面小圆之内 $\left(\left|z - \dfrac{1}{2}\right| < \dfrac{1}{2}\right)$；将 s 右半平面($\sigma > 0$)映射到 z 平面小圆之外 $\left(\left|z - \dfrac{1}{2}\right| > \dfrac{1}{2}\right)$，如图5.4所示。

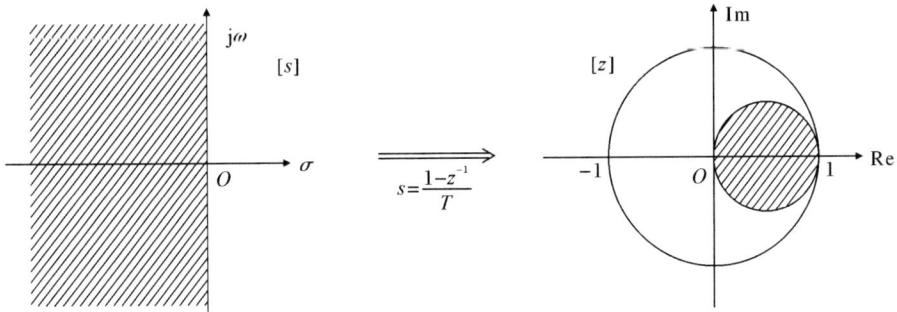

图 5.4　一阶后向差分变换

2) 一阶前向差分。

将一阶微分用一阶前向差分近似代替，有

$$\frac{\mathrm{d}e(t)}{\mathrm{d}t} \approx \frac{e(kT + T) - e(kT)}{T} \tag{5.1.18}$$

类似一阶后向差分，可得

$$s = \frac{z - 1}{T} \quad \text{或者}(z = 1 + Ts) \tag{5.1.19}$$

因此

$$D(z) = D(s)\big|_{s=\frac{z-1}{T}} \tag{5.1.20}$$

这种方法将 s 左半平面映射到 z 平面上为过(1, 0)点垂线的左半部分。如图5.5所示。因此，一阶前向差分变换有可能产生不稳定的 $D(z)$，故这种方法在工程中不采用。

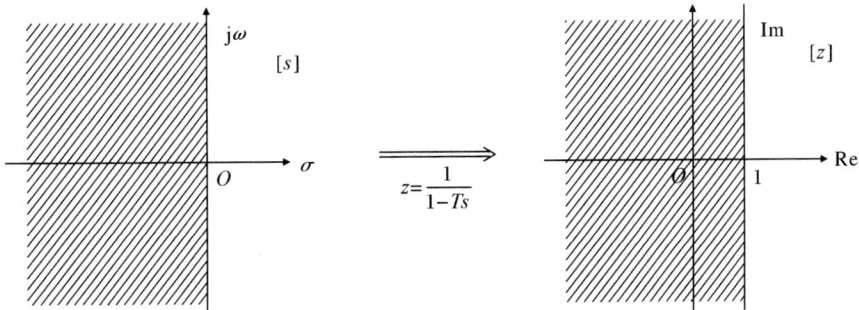

图 5.5　一阶前向差分变换

(3) 一阶后向差分变换的特点。

1) 变换公式简单,应用方便。

2) s 左半平面一对一地映射到 z 平面上以 $\left(\dfrac{1}{2},0\right)$ 为圆心,半径为 $\dfrac{1}{2}$ 的小圆内,不会产生混叠,但频率轴产生了畸变。

3) 若 $D(s)$ 稳定,则 $D(z)$ 也稳定。

4) 一阶差分变换精度较差,变换后 $D(z)$ 不保持 $D(s)$ 的脉冲响应和频率特性。

一阶差分变换很少使用,一般只用于微分环节的离散化中,如 PID 控制器的离散化。

(4) 举例。

【例 5.1】 已知 $D(s) = \dfrac{0.2s+1}{0.02s+1}$,用后向差分法设计 $D(z)$,采样周期 $T = 0.01\ \mathrm{s}$。

解 由式(5.1.17)可得

$$D(z) = D(s)\Big|_{s=\frac{1-z^{-1}}{T}} = \frac{0.2s+1}{0.02s+1}\bigg|_{s=\frac{1-z^{-1}}{T}} = \frac{0.2 \times \dfrac{1-z^{-1}}{0.01}+1}{0.02 \times \dfrac{1-z^{-1}}{0.01}+1} = \frac{20z^{-1}-21}{2z^{-1}-3}$$

2. 脉冲响应不变法

(1) 概念。脉冲响应不变法的变换准则是使数字控制器 $D(z)$ 的单位脉冲响应序列与连续系统 $D(s)$ 的单位脉冲响应在采样点上的采样值相等。

(2) 方法。设连续系统传递函数为 $D(s)$,根据脉冲传递函数定义

$$D(z) = Z[u^*(t)] = \sum_{k=0}^{\infty} u(kT)z^{-k} \tag{5.1.21}$$

式中:$u(kT)$ 是 $D(z)$ 的单位脉冲响应序列,也是 $D(s)$ 单位脉冲响应 $u(t)$ 在采样时刻的值。因此,脉冲响应不变法又称 z 变换法。

$$D(z) = \mathscr{Z}[D(s)] \tag{5.1.22}$$

(3) 特点。

1) $D(z)$ 与 $D(s)$ 的脉冲响应在采样时刻相同。

2) 频率轴的变换是线性的($\omega = \omega_z T$)。

3) 若 $D(s)$ 稳定,则 $D(z)$ 也稳定。这由 $z = \mathrm{e}^{sT}$ 可知,s 左半平面映射到 z 平面的单位圆内,故 $D(s)$ 极点在 s 左半平面内,则 $D(z)$ 的极点必在 z 平面单位圆内。

4) z 变换的映射关系是多值映射关系,当 $D(s)$ 不是有限带宽或采样频率 ω_s 不足够大 ($\omega_s < 2\omega_{\max}$) 时,会出现频率混叠现象。

5) $D(z)$ 的增益随 T 而变换,当 T 较小时,需要对增益进行修正。

(4) 举例。

【例 5.2】 已知 $D(s) = \dfrac{a}{(s+a)}$,用脉冲响应不变法设计 $D(z)$,采样周期 $T = 1\ \mathrm{s}$。

解 由式(5.1.22)可得

$$D(z) = \mathscr{Z}[D(s)] = \mathscr{Z}\left[\frac{a}{(s+a)}\right] = a\,\mathscr{Z}\left[\frac{1}{(s+a)}\right] = \frac{a}{1-\mathrm{e}^{-aT}z^{-1}} = \frac{a}{1-\mathrm{e}^{-a}z^{-1}}$$

3.阶跃响应不变法

（1）概念。阶跃响应不变的变换准则是使数字控制器 $D(z)$ 的单位阶跃响应序列与连续系统 $D(s)$ 的单位阶跃响应在采样点上的采样值相等。

（2）方法。设 $D(s)$ 的单位阶跃响应为 $u(t)$，即

$$U(s) = \mathcal{L}[u(t)] = D(s)\frac{1}{s} \tag{5.1.23}$$

分别对输入 $e(t) = 1$、输出 $u(t)$ 进行采样，如图 5.6 所示，则有

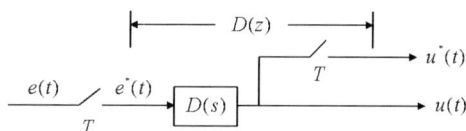

图 5.6　阶跃响应不变法

$$D(z) = \frac{\mathcal{Z}[u^*(t)]}{\mathcal{Z}[e^*(t)]} = \frac{\mathcal{Z}[u(s)]}{\dfrac{1}{1-z^{-1}}} = (1-z^{-1})\mathcal{Z}\left[\frac{D(s)}{s}\right] \tag{5.1.24}$$

即阶跃响应不变法相当于在 $D(s)$ 前面加一个虚拟的零阶保持器 $\dfrac{1-\mathrm{e}^{-Ts}}{s}$ 后，再进行 z 变换的结果。所以阶跃响应不变法也称为"具有保持器的脉冲响应不变法"，或称为"具有零阶保持器的 z 变换法"（简称零阶保持器法）。

（3）特点。

1）$D(z)$ 能保持 $D(s)$ 的阶跃响应采样值，但不能保证脉冲响应采样值不变。

2）频率轴的变换是线性的（$\omega = \omega_z T$）。

3）若 $D(s)$ 稳定，则 $D(z)$ 也稳定。

4）由于引入虚拟零阶保持器，频率混叠现象比脉冲响应不变法减轻，但 $D(z)$ 不能保持 $D(s)$ 的频率特性。

5）$D(z)$ 能保持增益不变。

（4）举例。

【例 5.3】　已知 $D(s) = \dfrac{0.2s+1}{0.02s+1}$，用阶跃响应不变法设计 $D(z)$，采样周期 $T = 0.01\text{ s}$。

解　由式（5.1.24）可得

$$D(z) = (1-z^{-1})\mathcal{Z}\left[\frac{D(s)}{s}\right] = (1-z^{-1})Z\left[\frac{0.2s+1}{0.02s+1}\right] = \frac{10z-9.607}{z-0.6065}$$

4.零极点匹配法

（1）概念。零极点匹配法的变换准则是将 $D(s)$ 在 s 平面上的零点和极点，依 $z = \mathrm{e}^{sT}$ 的关系，一一对应地映射为 z 平面上的零点和极点。$D(s)$ 的增益可根据某种特征（如 $D(s)$ 与

$D(z)$ 的稳态增益相等）映射到 z 域中 $D(z)$ 的增益。因为这种方法是将 $D(s)$ 的分子、分母方程根对应映射到 z 平面，所以也称"根匹配法"。又由于这种映射是依照 z 变换的基本关系 $z = \mathrm{e}^{sT}$，所以也称为"匹配 z 变换法"

（2）方法。按以下四个步骤进行：

1）将 $D(s)$ 因式分解为显根表达式：

$$D(s) = \frac{K_s(s+z_1)(s+z_2)\cdots(s+z_m)}{(s+p_1)(s+p_2)\cdots(s+p_n)} \tag{5.1.25}$$

2）按照关系式 $z = \mathrm{e}^{sT}$，将 $D(s)$ 的零点 z_i 和极点 p_i 映射到 z 平面上，转换关系为：

对于 s 域中的实数零（极）点 $s = -a$

$$(s+a) \rightarrow (1-z^{-1}\mathrm{e}^{-aT}) \text{ 或}(z-\mathrm{e}^{-aT}) \tag{5.1.26}$$

对于 s 域中的复数零（极）点 $s = -a \pm \mathrm{j}b$

$$(s+a-\mathrm{j}b)(s+a+\mathrm{j}b) \rightarrow (1-2z^{-1}\mathrm{e}^{-aT}\cos bT + \mathrm{e}^{-2aT}z^{-2})$$

$$\text{或}(z^2 - 2z\mathrm{e}^{-aT}\cos bT + \mathrm{e}^{-2aT}) \tag{5.1.27}$$

3）若 $D(s)$ 中 $n > m$，即极点数 n 大于零点数 m，此时可认为有 $n-m$ 个零点在无穷远处，由 $z = \mathrm{e}^{sT} = \mathrm{e}^{\mathrm{j}\omega T}$ 可知 z 是 ω 的周期函数，周期为 $\omega T = 2\pi$。若系统工作在主频区，即 $-\dfrac{\pi}{T} \leqslant \omega \leqslant \dfrac{\pi}{T}$，那么 $s \rightarrow \infty$，可以看作与 $\omega \rightarrow \pm\dfrac{\pi}{T}$ 对应，即相当于 $z \rightarrow -1$。也就是说，s 平面上的无穷零点，映射为 z 平面上的 -1 点。对 $n-m$ 个无穷零点，映射为 z 平面上 $(z+1)^{n-m}$ 因子。有时还可以补充 $(z+\delta)^{n-m}$，其中变量 $\delta(0 < \delta < 1)$ 按 $D(z)$ 的性能更接近 $D(s)$ 来选择。

4）零极点匹配法不能保证增益不变，需要对增益进行匹配。在控制系统中最常用的办法是，使 $D(z)$ 与 $D(s)$ 的稳态增益相等。当 $D(z)$ 分子上补偿 $(z+\delta)^{n-m}$ 时，应根据具体要求（如保持增益不变，或零频率特性上特征频率处的幅值、相位相同等）来确定增益及 δ 的值。$D(s)$ 对应 $D(z)$ 的形式为

$$D(z) = \frac{K_z(z-\mathrm{e}^{-z_1 T})(z-\mathrm{e}^{-z_2 T})\cdots(z-\mathrm{e}^{-z_m T})(z+1)^{n-m}}{(z-\mathrm{e}^{-p_1 T})(z-\mathrm{e}^{-p_2 T})\cdots(z-\mathrm{e}^{-p_n T})} \tag{5.1.28}$$

（3）特点。

1）能保证 z 平面、s 平面上零极点位置一一对应。

2）若 $D(s)$ 稳定，则 $D(z)$ 也稳定。

3）增益不能自动保持，需要进行匹配。可保证 $D(z)$ 与 $D(s)$ 的稳态增益相等。这对控制系统有利，因为大部分自动控制系统对低频特性的要求较高，保持低频时增益匹配是有利的。

4）它只考虑两平面上零、极点匹配映射，不考虑映射到 z 平面上零、极点的相对分布，因而有时会使 z 平面上零点和极点比较接近，造成频率响应不佳。

5）$D(s)$ 必须以因子形式给出。

（4）举例。

【例 5.4】 已知 $D(s) = \dfrac{1}{s^2 + 0.2s + 1}$，用零极点匹配法设计 $D(z)$，采样周期 $T = 1$ s。

解　$D(s)$ 有一对复极点和两个无穷零点 $n - m = 2 - 0 = 2$。

$$D(s) = \frac{1}{(s + 0.1 + j0.995)(s + 0.1 - j0.995)}$$

根据式(5.1.27)和式(5.1.28)可得

$$D(z) = \frac{K_z (z+1)^2}{z^2 - 2ze^{-0.1 \times 1}\cos(0.995 \times 1) + e^{-2 \times 0.1 \times 1}} = \frac{K_z (z+1)^2}{z^2 - 0.985z + 0.819}$$

要使 $D(z)$ 与 $D(s)$ 的稳态增益相等。则有

$$D(s)\big|_{s=0} = D(z)\big|_{z=1}$$

$$\frac{K_z (z+1)^2}{z^2 - 0.985z + 0.819}\bigg|_{z=1} = \frac{1}{s^2 + 0.2s + 1}\bigg|_{s=0}$$

解得
$$K_z = 0.209$$

代入式(5.1.28)得

$$D(z) = \frac{0.209 (z+1)^2}{z^2 - 0.985z + 0.819}$$

5. 双线性变换法

(1) 概念。双线性变换法也称 Tustin 变换，其实质是数值积分的梯形法，所以也称为梯形变换法。

(2) 方法。将 s 平面与 z 平面的转换关系 $s = \dfrac{1}{T}\ln z$ 展开

$$s = \frac{1}{T}\ln z = \frac{1}{T}\left[2\frac{z-1}{z+1} + \frac{1}{3}\left(\frac{z-1}{z+1}\right)^3 + \cdots\right] \tag{5.1.29}$$

取级数第一项近似，得双线性变换公式

$$s = \frac{2}{T}\frac{z-1}{z+1} = \frac{2}{T}\frac{1-z^{-1}}{1+z^{-1}} \tag{5.1.30}$$

$$z = \frac{1 + \dfrac{T}{2}s}{1 - \dfrac{T}{2}s} = \frac{2 + Ts}{2 - Ts} \tag{5.1.31}$$

将 $D(s)$ 中的 s 直接用 $s = \dfrac{2}{T}\dfrac{z-1}{z+1}$ 替换，即可得 $D(s)$ 对应 $D(z)$ 的形式为

$$D(z) = D(s)\big|_{s = \frac{2}{T}\frac{z-1}{z+1}} \tag{5.1.32}$$

将 $s = \sigma + j\omega$ 代入式(5.1.31)有

$$z = \frac{1 + \dfrac{T}{2}\sigma + j\dfrac{\omega T}{2}}{1 - \dfrac{T}{2}\sigma - j\dfrac{\omega T}{2}} \tag{5.1.33}$$

对式(5.1.33)两端取模二次方得

$$|z|^2 = \frac{\left(1 + \frac{T}{2}\sigma\right)^2 + \left(\frac{\omega T}{2}\right)^2}{\left(1 - \frac{T}{2}\sigma\right)^2 + \left(\frac{\omega T}{2}\right)^2} \tag{5.1.34}$$

从式(5.1.34)可看出:s平面的虚轴($\sigma = 0$)映射到z平面的单位圆上($|z| = 1$);s左半平面($\sigma < 0$)映射到z平面的单位圆内($|z| < 1$);s右半平面($\sigma > 0$)映射到z平面的单位圆外($|z| > 1$);

当$\sigma = 0$时,以$s = j\omega$,$z = e^{j\omega_z T}$代入式(5.1.30)有(ω_z表示离散域频率)

$$j\omega = \frac{2}{T}\frac{1 - e^{j\omega_z T}}{1 + e^{j\omega_z T}} = \frac{2}{T}\frac{2j\sin\frac{\omega_z T}{2}}{2j\cos\frac{\omega_z T}{2}} = j\frac{2}{T}\tan\frac{\omega_z T}{2} \tag{5.1.35}$$

即

$$\omega = \frac{2}{T}\tan\frac{\omega_z T}{2} \tag{5.1.36}$$

由式(5.1.36)可见在双线性变换下,s域和z域频率轴之间是正切函数关系,当ω从$0 \to \infty$时,ω_z从$0 \to \pi/T$,即将整个模拟频率压缩在$0 \to \pi/T$之间,而且ω越大,这种压缩越紧密。带来了严重的高频失真,但低频特性近似程度较好,并且不会产生频率混叠现象。

（3）特点。

1）双线性变换将s左半平面映射到z平面的单位圆内,不会产生频率混叠现象,但频率轴产生了畸变。将s右半平面映射到z平面的单位圆上。

2）双线性变换后阶数不变,且分子分母具有相同的阶数。

3）若$D(s)$稳定,则$D(z)$也稳定。

4）$D(z)$不保持$D(s)$的脉冲响应和频率特性。

5）$D(z)$能保持稳态增益不变。

双线性变换将s右半平面一对一单值映射为z平面的单位圆,避免了频率混叠现象,以高频特性的严重畸变为代价,保证了良好的低频段近似关系,是一种应用最广泛的离散化方法,它既适用于离散有限带宽环节,也适用于离散高频段幅值比较平坦的环节。

（4）举例。

【例5.5】 已知$D(s) = \dfrac{0.2s + 1}{0.02s + 1}$,用双线性变换法设计$D(z)$,采样周期$T = 0.01$ s。

解 根据式(5.1.32)有

$$D(s) = \frac{0.2s + 1}{0.02s + 1}\bigg|_{s = \frac{2}{T}\frac{z-1}{z+1}} = \frac{0.2 \times \frac{2}{0.01}\frac{z-1}{z+1} + 1}{0.02 \times \frac{2}{0.01}\frac{z-1}{z+1} + 1} = \frac{8.2z - 7.8}{z - 0.6}$$

6. 双线性变换加频率预畸变法

（1）概念。

双线性变换产生频率轴畸变,导致频率特性的畸变,实际应用中常希望进行修正,使$D(z)$与$D(s)$在某特征频率处响应不变。

（2）方法。

考虑到转化为离散频率时要被压缩,因此先将连续频率扩张,即预畸变。这样,扩张后的频率再被压缩,结果正好是原来的频率,具体作法是:

1）将 $D(s)$ 化成增益与零极点因式形式

$$D(s) = \frac{K_s(s+z_1)(s+z_2)\cdots(s+z_m)}{(s+p_1)(s+p_2)\cdots(s+p_n)} \tag{5.1.37}$$

2）将希望的零点和极点（即最关心的某段频率或者是主导极点等）,以 $p_1' = \dfrac{2}{T}\tan\dfrac{p_1 T}{2}$ 代替,即

$$(s+p_1) \rightarrow (s+p_1')\big|_{p_1'=\frac{2}{T}\operatorname{tg}\frac{p_1 T}{2}} \tag{5.1.38}$$

这时记 $D(s)$ 为 $D(s, p_1')$。

3）进行双线性变换。即把 $D(s, p_1')$ 双线性变换为 $D(z, p_1)$。

$$D(z, p_1) \rightarrow D(s, p_1')\big|_{s=\frac{2}{T}\frac{1-z^{-1}}{1+z^{-1}}} \tag{5.1.39}$$

4）确定 $D(z)$ 的增益。与零极点匹配法中确定增益的方法相似,使 $D(s)$ 和 $D(z)$ 的稳态增益相等。在控制系统中,通常关心稳态的增益,即 $s \rightarrow 0$ 及 $z \rightarrow 1$ 时二者增益应相等。

（3）特点。

它将双线性变换法的优点得以保持,其不足之处也有所改进。

1）将 s 左半平面一一对应地映射到 z 平面的单位圆内,不会产生频率混叠现象。

2）可以使 $D(z)$ 与 $D(s)$ 的频率在转折频率（即作了扩张的零点或极点处对应频率）和零频率处（即 $s \rightarrow 0, z \rightarrow 1$ 处）相互匹配。但其他点频率仍有畸变,特别是在 $\omega \approx \infty$ 处,仍然压缩在 $\omega_z = \pi/T$ 处。

3）若 $D(s)$ 稳定,则 $D(z)$ 也稳定。

4）$D(z)$ 不保持 $D(s)$ 的脉冲响应。

5）增益不能自动保持,需要进行匹配。可保证 $D(z)$ 与 $D(s)$ 的稳态增益相等。

（4）举例。

【例 5.6】　已知 $D(s) = \dfrac{a}{s+b}$,用双线性变换加频率预畸变法设计 $D(z)$,采样周期 $T = 1$ s。

解　根据式（5.1.38）有

$$D(s, b')\big|_{b'=\frac{2}{T}\operatorname{tg}\frac{bT}{2}} = \frac{a}{s + \dfrac{2}{T}\tan\dfrac{bT}{2}}$$

再根据式（5.1.39）有

$$D(z) = D(s, b')\big|_{s=\frac{2}{T}\frac{1-z^{-1}}{1+z^{-1}}} = \frac{K_z a}{\dfrac{2}{T}\dfrac{1-z^{-1}}{1+z^{-1}} + \dfrac{2}{T}\tan\dfrac{bT}{2}}$$

做低通用,$D(z)$ 与 $D(s)$ 的稳态增益相等。故有

$$D(s)\big|_{s=0} = D(z)\big|_{z=1}$$

即

$$\frac{a}{s+b}\bigg|_{s=0} = \frac{K_z a}{\dfrac{2}{T}\dfrac{1-z^{-1}}{1+z^{-1}} + \dfrac{2}{T}\tan\dfrac{bT}{2}}\bigg|_{z=1}$$

有

$$\frac{a}{b} = \frac{K_z a}{\dfrac{2}{T}\tan\dfrac{bT}{2}}$$

得

$$K_z = \frac{\dfrac{2}{T}\tan\dfrac{bT}{2}}{b}$$

代入 $D(z)$ 中得 $\quad D(z) = \dfrac{\dfrac{a}{b}\tan\dfrac{bT}{2}}{\dfrac{1-z^{-1}}{1+z^{-1}} + \tan\dfrac{bT}{2}} = \dfrac{\dfrac{a}{b}\tan\dfrac{b}{2}}{\dfrac{1-z^{-1}}{1+z^{-1}} + \tan\dfrac{b}{2}}$

7. 几种离散化方法的比较

(1) 除前向差分法外,其余方法都能保持 $D(s)$ 的稳定性。

(2) 采样频率对设计结果有很大影响。当采样频率很高时,各离散化方法的 $D(z)$ 性能与连续 $D(s)$ 的性能都很接近;当采样频率较低时,各离散化方法差异就较大。其优劣依次为双线性变换(或加预畸变)→ 零极点匹配法 → 后向差分法 → 脉冲响应不变法 → 阶跃响应不变法。

(3) 从选择原则比较,以双线性变换法为最常用。若增益匹配是唯一标准,则以零极点匹配法为好。若要保证特征频率(如转折频率或零频率)的位置不变,则使用加预畸变的双线性变换法较合适。若要保证冲击响应不变,则以阶跃响应不变法为好。

5.1.3　连续域-离散化设计及仿真举例

【例5.7】　已知某导弹位置随动系统如图5.7所示,其中导弹的传递函数可简化为二阶环节 $G(s) = \dfrac{120}{s(s+4)}$,用连续域-离散化方法设计一个导弹计算机控制系统,$G_h(s) = \dfrac{1-\mathrm{e}^{-Ts}}{s}$ 为零阶保持器,试确定数字控制器 $D(z)$,使系统的品质指标为:① 截至频率 $\omega_c \geqslant 15\mathrm{rad/s}$,相位裕度 $\gamma \geqslant 50°$;② 调节时间 $t_s < 0.5\ \mathrm{s}(\pm 5\%)$,峰值时间 $t_p < 0.2\ \mathrm{s}$,超调量 $\sigma < 15\%$。

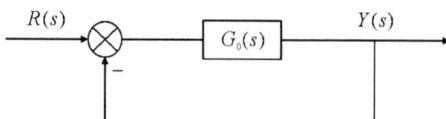

图 5.7　导弹位置随动系统

解　第一步:分析原系统。

这是一个典型的二阶系统,该二阶系统的时间响应,如图5.8所示。

峰值时间: $t_p = 0.29\mathrm{s}$;超调量 $\sigma = 55.8\%$;调节时间 $t_s = 1.5\ \mathrm{s}$。

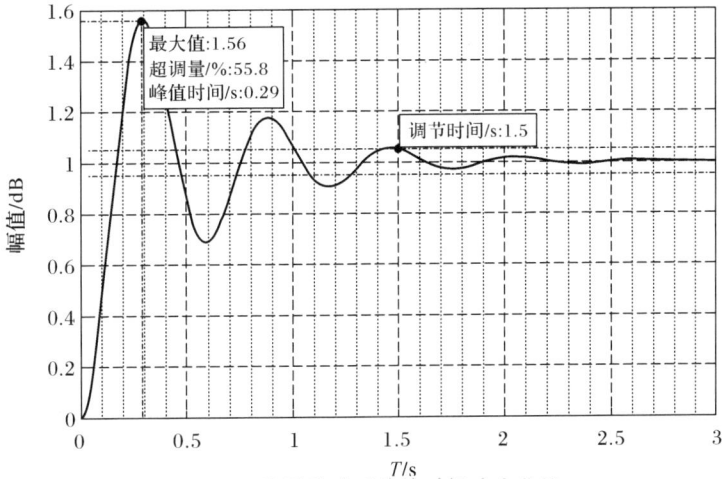

图 5.8　位置随动系统的时间响应曲线

该二阶系统的频域响应,如图 5.9 所示。

截至频率 $\omega_c = 10.6\mathrm{rad/s}$,相位裕度 $\gamma = 20.7°$;

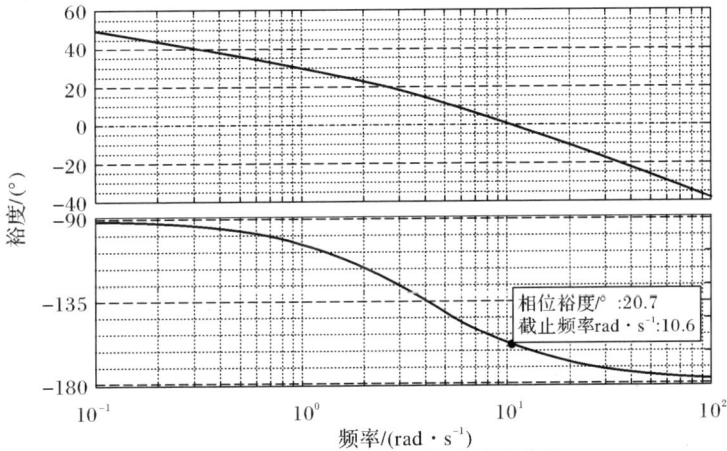

图 5.9　位置随动系统的频域响应曲线

可见,图 5.7 所示的导弹位置随动系统如果不加控制器,则系统的性能指标不满足要求。

第二步:选择采样频率。

原闭环系统的频带如图 5.10 所示。

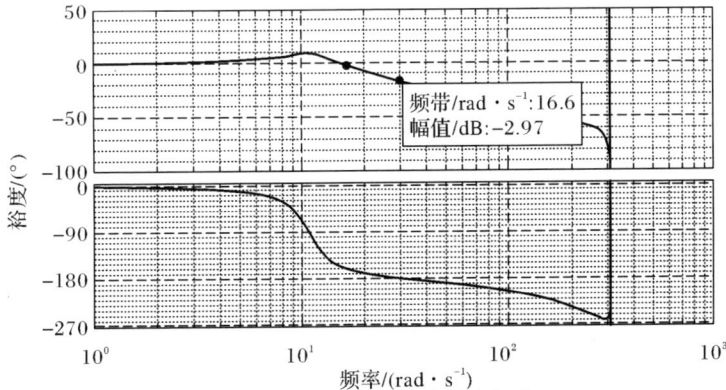

图 5.10　原闭环系统的带宽频率

原闭环系统的频带大约为 $\omega_b \approx 16.6\text{rad} \cdot \text{s}^{-1}$,现选择采样周期 $T = 0.01\text{ s}$,以保证离散化的精度,即 $\omega_s = 2\pi/T = 628\text{rad} \cdot \text{s}^{-1}$,远大于系统的频带。

第三步:在连续域内进行等效设计。

考虑到零阶保持器的影响,其近似传递函数为 $G_h(s) = \dfrac{1}{\dfrac{T}{2}s + 1} = \dfrac{1}{0.005s + 1}$,于是,问

题就归结为将 $G(s) = \dfrac{1}{0.005s + 1} \times \dfrac{120}{s(s+4)}$ 和起来看作广义被控对象,再根据给定的性能指标设计校正网络 $D_c(s)$,由于未校正系统的截止频率、相位裕度均不满足要求,以及系统对快速性的要求,因此可以确定用串联超前校正,求得校正装置的传递函数为

$$D_c(s) = \frac{0.2s + 1}{0.02s + 1}$$

该校正网络不是唯一的,如图 5.11 所示。

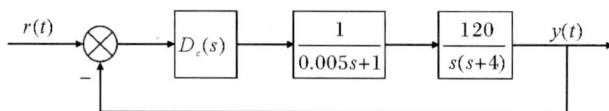

图 5.11　连续域内设计等效数字控制器

第四步:用双线性变换法确定相应的 $D(z)$。

该校正网络高频段幅值比较平坦,因而采用双线性变换法,得到

$$D(z) = \frac{8.2z - 7.8}{z - 0.6}$$

第五步:检验计算机控制系统的闭环性能。

计算机控制系统如图 5.12 所示。

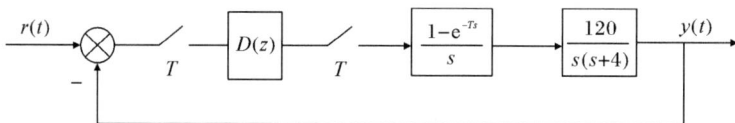

图 5.12　计算机控制系统

将图 5.12 用 MATLAB 进行数字仿真,时域响应如图 5.13 所示。

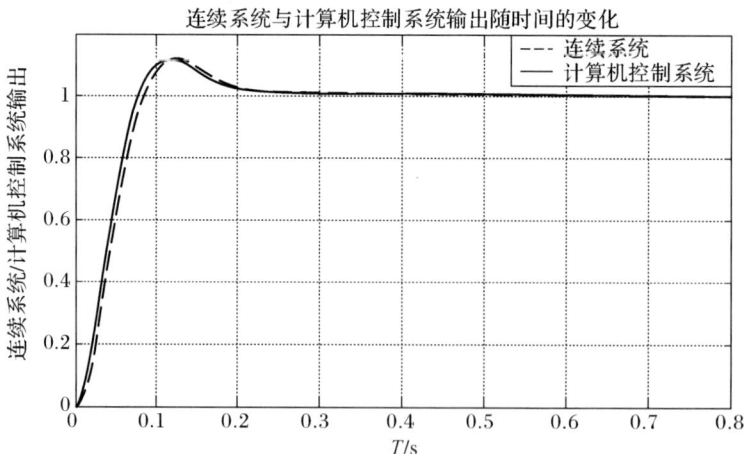

图 5.13　连续系统和计算机控制系统的阶跃响应曲线

其峰值时间 $t_p = 0.12$ s；超调量 $\sigma = 11.6\%$；调节时间 $t_s = 0.18$ s。

频域响应如图 5.14 所示。

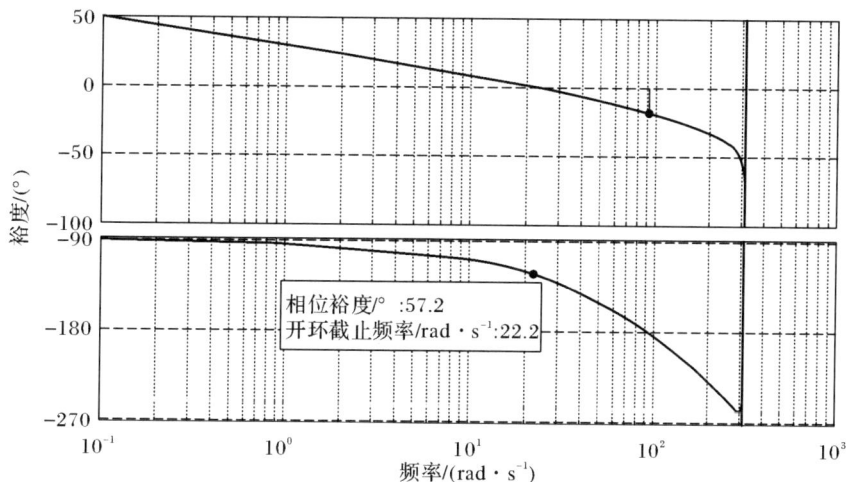

图 5.14　计算机控制系统的频域响应曲线

其截止频率 $\omega_c = 22.2(\text{rad} \cdot \text{s}^{-1})$，相位裕度 $\gamma = 57.2°$；满足设计要求。

仿真程序如下：

```
clear all;clc;
G0 = tf(120,conv([1 0],[1 4]));
figure(1);G = feedback(G0,1);step(G);grid on
figure(2);bode(G0);grid on
figure(3);bode(G);grid on
ts = 0.01;
Gh = tf(1,[ts/2 1]);
G = G0 * Gh;
Dcs = tf([0.2 1],[0.02 1]);
sysc = G * Dcs;
sys = feedback(sysc,1);
Dcz = c2d(Dcs,ts,'tustin');
Gcz = c2d(G0,ts,'zoh');
syscz = Dcz * Gcz;
sysz = feedback(syscz,1);
figure(4);step(sys);hold on;step(sysz);grid on
figure(5);bode(syscz);grid on
```

5.2　数字 PID 控制器设计及仿真

所谓 PID 控制是指对偏差进行比例、积分、微分的控制，简称 PID 控制。

由定义我们可以看出 PID 控制是基于偏差的控制，它是对偏差进行偏差进行比例、积分、微分运算,所以它的结构简单,易于实现。因而它在控制系统中的应用也最为广泛。PID控制是应用最广泛,技术最成熟的控制规律。实际运行的经验和理论的分析都表明,运用这种控制规律对许多工业过程进行控制时,都能得到满意的效果。

5.2.1 模拟 PID 控制器及仿真

首先介绍模拟控制。

PID 控制是基于偏差进行的控制,而偏差是把设定值与系统实际输出值进行比较得到的。

如果记偏差为 $e(t)$,系统的设定值为 $r(t)$,输出值为 $y(t)$,那么它们之间的关系即为

$$e(t) = r(t) - y(t)(或 e = r - y) \tag{5.2.1}$$

得到系统偏差之后,对偏差分别进行比例、积分、微分运算,根据对象的特性和控制要求,对它们进行线性组合,形成控制量,如比例控制(P 控制)、比例积分控制(PI 控制)、比例微分控制(PD 控制)、积分微分控制(ID 控制)、比例积分微分控制(PID 控制)。在一般控制系统中,常常采用如图 5.15 所示的模拟 PID 控制:

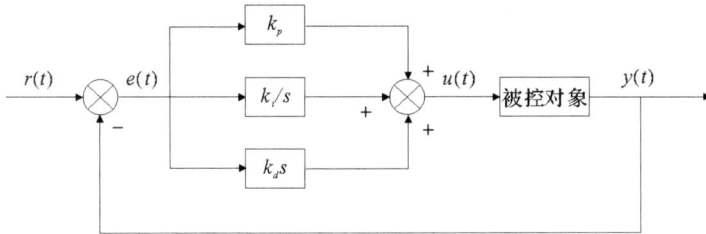

图 5.15　模拟 PID 控制系统结构图

其中,k_p 为比例系数,k_i 为积分系数,k_d 为微分系数,$u(t)$ 为控制量,$y(t)$ 为系统输出量。下面依次介绍三种控制量的特点及其作用。

1. 比例控制(P 控制)

比例控制是一种最简单的控制方法。根据图 5.15(取掉积分、微分环节),可以得到比例控制的方程。同时根据自动控制原理的知识有

$$u(t) = k_p e(t) + u_0 [或者 U(s) = k_p E(s)] \tag{5.2.2}$$

比例控制器(见图 5.16)传递函数为

$$D(s) = \frac{U(s)}{E(s)} = k_p \tag{5.2.3}$$

式中:k_p 为比例系数;u_0 为控制量的基准,也就是 $e(t) = 0$ 时的控制作用。

下面来分析一下在比例控制中,当系统的偏差为阶跃时,控制量 $u(t)$ 的变化规律。

这里设 $e(t)$ 为在 1s 时刻引入一个单位阶跃,$k_p = 2$,$u_0 = 0$ 时,比例控制器的阶跃响应(见图 5.16)。

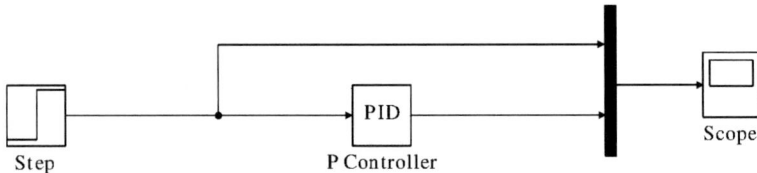

图 5.16　比例控制器 Simulink 仿真

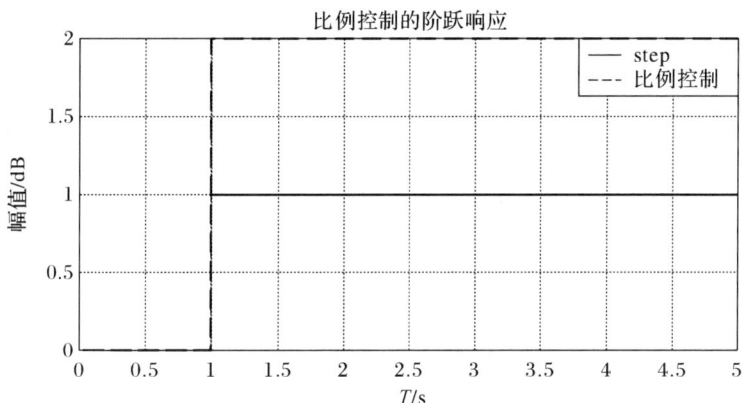

图 5.17　比例控制器的单位阶跃响应

通过图 5.17 可以看出比例控制的特点：

（1）特点。

1）对偏差的响应迅速。也就是说比例控制能迅速反应误差，控制量 $u(t)$ 的变化相对偏差是立即的，几乎没有延迟作用。

2）易于实现。它对控制量 $u(t)$ 在 u_0 的基础上放大了 k_p 倍，仅仅是比例放大，所以说易于实现。

3）增大比例系数 k_p，可以减少系统静差。静差一般是指系统在阶跃输入作用下的稳态误差。那么，系统为什么会存在静差呢？这是先从数学角度来看比例控制：$u(t) = k_p e(t) + u_0$，从这个式子可以看出，由于 k_p 是有限值。当 $e(t)$ 非常小时，$u(t) \approx u_0$，因此，比例控制对被控对象的作用很小，几乎等于 0。也就是说，它的控制作用不能消除很小的偏差。所以，系统也才会存在静差。

4）对于有自平衡性的系统，存在着静差。自平衡性是指系统对阶跃响应终值为一个有限值。也就是说，当给定值为一阶跃响应时，系统的最终输出是一个有限值，不会无限增大。有时也称自平衡系统为有界输入、有界输出系统。

下面举一个例子来说明自平衡性系统。

【例 5.8】　设比例控制系统如图 5.18 所示，图中 $R(s) = 1/s$ 为单位阶跃输入，试求系统的输出 $y(t)$。

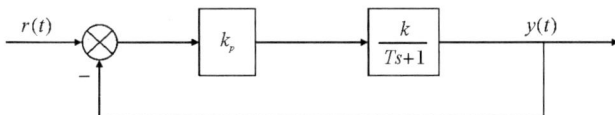

图 5.18　比例控制系统

解　$\Phi(s) = \dfrac{Y(s)}{R(s)} = \dfrac{\dfrac{k_p k}{Ts+1}}{1 + \dfrac{k_p k}{Ts+1}} = \dfrac{k_p k}{1 + k_p k + Ts} = \dfrac{k_p k}{1 + k_p k} \times \dfrac{1}{\dfrac{T}{1 + k_p k} s + 1}$

所以
$$Y(s) = \Phi(s)R(s) = \frac{k_p k}{1 + k_p k} \times \frac{1}{s\left(\dfrac{T}{1 + k_p k}s + 1\right)}$$

则有
$$Y(\infty) = \lim_{s \to 0} sY(s) = \lim_{s \to 0} \frac{k_p k}{(1 + k_p k)\left(\dfrac{T}{1 + k_p k}s + 1\right)} = \frac{k_p k}{1 + k_p k} < 1$$

此例从数学角度说明,比例控制对于有自平衡性的系统,存在着静差。

【例 5.9】 设被控对象为 $G(s) = \dfrac{1}{s+1}$,输入信号为单位阶跃。采用 P 控制算法,取 $k_p = 2, k_p = 10, k_p = 50$,分别对其进行阶跃仿真。

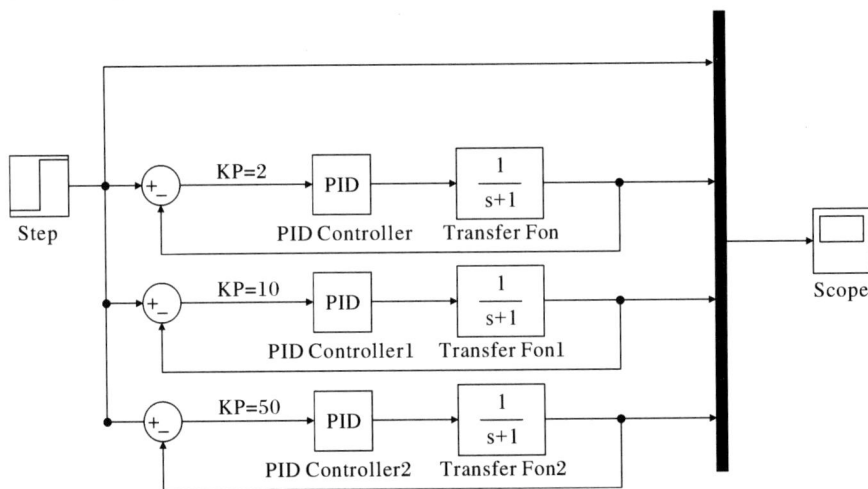

图 5.19　比例控制 Simulink 仿真程序图

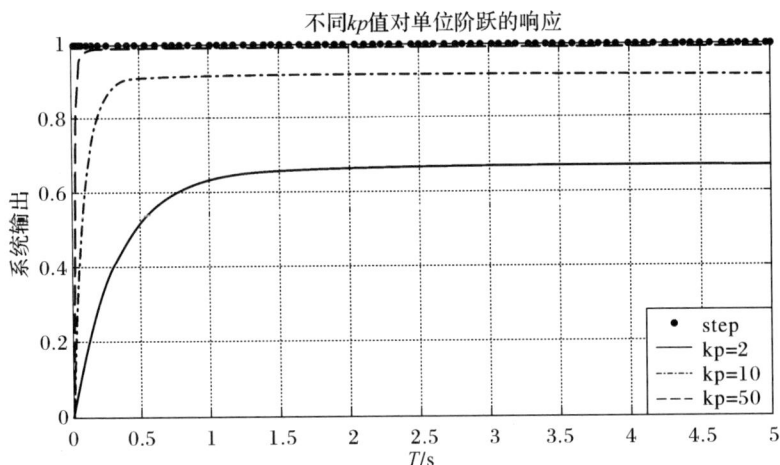

图 5.20　$k_p = 2, k_p = 10, k_p = 50$ 的阶跃响应

此例说明比例控制对于具有自平衡的控制对象存在静差;加大比例系数 k_p 可以减小静差,但随着 k_p 的增大,系统的响应不明显。在有些情况下 k_p 过大时,会引起系统的不稳定现象。

由此我们引入积分控制,用于消除系统的静差。

2. 比例积分控制(PI 控制)

通过图 5.15 可以看出,PI 控制系统的控制方程为

$$u(t) = k_p\left(e(t) + \frac{1}{T_i}\int_0^t e(t)\mathrm{d}t\right) + u_0\left[\text{或者 } U(s) = k_p E(s) + k_i \frac{E(s)}{s}\right] \quad (5.2.4)$$

式中:T_i 为积分时间;$k_i = k_p/T_i$ 为积分系数。

比例积分控制器传递函数为

$$D(s) = \frac{U(s)}{E(s)} = k_p + \frac{k_p}{T_i}\frac{1}{s} = k_p + k_i/s \quad (5.2.5)$$

它是在比例控制的基础上增加了积分环节(若将其作为校正器,它相当于滞后校正器)。

下面来看比例积分控制对阶跃偏差的响应过程。

这里设 $e(t)$ 为在 1 s 时刻引入一个单位阶跃,$k_p = 2, k_i = 1, u_0 = 0$ 时,比例积分控制器的阶跃响应。

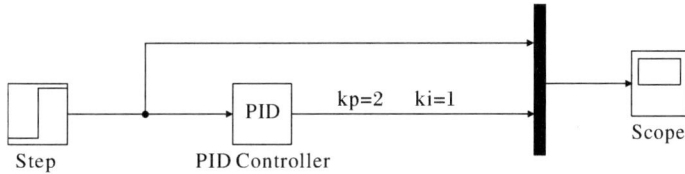

图 5.21　比例积分控制器 Simulink 仿真

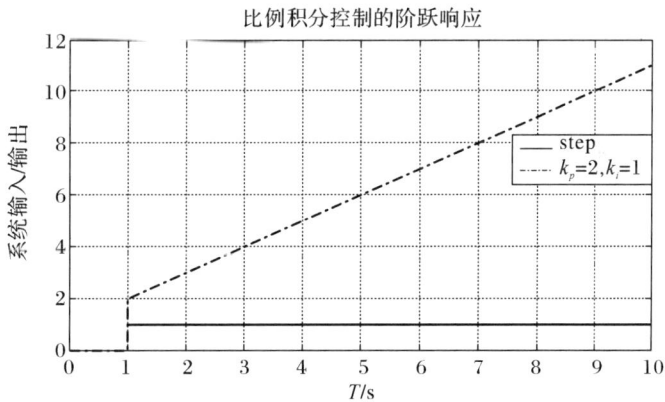

图 5.22　比例积分控制器的单位阶跃响应

从图 5.22 中可以看出,PI 控制对于偏差的阶跃响应一方面按照比例变化进行调节,同时它还对偏差有累积作用。这样,只要偏差 $e(t)$ 不为 0,那么,它经过累积后就会产生较大的控制量 $u(t)$,同时减小偏差。直至偏差为 0,控制作用将不再变化,从而系统达到稳定。

下面我们举一个例子来说明积分环节:

【例 5.10】　设被控对象为 $G(s) = \dfrac{1}{s+1}$,输入信号为单位阶跃。采用 P 控制、PI 控制算法,取 $k_p = 10$ 和 $k_p = 10, k_i = 10$ 分别对其进行阶跃仿真。

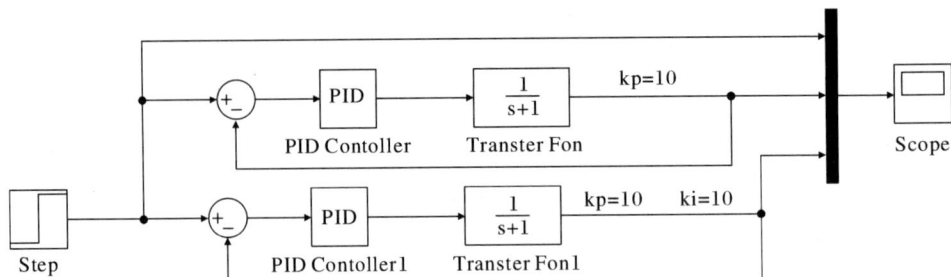

图 5.23 比例积分控制 Simulink 仿真程序图

从图 5.24 中可以看出,积分环节的加入,有助于消除系统静差。这是比例、积分控制的第一个特点。

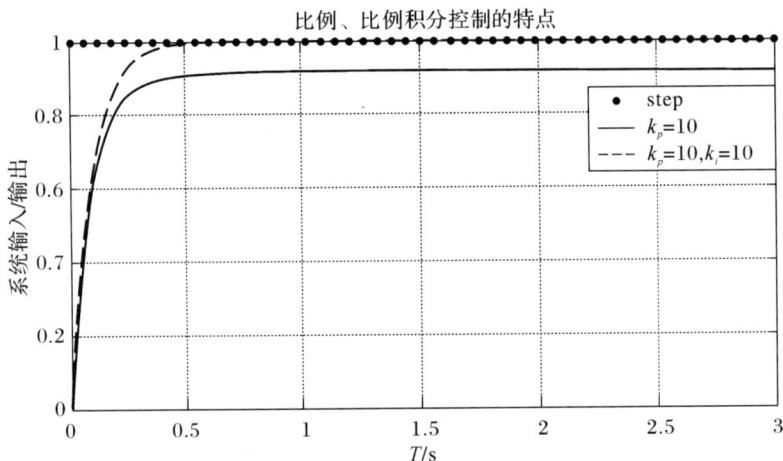

图 5.24 $k_p = 10$ 和 $k_p = 10, k_i = 10$ 的阶跃响应

(1)特点。

1)有助于消除系统静差。

对图 5.21 的 Simulink 仿真来说,若取 $k_p = 1, k_i = 1$ 和 $k_p = 1, k_i = 0.5$,则有如下的仿真结果。

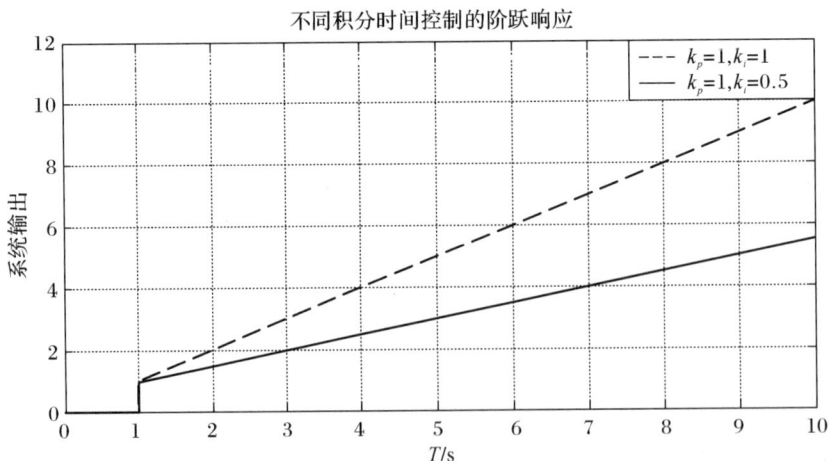

图 5.25 $k_p = 1, k_i = 1$ 和 $k_p = 1, k_i = 0.5$ 的单位阶跃响应

从图 5.25 中可以看出,如果积分时间较大,则积分作用弱;若积分时间较小,则积分作用强。

2) 积分时间 T_i 大,则积分作用弱;若积分时间 T_i 小,则积分作用强。

因此增加 T_i,将减慢消除系统静差的过程,但它可以减小超调,提高系统的稳定性。

对例 5.10 取 $k_p = 10, k_i = 10$ 和 $k_p = 10, k_i = 50$ 分别对其进行阶跃仿真,仿真结果如图 5.26 所示。

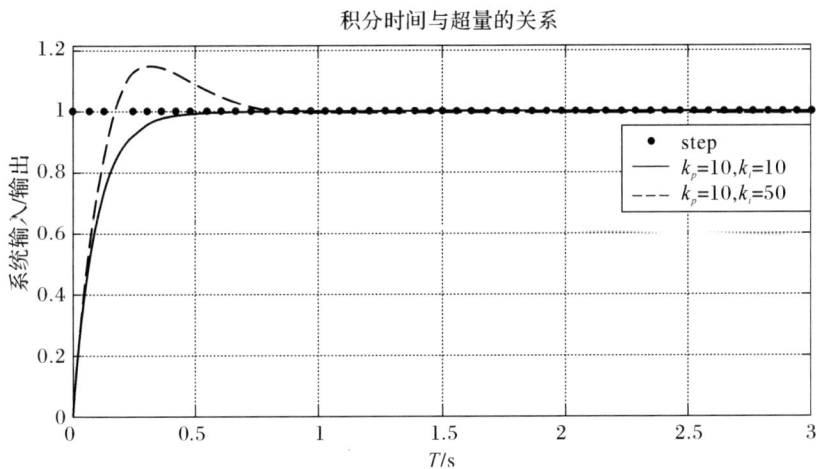

图 5.26　$k_p = 10, k_i = 10$ 和 $k_p = 10, k_i = 50$ **的阶跃响应**

从图 5.26 中可以看出增大积分时间 T_i,可以减小系统超调,提高系统的稳定性。

3) 增大积分时间 T_i,减小超调,提高系统的稳定性。

既然积分时间 T_i 的增加会使消除系统静差的时间加长,那么为什么不通过减小积分时间 T_i,使得系统静差迅速消除呢?这是因为积分环节它是一个积累过程,所以它本身存在一定的惯性。如果过度地减小积分时间,会导致系统的振荡,从而使系统的稳定性变差,故对积分时间 T_i 的选择,要根据具体的控制对象特性来进行选定。例如:对于管道压力、流量等滞后不大的对象,T_i 可选小一些;对于温度等滞后较大的对象,T_i 可选得大一些。这是 PI 控制的另一个特点。

4) 滞后不大的对象,T_i 选小;滞后较大的控制对象,T_i 选大。

从上面的讲述中,我们知道,引入积分环节,可以消除系统的静差。但是,由于积分环节是个积累过程,本身具有一定的惯性。所以它的引入带来系统响应速度的降低,使系统的输出相对输入滞后,为了加快系统的响应速度,那么就有必要在偏差出现或变化的瞬间,不仅对偏差做出反应,同时,我们还要对偏差的变化做出相应的控制调整,使偏差刚一出现,就消除了它。或者简单地说,积分环节的引入,使系统的输出相对滞后输入,降低了系统的响应速度,为了加快系统的响应速度。我们引入微分控制的概念。

3. 比例积分微分(PID 控制)

通过图 5.15,我们可以得到系统的控制方程为

$$u(t) = k_p \left[e(t) + \frac{1}{T_i} \int_0^t e(t) \mathrm{d}t + T_d \frac{\mathrm{d}e(t)}{\mathrm{d}t} \right] + u_0 \tag{5.2.6}$$

或者

$$U(s) = k_p \left[E(s) + \frac{1}{T_i} \frac{E(s)}{s} + T_d s E(s) \right] \qquad (5.2.7)$$

比例积分微分控制器传递函数为

$$D(s) = \frac{U(s)}{E(s)} = k_p + k_i/s + k_d s \qquad (5.2.8)$$

式中：T_d 为微分时间；$k_d = k_p T_d$ 为微分系数。

同样，下面来看 PID 控制对偏差的变化规律。

设 $e(t)$ 为在 1 s 时刻引入一个单位阶跃，$k_p = 1, k_i = 0.3, k_d = 0.5, u_0 = 0$ 时，比例控制器的阶跃响应。

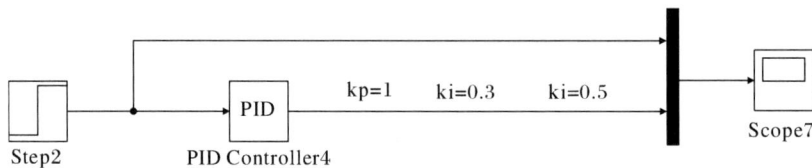

图 5.27　比例积分微分控制器 Simulink 仿真

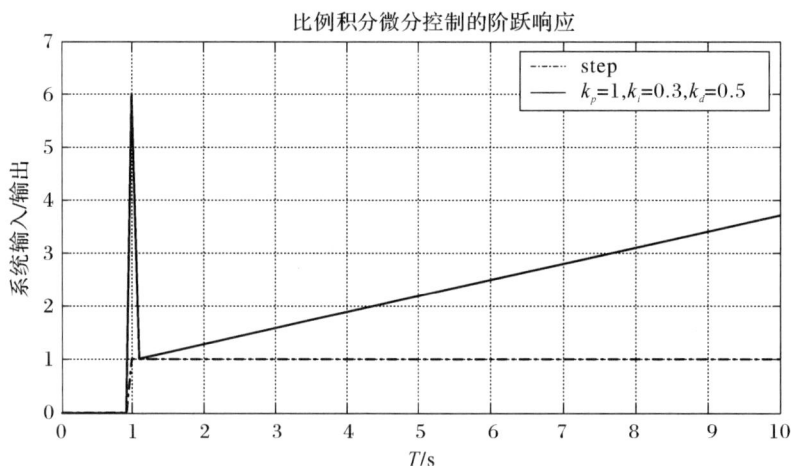

图 5.28　比例积分微分控制器的单位阶跃响应

从图 5.28 中可以看出，在偏差变化的瞬时，控制量 $u(t)$ 的输出有一个冲击式的响应（从我们高数知识可以知道，这是由微分环节引起的，当偏差出现阶跃变化时，de 较大，dt 较小，即 $de/dt \rightarrow \infty$，所以系统会出现这种冲击式的响应）。

可见，微分环节对系统偏差的任何变化都会输出一个控制作用，以调整系统的输出，阻止偏差的变化，而且 de/dt 越大，偏差变化也就越迅速。微分环节也就越大，反馈校正量相应地也就越大，所以说微分作用的加入将有助于减小系统超调，克服振荡，使系统稳定。这是 PID 控制的第一个特点。

（1）特点。

1）微分控制可以减小超调量，克服振荡，使系统的稳定性提高。

【例 5.11】　设被控对象为 $G(s) = \dfrac{10}{(s+1)(s+2)}$，输入信号为单位阶跃。采用 P 控制、

PI 控制、PID 控制算法,取 $k_p = 1$ 和 $k_p = 1, k_i = 1.05$ 和 $k_p = 1, k_i = 0.332, k_d = 0.33$ 分别对其进行阶跃仿真。

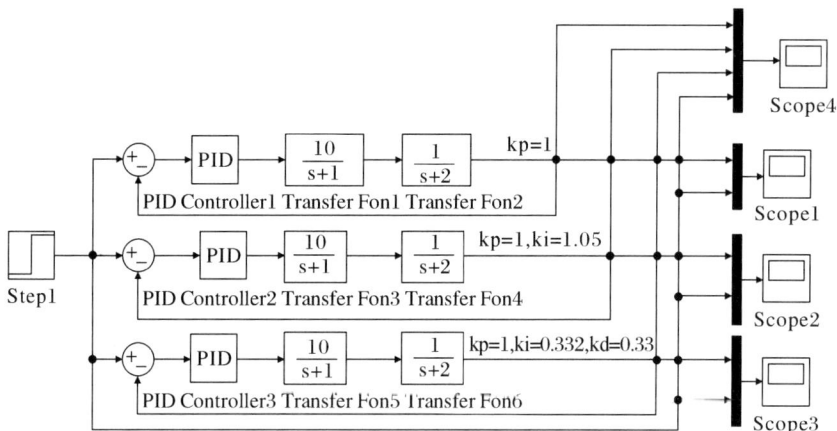

图 5.29　比例积分微分控制 Simulink 仿真程序图

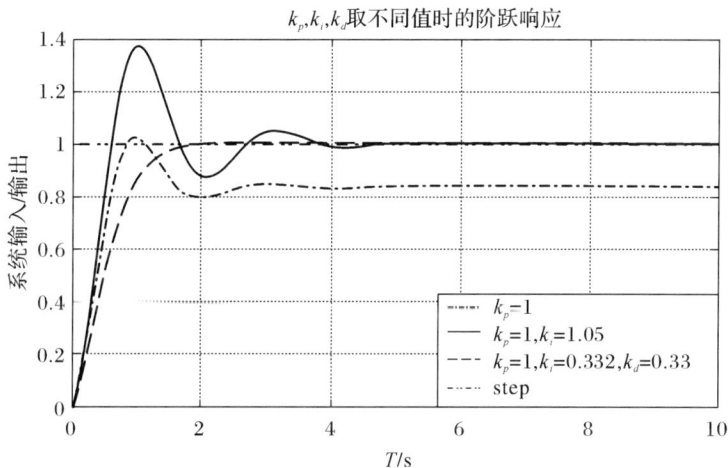

图 5.30　k_p, k_i, k_d 取不同值时的阶跃响应

从图 5.30 中明显可以看出,微分控制可以减小系统超调量,克服振荡,使系统的稳定性提高。

微分控制可以使系统稳定,而对系统的动态性能有什么影响,从图 5.30 中,对 k_p, k_i, k_d 取不同值时的阶跃响应的比较可以看出,由于微分的作用,它可以提高系统的响应速度,减小了调整时间,从而改善了系统的动态性能。

2) 改善系统的动态性能。而微分控制也存在一定的缺点。若系统输入具有高频噪声时,则微分环节容易使系统输出出现剧烈变化,降低系统的稳定性,这是 PID 控制的缺点(具体在后面不完全微分的 PID 控制算法中有详细介绍)。

3) 对于具有高频噪声的控制过程。微分环节会降低系统的稳定性。简单来说,PID 控制器各校正环节的主要特点是:①P 控制能成比例地迅速反映控制系统的偏差,一旦产生偏差,控制器就立即产生控制作用,以减小偏差;②PI 控制主要用于消除系统的静差,积分作用的强弱取决于积分时间 T_i;③PID 控制反映偏差信号的变化趋势,并能在偏差信号变得太大之前,在系统中引入一个有效的早期修正信号,从而加快系统的响应速度,提高稳定性,改善系统动态性能。

在控制过程中,模拟 PID 控制的控制是用硬件来实现 PID 控制规律的。不过,自从计算机进入控制领域以来,用数字计算机代替模拟计算机控制器组成计算机控制系统,不仅可以用软件来实现 PID 控制,而且可以进一步与计算机的逻辑判断功能相结合,使 PID 控制更加灵活,更能满足控制过程提出的要求。

PID 控制可以用计算机实现控制。不仅是由于计算机软件的灵活性,而且利用计算机实现 PID 控制,具有如下优点:① 可以将 PID 算法修改得更为合理;② 对于参数的整定和修改更为方便;③ 同时一台计算机可以控制多个参数,多个回路,而模拟 PID 控制器都是由硬件组成,控制多路复杂;④ 除了实现控制任务外,计算机还能实现数据处理、显示、打印、报警等其他功能,减轻操作人员的劳动,提高效率。

5.2.2 数字 PID 控制算法及仿真

从上节的讲述中可以知道,在连续控制系统中,PID 控制的控制方程如下

1.连续时间域内的 PID 控制方程

$$u(t) = k_p \left[e(t) + \frac{1}{T_i} \int_0^t e(t) \, dt + T_d \frac{de(t)}{dt} \right] + u_0 \tag{5.2.9}$$

式中:$e(t)$ 是偏差信号,也是控制器的输入信号;u_0 是控制量的基准;$u(t)$ 是控制信号,也是控制器的输出信号;k_p 是比例系数;T_i 是积分时间;T_d 是微分时间。

或者写成传递函数的形式:

$$D(s) = \frac{U(s)}{E(s)} = k_p + k_i/s + k_d s \tag{5.2.10}$$

式中:k_p 是比例系数;$k_i = k_p/T_i$ 为积分系数;$k_d = k_p T_d$ 为微分系数。

而由于计算机控制是一种采样控制,用计算机实现时,要在离散域内进行,它只能根据采样时刻的偏差值计算控制量,而式中的积分项和微分项不能直接准确计算。我们只能用数值计算的方法来逼近,这也就是用计算机实现时,首先遇到的是离散化问题。

2.离散化方法

离散化,也就是计算机的采样。设在采样时刻 $t = kT$(T 为采样周期,k 为采样序号)时,可采用如下的离散化方法。

(1) $\dfrac{de(t)}{dt} \approx \dfrac{e(kT) - e(kT - T)}{T}$,用一阶后向差分代替一阶微分。

(2) $\displaystyle\int_0^T e(t) \, dt \approx \sum_{j=0}^{k} Te(jT)$,用前向矩形法代替积分。

(3) $u(t) = u(kT)$,用最接近 t 的某离散时刻 kT 的值 $u(kT)$ 代替 $u(t)$。

(4) $e(t) = e(kT)$,用最接近 t 的某离散时刻 kT 的值 $e(kT)$ 代替 $e(t)$。

采用以上离散化方法,使模拟 PID 控制器离散化变为差分方程。由以上离散公式可知,T 越小,离散化精度就越高。

将各项离散化结果代入(5.2.9)可得数字 PID 位置式控制算式。

3. 位置式 PID 控制算法

$$u(kT) = k_p \left\{ e(kT) + \frac{T}{T_i} \sum_{j=0}^{k} e(jT) + \frac{T_d}{T} \left[e(kT) - e(kT - T) \right] \right\} + u_0 \quad (5.2.11)$$

为了书写方便,(5.2.11)可进一步简写成

$$u(k) = k_p \left\{ e(k) + \frac{T}{T_i} \sum_{j=0}^{k} e(j) + \frac{T_d}{T} \left[e(k) - e(k-1) \right] \right\} + u_0 =$$

$$k_p e(k) + k_i \sum_{j=0}^{k} e(j) T + k_d \left[e(k) - e(k-1) \right] / T + u_0 \quad (5.2.12)$$

式中:k_p 是比例系数;$k_i = k_p/T_i$ 为积分系数;$k_d = k_p T_d$ 为微分系数。

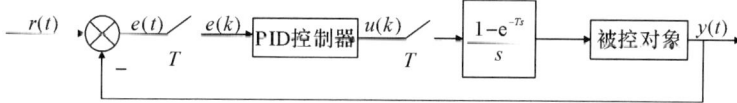

图 5.31　数字 PID 控制系统结构图

式(5.2.12)就是图 5.31 所示的数字 PID 控制系统中,数字 PID 控制器所执行的递推公式。
对(5.2.12)取 $\mathscr{Z}$ 变换得

$$U(z) = k_p \left[E(z) + \frac{TE(z)}{T_i(z-1)} + \frac{T_d(E(z) - Z^{-1}E(z))}{T} \right] \quad (5.2.13)$$

得数字 PID 控制器的 $\mathscr{Z}$ 传递函数为

$$D(z) = \frac{U(z)}{E(z)} = k_p + \frac{k_i T}{z-1} + k_d(1-z^{-1})/T \quad (5.2.14)$$

数字 PID 控制器 $D(z)$ 的方框图如图 5.32 所示。

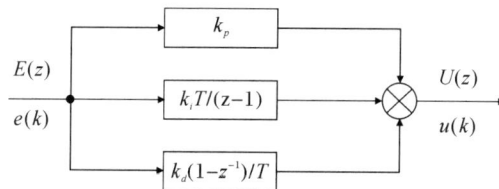

图 5.32　数字 PID 控制器的方框图

模拟 PID 控制器的特点同样适用于数字 PID 控制器。下面我们通过一个例子来说明数字 PID 控制器的特点。

【**例** 5.12】　设计算机控制系统如图 5.33 所示,被控对象为 $G_0(s) = \dfrac{10}{(s+1)(s+2)}$,系统输入为单位阶跃,采样时间为 $T = 0.1$ s;若数字控制器 $D(z) = k_p$,试分析比例控制对系统性能的影响。

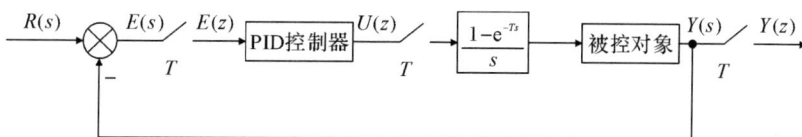

图 5.33　数字 PID 控制系统

解 未校正系统的开环传递函数为

$$G(s) = \frac{1 - e^{-Ts}}{s} \frac{10}{(s+1)(s+2)}$$

未校正系统的开环$\mathscr{Z}$传递函数为

$$G(z) = \mathscr{Z}\left[\frac{1 - e^{-Ts}}{s} \frac{10}{(s+1)(s+2)}\right] =$$

$$(1 - z^{-1})\mathscr{Z}\left[\frac{10}{s(s+1)(s+2)}\right] =$$

$$\frac{0.045\ 3z^{-1}(1 + 0.904z^{-1})}{(1 - 0.905z^{-1})(1 - 0.819z^{-1})}$$

若$D(z) = k_p$，则系统的闭环$\mathscr{Z}$传递函数为

$$\Phi(z) = \frac{Y(z)}{R(z)} = \frac{D(z)G(z)}{1 + D(z)G(z)} =$$

$$\frac{0.045\ 3z^{-1}(1 + 0.904z^{-1})k_p}{1 + (0.453k_p - 1.724)z^{-1} + (0.741 + 0.040\ 95k_p)z^{-2}}$$

系统在单位阶跃输入$R(z) = \dfrac{1}{1 - z^{-1}}$时，输出量的稳态值为

$$y(\infty) = \lim_{z \to 1}(1 - z^{-1})\Phi(z)R(z) = \lim_{z \to 1}\Phi(z) =$$

$$\lim_{z \to 1}\frac{0.045\ 3z^{-1}(1 + 0.904z^{-1})k_p}{1 + (0.453k_p - 1.724)z^{-1} + (0.741 + 0.040\ 95k_p)z^{-2}} =$$

$$\frac{0.086\ 25k_p}{0.017 + 0.086\ 25k_p}$$

当$k_p = 1$时，$y(\infty) = 0.835$，稳态误差$e_{ss} = 1 - y(\infty) = 0.165$。

当$k_p = 2$时，$y(\infty) = 0.910$，稳态误差$e_{ss} = 1 - y(\infty) = 0.09$。

由此可见，当k_p增大时，系统的稳态误差将减小。这于模拟 PID 控制系统中比例控制的特点相同。Simulink 仿真结果见图 5.34。

【例 5.13】 设计算机控制系统仍为图 5.33 所示，如果采用 PI 控制器$D(z) = k_p + \dfrac{k_i T}{1 - z^{-1}}$，试分析积分作用对系统性能的影响。

解 未校正系统的开环$\mathscr{Z}$传递函数为

$$G(z) = \frac{0.045\ 3z^{-1}(1 + 0.904z^{-1})}{(1 - 0.905z^{-1})(1 - 0.819z^{-1})}$$

使用积分校正后，系统的开环$\mathscr{Z}$传递函数为

$$\Phi_0(z) = D(z)G(z) = \left(k_p + \frac{k_i T}{1 - z^{-1}}\right)\frac{0.045\ 3z^{-1}(1 + 0.904z^{-1})}{(1 - 0.905z^{-1})(1 - 0.819z^{-1})} =$$

$$\frac{(k_p + k_i T)\left(1 - \dfrac{k_p}{k_p + k_i T}z^{-1}\right)0.045\ 3z^{-1}(1 + 0.904z^{-1})}{(1 - z^{-1})(1 - 0.905z^{-1})(1 - 0.819z^{-1})}$$

为了确定积分系数k_i，可以使由于积分校正增加的零点$z = \dfrac{k_p}{k_p + k_i T}$，来抵消$G(z)$的

极点 $z = 0.905$,则有

$$\frac{k_p}{k_p + k_i T} = 0.905$$

式中: k_p, k_i 必须通过设计来确定,确定其大小的依据是性能指标要求。

若选定 $k_p = 1\,\text{s}$, $T = 0.1\,\text{s}$,则由上式可确定 $k_i = 1.05$,那么,数字控制器的 $\mathscr{Z}$ 传递函数为

$$D(z) = \frac{1.105(1 - 0.905z^{-1})}{1 - z^{-1}}$$

系统经过 PI 校正后的闭环 $\mathscr{Z}$ 传递函数为

$$\Phi(z) = \frac{Y(z)}{R(z)} = \frac{D(z)G(z)}{1 + D(z)G(z)} = \frac{0.05z^{-1}(1 + 0.904z^{-1})}{(1 - z^{-1})(1 - 0.819z^{-1}) + 0.05z^{-1}(1 + 0.904z^{-1})}$$

系统在单位阶跃输入 $R(z) = \dfrac{1}{1 - z^{-1}}$ 时,输出量的稳态值为

$$y(\infty) = \lim_{z \to 1}(1 - z^{-1})\Phi(z)R(z) =$$
$$\lim_{z \to 1}\Phi(z) =$$
$$\lim_{z \to 1} \frac{0.05z^{-1}(1 + 0.904z^{-1})}{(1 - z^{-1})(1 - 0.819z^{-1}) + 0.05z^{-1}(1 + 0.904z^{-1})} = 1$$

因此,系统的稳态误差 $e_{ss} = 0$,可见系统加入积分校正以后,消除了稳态误差。但是其输出响应曲线超调量达到了 45%,而且调节时间也很长。Simulink 仿真结果见图 5.34。

为了改善动态性能还必须引入微分校正,即 PID 控制。

微分控制的作用跟偏差的变化率有关,微分控制能够预测偏差,产生超前的校正作用,因此,微分控制可以较好地改善系统地动态性能。

【例 5.14】　计算机控制系统仍为如图 5.33 所示,如果采用数字 PID 控制器,即 $D(z) = k_p + \dfrac{k_i T}{1 - z^{-1}} + k_d(1 - z^{-1})/T$,试分析微分作用对系统性能的影响。

解　未校正系统的开环 $\mathscr{Z}$ 传递函数为

$$G(z) = \frac{0.045\,3z^{-1}(1 + 0.904z^{-1})}{(1 - 0.905z^{-1})(1 - 0.819z^{-1})}$$

系统经过 PID 校正后的开环 $\mathscr{Z}$ 传递函数为

$$\Phi_0(z) = D(z)G(z) = \left(k_p + \frac{k_i T}{1 - z^{-1}} + k_d(1 - z^{-1})/T\right)\frac{0.045\,3z^{-1}(1 + 0.904z^{-1})}{(1 - 0.905z^{-1})(1 - 0.819z^{-1})} =$$

$$\frac{(k_p + k_i T + k_d/T)\left(1 - \dfrac{k_p + 2k_d}{k_p + k_i T + k_d/T}z^{-1} + \dfrac{k_d}{k_p + k_i T + k_d/T}z^{-2}\right)0.045\,3z^{-1}(1 + 0.904z^{-1})}{(1 - z^{-1})(1 - 0.905z^{-1})(1 - 0.819z^{-1})}$$

为了确定积分系数 k_i, k_d,可使 $D(z)$ 的两个零点,来抵消 $G(z)$ 的两个极点 $z = 0.905$ 和 $z = 0.819$,则有

$$1 - \frac{k_p + 2k_d}{k_p + k_i T + k_d/T}z^{-1} + \frac{k_d}{k_p + k_i T + k_d/T}z^{-2} = (1 - 0.905z^{-1})(1 - 0.819z^{-1})$$

则由

$$\frac{k_p + 2k_d}{k_p + k_i T + k_d/T} = 1.724$$

$$\frac{k_d}{k_p + k_i T + k_d/T} = 0.741\,2$$

若选定 $k_p = 1, T = 0.1$,则由上式可确定 $k_i = 0.712, k_d = 0.306\,8$,那么,数字控制器的$\mathscr{Z}$传递函数为

$$D(z) = \frac{4.131(1 - 0.905z^{-1})(1 - 0.819z^{-1})}{z^{-1}(1 - z^{-1})}$$

系统经过 PID 校正后的闭环$\mathscr{Z}$传递函数为

$$\Phi(z) = \frac{Y(z)}{R(z)} = \frac{D(z)G(z)}{1 + D(z)G(z)} =$$

$$\frac{0.187z^{-1}(1 + 0.904z^{-1})}{z^{-1}(1 - z^{-1}) + 0.187z^{-1}(1 + 0.904z^{-1})}$$

系统在单位阶跃输入 $R(z) = \dfrac{1}{1 - z^{-1}}$ 时,输出量的稳态值为

$$y(\infty) = \lim_{z \to 1}(1 - z^{-1})\Phi(z)R(z) =$$

$$\lim_{z \to 1}\Phi(z) =$$

$$\lim_{z \to 1}\frac{0.187z^{-1}(1 + 0.904z^{-1})}{z^{-1}(1 - z^{-1}) + 0.187z^{-1}(1 + 0.904z^{-1})} = 1$$

系统的稳态误差 $e_{ss} = 0$。Simulink 仿真结果见图 5.34。

因此,在数字 PID 控制系统时,由于积分的作用,对于单位阶跃输入稳态误差也为 0。由于微分的作用,系统的动态性能也得到很大的改善,调节时间缩短,超调量减小。

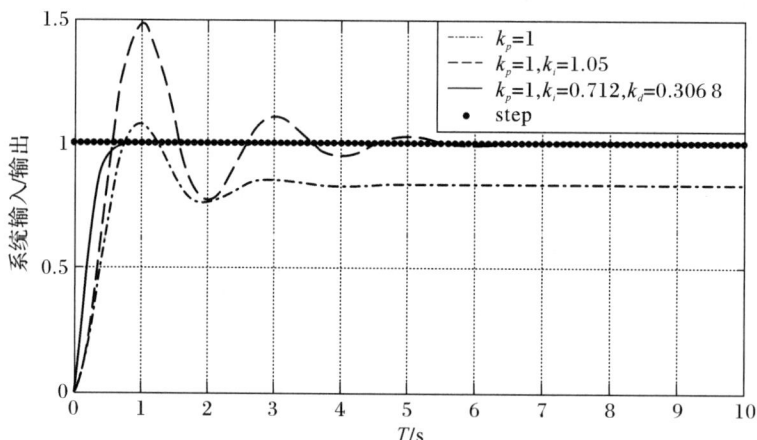

图 5.34 PID 控制阶跃响应

计算机所得的 $u(k)$ 表示 kT 时刻执行机构所到达的位置。由于式(5.2.12) 表示的控制算法提供了执行机构的位置 $u(k)$,如舵机的舵偏角等,所以被称为数字位置式 PID 控制算法。由于式(5.2.12) 求 $u(k)$ 时,未使用上一刻的 $u(k)$,而是用到该时刻 k 及 k 以前的所有 $e(k)$,当 k 增大时,所以以前全部的 $e(k)$ 都要存放起来。

1. 位置式 PID 控制仿真

通过前文已经知道位置式 PID 控制算法的公式,接下来就是用计算机来实现位置式 PID 控制算法。图 5.35 给出了位置式 PID 控制算法程序流程图。在初始化时,设置采样周期 T、输入信号类型、及相应的 k_p,k_i,k_d 值,并设置误差初值 $e(k-1)=0$,控制量初值 $u(k-1)=0$,输出量初值 $y(k-1)=0$。

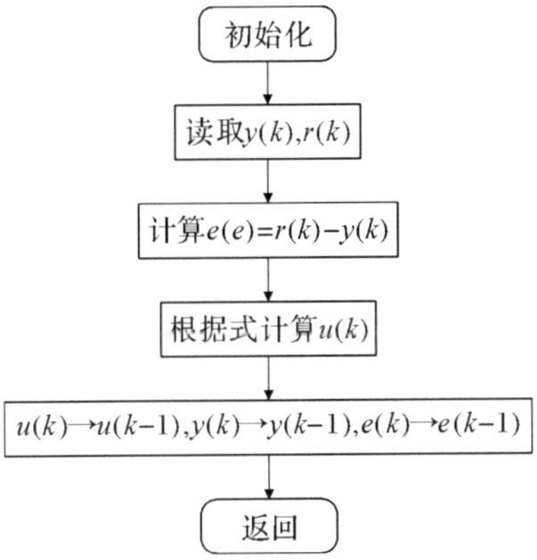

图 5.35 位置式 PID 控制算法程序流程图

2. 位置式 PID 控制仿真算例

【例 5.15】 控制对象为 $G_0(s) = \dfrac{285\ 689}{s^3 + 80s^2 + 8\ 400s}$,采样时间为 1 ms;仿真时间 1 s;输入信号为:① 阶跃信号:$r(k) = 1$,其中 $k_p = 0.5,k_i = 0.01,k_d = 0.001$;② 正弦信号:$r(k) = 0.5\sin(4\pi t)$。其中 $k_p = 1.6,k_i = 5,k_d = 0.03$。试采用位置式 PID 控制算法设计仿真程序,并比较系统的输入/输出。

(1)仿真方法一(采用 Simulink 仿真程序)。

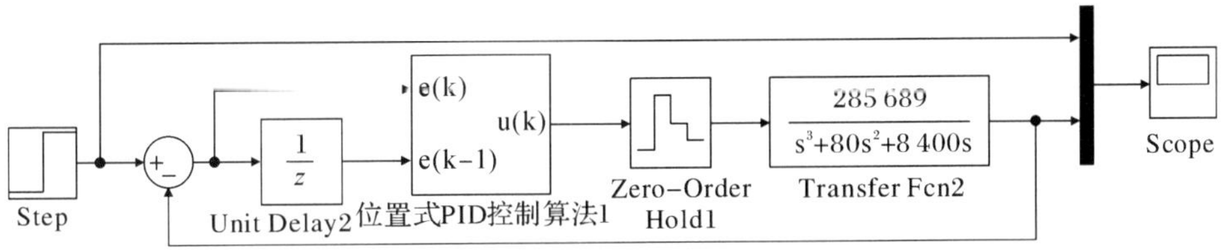

图 5.36 位置式 PID 控制算法 Simulink 仿真程序图

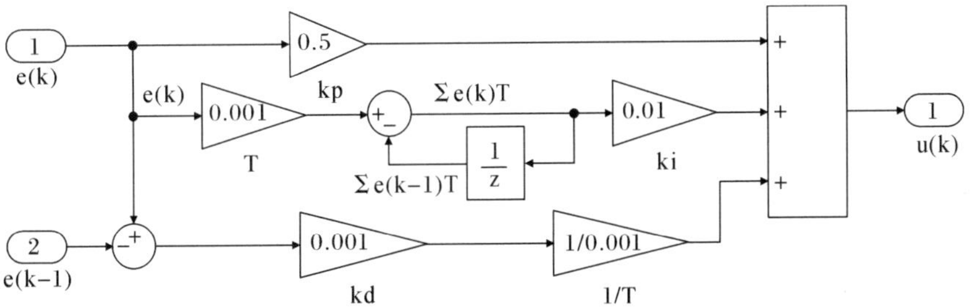

图 5.37 位置式 PID 控制器 Simulink 仿真程序图

位置式PID控制阶跃响应

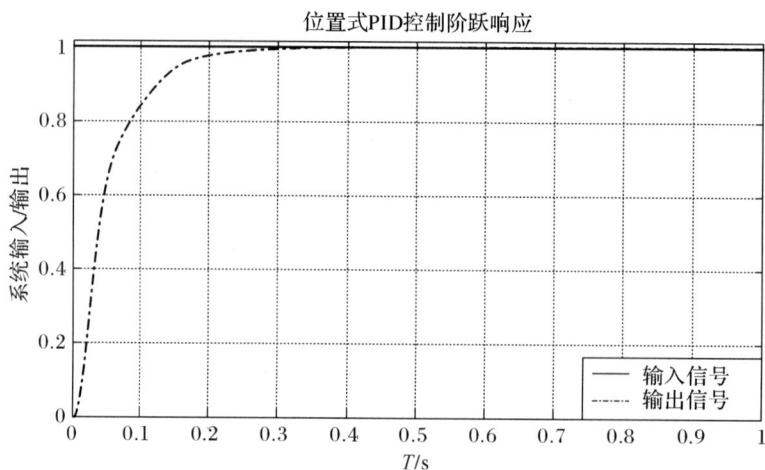

图 5.38　**位置式 PID 控制算法阶跃响应**

位置式PID控制正弦响应

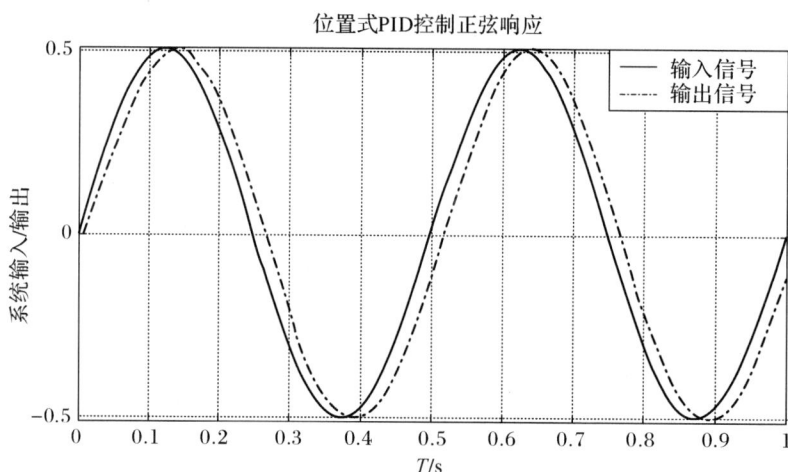

图 5.39　**位置式 PID 控制算法正弦响应**

（2）仿真方法二（采用 MATLAB 语言仿真程序）。

```
clear all;close all;
ts = 0.001;
sys = tf(285689,[1,80,8400,0]);
dsys = c2d(sys,ts,'z');
[num,den] = tfdata(dsys,'v');
u_1 = 0;u_2 = 0;u_3 = 0;
y_1 = 0;y_2 = 0;y_3 = 0;
x(1) = 0;x(2) = 0;x(3) = 0;
e_1 = 0;
for k = 1:1:1000
    time(k) = k * ts;
    Sign = 1;
```

```
    if Sign == 1
        kp = 0.5; ki = 0.01; kd = 0.001;
        r(k) = 1;                          % 输入为阶跃信号
    elseif Sign == 2
        kp = 1.6; ki = 5; kd = 0.3;
        r(k) = 0.5 * sin(2 * 2 * pi * k * ts);      % 输入为正弦信号
    end
    u(k) = kp * x(1) + ki * x(2) + kd * x(3);    % 位置式 PID 控制
    y(k) = - den(2) * y_1 - den(3) * y_2 - den(4) * y_3 + num(2) * u_1 +
num(3) * u_2 + num(4) * u_3;
    e(k) = r(k) - y(k);
    u_3 = u_2; u_2 = u_1; u_1 = u(k);
    y_3 = y_2; y_2 = y_1; y_1 = y(k);
    x(1) = e(k);                           % 计算比例项
    x(2) = x(2) + e(k) * ts;               % 计算积分项
    x(3) = (e(k) - e_1)/ts;                % 计算微分项
    e_1 = e(k);
end
figure(1);
plot(time, r, 'b', time, y, 'r'); xlabel('时间(单位:s)'); ylabel('输入/输出');
```

仿真结果同上。

许多情况下,执行机构本身具有累加或记忆功能,它需要的不是控制量的绝对数值,而是其增量。如步进电机、多圈电位器等,只要控制器给出一个增值信号,即可使执行机构在原来的位置上前进或后退一步,达到新的位置。即要求 PID 控制器给出增量。

4. 增量式 PID 控制算法

对位置式 PID 控制算法[见式(5.2.12)],将 $k \rightarrow k-1$,可写为

$$u(k-1) = k_p e(k-1) + k_i \sum_{j=0}^{k-1} e(j) T + k_d [e(k-1) - e(k-2)]/T + u_0 \quad (5.2.15)$$

式(5.2.12)减去式(5.2.15),即得数字增量式 PID 控制算法:

$$\Delta u(k) = u(k) - u(k-1) =$$
$$k_p [e(k) - e(k-1)] + k_i e(k) T + k_d [e(k) - 2e(k-1) + e(k-2)]/T =$$
$$\left(k_p + k_i T + \frac{k_d}{T}\right) e(k) - \left(k_p + 2\frac{k_d}{T}\right) e(k-1) + \frac{k_d}{T} e(k-2) \quad (5.2.16)$$

可见增量式算法只要保持现时以前三个时刻的偏差值即可。

1. 增量式 PID 控制仿真

用计算机来实现增量式 PID 控制算法。图 5.40 给出了增量式 PID 控制算法程序流程图。在

初始化时,设置采样周期 T、输入信号类型及相应的 k_p, k_i, k_d 值,并设置误差初值 $e(k-1) = e(k-2) = 0$,控制量初值 $u(k-1) = 0$,输出量初值 $y(k-1) = 0$。

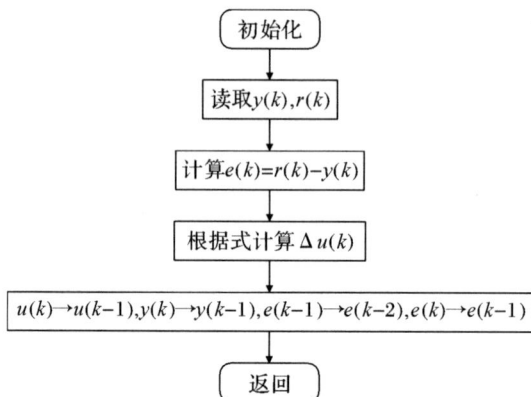

图 5.40　增量式 PID 控制算法程序流程图

2.增量式 PID 控制仿真算例

【例 5.16】　控制对象为 $G_0(s) = \dfrac{400}{s^2 + 50s}$,采样时间为 1 ms;仿真时间 1 s;输入信号为阶跃信号:$r(k) = 1$,其中 $k_p = 1.9$, $k_i = 0.01$, $k_d = 0.006$;试采用增量式 PID 控制算法设计仿真程序,并比较系统的输入/输出。

(1) 仿真方法一(采用 Simulink 仿真程序)。

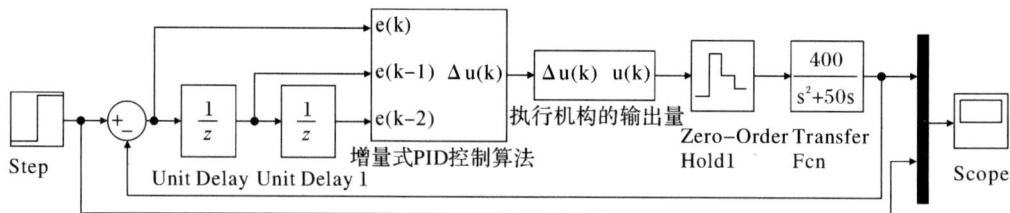

图 5.41　增量式 PID 控制算法 Simulink 仿真程序图

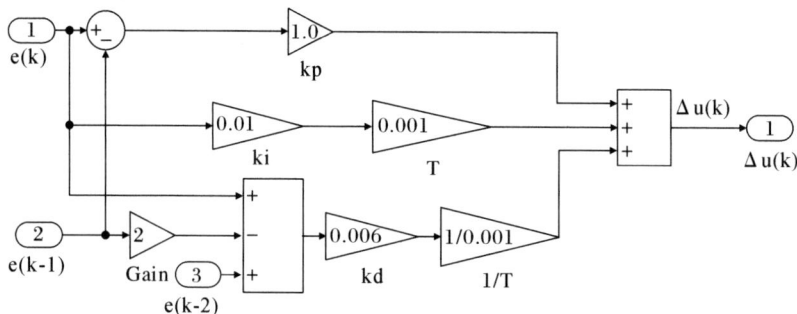

图 5.42　增量式 PID 控制器 Simulink 仿真程序图

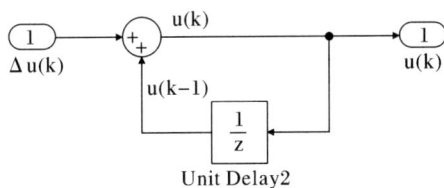

图 5.43　执行机构 Simulink 仿真程序图

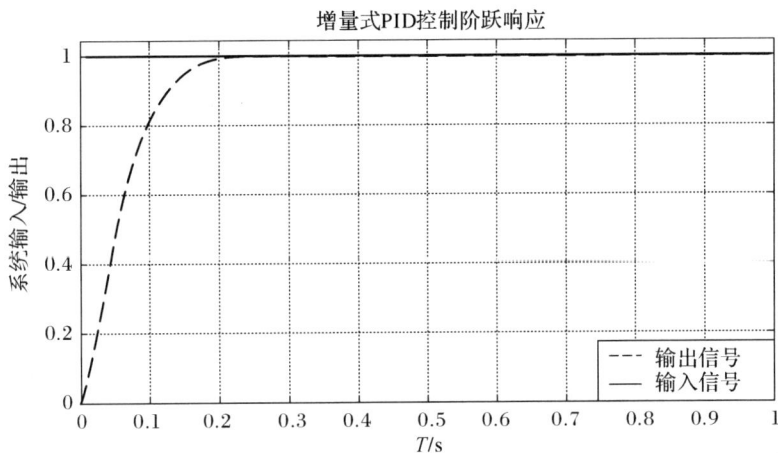

图 5.44　增量式 PID 控制算法阶跃响应结果

（2）仿真方法二（采用 MATLAB 语言仿真程序）。

```
clear all;close all;
ts = 0.001;
sys = tf(400,[1,50,0]);
dsys = c2d(sys,ts,'z');
[num,den] = tfdata(dsys,'v');
u_1 = 0;u_2 = 0;u_3 = 0;
y_1 = 0;y_2 = 0;y_3 = 0;
x(1) = 0;x(2) = 0;x(3) = 0;
e_1 = 0;e_2 = 0;
for k = 1:1:1000
    time(k) = k * ts;
    r(k) = 1.0;
    kp = 1.9;ki = 0.01;kd = 0.006;
    du(k) = kp * x(1) + ki * x(2) * ts + kd * x(3)/ts;    % 增量式 PID 控制
    u(k) = u_1 + du(k);
    y(k) = num(1) * u(k) + num(2) * u_1 + num(3) * u_2 − den(2) * y_1 − den(3) * y_2;
    e(k) = r(k) − y(k);
    u_3 = u_2;u_2 = u_1;u_1 = u(k);
    y_3 = y_2;y_2 = y_1;y_1 = y(k);
```

$x(1) = e(k) - e\_1;$ 　　　　 ％ 计算比例项

$x(2) = e(k);$ 　　　　　　 ％ 计算积分项

$x(3) = e(k) - 2 * e\_1 + e\_2;$ 　 ％ 计算微分项

$e\_2 = e\_1; e\_1 = e(k);$

end

$figure(1); plot(time, r, 'b', time, y, 'r'); xlabel('时间(单位:s)'), ylabel('输入／输出');$

仿真结果同上。

5. 数字 PID 控制算法实现方式比较

在控制系统中,如果执行机构采用舵机,则控制量对应的是舵偏角,表征了执行机构的位置,此时控制器应采用数字 PID 位置式控制算法,如图 5.45 所示。

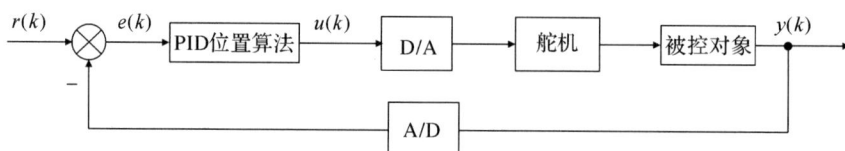

图 5.45　位置式 PID 控制系统

如果执行机构采用步进电机,每个采样周期,控制器输出的控制量,是相对于上次控制量的增加,此时控制器应采采用数字 PID 增量式控制算法,如图 5.46 所示。

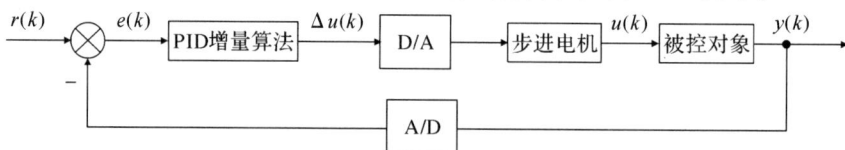

图 5.46　增量式 PID 控制系统

对于整个闭环系统来说,位置式和增量式两种算法无本质区别,只是增量式将原来全部由计算机完成的工作,分出去一部分由其他元件去完成。通过上述分析,虽然增量只是算法上的一点改变,却带来不少优点。

6. 增量式 PID 算法的优点

(1) 不容易产生积累误差。增量式 PID 算法不需要做累加,控制量增量的确定仅与最近几次误差采样值有关,计算误差或计算精度问题,对控制量的计算影响较小。而位置式算法要用到过去的误差的累加值。容易产生较大的累加误差。

(2) 误差动作(计算机故障或干扰)是影响小。增量式 PID 算法得出的是控制量的增量,如步进电机控制中,只输出控制量去驱动步进电机,不会严重影响系统的工作,在计算机发生故障时,由于执行装置本身有寄存作用,故可仍保持在原位,而位置式 PID 算法的输出是控制量的全量输出,误差动作影响大。

(3) 易于实现手动到自动的无冲击切换。控制从手动切换到自动时,必须首先将计算机的输出值设置为原始阀门开度 u_0,才能保证无冲击切换。如果采用增量式 PID 算法,那么由于算式中不出现 u_0 项。所以,容易实现手动到自动的无冲击切换。

在计算机控制系统中,PID 控制是通过计算机程序实现的,人们利用计算机控制的灵活性,提出了各种各样的用以提高控制质量的 PID 改进算法,形成了非标准的控制算法,满足不同控制系统的需要,这些是模拟 PID 控制算法无法比较的,下面仅就一些常用的方法加以介绍。

5.3　对标准 PID 算法的改进

5.3.1　位置式 PID 算法的积分饱和作用及其抑制

在普通 PID 控制中引入积分环节的目的,主要是为了消除静差,提高控制精度。但在实际的计算机控制系统中,因受电路或执行元件的物理或机械性能的约束(如放大器饱和、电机最大转速、阀门最大开度等),控制量或控制量的变化率往往被限制在一定的范围内,即

$$u_{\min} \leqslant u(k) \leqslant u_{\max} \text{ 或 } \dot{u}_{\min} \leqslant \dot{u}(k) \leqslant \dot{u}_{\max} \tag{5.3.1}$$

若计算机给出的控制量 $u(k)$ 在这个范围内,则控制可按预期的结果进行,一旦超出限制范围,则实际执行的控制量 $u(k)$ 就不再是计算值,从而达不到预期的控制效果。这种现象,称为"饱和效应"或"失控现象"。该现象一般发生在系统开工、停工或者大幅度提升或降低给定值等情况下,在短时间内系统输出有很大的偏差,会造成 PID 运算的积分累积,致使控制量超过执行机构可能允许的最大动作范围对应的极限控制量 $u_{\min}$、$u_{\max}$,引起系统较大的超调,甚至引起系统较大的振荡。但这在生产中是绝对不允许的。

下面分析这类效应在 PID 控制算法中带来的影响及克服的办法。

1.积分饱和现象

所谓积分饱和现象是指若系统存在一个方向的偏差时,PID 控制器的输出由于积分作用的不断累加而加大,从而导致执行机构达到极限位置 $u_{\min}$、$u_{\max}$(例如阀门开度达到最大)。若控制器的输出量 $u(k)$ 继续增大,阀门开度不可能增大,此时就称计算机输出控制量超出了正常运行范围而进入了饱和区,一旦系统出现反向偏差,$u(k)$ 逐渐从饱和区退出。进入饱和区愈深,则退出饱和区所需时间愈长。在这段时间内,执行机构仍停留在极限位置 $u_{\min}$、$u_{\max}$,而不能随偏差反向立即做出相应的改变,这时系统就像失去控制一样,造成控制性能恶化。这种现象称为积分饱和现象或积分失控现象。图 5.49 所示为积分饱和输出与执行机构输出信号之间的关系曲线。

下面通过一个例子来说明积分饱和现象的特点。

【例 5.17】　控制对象为 $G_0(s) = \dfrac{285\ 689}{s^3 + 80s^2 + 8\ 400s}$,采样时间为 1 ms;仿真时间 1 s;输入信号为 $r(k) = 30$,其中 $k_p = 1, k_i = 10, k_d = 0$;执行机构极限输出 $u_{\max} = 6, u_{\min} = -6$;试比较执行机构有输出限制与无输出限制时系统的输出及控制量的输出。

解　采用 Simulink 仿真程序图如图 5.47 所示。

仿真结果如图 5.48 所示和图 5.49 所示。

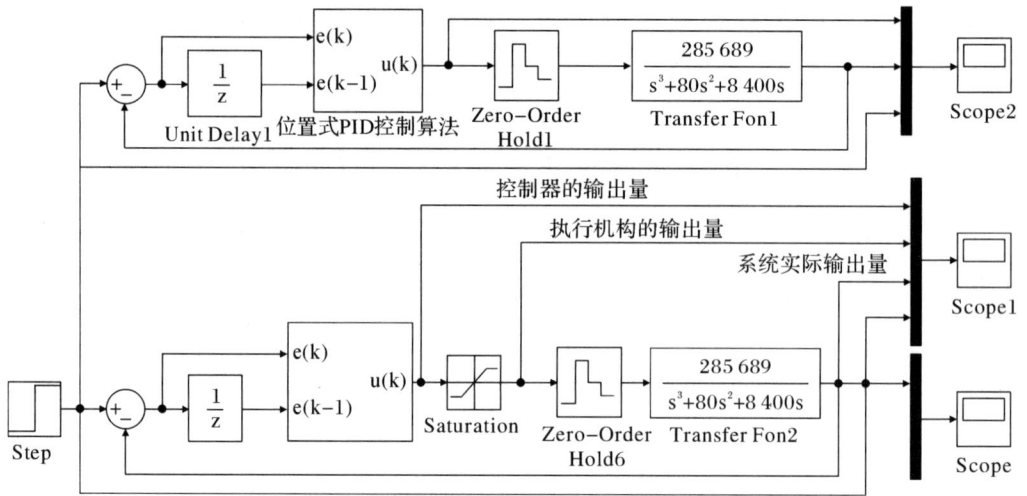

图 5.47　积分饱和现象 Simulink 仿真程序图

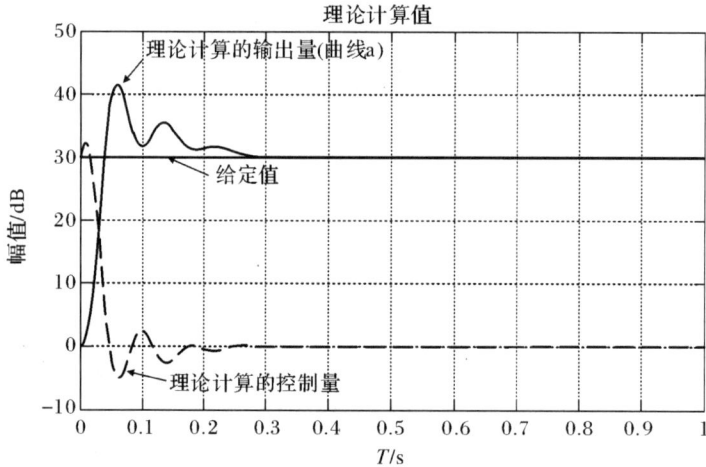

图 5.48　理论计算曲线

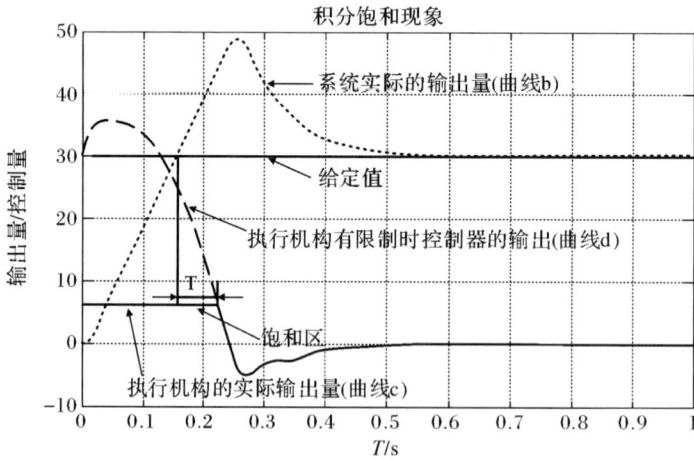

图 5.49　积分饱和输出与执行机构输出之间的关系曲线

在系统开始时,当给定值从 0 突变到 30 时会因为系统输出来不及迅速变化,而使偏差 $e(k)$ 的值较大,这时,如果根据算式算出的控制量 $u(k) \geqslant 6$。那么实际上控制量只能取 $u(k)$ = 6,(如曲线 c 所示)而不是计算值(如曲线 d 所示)。

此时系统输出虽然不断上升,但由于控制量受到限制,其增长要比没有限制时慢,偏差 $e(k)$ 在正值上的持续时间(如曲线 b 所示)将比无限制(如曲线 a 所示)时长,而使得位置式算法中积分项有较大的累积值。输出超过给定值 30 后,开始出现负偏差,$u(k)$ 项逐渐从饱和区退出,但由于积分项的累积值很大,还要经过一段时间 τ 后,控制量 $u(k)$ 才能脱离饱和区。进入饱和区愈深,则退出饱和区所需时间愈长。这样就使系统输出出现了明显的超调。

由上述分析可知,在 PID 位置式算法中,饱和作用主要由积分项引起的,饱和作用使系统超调严重,从而使系统过渡时间加长,这种情况在温度、液面等慢变化控制系统中影响较为严重。

2. 克服积分饱和的方法

克服积分饱和的方法较多,我们只介绍应用较多的 3 种方法。

(1) 遇限削弱积分法。

基本思想:控制量进入饱和区后,只执行削弱积分项的累加,而不进行增长积分项的累加。

也就是说,在计算 $u(k)$ 时,先判断 $u(k-1)$ 是否达到饱和,若已超过了 $u_{\max}$,则只累加负偏差;若小于 $u_{\min}$ 就只计正偏差。这种方法避免了控制量长时间停留在饱和区。

其算法程序流程图如图 5.50 所示。

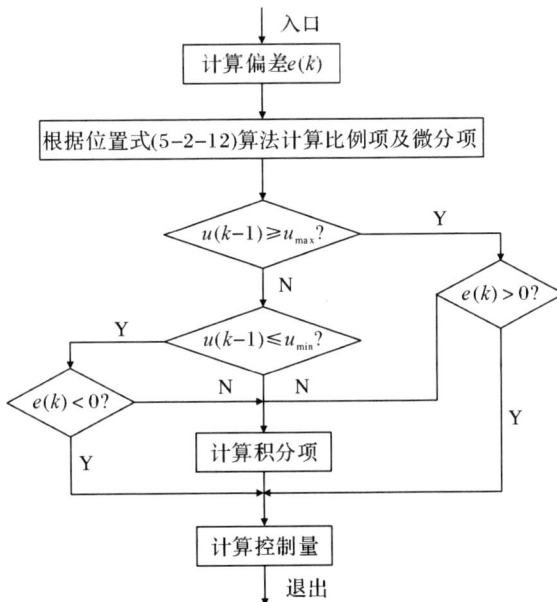

图 5.50　遇限削弱积分法程序流程图

【例 5.18】　控制对象为 $G_0(s) = \dfrac{285\ 689}{s^3 + 80s^2 + 8\ 400s}$,采样时间为 1 ms;仿真时间 1 s;输入信号为 $r(k) = 30$,其中 $k_p = 1$,$k_i = 10$,$k_d = 0$;执行机构输出限制 $u_{\max} = 10$,$u_{\min} = -10$;

试采用遇限削弱积分法和标准 PID 控制算法实现后，比较两种控制算法的输入/输出、控制量、积分项。

1）仿真方法一（采用 Simulink 仿真程序）。

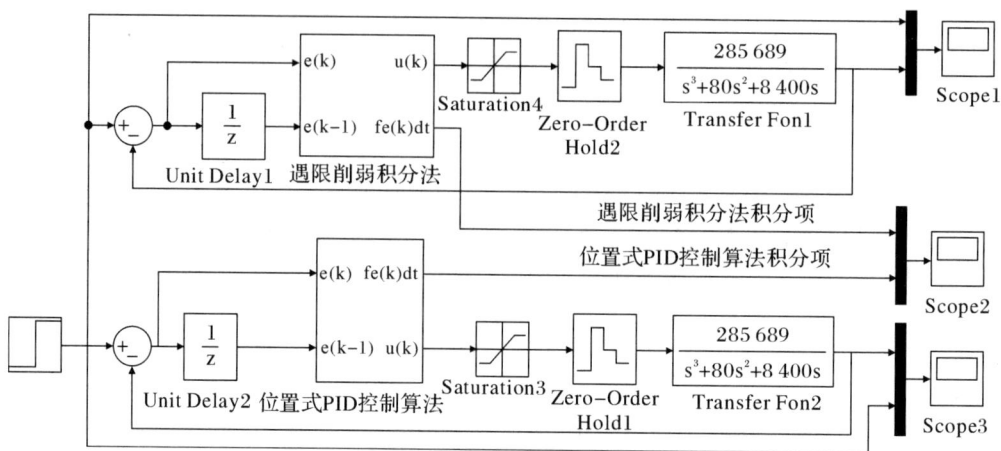

图 5.51 遇限削弱积分法与标准 PID 控制算法 Simulink 仿真程序图

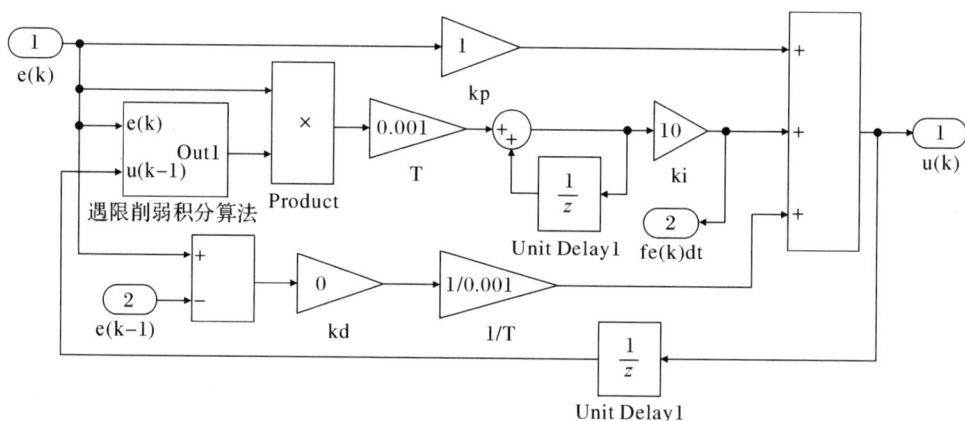

图 5.52 遇限削弱积分法子算法 Simulink 仿真程序图

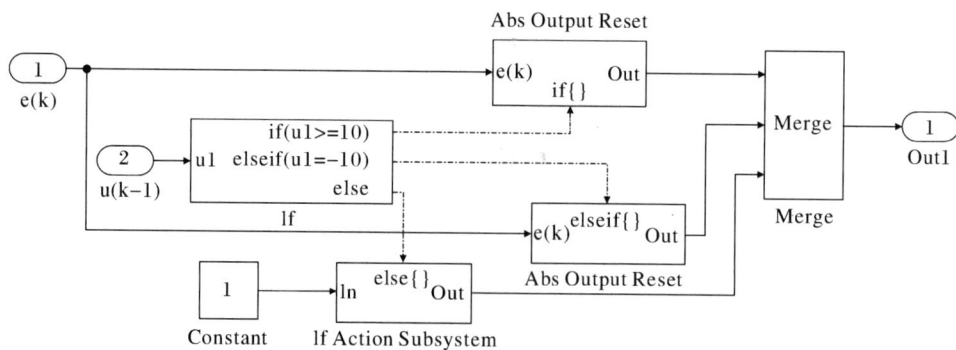

图 5.53 遇限削弱积分算法 Simulink 仿真程序图

积分项比较

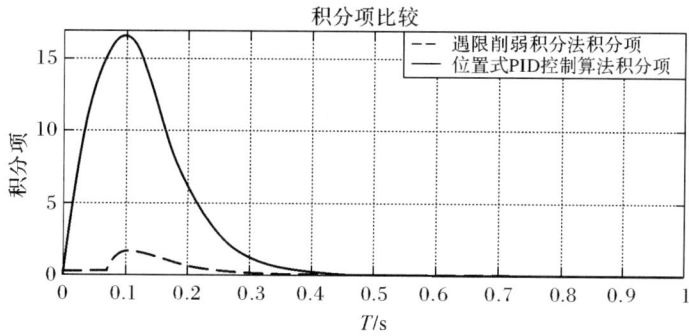

图 5.54　遇限削弱积分法与标准 PID 控制算法积分项响应曲线

遇限削弱积分PID控制算法和位置式PID控制算法

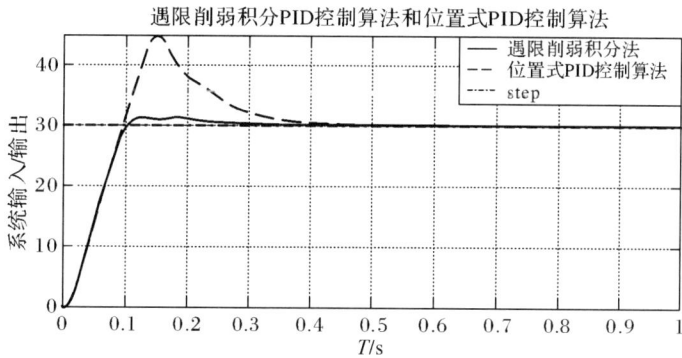

图 5.55　遇限削弱积分法与标准 PID 控制算法输出项响应曲线

控制量比较

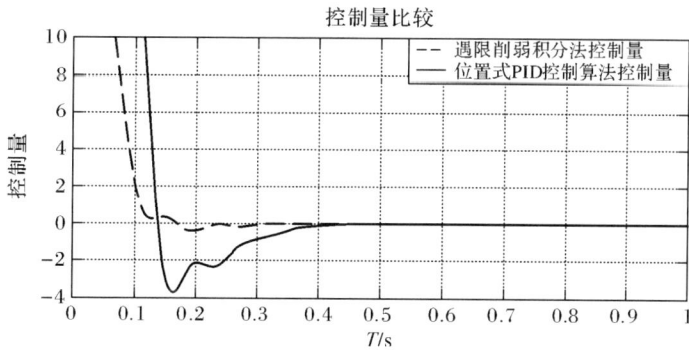

图 5.56　遇限削弱积分法与标准 PID 控制算法控制量响应曲线

2) 仿真方法二（采用 MATLAB 语言仿真程序）。

```
clear all;clc;
ts = 0.001;
sys = tf(285689,[1,80,8400,0]);
dsys = c2d(sys,ts,'z');
[num,den] = tfdata(dsys,'v');
u_1 = 0;u_2 = 0;u_3 = 0;y_1 = 0;y_2 = 0;y_3 = 0;
x(1) = 0;x(2) = 0;x(3) = 0;e_1 = 0;um = 6;
kp = 1;ki = 10;kd = 0.0;
```

```
for k = 1:1:800
    time(k) = k * ts;
    r(k) = 30;                                          % 输入为阶跃信号
    u(k) = kp * x(1) + ki * x(2) + kd * x(3);           %PID 控制
    if u(k) >= um
        u(k) = um;
    end
    if u(k) <=- um
        u(k) =- um;
    end
    y(k) = - den(2) * y_1 - den(3) * y_2 - den(4) * y_3 + num(2) * u_1 +
num(3) * u_2 + num(4) * u_3;
    e(k) = r(k) - y(k);
    M = 1;
    if M == 1                                           % 遇限削弱积分法
        if u(k) >= um
            if e(k) > 0
                alpha = 0;
            else
                alpha = 1;
            end
        elseif u(k) <=- um
            if error(k) > 0
                alpha = 1;
            else
                alpha = 0;
            end
        else
            alpha = 1;
        end
    elseif M == 2                                       % 普通 PID 控制算法
        alpha = 1;
    end
    u_3 = u_2; u_2 = u_1; u_1 = u(k);    y_3 = y_2; y_2 = y_1; y_1 = y(k); e_1 =
e(k);
    x(1) = e(k);                                        % 计算比例项
```

```
x(2) = x(2) + alpha * e(k) * ts;          % 计算积分项
xi(k) = x(2);
x(3) = (e(k) − e_1)/ts;          % 计算微分项
end
```

$subplot(311);plot(time,r,'b',time,y,'r');xlabel('时间(单位:s)');ylabel('输入/输出');$

$subplot(312);plot(time,u,'r');xlabel('时间(单位:s)');ylabel('控制量');$

$subplot(313);plot(time,xi,'r');xlabel('时间(单位:s)');ylabel('积分项');$

仿真结果同上。

（2）积分分离法。

基本思想：当偏差大于某个规定的门限值时，取消积分作用。只有当 $e(k)$ 较小时，引入积分控制，以便消除静差，提高控制精度。

其算法是将位置式 PID 算式改写成：

$$u(k) = k_p e(k) + \beta k_i \sum_{j=0}^{k} e(j)T + k_d[e(k)-e(k-1)]/T + u_0 \qquad (5.3.2)$$

$$\beta = \begin{cases} 0 & \text{当 } |e(k)| > |\varepsilon| \text{ 时，PD 控制，保证快速，无积分积累} \\ 1 & \text{当 } |e(k)| \leqslant |\varepsilon| \text{ 时，PID 中积分加入，消除静差} \end{cases}$$

式中：ε 为预定的门限值。其值的选取对克服积分饱和有重要的影响，一般通过实验整定的方法来获得。系统输出在门限外时，算法相当于 PD 控制，是为了避免系统产生过大的超调，又使系统有较快的响应；系统输出在门限外时，算法相当于 PID 控制，是为了保证系统的控制精度，积分起到了消除系统静差的作用。

相关控制算法程序流程图如图 5.57 所示。

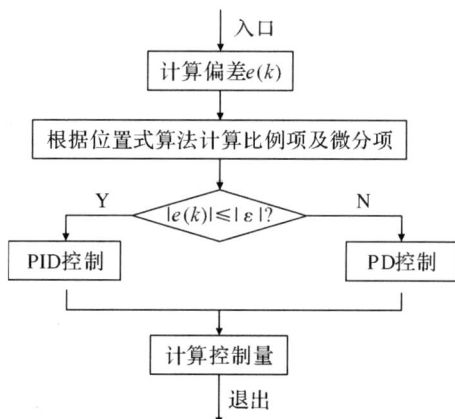

图 5.57　积分分离法程序流程图

与遇限削弱积分法比较：积分分离法在开始时不进行积分，直至偏差达到一定阈值后，才进行累积。而遇限削弱积分法是一开始就积分，但进入限制范围后就停止累积。

【例5.19】　控制对象为 $G_0(s) = \dfrac{e^{-80s}}{70s+1}$，采样时间为 20 s，执行机构输出限制在 $[-10,$ $10]$，仿真时间 1 200 s；输入指令信号为 $r(k) = 1$，其中 $k_p = 1, k_i = 0.007, k_d = 15$；取 $\varepsilon =$

0.7(β的取值:① 当$|e(k)|>0.7$时$\beta=0$;② 当$|e(k)|\leqslant0.7$时$\beta=1$),试采用积分分离法和标准 PID 控制算法实现后,比较两种控制算法的输入/输出、控制量。

1) 仿真方法一(采用 Simulink 仿真程序)。

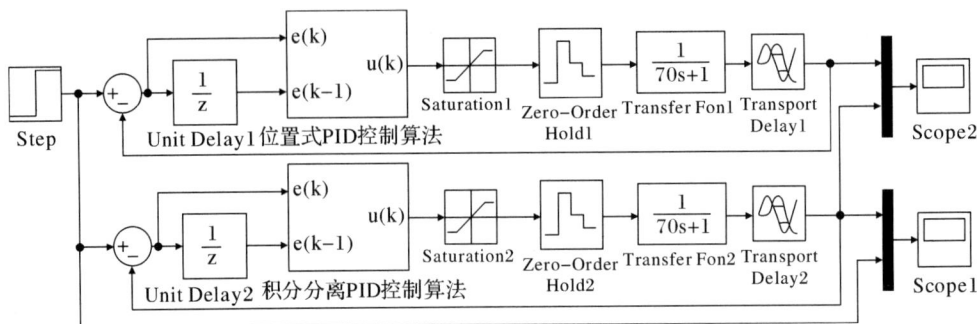

图 5.58　积分分离法与标准 PID 控制算法 Simulink 仿真程序图

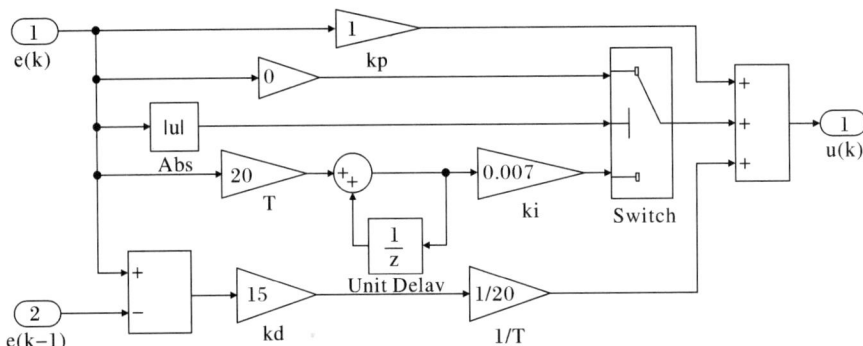

图 5.59　积分分离法子算法 Simulink 仿真程序图

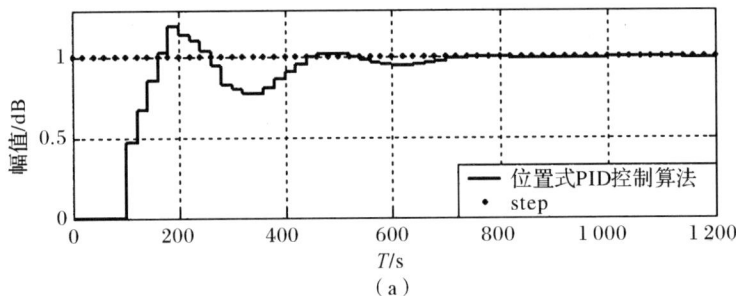

(a)

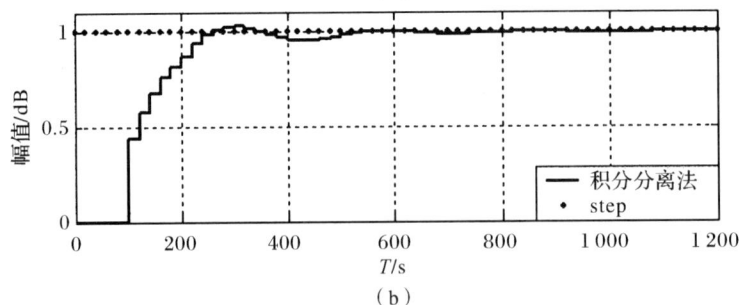

(b)

图 5.60　积分分离法与标准 PID 控制算法输入/输出响应曲线

(a) 位置式 *PID* 控制算法输入/输出 ;(b) 积分分离法输入/输出

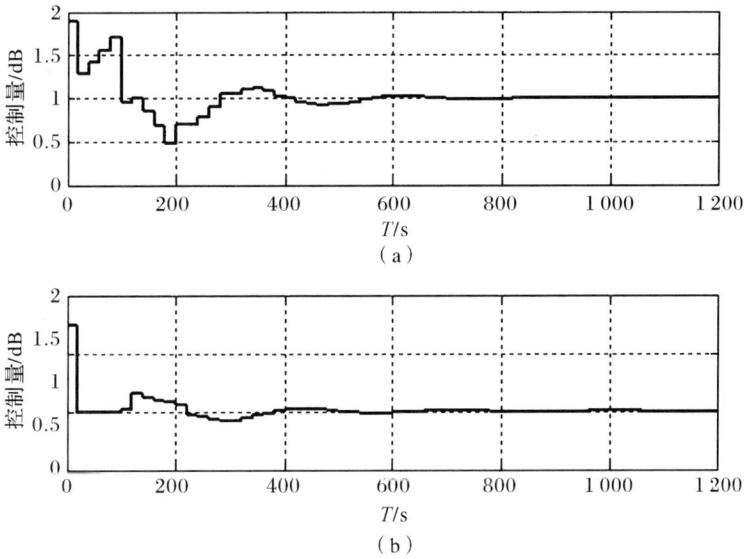

图 5.61　积分分离法与标准 PID 控制算法控制项响应曲线

(a) 位置式 PID 控制算法控制项输出；(b) 积分分离法控制项输出

3) 仿真方法二(采用 MATLAB 语言仿真程序)。

```
clear all;clc;
ts = 20;
sys = tf([1],[70,1],'inputdelay',80);
dsys = c2d(sys,ts,'zoh');
[num,den] = tfdata(dsys,'v');
u_1 = 0;u_2 = 0;u_3 = 0;u_4 = 0;u_5 = 0;
y_1 = 0;y_2 = 0;y_3 = 0;
e_1 = 0;e_2 = 0;ei = 0;
for k = 0:1:60
    time(k+1) = k * ts;
    y(k+1) =- den(2) * y_1 + num(2) * u_5;
    r(k+1) = 1;
    e(k+1) = r(k+1) - y(k+1);
    ei = ei + e(k+1) * ts;
    M = 2;
    if M == 1                 % 积分分离法
        if abs(e(k+1)) > 0.7
            beat = 0;
        else
            beat = 1;
```

```
        end
    elseif M == 2            % 普通 PID 控制算法
        beat = 1;
    end
    kp = 1;ki = 0.007;kd = 15;
    u(k + 1) = kp * e(k + 1) + kd * (e(k + 1) − e_1)/ts + beat * ki * ei;
    if u(k + 1) >= 10
        u(k + 1) = 10;
    end
    if u(k + 1) <=− 10
        u(k + 1) =− 10;
    end
    u_5 = u_4;u_4 = u_3;u_3 = u_2;u_2 = u_1;u_1 = u(k + 1);
    y_3 = y_2;y_2 = y_1;y_1 = y(k + 1);
    e_2 = e_1;e_1 = e(k + 1);
end
subplot(211);
plot(time,r,′b′,time,y,′r′);xlabel(′时间(单位:s)′);ylabel(′输入/输出′);
subplot(212);
stairs(time,u,′r′);xlabel(′时间(单位:s)′);ylabel(′控制量′);
```

仿真结果同上。

减少积分饱和的关键在于不能使积分相积累过大,所以积分分离法和遇限消弱积分都避免了控制过程中一开始就有过大的控制量,即使控制进入饱和区后,由于积分累积小,也能较快退出饱和区,因而都减少了超调,只是两者采用的方法不同。

(3) 有效偏差法。

基本思想:当根据位置式 PID 算法算出的控制量超出限制范围时,控制量实际上只能取边界值,那么就将相应的这一控制量计算出的偏差值作为有效偏差值,记入积分积累,而不是将实际偏差记入积分积累。

按实际偏差计算出的控制量并未实行,若实际实现的控制量为 u^*(上限值或下限值),则根据位置式 PID 算法逆推出的有效偏差为

$$u^* = k_p e(k) + k_i \sum_{j=0}^{k} e(j) T + k_d [e(k) − e(k−1)]/T \Rightarrow$$

$$u^* − u_0 = k_p e(k) + k_i \left[e(k) T + \sum_{j=0}^{k-1} e(j) T \right] + k_d [e(k) − e(k−1)]/T \Rightarrow$$

$$e^*(k) = \frac{(u^* − u_0) − k_i \sum_{j=0}^{k-1} e(j) T + k_d e(k−1)/T}{k_p + k_i T + k_d/T} \tag{5.3.3}$$

也就是说,在计算 $u(k)$ 时,先判断 $u(k-1)$ 是否达到饱和,如果超过 u_{max} 或小于 u_{min},则用有效偏差值 $e^*(k)$,否则用实际偏差值 $e(k)$ 计算控制量。这种方法也是避免了控制量长时间停留在饱和区。

该算法的程序框图如图 5.62 所示。

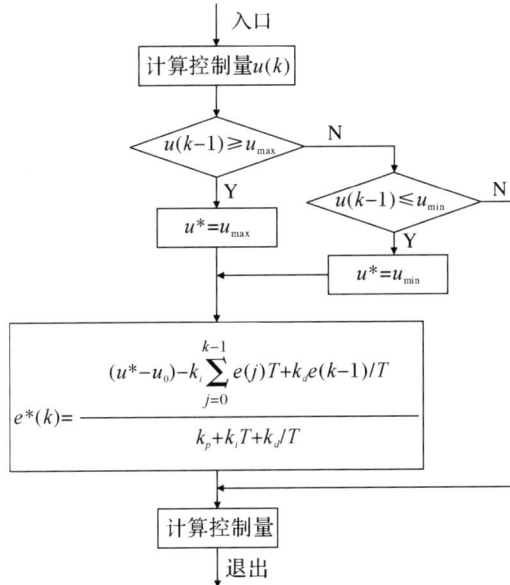

图 5.62　**有效偏差法程序流程图**

【**例** 5.20】　控制对象为 $G_0(s) = \dfrac{285\ 689}{s^3 + 80s^2 + 8\ 400s}$,采样时间为 1 ms;执行机构输出 $u_{max} = 10, u_{min} = -10$;仿真时间 1 s;输入信号为 $r(k) = 30$,其中 $k_p = 0.8, k_i = 9, k_d = 0$;试采用有效偏差法和标准 PID 控制算法实现后,比较两种控制算法的输入/输出、控制量、积分项。

1)仿真方法一(采用 Simulink 仿真程序)。

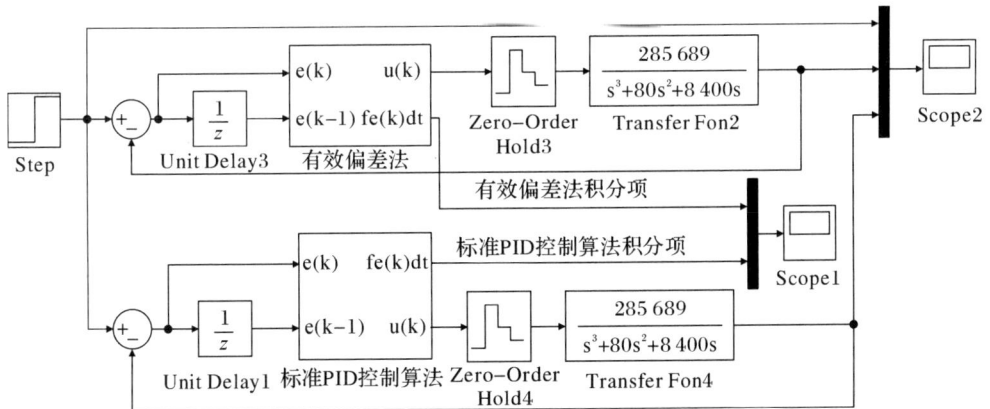

图 5.63　**有效偏差法与标准 PID 控制算法控制 Simulink 仿真程序图**

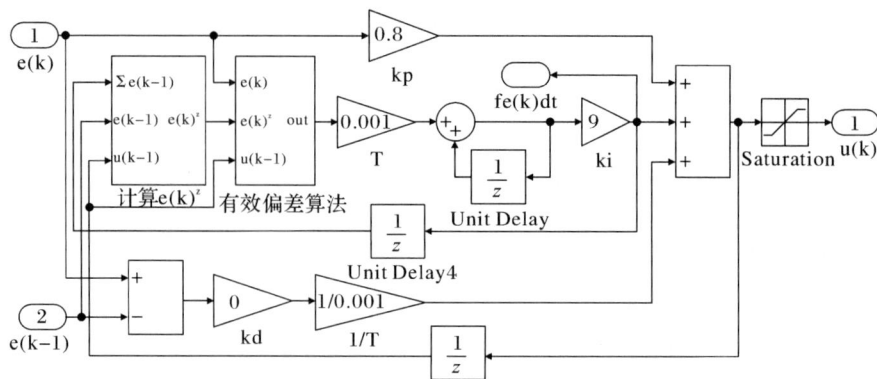

图 5.64　有效偏差法子模块仿真程序图

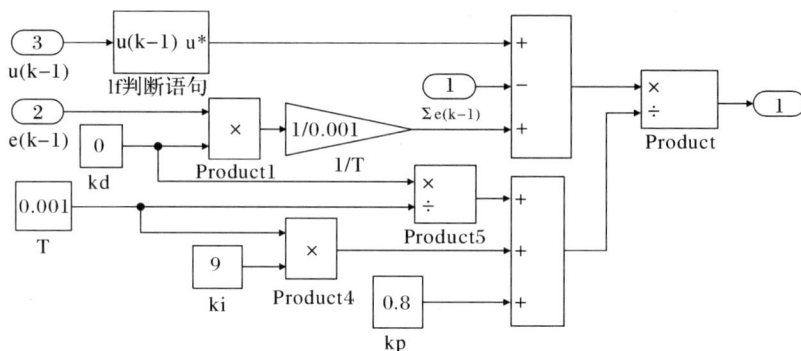

图 5.65　计算 $e(k)^*$ Simulink 仿真程序图

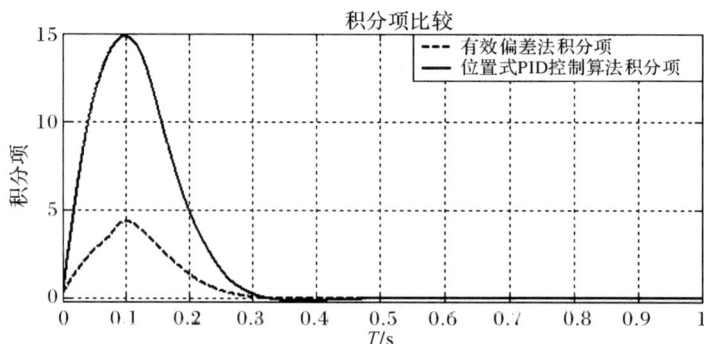

图 5.66　有效偏差法与标准 PID 控制算法积分项响应曲线

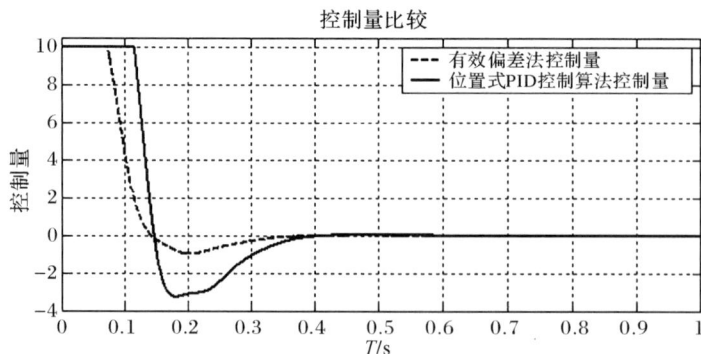

图 5.67　有效偏差法与标准 PID 控制算法控制项响应曲线

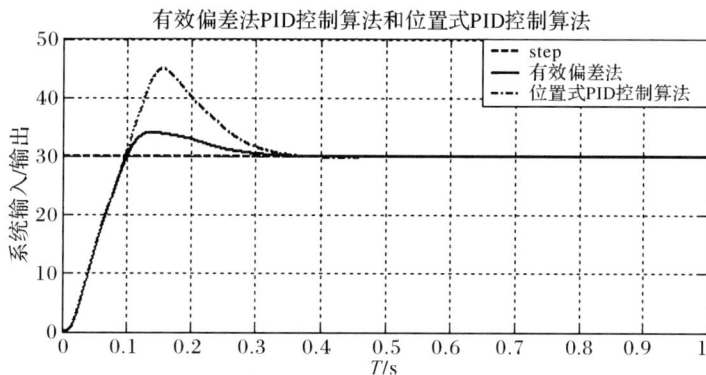

图 5.68　有效偏差法与标准 PID 控制算法输出项响应曲线

2）仿真方法二（采用 MATLAB 语言仿真程序）。

```
clear all;clc;
ts = 0.001;
sys = tf(285689,[1,80,8400,0]);
dsys = c2d(sys,ts,´z´);
[num,den] = tfdata(dsys,´v´);
u_1 = 0;u_2 = 0;u_3 = 0;
y_1 = 0;y_2 = 0;y_3 = 0;
x(1) = 0;x(2) = 0;x(3) = 0;
e_1 = 0;
um = 6；
kp = 0.8;ki = 9;kd = 0.0;
for k = 1:1:1000
    time(k) = k * ts;
    r(k) = 30；
    u(k) = kp * x(1) + ki * x(2) + kd * x(3);    ％ PID 控制
    if u(k) >= um
        u(k) = um;
    end
    if u(k) <= - um
        u(k) = - um;
    end
    y(k) = - den(2) * y_1 - den(3) * y_2 - den(4) * y_3 + num(2) * u_1 +
num(3) * u_2 + num(4) * u_3;
    M = 2;
    if M == 1                           ％ 有效偏差法
        if u(k) == um | u(k) == - um
            e(k) = (u(k) - ki * x(2) + kd * e_1/ts)/(kp + ki * ts + kd/ts);
```

```
        else
            e(k) = r(k) - y(k);
        end
    elseif M == 2                    ％ 普通 PID 控制算法
        e(k) = r(k) - y(k);
    end
    u_3 = u_2;u_2 = u_1;u_1 = u(k);
    y_3 = y_2;y_2 = y_1;y_1 = y(k);
    e_1 = e(k);
    x(1) = e(k);                     ％ 计算比例项
    x(2) = x(2) + e(k) * ts;         ％ 计算积分项
    x(3) = (e(k) - e_1)/ts;          ％ 计算微分项
    xi(k) = x(2);
end
```

end

figure(1);

$subplot(311);plot(time,r,b',time,y,\acute{r});xlabel(时间(单位:s)');ylabel(输入/输出);$

subplot(312);plot(time,u,$\acute{r}$);xlabel('时间(单位:s)');ylabel('控制量');

subplot(313);plot(time,xi,$\acute{r}$);xlabel('时间(单位:s)');ylabel('积分项');

仿真结果同上。

在位置式 PID 算法中,除了对控制量 $u(k)$ 的限制外,对控制量的变化率 $\dot{u}(k)$ 的限制也会引起饱和,它可以采用类似的修正方法予以消除。

5.3.2　抑制干扰的 PID 算法

根据前文可知,PID 控制算法的输入量是偏差 $e(k) = r(k) - y(k)$,在进入正常调节后,由于 $y(k)$ 已接近 $r(k)$,$e(k)$ 的值不会太大。所以相对而言,干扰值对 PID 控制器有较大的影响。

为了消除随机干扰的影响,除了采用专门的软、硬件抗干扰的措施外,还可通过对 PID 算法进行改进,进一步克服干扰的影响。在标准位置式 PID 控制算法中的差分项 $k_d[e(k) - e(k-1)]$,和增量式中 $k_d[(e(k) - e(k-1)) - (e(k-1) - e(k-2))]$ 的二阶差分项,对数据误差和干扰特别敏感,因此在数字 PID 控制中,干扰主要是通过微分项起作用的,但是由于微分作用在 PID 控制中往往是必要的,由于它可以近似补偿对象的一个极点,扩大稳定域,改善动态性能,因此,不能简单地将微分项弃去。所以应研究如何实现对干扰不敏感的微分项的近似算法。以下介绍常用的一种方法:不完全微分的 PID 算法。

1. 不完全微分的 PID 算法

标准的 PID 控制算式,对具有高频扰动的控制过程,微分作用的响应过于灵敏,容易引起控制过程振荡,降低调节品质。尤其是计算机对每个控制回路输出时间是短暂的,而驱动执行机构又需要一定时间,如果输出较大,在短暂时间内,执行机构达不到应有的相应开度,会使输出失真。

为了克服这一缺点,同时又要使微分作用有效,可以在 PID 控制算法中加入一个一阶惯性环节,这就组成了不完全微分的 PID 控制器。

基本思想:是将过大的控制输出分几次执行,以避免出现饱和现象。

不完全微分 PID 控制的结构如图 5.69 所示。其中图 5.69(a) 是将低通滤波器加在整个 PID 控制器之后。图 5.69(b) 是将低通滤波器直接加在微分环节上。

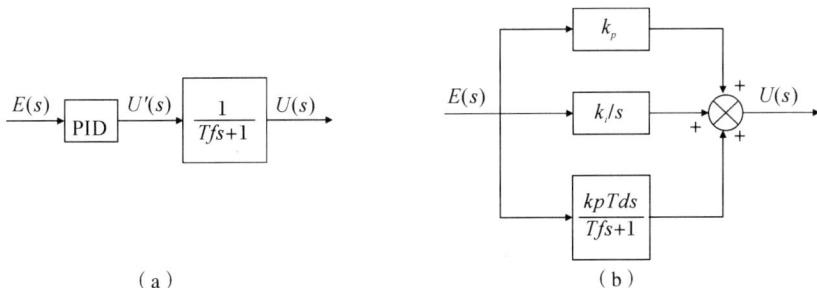

（a）　　　　　　　　　　　（b）

图 5.69　**不完全微分 PID 控制算法结构图**

下面先来推导图 5.69(a) 的不完全微分 PID 控制算法。

因为

$$U'(s) = (k_p + k_i/s + k_d s)E(s) \tag{5.3.4}$$

$$\frac{U(s)}{U'(s)} = \frac{1}{T_f s + 1} \Rightarrow U(s) = \frac{1}{T_f s + 1}U'(s) \tag{5.3.5}$$

将式(5.3.5)写成微分方程为

$$T_f \frac{\mathrm{d}u(t)}{\mathrm{d}t} + u(t) = u'(t) = k_p\left(e(t) + \frac{1}{T_i}\int_0^t e(t)\mathrm{d}t + T_d\frac{\mathrm{d}e(t)}{\mathrm{d}t}\right) \tag{5.3.6}$$

取采样时间为 T,对式(5.3.6) 按标准 PID 控制算法的离散化方法进行离散化,便可得不完全微分 PID 位置式控制算法为

$$u(k) = \alpha u(k-1) + (1-\alpha)u'(k) \tag{5.3.7}$$

式中:

$$\alpha = \frac{T_f}{T + T_f}, u'(k) = k_p e(k) + k_i\sum_{j=0}^{k} e(j)T + k_d\left[e(k) - e(k-1)\right]/T$$

微分项为

$$u_D(k) = \alpha u_D(k-1) + (1-\alpha)u'_D(k) =$$
$$\alpha u_D(k-1) + k_d(1-\alpha)\left[e(k) - e(k-1)\right]/T \tag{5.3.8}$$

与标准 PID 控制算式一样,不完全微分 PID 控制器也有增量式控制算法。不完全微分增量式控制算法为

$$\Delta u(k) = \alpha\Delta u(k-1) + (1-\alpha)\Delta u'(k) \tag{5.3.9}$$

式中:

$$\alpha = \frac{T_f}{T + T_f}, \Delta u'(k) = \left(k_p + k_i T + \frac{k_d}{T}\right)e(k) - \left(k_p + 2\frac{k_d}{T}\right)e(k-1) + \frac{k_d}{T}e(k-2)$$

下面先来推导图 5.69(b) 的不完全微分 PID 控制算法。

因为

$$U(s) = \left(k_p + k_i/s + \frac{k_p T_d s}{T_f s + 1}\right)E(s) = U_P(s) + U_I(s) + U_D(s) \tag{5.3.10}$$

式中：
$$U_P(s) = k_p E(s), U_I(s) = k_i/s E(s), U_D(s) = \frac{k_p T_d s}{T_f s + 1} E(s)$$

将式(5.3.10)离散化：
$$u(k) = u_P(k) + u_I(k) + u_D(k) \qquad (5.3.11)$$

将式(5.3.10)中的微分项 $U_D(s)$ 写成微分方程为
$$u_D(t) + T_f \frac{\mathrm{d}u_D(t)}{\mathrm{d}t} = k_p T_d \frac{\mathrm{d}e(t)}{\mathrm{d}t} \qquad (5.3.12)$$

取采样时间为 T，对式(5.3.12)按标准 PID 控制算法的离散化方法进行离散化，得
$$u_D(k) + T_f \frac{u_D(k) - u_D(k-1)}{T} = k_p T_d \frac{e(k) - e(k-1)}{T} \qquad (5.3.13)$$

整理得微分项为
$$u_D(k) = \frac{T_f}{T + T_f} u_D(k-1) + k_p \frac{T_d}{T + T_f} [e(k) - e(k-1)] =$$
$$\alpha u_D(k-1) + k_d(1-\alpha)[e(k) - e(k-1)]/T \qquad (5.3.14)$$

式中：
$$\alpha = \frac{T_f}{T + T_f}, 1 - \alpha = \frac{T}{T + T_f}, k_d = k_p T_d$$

则不完全微分 PID 位置式控制算法为
$$u(k) = k_p e(k) + k_i \sum_{j=0}^{k} e(j) T + u_D(k) =$$
$$\alpha u_D(k-1) + k_p e(k) + k_i \sum_{j=0}^{k} e(j) T + k_d(1-\alpha)[e(k) - e(k-1)]/T \qquad (5.3.15)$$

与标准 PID 控制算式一样，不完全微分 PID 控制器也有增量式控制算法。
$$u(k-1) = \alpha u_D(k-2) + k_p e(k-1) + k_i \sum_{j=0}^{k-1} e(j) T +$$
$$k_d(1-\alpha)[e(k-1) - e(k-2)]/T \qquad (5.3.16)$$

式(5.3.15)减式(5.3.16)，便可得不完全微分增量式控制算法为
$$\Delta u(k) = u(k) - u(k-1) =$$
$$\alpha[u_D(k-1) - u_D(k-2)] + k_p[e(k) - e(k-1)] + k_i T e(k)$$
$$+ k_d(1-\alpha) \frac{e(k) - 2e(k-1) + e(k-2)}{T} \qquad (5.3.17)$$

式中：
$$\alpha = \frac{T_f}{T + T_f}$$

下面通过一个例子来分析完全微分与不完全微分的控制输出的特点。

假设 PID 控制器输入为阶跃序列：$e(k) = 1, k = 0, 1, 2, 3, \cdots$，则

完全微分的输出：

因为
$$u_D(k) = k_d[e(k) - e(k-1)]/T$$

所以
$$u_D(0) = k_d/T, u_D(1) = u_D(2) = \cdots = 0$$

不完全微分的输出：

$$u_D(k) = \alpha u_D(k-1) + k_d(1-\alpha)\left[e(k) - e(k-1)\right]/T =$$

因为

$$\alpha u_D(k-1) + k_d \frac{T}{T+T_f}\left[e(k) - e(k-1)\right]/T =$$

$$\alpha u_D(k-1) + k_d \frac{1}{T+T_f}\left[e(k) - e(k-1)\right]$$

$$u_D(0) = k_d \frac{1}{T+T_f}$$

所以

$$u_D(1) = \alpha u_D(0) = k_d \frac{\alpha}{T+T_f}$$

$$u_D(2) = \alpha u_D(1) = k_d \frac{\alpha^2}{T+T_f}$$

$$\vdots$$

【例 5.21】　取采样时间为 20 s，仿真时间 1 000 s；输入信号为 $r(k) = 1$，其中 $k_p = 0.3$，$k_i = 0.005\,5$，$k_d = 42$；低通滤波器为 $D_f(s) = \dfrac{1}{180s+1}$，试采用不完全微分控制和标准 PID 控制算法实现后，比较两种控制算法微分项的输出。

解　因为 $\alpha = \dfrac{T_f}{T_f + T} = \dfrac{180}{180+20} = 0.9$。

采用 Simulink 仿真程序图如图 5.70 和图 5.71 所示。相应的微分项输出控制作用如图 5.72 和图 5.73 所示。

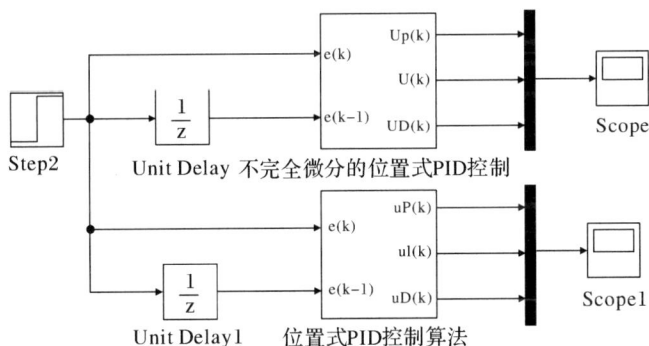

图 5.70　**不完全微分位置式 PID 控制和标准 PID 控制算法输出控制 Simulink 仿真程序图**

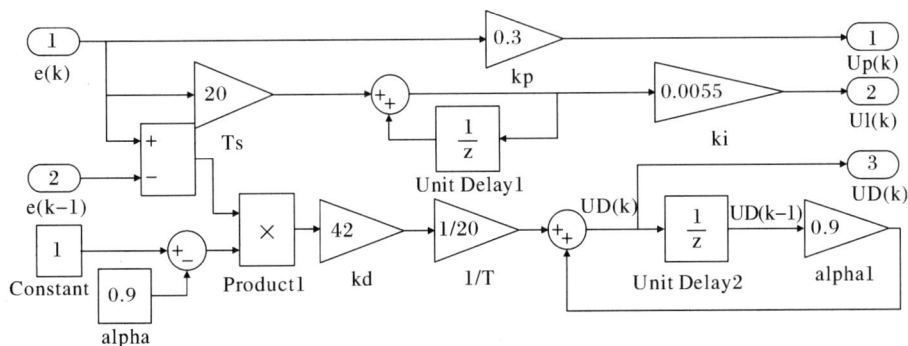

图 5.71　**不完全微分位置式 PID 控制器子程序图**

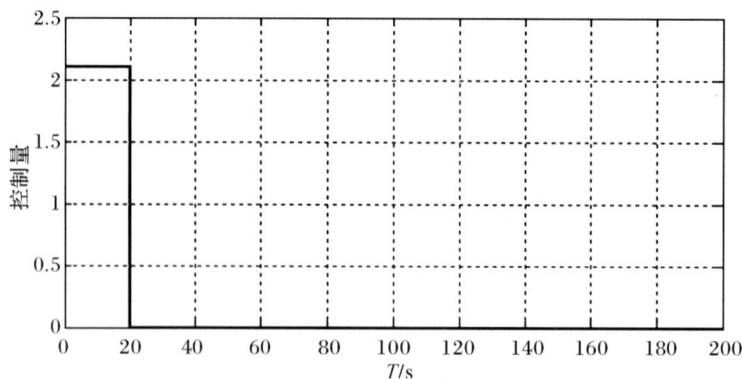

图 5.72　标准位置式 PID 控制微分项输出

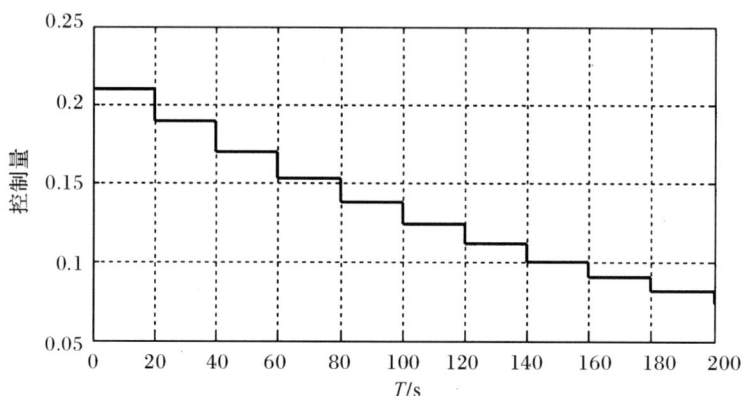

图 5.73　不完全微分位置式 PID 控制微分项输出

由图 5.72 和图 5.73 可见,标准 PID 控制算法中的微分作用只在一个采样周期内起作用,而且作用很强。而不完全微分算法的输出在较长时间内保持微分作用,因而可获得较好的控制效果。

下面通过一个例子来分析不完全微分抑制干扰的作用。

【例 5.22】　控制对象为 $G_0(s) = \dfrac{e^{-80s}}{70s+1}$,采样时间为 20 s,执行机构输出限制在[−10, 10],仿真时间 1 000 s;输入信号为 $r(k) = 1$,其中 $k_p = 0.3, k_i = 0.005, k_d = 42$;低通滤波器为 $D_f(s) = \dfrac{1}{380s+1}$,干扰信号加在对象的输出端,幅值为 0.01 分布均匀的随机信号。试采用不完全微分控制和标准 PID 控制算法实现后,比较两种控制算法的输入/输出、控制量、偏差。

解
$$\alpha = \frac{T_f}{T_f + T} = \frac{380}{380 + 20} = 0.95$$

(1) 仿真方法一(采用 Simulink 仿真程序)。

以不完全微分 PID 控制图(b)为例,如图 5.74 和图 5.75 所示。

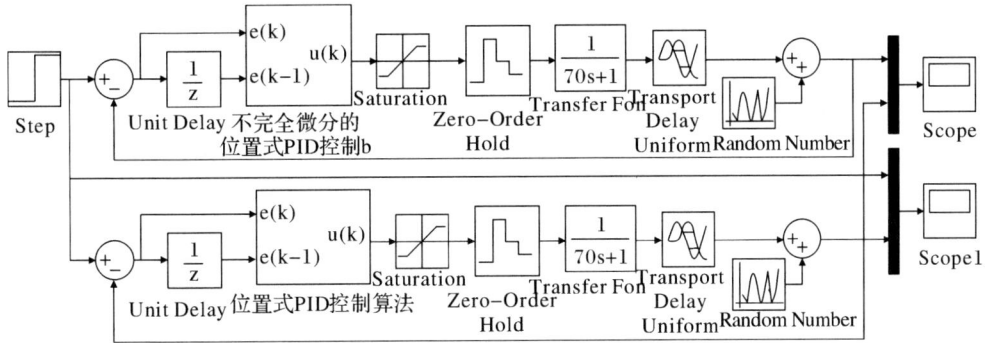

图 5.74　**不完全微分位置式 PID 控制与标准 PID 控制算法 Simulink 仿真程序图**

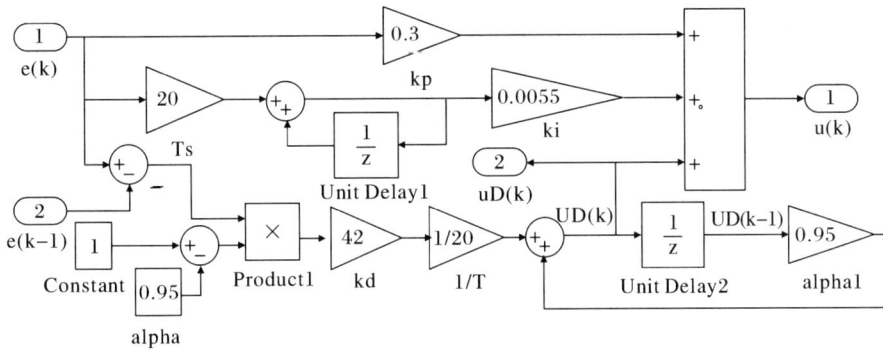

图 5.75　**不完全微分位置式 PID 控制器子程序图**

相应的输出控制作用如图 5.76 ~ 图 5.78 所示。

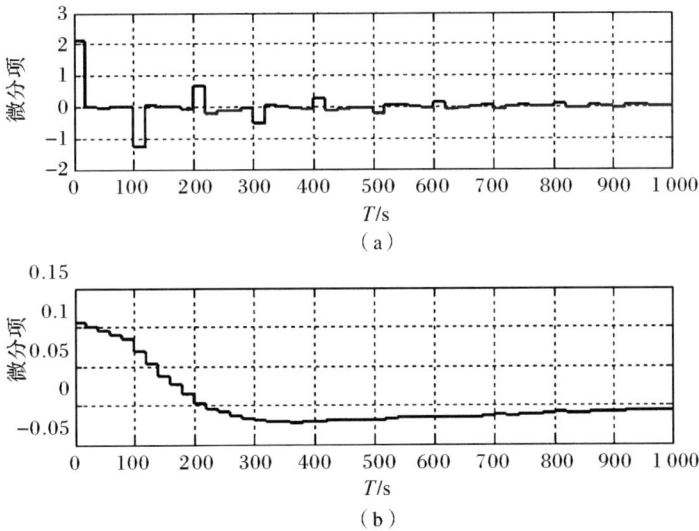

（a）

（b）

图 5.76　**标准 PID 控制算法与不完全微分位置式 PID 控制算法的微分项输出**

（a）标准位置式 PID 控制微分项输出；（b）标准 PID 控制算法与不完全微分位置式 PID 控制算法的微分项输出

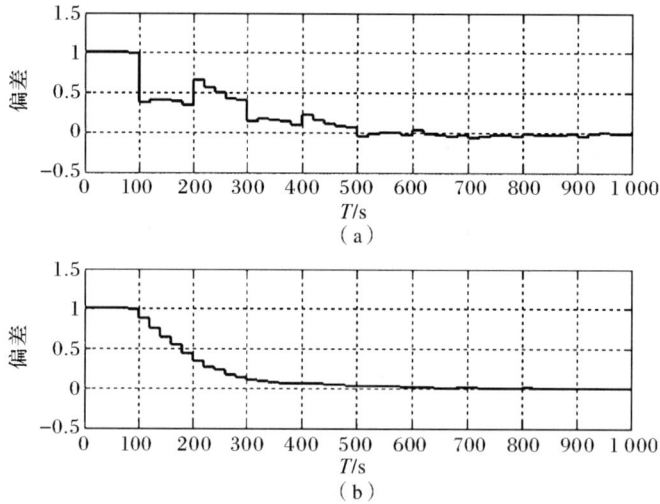

图 5.77　标准 PID 控制算法与不完全微分位置式 PID 控制算法的偏差项输出

（a）标准位置式 PID 控制偏差项输出；（b）不完全微分位置式 PID 控制偏差项输出

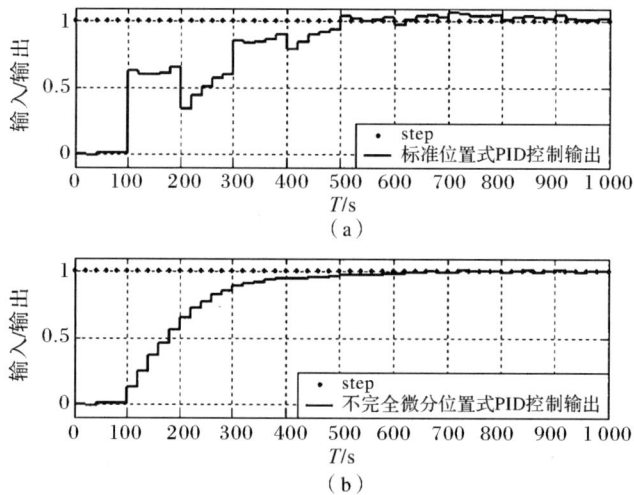

图 5.78　标准 PID 控制算法与不完全微分位置式 PID 控制算法的输入／输出

（a）标准位置式 PID 控制输出；（b）不完全微分位置式 PID 控制输出

（2）仿真方法二（采用 MATLAB 语言仿真程序）。

```
clear all;clc;
ts = 20;
sys = tf([1],[70,1],'inputdelay',80);
dsys = c2d(sys,ts,'zoh');
[num,den] = tfdata(dsys,'v');
u_1 = 0;u_2 = 0;u_3 = 0;u_4 = 0;u_5 = 0;
ud_1 = 0;
y_1 = 0;y_2 = 0;y_3 = 0;
e_1 = 0;ei = 0;
```

```
for k = 0:1:50
    time(k + 1) = k * ts;
    r(k + 1) = 1;
    y(k + 1) =- den(2) * y_1 + num(2) * u_5;
    D(k + 1) = 0.01 * rands(1);
    y(k + 1) = y(k + 1) + D(k + 1);
    e(k + 1) = r(k + 1) - y(k + 1);
    ei = ei + e(k + 1) * ts;
    kp = 0.3;ki = 0.005;kd = 42;
    Tf = 380;
Df = tf([1],[Tf,1]);    % 低通滤波器
    M = 1;
    if M == 1          % 采用不完全微分的 PID 位置式控制算法
        alfa = Tf/(ts + Tf);
        ud(k + 1) = alfa * ud_1 + kd * (1 - alfa) * (e(k + 1) - e_1)/ts;
u(k + 1) = kp * e(k + 1) + ki * ei + ud(k + 1);
        ud_1 = ud(k + 1);
    elseif M == 2   % 采用普通 PID 位置式控制算法
        u(k + 1) = kp * e(k + 1) + ki * ei + kd * (e(k + 1) - e_1)/ts;
    end
    if u(k + 1) >= 10
        u(k + 1) = 10;
    end
    if u(k + 1) <=- 10
        u(k + 1) =- 10;
    end
    u_5 = u_4;u_4 = u_3;u_3 = u_2;u_2 = u_1;u_1 = u(k + 1);
    y_3 = y_2;y_2 = y_1;y_1 = y(k + 1);
    e_1 = e(k + 1);
end
subplot(311);
stairs(time,r,'b');hold on;stairs(time,y,'r');xlabel('时间(单位:s)');ylabel('输入 / 输出');
if M == 1
    title('采用不完全微分的 PID 位置式控制算法')
elseif M == 2
    title('采用标准 PID 位置式控制算法')
end
subplot(312);stairs(time,u,'r');xlabel('时间(单位:s)');ylabel('控制量');
subplot(313);stairs(time,r - y,'r');xlabel('时间(单位:s)');ylabel('偏差');
```

仿真结果同上。

通过此例我们可以看出,不完全微分不仅可以抑制干扰,还可以克服完全微分大幅度冲击的缺点,因此,其用得越来越广。

当给定值频繁升降时,通过微分造成控制量的频繁升降,从而产生对系统的频繁冲击,使系统产生剧烈的超调和振荡。为了克服这种情况,除了采用不完全微分 PID 控制方法外,还可使用给定值的前值滤波法、修改算法中对给定值变化敏感的项、微分先行的 PID 算法。

2. 给定值的前值滤波法

这种方法是采用一个前值滤波器(通常为一阶惯性环节),对给定值进行修改,使进入控制算法的给定值不突变,而是具有一阶惯性延迟的缓变量,其结构如图 5.79 所示。

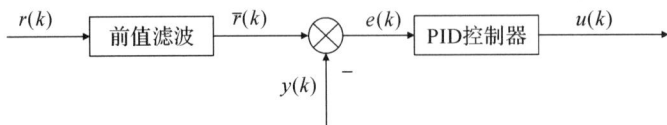

图 5.79 给定值的前值滤波法结构图

其相应的控制算法为

$$\bar{r}(k) = \sigma \bar{r}(k-1) + (1-\sigma)r(k) \tag{5.3.18}$$

式中:$\sigma = \mathrm{e}^{-T/T_f}$;$T_f$ 为滤波器 $D_f(s) = \dfrac{1}{T_f s + 1}$ 的滤波常数。

下面通过一个例子来分析给定值的前值滤波法抑制给定值频繁升降时干扰的作用。

【例 5.23】 控制对象为 $G_0(s) = \dfrac{\mathrm{e}^{-80s}}{70s+1}$,采样时间为 20 s;输入信号为 $r(t) = 1.0\mathrm{sign}(\mathrm{square}(0.000\,5\pi t)) + 0.05\sin(0.03\pi t)$;执行机构输出限制在 $[-10,10]$;仿真时间 8 000 s;其中 $k_p = 0.33, k_i = 0.005, k_d = 14$;低通滤波器为 $D_f(s) = \dfrac{1}{150s+1}$。试采用给定值的前值滤波法和标准 PID 控制算法实现后,比较两种控制算法的输入/输出、滤波前的输入信号/滤波后的输入信号。

解 $$\sigma = \mathrm{e}^{-T/T_f} = \mathrm{e}^{-20/150} = \mathrm{e}^{-0.13}$$

(1)仿真方法一(采用 Simulink 仿真程序)。采用 Simulink 仿真程序如图 5.80 所示。

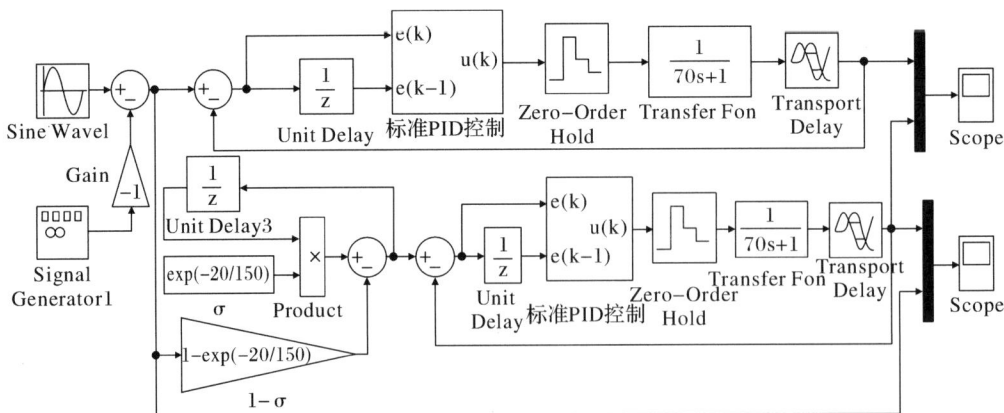

图 5.80 给定值的前值滤波法与标准 PID 控制算法 Simulink 仿真程序图

相应的输出控制如图 5.81 ～ 图 5.83 所示。

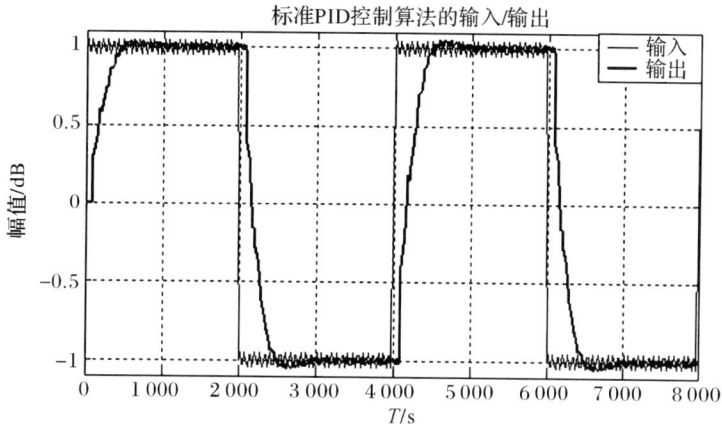

标准PID控制算法的输入/输出

图 5.81　标准 PID 控制算法的输入/输出响应曲线

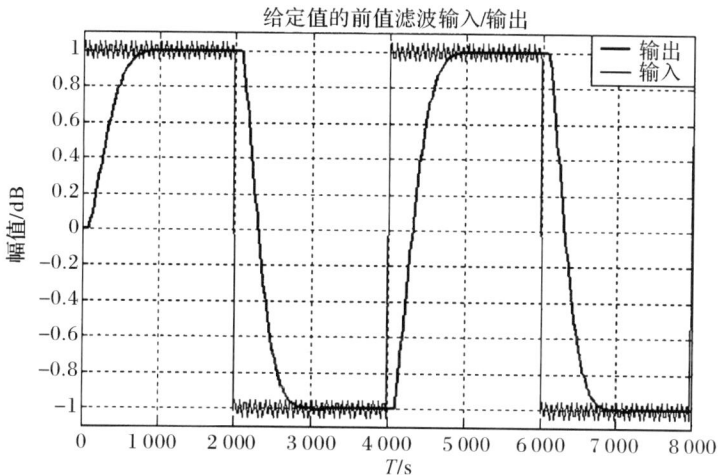

给定值的前值滤波输入/输出

图 5.82　给定值的前值滤波法的输入/输出响应曲线

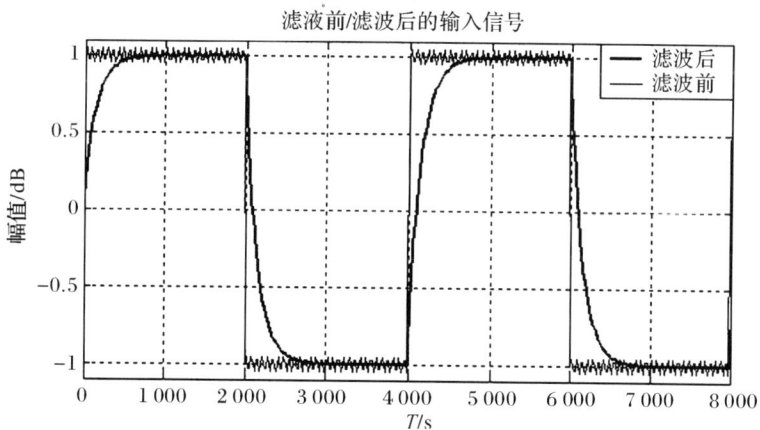

滤波前/滤波后的输入信号

图 5.83　滤波前/滤波后的输入信号响应曲线

（2）仿真方法二（采用 MATLAB 语言仿真程序）。

```
clear all;clc;
```

```
ts = 20;
sys = tf([1],[70,1],'inputdelay',80);
dsys = c2d(sys,ts,'zoh');
[num,den] = tfdata(dsys,'v');
u_1 = 0;u_2 = 0;u_3 = 0;u_4 = 0;u_5 = 0;
ud_1 = 0;
y_1 = 0;
r_1 = 0;rin_1 = 0;
e_1 = 0;e_2 = 0;ei = 0;
for k = 0:1:400
    time(k+1) = k * ts;
    y(k+1) =- den(2) * y_1 + num(2) * u_5;
    kp = 0.33;ki = 0.005;kd = 14;
    d(k+1) = 1.0 * sign(square(0.00025 * 2 * pi * k * ts));
    r(k+1) = d(k+1) + 0.05 * sin(0.03 * pi * k * ts);
    sys1 = tf([1],[150,1]);        % 前置滤波器
    dsys1 = c2d(sys1,ts,'z');
    [num1,den1] = tfdata(dsys1,'v');
    M = 1;
    if M == 1                   % 采用前置滤波 PID 控制算法
        rin(k+1) =- den1(2) * rin_1 + num1(1) * r(k+1) + num1(2) * r_1;
    elseif M == 2               % 采用普通 PID 控制算法
        rin(k+1) = r(k+1);
    end
    e(k+1) = rin(k+1) - y(k+1);
    ei = ei + e(k+1) * ts;
    u(k+1) = kp * e(k+1) + ki * ei + kd * (e(k+1) - e_1)/ts;
    if u(k+1) >= 10
        u(k+1) = 10;
    end
    if u(k+1) <=- 10
        u(k+1) =- 10;
    end
    u_5 = u_4;u_4 = u_3;u_3 = u_2;u_2 = u_1;u_1 = u(k+1);
    y_1 = y(k+1);
    r_2 = r_1;r_1 = r(k+1);rin_1 = rin(k+1);
    e_1 = e(k+1);
end
subplot(211);plot(time,r,'r',time,y,'b');xlabel('时间(单位:s)');ylabel('输入／输出');
subplot(212);plot(time,r,'r',time,rin,'b');
xlabel('时间(单位:s)');ylabel('滤波前/滤波后的输入信号');
```

仿真结果同上。

3. 微分先行的 PID 控制算法

基本思想：

（1）在标准 PID 控制算法中，只对输出量进行不完全微分，而对给定值不作微分。如图 5.84(a) 所示，也称为输出量微分的 PID 控制，这种算法主要用于主控单回路控制。

（2）把微分控制放在最前面，后面紧跟比例和积分控制。如图 5.84(b) 所示，也称为偏差微分的 PID 控制，这种算法主要用于串级控制中副控回路控制。

这两种算法均适用于给定值频繁升降的场合，可以避免给定值升降时所引起的系统振荡，从而明显地改善了系统的动态特性。其结构如图 5.84 所示。

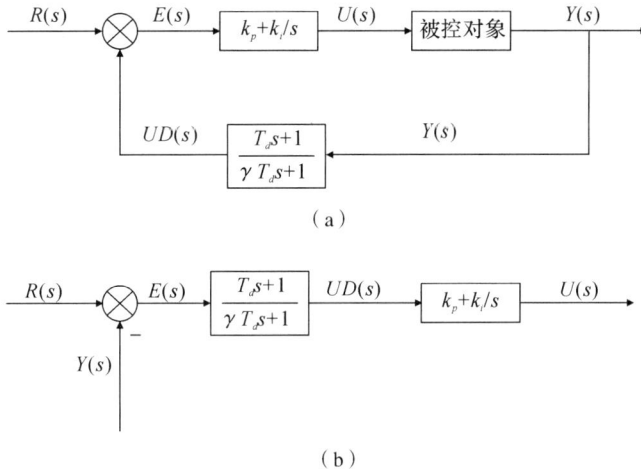

（a）

（b）

图 5.84　微分先行的 PID 控制算法结构图

（a）输出量微分；（b）偏差微分

下面先来推导图 5.84(a) 的微分先行的 PID 控制算法。

令微分部分的传递函数为

$$\frac{U_D(s)}{Y(s)} = \frac{T_d s + 1}{\gamma T_d s + 1} \tag{5.3.19}$$

式中：γ 为微分增益系数。

则式（5.3.19）写成微分方程为

$$\gamma T_d \frac{\mathrm{d}u_D(t)}{\mathrm{d}t} + u_D(t) = T_d \frac{\mathrm{d}y(t)}{\mathrm{d}t} + y(t) \tag{5.3.20}$$

取采样时间为 T，对式（5.3.20）进行离散化（用一阶后向差分法，即

$$\frac{\mathrm{d}y(t)}{\mathrm{d}t} \approx \frac{y(k) - y(k-1)}{T}, \frac{\mathrm{d}u_D(t)}{\mathrm{d}t} \approx \frac{u_D(k) - u_D(k-1)}{T})$$

则有

$$\gamma T_d \frac{u_D(k) - u_D(k-1)}{T} + u_D(k) = T_d \frac{y(k) - y(k-1)}{T} + y(k) \tag{5.3.21}$$

$$u_D(k) = \frac{\gamma T_d}{\gamma T_d + T} u_D(k-1) + \frac{T_d + T}{\gamma T_d + T} y(k) - \frac{T_d}{\gamma T_d + T} y(k-1) \tag{5.3.22}$$

$$u_D(k) = c_1 u_D(k-1) + c_2 y(k) - c_3 y(k-1) \tag{5.3.23}$$

式中：$c_1 = \dfrac{\gamma T_d}{\gamma T_d + T}; c_2 = \dfrac{T_d + T}{\gamma T_d + T}; c_3 = \dfrac{T_d}{\gamma T_d + T}$

则微分先行的 PID 控制算法为

$$u(k) = k_p e(k) + k_i \sum_{j=0}^{k} e(j)T \qquad (5.3.24)$$

式中:$e(k) = r(k) - u_D(k)$。

与标准 PID 控制算式一样,微分先行的 PID 控制器也有增量式控制算法。微分先行的增量式 PID 控制算法为

$$\Delta u(k) = u(k) - u(k-1) = k_p [e(k) - e(k-1)] + k_i e(k)T \qquad (5.3.25)$$

式中:$e(k) = r(k) - u_D(k)$。

下面先来推导图 5.84(b) 的微分先行的 PID 控制算法。

令微分部分的传递函数为

$$\frac{U_D(s)}{E(s)} = \frac{T_d s + 1}{\gamma T_d s + 1}, \gamma \text{ 为微分增益系数} \qquad (5.3.26)$$

则(5.3.26)写成微分方程为

$$\gamma T_d \frac{\mathrm{d} u_D(t)}{\mathrm{d}t} + u_D(t) = T_d \frac{\mathrm{d}e(t)}{\mathrm{d}t} + e(t) \qquad (5.3.27)$$

取采样时间为 T,对式(5.3.27)进行离散化(用一阶后向差分法,即

$$\frac{\mathrm{d}e(t)}{\mathrm{d}t} \approx \frac{e(k) - e(k-1)}{T}, \frac{\mathrm{d}u_D(t)}{\mathrm{d}t} \approx \frac{u_D(k) - u_D(k-1)}{T})$$

则有

$$\gamma T_d \frac{u_D(k) - u_D(k-1)}{T} + u_D(k) = T_d \frac{e(k) - e(k-1)}{T} + e(k) \qquad (5.3.28)$$

$$u_D(k) = \frac{\gamma T_d}{\gamma T_d + T} u_D(k-1) + \frac{T_d + T}{\gamma T_d + T} e(k) - \frac{T_d}{\gamma T_d + T} e(k-1) \qquad (5.3.29)$$

$$u_D(k) = c_1 u_D(k-1) + c_2 e(k) - c_3 e(k-1) \qquad (5.3.30)$$

式中:$c_1 = \dfrac{\gamma T_d}{\gamma T_d + T}$;$c_2 = \dfrac{T_d + T}{\gamma T_d + T}$;$c_3 = \dfrac{T_d}{\gamma T_d + T}$;$e(k) = r(k) - y(k)$。

则微分先行的 PID 控制算法为

$$u(k) = k_p u_D(k) + u_I(k) = k_p u_D(k) + k_i u_D(k)T + u_I(k-1) =$$
$$u_I(k-1) + (k_p + k_i T) u_D(k) \qquad (5.3.31)$$

与标准 PID 控制算式一样,微分先行 PID 控制器也有增量式控制算法:

$$\Delta u(k) = u(k) - u(k-1) = \Delta u_I(k-1) + (k_p + k_i T) \Delta u_D(k) \qquad (5.3.32)$$

式中:$\Delta u_D(k) = u_D(k) - u_D(k-1)$。

下面通过一个例子来分析微分先行的 PID 控制算法抑制干扰的作用。

【例 5.24】 控制对象为 $G_0(s) = \dfrac{\mathrm{e}^{-80s}}{70s + 1}$,采样时间为 20 s,输入信号为 $r(t) = 1.0\mathrm{sign}(\mathrm{square}(0.000\,5\pi t)) + 0.05\sin(0.03\pi t)$,执行机构输出限制在 $[-10, 10]$,仿真时间 8 000 s;其中 $k_p = 0.3, k_i = 0.006, k_d = 18, \gamma = 0.4$。试采用微分先行的 PID 控制算法和标准 PID 控制算法实现后,比较两种控制算法的输入/输出、控制量。

(1)仿真方法一(采用 Simulink 仿真程序)。

以微分先行的 PID 控制算法图 5.(a) 为例,如图 5.85 和图 5.86 所示。

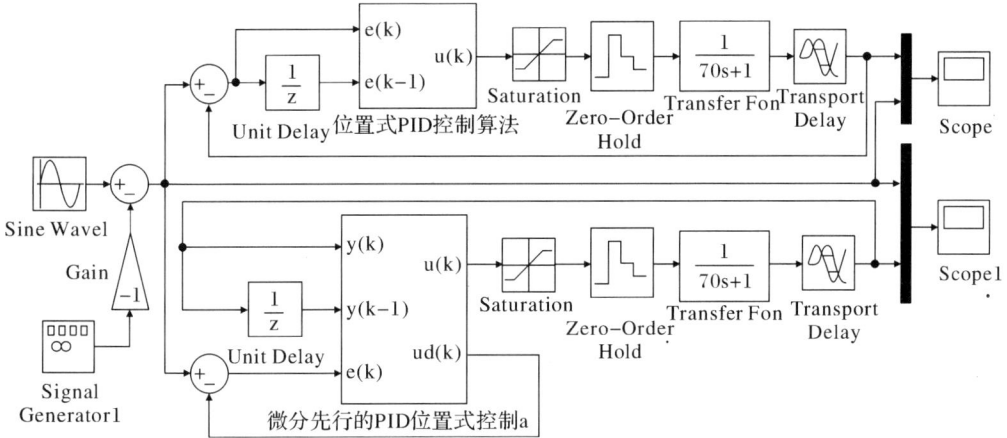

图 5.85　微分先行的 PID 控制算法与标准 PID 控制算法 Simulink 仿真程序图

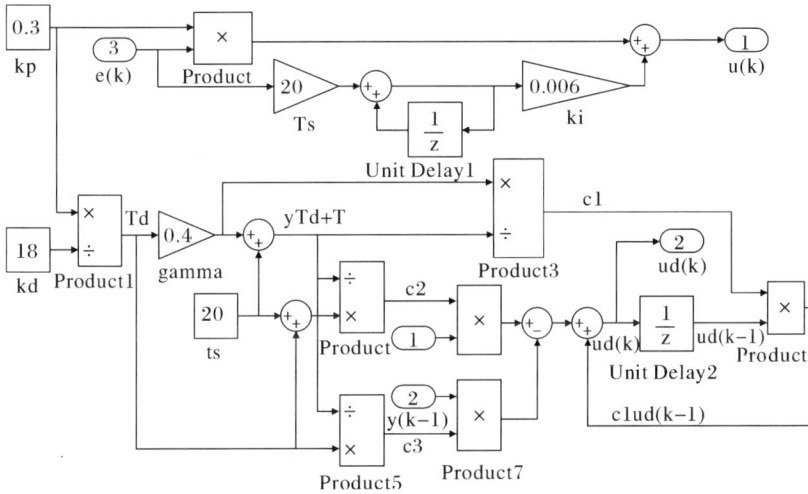

图 5.86　微分先行的 PID 控制器子程序图

相应的输出控制作用如图 5.87 ～ 图 5.89 所示。

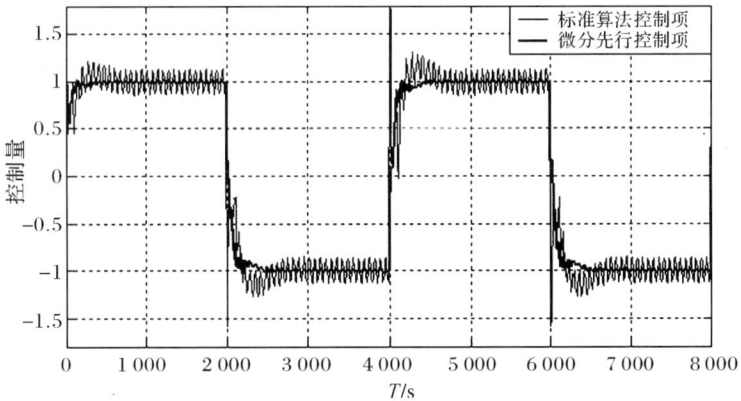

图 5.87　微分先行的 PID 控制算法与标准 PID 控制算法控制项响应曲线

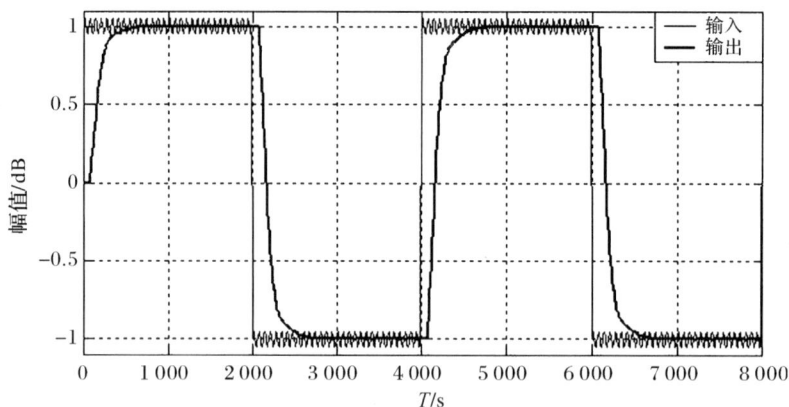

图 5.88　微分先行的 PID 控制算法的输入/输出响应曲线

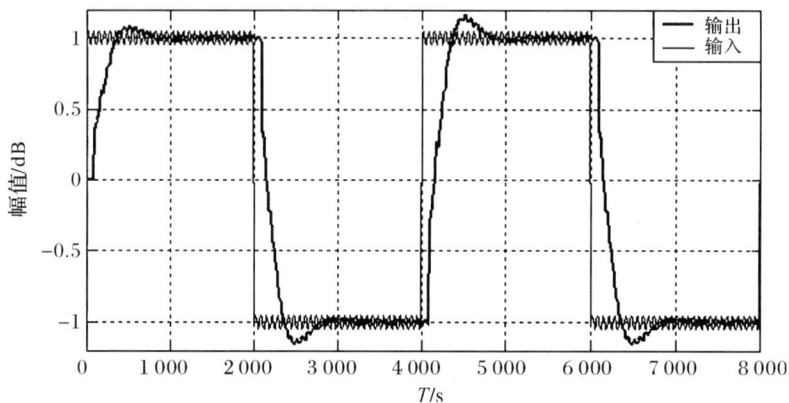

图 5.89　标准 PID 控制算法的输入/输出响应曲线

2) 仿真方法二(采用 MATLAB 语言仿真程序)。

```
clear all;clc;
ts = 20;
sys = tf([1],[70,1],'inputdelay',80);
dsys = c2d(sys,ts,'zoh');
[num,den] = tfdata(dsys,'v');
u_1 = 0;u_2 = 0;u_3 = 0;u_4 = 0;u_5 = 0;ud_1 = 0;
y_1 = 0;
e_1 = 0;e_2 = 0;ei = 0;
for k = 0:1:400
    time(k+1) = k * ts;
    y(k+1) =- den(2) * y_1 + num(2) * u_5;
    kp = 0.3;ki = 0.006;kd = 18;
    r(k+1) = 1.0 * sign(sin(0.00025 * 2 * pi * k * ts));
    r(k+1) = r(k+1) + 0.05 * sin(0.03 * pi * k * ts);
    gama = 0.4;
```

```
Td = kd/kp;
c1 = gama * Td/(gama * Td + ts);
c2 = (Td + ts)/(gama * Td + ts);
c3 = Td/(gama * Td + ts);
M = 1;
if M == 1                % 采用微分先行 PID 控制算法
    ud(k+1) = c1 * ud_1 + c2 * y(k+1) - c3 * y_1;
    ud_1 = ud(k+1);
    e(k+1) = r(k+1) - ud(k+1);
    ei = ei + e(k+1) * ts;
    u(k+1) = kp * e(k+1) + ki * ei;
elscif M == 2            % 采用普通 PID 控制算法
    e(k+1) = r(k+1) - y(k+1);
    ei = ei + e(k+1) * ts;
    u(k+1) = kp * e(k+1) + ki * ei + kd * (e(k+1) - e_1)/ts;
end
if u(k+1) >= 10
    u(k+1) = 10;
end
if u(k+1) <= -10
    u(k+1) = -10;
end
u_5 = u_4; u_4 = u_3; u_3 = u_2; u_2 = u_1; u_1 = u(k+1);
y_1 = y(k+1); e_1 = e(k+1);
```
end
subplot(211); plot(time, r, ′r′, time, y, ′b′); xlabel(′时间(单位:s)′); ylabel(′输入 / 输出′);
subplot(212); plot(time, u, ′r′); xlabel(′时间(单位:s)′); ylabel(′控制量′);
仿真结果同上。

4. 修改算法中对给定值变化敏感的项

基本思想:在标准 PID 控制算法中,微分环节只对输出量进行完全或不完全微分,而对给定值不作微分。其结构如图 5.90 所示。

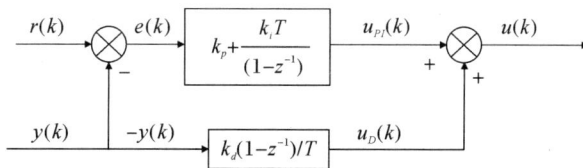

图 5.90　修改算法中对给定值变化敏感的项结构图

标准的 PID 控制算法是对偏差 $e(k)$ 进行比例、积分、微分运算,而这里是先对输出 $y(k)$ 进行微分,然后对偏差进行比例和积分运算。其位置式 PID 控制算法为

$$u(k) = k_p e(k) + k_i \sum_{j=0}^{k} e(j) T - k_d [y(k) - y(k-1)]/T \qquad (5.3.33)$$

其增量式 PID 控制算法为

$$\Delta u(k) = u(k) - u(k-1) =$$
$$k_p [e(k) - e(k-1)] + k_i e(k) T - k_d [y(k) - 2y(k-1) + y(k-2)]/T \quad (5.3.34)$$

修改算法中对给定值变化敏感的项实际上是微分先行的 PID 控制算法中测量值微分的特例。

下面通过一个例子来分析修改算法中对给定值变化敏感的项抑制给定值频繁升降时干扰的作用。

【**例** 5.25】 控制对象为 $G_0(s) = \dfrac{e^{-80s}}{70s+1}$,采样时间为 20 s,输入信号为 $r(t) = 1.$ $0\text{sign}(\text{square}(0.000\ 5\pi t)) + 0.05\sin(0.03\pi t)$,执行机构输出限制在 $[-10,10]$,仿真时间 8 000s;其中 $k_p = 0.3, k_i = 0.004, k_d = 14$。试采用修改算法中对给定值变化敏感的项和标准 PID 控制算法实现后,比较两种控制算法的输入/输出、控制量。

(1) 仿真方法一(采用 Simulink 仿真程序)。

采用 Simulink 仿真程序如图 5.91 和图 5.92 所示。

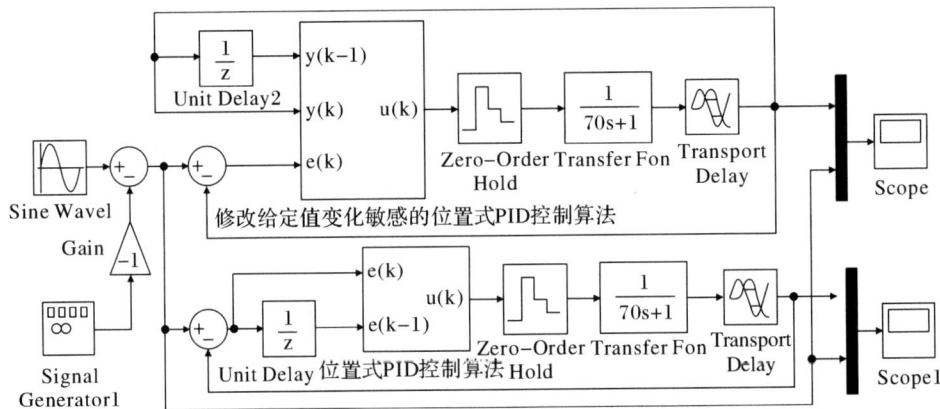

图 5.91 **修改算法中对给定值变化敏感的项与标准 PID 控制算法 Simulink 仿真程序图**

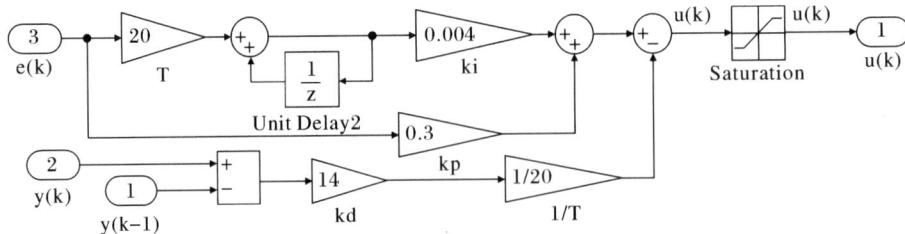

图 5.92 **修改算法中对给定值变化敏感的项控制器仿真子程序图**

相应的输出控制如图 5.93 ~ 图 5.95 所示。

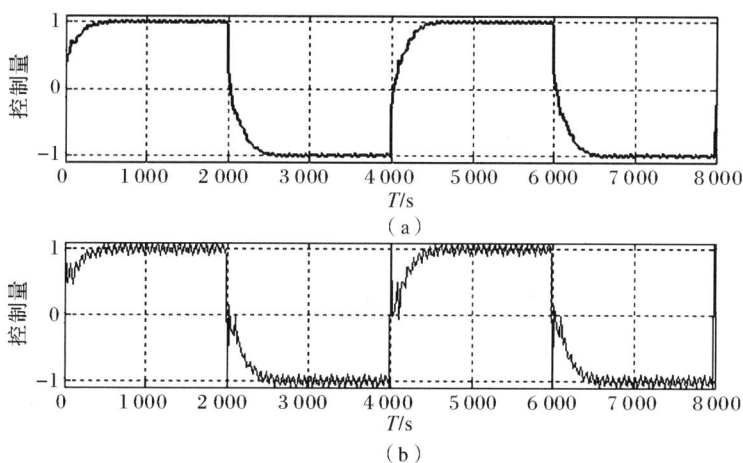

（a）

（b）

图 5.93　修改算法中对给定值变化敏感的项与标准 PID 控制算法的控制输出

（a）修改算法中对给定值变化敏感的项控输出；（b）标准 PID 控制的控制输出

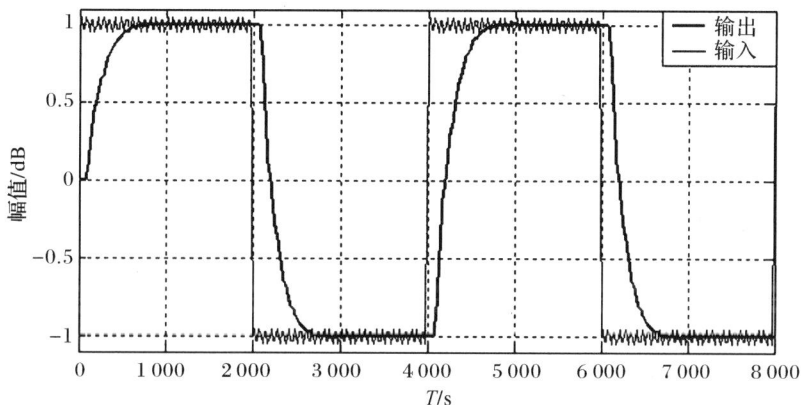

图 5.94　修改算法中对给定值变化敏感的项的输入/输出响应

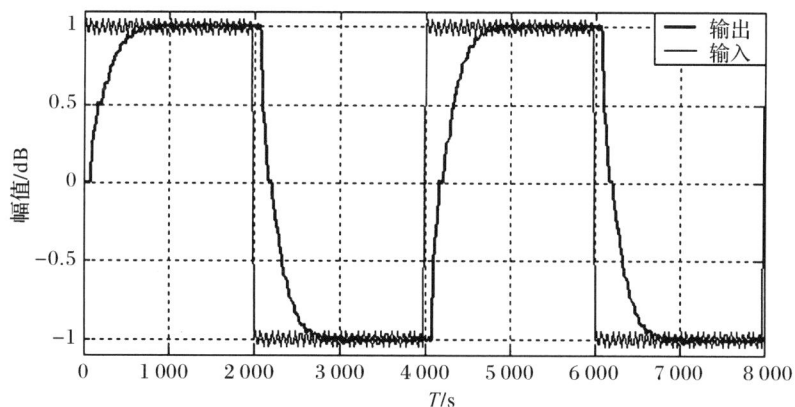

图 5.95　标准 PID 控制算法的输入/输出响应

2）仿真方法二（采用 MATLAB 语言仿真程序）。

```
clear all;clc;
ts = 20;
```

```
sys = tf([1],[70,1],'inputdelay',80);
dsys = c2d(sys,ts,'zoh');
[num,den] = tfdata(dsys,'v');
u_1 = 0;u_2 = 0;u_3 = 0;u_4 = 0;u_5 = 0;
ud_1 = 0;
y_1 = 0;y_2 = 0;y_3 = 0;
e_1 = 0;e_2 = 0;ei = 0;
for k = 0:1:400
    time(k+1) = k*ts;
    y(k+1) =-den(2)*y_1+num(2)*u_5;
    kp = 0.3;ki = 0.004;kd = 14;
    r(k+1) = 1.0*sign(square(0.00025*2*pi*k*ts));
    r(k+1) = r(k+1)+0.05*sin(0.03*pi*k*ts);
    e(k+1) = r(k+1)-y(k+1);
    ei = ei+e(k+1)*ts;
    M = 1;
    if M == 1                    % 修改给定值敏感的 PID 位置式控制算法
        ud(k+1) =-kd*(y(k+1)-y_1)/ts;
        u(k+1) = kp*e(k+1)+ki*ei+ud(k+1);
    elseif M == 2                % 采用普通 PID 控制算法
        u(k+1) = kp*e(k+1)+kd*(e(k+1)-e_1)/ts+ki*ei;
    end
    if u(k+1) >= 10
        u(k+1) = 10;
    end
    if u(k+1) <=-10
        u(k+1) =-10;
    end
    u_5 = u_4;u_4 = u_3;u_3 = u_2;u_2 = u_1;u_1 = u(k+1);
    y_3 = y_2;y_2 = y_1;y_1 = y(k+1);
    e_2 = e_1;e_1 = e(k+1);
end
subplot(211);plot(time,r,'r',time,y,'b');xlabel('时间(单位:s)');ylabel('输入/输出');
subplot(212);plot(time,u,'r');xlabel('时间(单位:s)');ylabel('控制量');
```

仿真结果同上。

修改算法中对给定值变化敏感的项实际上是微分先行的 PID 控制算法中输出量微分的特例,从图 5.96 和图 5.97 中可以看出,当图 5.96 中的 $\gamma = 0$ 时,微分先行法的 PID 控制算法输出量微分结构图实际就是图 5.97,就是我们这节讲解的修改算法中对给定值变化敏感的项。

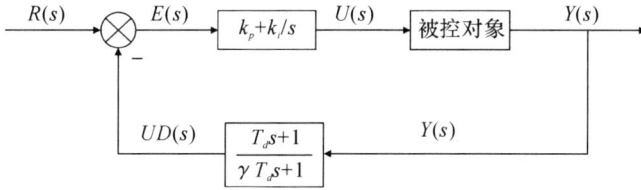

图 5.96　微分先行法的 PID 控制算法输出量微分结构图

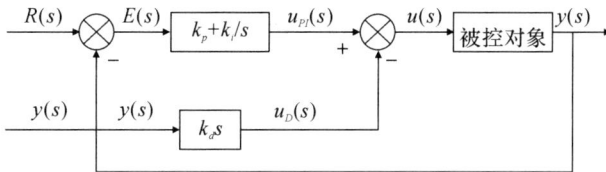

图 5.97　修改算法中对给定值变化敏感的项结构图

5.微分先行的 PID 控制算法实例分析(测速反馈控制与 PD 控制)

在上一节中我们提到,微分先行的 PID 控制算法有两种控制算法,输出量微分和偏差微分。其结构如图 5.84 所示。而在自动控制原理中大家都熟悉测速反馈控制与比例微分(PD)控制,下面分析这二者的本质区别和联系。

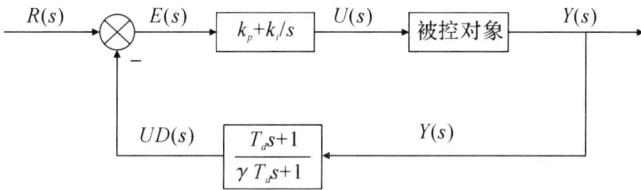

图 5.98　微分先行法的 PID 控制算法输出量微分结构图

对于微分先行的 PID 控制算法中的输出量微分结构图 5.98 来说,当 $k_p = 1, k_i = 0, \gamma = 0$,也就是去掉积分和微分增益系数 γ 时,就是我们通常所说的测速反馈控制,如图 5.99 所示。

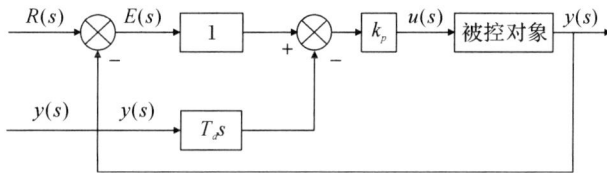

图 5.99　测速反馈控制

同样,对于微分先行的 PID 控制算法中的偏差微分结构图 5.100 来说,当其中 $k_p = 1$, $k_i = 0, \gamma = 0$,也就是去掉积分和微分增益系数 γ 时,就是我们通常所说的比例微分(PD)控制,如图 5.101 所示。

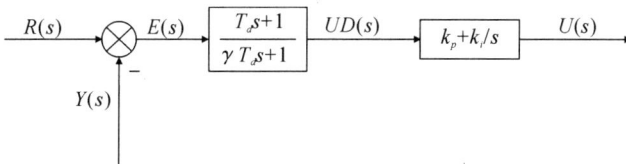

图 5.100　微分先行的 PID 控制算法偏差微分结构图

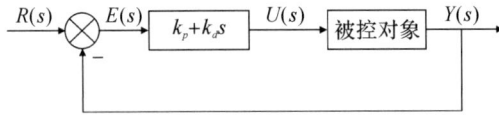

图 5.101　比例微分 (PD) 控制

上面我们通过结构图分析了测速反馈控制与比例微分 (PD) 控制的区别，以及这两种控制方法的思路来源。下面我们分析这二者的联系。

对于图 5.99 的测速反馈结构图，实际上就是我们常见的测速反馈结构图 5.102，二者是等价的。

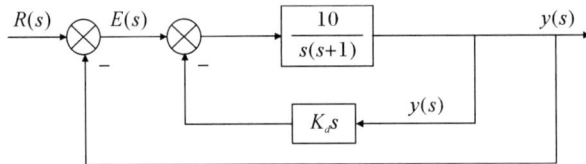

图 5.102　测速反馈控制系统

把图 5.99 加以节点调整得到如图 5.103 所示的结构图。

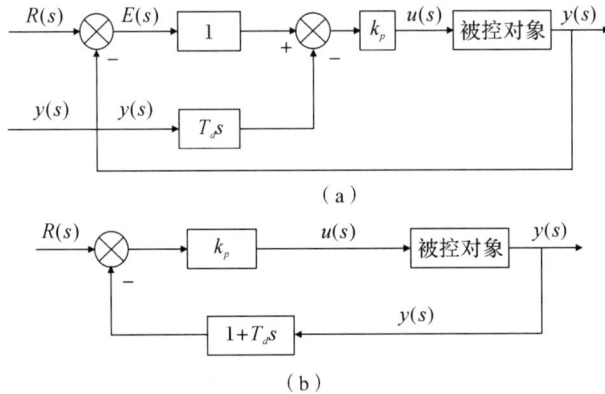

（a）

（b）

图 5.103　测速反馈控制结构图

（a）测速反馈；（b）测速反馈的另一种结构图

把图 5.103 所示的结构图在 PD 控制结构图基础上再加以改变，得到如图 5.104 所示的结构图。

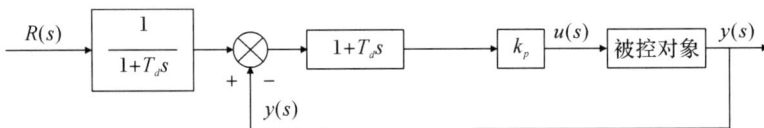

图 5.104　测速反馈控制结构图

下面推导这两个结构图的控制量 $U(s)$ 输出：

$$U(s) = K_p (1 + T_d s) \left[\frac{1}{1 + T_d s} R(s) - Y(s) \right] \Rightarrow K_p \left[R(s) - (1 + T_d s) Y(s) \right] \quad (5.3.35)$$

从式 (5.3.35) 中也可以看出，图 5.103 所和图 5.104 是等价的。也就是说测速反馈控制相当于在基本比例微分 (PD) 控制图 5.101 所示的设定值前向通道上加了一个滤波器。这就是测速反馈控制与 PD 控制两者的联系与区别。

5.3.3　带死区的 PID 控制算法

在计算机控制系统中,有些系统控制精度要求并不高,但希望尽量减少控制动作频率,以力求平稳或减少机械磨损(为了消除由于频繁动作所引起的振荡)。常采用带死区的 PID 控制,以使得偏差在一定范围内输出不动作。其结构图如图 5.105 所示。

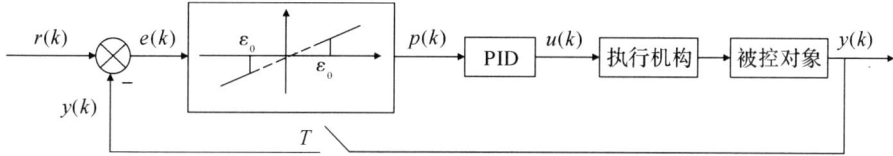

图 5.105　带死区的 PID 控制结构图

相应的算式为

$$p(k) = \begin{cases} e(k), & |e(k)| > \varepsilon_0 \\ 0, & |e(k)| \leqslant \varepsilon_0 \end{cases} \tag{5.3.36}$$

在图 5.105 中,死区 ε_0 是一个可调参数,其具体数值可根据实际控制对象由实验确定。ε_0 值太小,使调节过于频繁,达不到稳定被控对象的目的;ε_0 太大,则又会使系统产生很大的滞后。

该系统实际上是一个非线性控制系统,即当 $|e(k)| \leqslant \varepsilon_0$ 时,$p(k) = 0$,控制器输出 $u(k) = 0$;当 $|e(k)| > \varepsilon_0$ 时,$p(k) = e(k)$,控制器输出 $u(k)$ 以 PID 控制算法结果输出。当 $\varepsilon_0 = 0$ 时,即为常规 PID 控制。

下面通过一个例子来分析带死区的 PID 控制算法。

【例 5.26】　控制对象为 $G_0(s) = \dfrac{285\,689}{s^3 + 80s^2 + 8\,400s}$,采样时间为 1 ms;对象输出端有一个幅值为 0.5 的正态分布的随机干扰信号。死区参数 $\varepsilon_0 = 0.15$,执行机构输出限制在 $[-10, 10]$,仿真时间 1 s;输入信号为 $r(k) = 1$,其中 $k_p = 0.57, k_i = 0.01, k_d = 0.05$。采用低通滤波器 $G(s) = \dfrac{1}{0.1s + 1}$ 对对象输出信号进行滤波,试采用带死区的积分分离的 PID 控制算法和标准 PID 控制算法实现后,比较两种控制算法的输入/输出、控制量。

(1) 仿真方法一(采用 Simulink 仿真程序)。

如图 5.106 和图 5.107 所示。

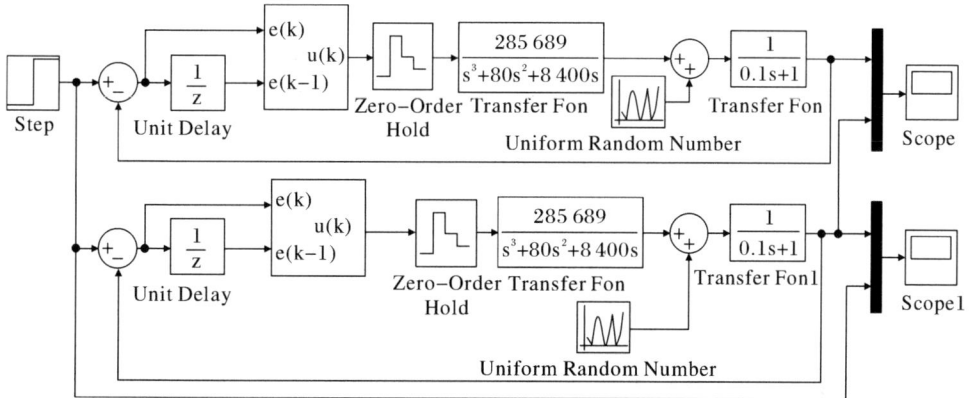

图 5.106　带死区的 PID 控制算法与标准的 PID 控制算法 Simulink 仿真程序图

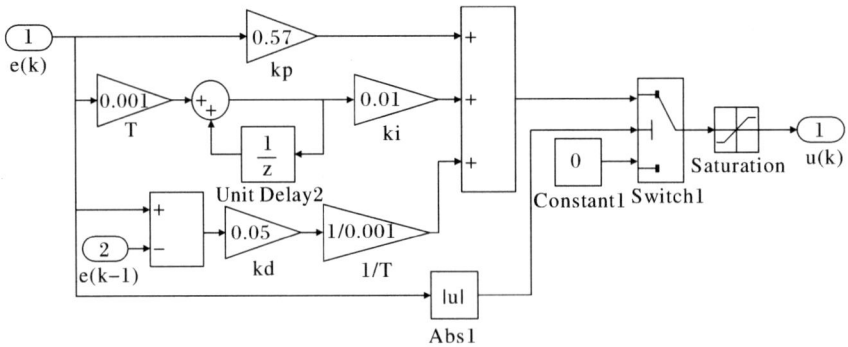

图 5.107 带死区的 PID 控制算法子程序图

相应的输出控制作用如图 5.108 和图 5.109 所示。

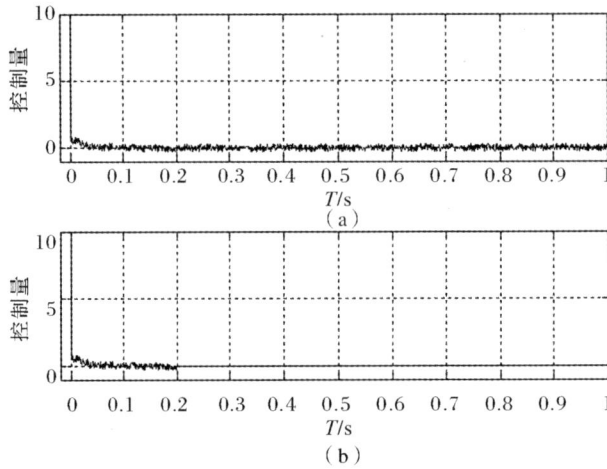

图 5.108 带死区的 PID 控制算法与标准的 PID 控制算法控制项响应曲线

（a）标准 PID 控制输出；（b）带死区的 PID 控制输出

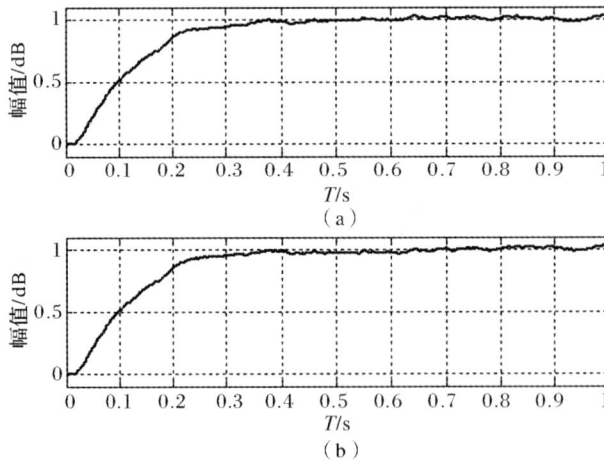

图 5.109 带死区的 PID 控制算法与标准的 PID 控制算法输出响应曲线

（a）标准 PID 控制算法输出；（b）带死区的 PID 控制算法输出

（2）仿真方法二（采用 MATLAB 语言仿真程序）。

```
clear all;clc;
ts = 0.001;
sys = tf(285689,[1,80,8400,0]);
dsys = c2d(sys,ts,'z');
[num,den] = tfdata(dsys,'v');
u_1 = 0;u_2 = 0;u_3 = 0;u_4 = 0;u_5 = 0;
y_1 = 0;y_2 = 0;y_3 = 0;
yy_1 = 0;
e_1 = 0;e_2 = 0;ei = 0;
sys1 = tf([1],[0.1,1]);
dsys1 — c2d(sys1,ts,'tustin');
[num1,den1] = tfdata(dsys1,'v');
f_1 = 0;
for k = 1:1:1000
    time(k) = k * ts;
    r(k) = 1;
    y(k) = — den(2) * y_1 — den(3) * y_2 — den(4) * y_3 + num(2) * u_1 +
num(3) * u_2 + num(4) * u_3;
    D(k) = 0.50 * rands(1);            % 干扰信号
    yy(k) = y(k) + D(k);
    filty(k) =— den1(2) * f_1 + num1(1) * (yy(k) + yy_1);
    e(k) = r(k) — filty(k);
    ei = ei + e(k) * ts;
    kp = 0.57;ki = 0.01;kd = 0.05;
    u(k) = kp * e(k) + ki * ei + kd * (e(k) — e_1)/ts;
    M = 2;
    if M == 1                        % 标准的 PID 控制算法
        u(k) = u(k);
    elseif M == 2                    % 带死区的 PID 控制算法
        if abs(e(k)) <= 0.15
            u(k) = 0;
        end
    end
    if u(k) >= 10
        u(k) = 10;
    end
    if u(k) <=— 10
```

```
            u(k) = - 10;
        end
        r_1 = r(k);
        u_3 = u_2;u_2 = u_1;u_1 = u(k);
        y_3 = y_2;y_2 = y_1;y_1 = y(k);
        f_1 = filty(k);yy_1 = yy(k);
        e_2 = e_1;e_1 = e(k);
    end
subplot(211);
plot(time,r,'r',time,filty,'b');
xlabel('时间(单位:s)');ylabel('输入/输出');
subplot(212);
plot(time,u,'r');
xlabel('时间(单位:s)');ylabel('控制量');
```

仿真结果同上。

另外,还有时间最优 PID 控制(Bang-Bang 控制等),有兴趣的学生自己看书。

5.4　PID 控制器参数选择

将各种数字 PID 算法用于实际系统时,必须确定算法中各参数的具体值,如放大系数 k_p,积分系数 k_i,微分系数 k_d,采样周期 T;以使系统性能满足一定要求,这就叫参数的整定,也就是所谓的参数选择。

前面我们讨论的数字 PID 控制算法与一般的采样控制不同,它是一种准连续控制,是建立在用计算机对连续 PID 控制进行数字模拟的基础上的控制。这种控制方式要求采样周期与系统时间成熟相比充分小。T 越小,数字模拟越精确,控制效果就越接近于连续控制,但采样周期的选择是受到多方面因素影响的,下面介绍几种选择合适的采样周期的因素。

5.4.1　采样周期的选择

1.首先要考虑的因素

香农采样定理给出了采样周期的上限:$T \leqslant \pi/\omega_{max}$($\omega_{max}$ 为采样信号的上限角频率)。采样周期的下限为计算机执行控制程序和输入输出所耗费的时间,系统的采样周期只能在 T_{min} 与 T_{max} 之间选择。T 不能太大也不能太小,T 太小时,一方面增加了计算机的负担,另一方面,两次采样间的偏差太小,数字控制器的输出值变化不大,A/D 和 D/A 转换器的采样频率也要求很高,技术难度很大,成本也就高;T 太大时,采样信号就不能很好的复原模拟信号,而丢失信息。因此,$T_{min} \leqslant T \leqslant T_{max}$。

2.其次要考虑以下各方面的因素

（1）给定值的变化频率。加到被控对象上的给定值变化频率越高,采样频率也就应该越高。这样,给定值的改变可以迅速得到反映。

（2）被控对象的特性。若被控对象是慢速变化的对象时,则采样周期一般取得较大;若被控对象是较快的系统时,则 T 应取得小些。

（3）执行机构的类型。执行机构动作惯性大,采样周期也应大一些,否则执行机构来不及反映数字控制器输出值的变化。

（4）控制算法的类型。当采用 PID 算法时,积分和微分作用与 T 的选择有关。T 太小,将使微分、积分作用不明显,因为 T 小到一定程度后,由于受计算精度的限制,前后两次的 $e(k)$ 差别不大,特别是增量式 PID 控制算法中积分项起不到消除静差的作用。T 太大,精度也就差。另外,控制也需要计算时间。

（5）控制的回路数。控制的回路数 n 与 T 应有下列关系:$T \geqslant \sum_{j=1}^{n} T_i$,$T_i$ 是指第 j 回路控制程序执行时间和输入输出时间。

由于数字 PID 控制中,T 比对象的时间常数小得多,所以是准连续 PID 控制。因此,其整定方法大都沿用连续 PID 控制参数整定的方法。

控制器参数的选择,必须根据工程问题的具体要求来考虑,在控制过程中,要求被控对象是稳定的,对给定量的变化能迅速和光滑地跟踪,并且要求超调量小,在不同干扰下系统输出应能保持在给定值,控制变量不宜过大,在系统与环境参数发生变化时控制应保持稳定。

显然,要同时满足上述要求是很困难的,人们必须根据控制系统具体的要求,满足主要方面,并兼顾其他方面。

5.4.2　参数整定方法

前面我们也提到,数字 PID 控制的整定方法大都是沿用连续 PID 控制器参数整定的方法。这些连续方法都是把比例作用看作最基本的控制作用,都是先调节 k_p。

1.试凑法(经验法)

试凑法试一种凭借经验整定参数的方法,它是首先让系统闭环,改变给定值以施加干扰信号,一边依 $k_p \rightarrow k_i \rightarrow k_d$ 顺序调节,一边观察过渡过程,反复试凑参数,直到满意为止。

通过前文知道,增大比例系数 k_p,在系统稳定的情况下,一般将加快系统的响应,这在有静差系统中有利于减小静差,k_p 偏大,振荡次数加多,调节时间加长;当 k_p 太大时,会使系统有较大超调并产生振荡,使稳定性变坏;若 k_p 太小,又会使系统的动作缓慢。

积分系数 k_i 太大系统将不稳定;k_i 偏小,振荡次数较多;k_i 太小,对系统性能的影响较小;当 k_i 合适时,过渡特性就比较理想。

微分系数 k_d 偏大时,超调量较大,调节时间较长;当 k_d 偏小时,超调量也较大,调节时间也较长,只有合适时,才有利于加快系统的响应,使超调减小,稳定性增加,但系统对扰动有较敏感的响应。

在试凑时,可参考以上参数对控制过程的影响趋势,对参数实行先 P,后 I,再 D 的整定步骤。

试凑过程如下：

（1）先调 k_p。让系统闭环，取消微分和积分作用，让 k_p 由小到大变化，观察系统对扰动的响应，若反应快，超调小，静差也满足要求，则 k_i，k_d 不必再调。

（2）调 k_i：若静差太大，则加入 k_i，且使 k_p 略下降一点，因为加入积分会使系统稳定性下降，故用减小 k_p 来做补偿，一般可将 k_p 降至原来的 80%，积分作用由弱到强，直到静差满足要求，若动态过程也满意，则 k_d 不必再调。

（3）调 k_d：若动态不好，则加入 k_d，且使 k_p 略升一点，微分的引入，使系统的稳定性有所提高，因此可以使 k_p 略增大一些，以利于减小静差。微分作用由弱到强，直到动态过程满意为止。

以上几步可反复进行，知道满意为止。所谓"满意"是随控制的对象和控制系统的要求不同而不同，况且 PID 控制器的参数对控制质量的影响不十分敏感。另外，三个参数有互补作用，一个减少往往可由几个增大来补偿。因此，参数的整定值并不唯一，不同参数组合完全有可能得到同样的控制效果。

从应用的角度看，只要控制过程的主要指标已达到设计要求，那么即可选定相应的控制器参数为有效的控制参数。

表 5.1 给出一些常见被控量的控制器参数选择范围。

表 5.1　常见被控量的 PID 参数选择范围

被控量	特　　点	k_p	T_i/min	T_d/min
流量	对象时间常数小，并有噪声，故 k_p 较小，T_i 较短，不用微分	$1 \sim 2.5$	$0.1 \sim 1$	—
温度	对象为多容系统，有较大滞后，常用微分	$1.6 \sim 5$	$3 \sim 10$	$0.5 \sim 3$
压力	对象为容量系统，滞后一般不大，不用微分	$1.4 \sim 3.5$	$0.4 \sim 3$	
液位	在允许有静差时，不必用积分，不用微分	$1.25 \sim 5$		

控制系统多数是定值系统，一般要求调节过程具有较大的衰减度，超调量要小一些，调节时间越短越好，没有静差，并且控制量又不要太大。但实际上难以同时满足上述诸方面的要求，因此，以照顾主要矛盾为主而兼顾其他。

实践中发现，在很多情况下，衰减度为 25% 左右时这种过渡过程能兼顾到其他一些要求，即稳定性和快速性都较好，而且这样的过渡过程还便丁观察，所以称这样的过渡过程为典型最佳调节过程。

2. 实验经验法

由于用试凑法确定 PID 控制参数需要进行较多的模拟或现场试验，为了减少试凑次数，可以利用实验经验法。

所谓实验经验法是指先在系统上做一些实验，以得到若干基准参数，然后脱机，利用经验公式及实验所得基准参数导出 PID 的控制参数。下面介绍几种常用的方法。

（1）模拟 PID 参数整定。模拟控制器参数整定通常用齐格勒－尼柯尔斯（Ziegler-Nichols）规则来确定三个参数 k_p，T_i 和 T_d，此规则是建立在已知被控对象的动态响应特性的基础上。

1) 临界比例度法。Ziegler-Nichols 方法适用于具有自平衡性的被控对象。是工程中最常用的一种方法。它是基于稳定性分析的 PID 整定方法。该方法的整定步骤如下：

a. 首先使系统闭环，输入信号为阶跃信号，调节器作纯比例控制，如图 5.110 所示。

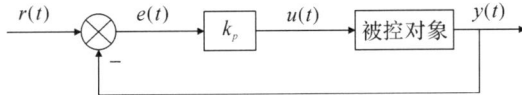

图 5.110　比例控制器的闭环系统

b. 逐步加大 k_p，直至系统开始振荡，由临界振荡过程求得相应的临界振荡周期 T_r 和临界增益 k_r，作为基准参数，如图 5.111 所示。

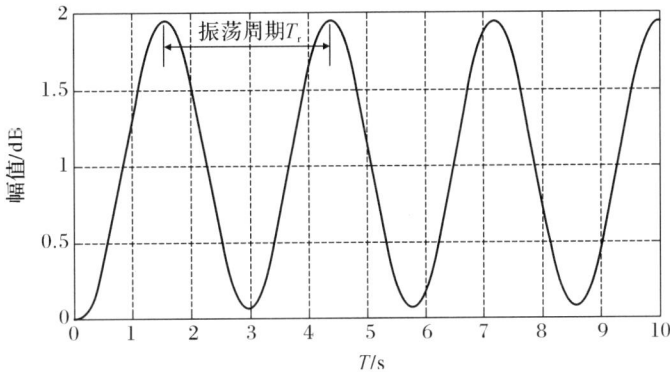

图 5.111　临界振荡过程

若 k_p 取任何值，系统输出都没有明显的固定振荡，则这种方法就不能用。

c. 从表 5.2 中确定 PID 控制参数 k_p、T_i 和 T_d。

下面给出用齐格勒-尼柯尔斯整定规则确定 PID 参数的经验公式。

表 5.2　齐格勒-尼柯尔斯整定规则确定 PID 参数计算公式

控制规律	k_p/k_r	T_i/T_r	T_d/T_r
P	0.5	∞	
PI	0.45	0.83	
PID	0.60	0.50	0.125

其整定公式为

$$k_p = 0.6k_r \tag{5.4.1}$$

$$k_i = k_p/T_i = k_p/0.5T_r = k_p\omega_r/\pi \tag{5.4.2}$$

$$k_d = k_pT_d = k_p * 0.125T_r = k_p\pi/4\omega_r \tag{5.4.3}$$

式中：k_r 为系统开始振荡时的开环增益值；ω_r 为振荡频率。

齐格勒-尼柯尔斯整定规则已被广泛应用于控制系统中。该规则是在被控对象的动态特性不能精确知道的情况下，对 PID 控制器参数的整定，若动态特性已知，可用分析法和图解法去设计 PID 控制器。当然，动态特性已知的被控对象，也能用齐格勒-尼柯尔斯整定规则。

若被控对象的传递函数已知，利用根轨迹法可以确定 k_r 和 ω_r。对应闭环极点穿越 $j\omega$ 轴时（系统开始振荡）的增益即为 k_r，而此点的 ω 值即为 ω_r。用这些数值，从表 5.2 中可以确定

PID 控制参数 k_p，T_i 和 T_d。

显然，用齐格勒-尼柯尔斯整定方法的实际应用，是当被控对象的动态特性不知道，不能用分析法和图解法进行控制器的设计时，利用齐格勒-尼柯尔斯整定规则是有效的。

对齐格勒-尼柯尔斯规则整定 PID 控制器，系统的阶跃响应的最大超调 $10\% \sim 60\%$。平均最大超调近似 25%。而表 5.2 中给出的值只是平均值。如果初始得到的系统，最大超调很大，要对其进行调整，直到得到满足要求的响应。实际上，齐格勒-尼柯尔斯整定规则对参数值给出的是一个调整开始点。

d. 按求得的参数设定运行，观察控制效果，可适当结合试凑法调整参数，直到满意。

2）临界比例度法仿真举例。

【例 5.27】 如图 5.112 所示的 PID 控制系统，输入指令信号为 $r(k) = 1$，仿真时间 15 s。试采用临界比例度法来确定参数 k_p，k_i 和 k_d，并比较整定前和整定后系统的输入/输出。

图 5.112 PID 控制系统

解 使用 rlocus() 及 rlocfind() 函数可得到系统未整定时的根轨迹图如图 5.113 所示。在图 5.113 上选定穿越 $j\omega$ 轴时的增益 k_r 和该点的 ω 值，即 ω_r，可求得未整定时系统的振荡增益 $k_r = 30$ 和振荡频率 $\omega_r = 2.236$ rad·s^{-1}。程序如下：

```
% 临界比例度法 example5_27
clear all;clc;
num = [1];
den = conv(conv([1 0],[1 1]),[1 5]);
sys = tf(num,den);
figure(1);
rlocus(sys);                       % 求解系统的穿越增益 Kr 和穿越频率 ωr
[kr,pole] = rlocfind(sys)          % 可计算出与根轨迹上极点相对应的根轨迹增益(kr)
wr = imag(pole(2));
kp = 0.6 * kr;
ki = kp * wr/pi;
kd = kp * pi/(4 * wr);
sys_pid = tf([kd,kp,ki],[1,0]);    %PID 控制器
sysc = sys * sys_pid;              % 校正后的系统
figure(2);
rlocus(sysc);
G = feedback(sysc,1);
figure(3);step(G);
```

仿真结果如图 5.113 ～ 图 5.115 所示。相应地 $k_p = 18$；$k_i = 12.81$；$k_d = 6.322$。

根轨迹图

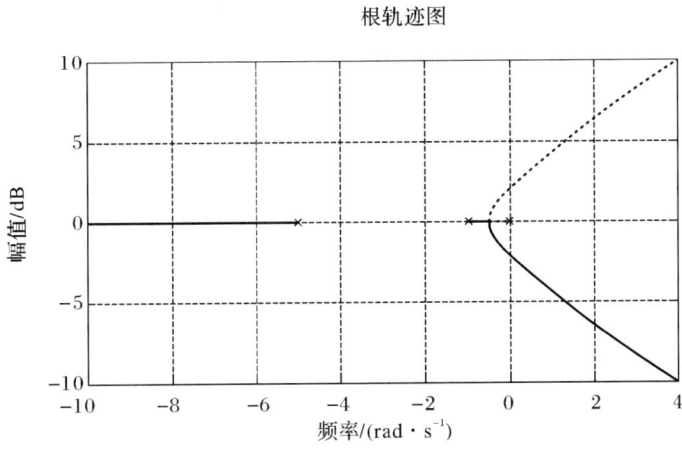

图 5.113　未整定时系统的根轨迹图

根轨迹图

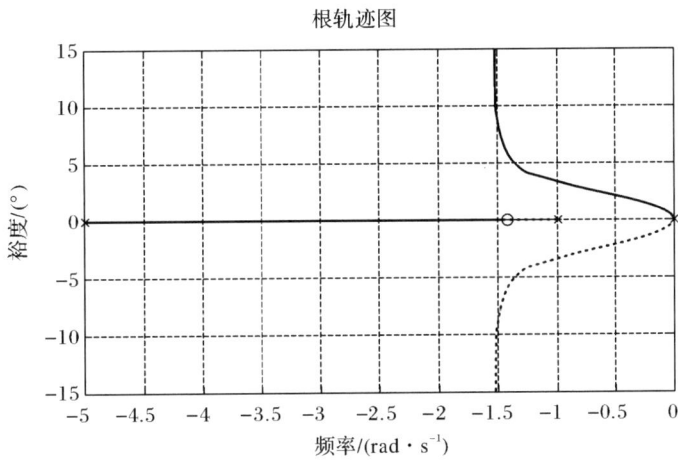

图 5.114　整定后系统的根轨迹图

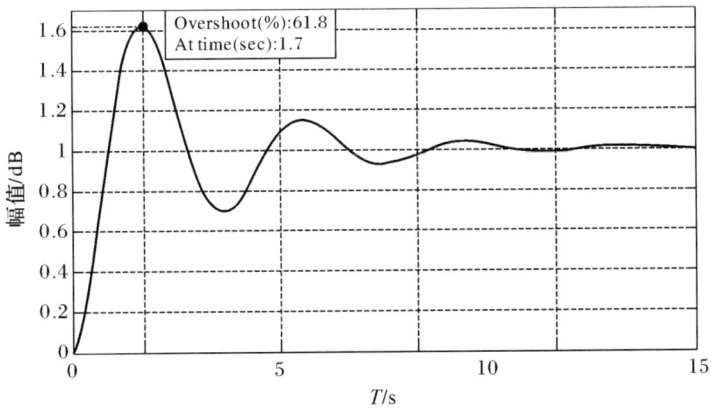

图 5.115　临界比例度法整定后系统的输入/输出

由图 5.115 可见,最大超调近似 62%,这个超调是很大的。此例充分说明,齐格勒-尼柯尔斯整定规则提供的是精细调整的起始点。

精细调整后相应地 $k_p = 15; k_i = 0.02; k_d = 10 (k_p, k_i, k_d$ 不唯一)。

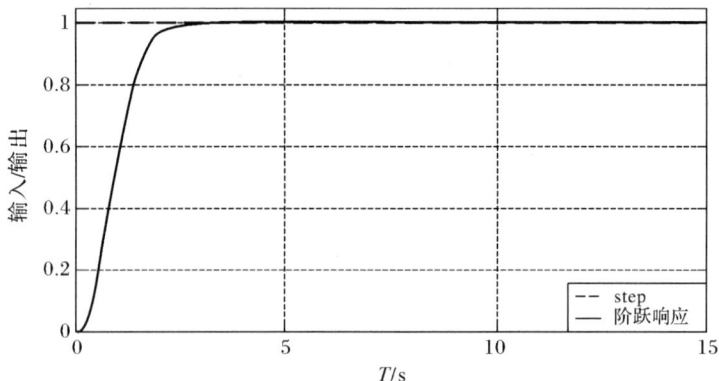

图 5.116 精细调整后系统的输入/输出

3) 阶跃响应曲线法。

这一方法也是一种实验经验法。它适用于多容量自平衡系统。它是齐格勒-尼柯尔斯整定规则的另外一种方法。适用于"带纯滞后的一阶惯性环节"的被控对象,其他特性的被控对象,可以采用其他方法来进行参数整定。

若被控对象既不包含积分,也不包含起主导作用的复共轭极点,则单位阶跃响应曲线可以看成 s 型曲线,如图 5.117 所示。

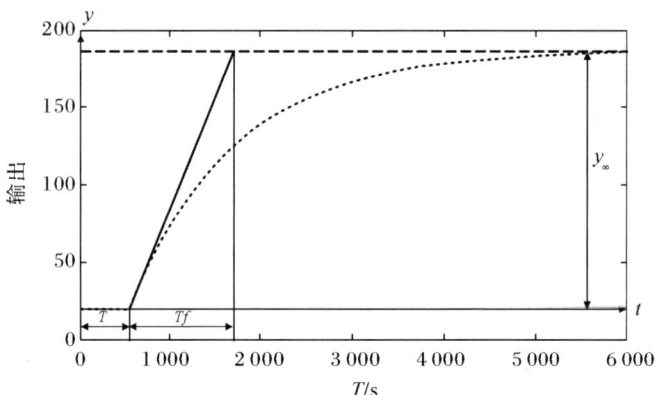

图 5.117 s 型阶跃响应曲线

通过实验可以得到被控对象的单位阶跃响应曲线,若响应曲线明显不是 s 型,则这种方法就不能用。阶跃响应曲线可以用实验得到,也可以通过系统动态仿真得到。

整定步骤如下:

a.测出对象的动态响应曲线,将系统开环,给被控对象一个单位阶跃输入,测得被控量的过渡过程。

b.用仪表记录下被调参数在单位阶跃作用下的变化过程曲线。s 型曲线用时延 τ 和时间

常数 T_f 这两个常数来表征。时延和时间常数是在 s 型曲线上画切线得到的,即切线与时间轴的交点确定时延 τ,切线与 $y(t) = K$ 的交点确定时间常数 T_f,如图 5.117 所示。被控对象的传递函数由带纯滞后的一阶惯性环节近似表示,即

$$G(s) = \frac{Ke^{-\tau s}}{T_f s + 1} \tag{5.4.4}$$

显然,$y_\infty = K$。

下面给出用阶跃响应曲线法确定 PID 参数的经验公式。

表 5.3　阶跃响应曲线法确定 PID 参数计算公式

控制规律	$k_p * k_c$	T_i/τ	T_d/τ
P	1	∞	
PI	0.9	3	
PID	1.2	3.0	0.5

c.在曲线最大斜率处作切线,求得对象等效纯滞后时间 τ,对象等效惯性时间常数 T_f,以及它们的比值 τ/T_f,$k_c = K * (\tau/T_f)$ 作为基准参数。

d.根据所得的 τ,T_f 及 τ/T_f,由表 5.3 求得 PID 控制器的 k_p,T_i 和 T_d。

e.按求得的参数设定运行,观察控制效果,可适当结合试凑法调整参数,直到满意。

4)阶跃响应曲线法仿真举例。

【例 5.28】　对某加热炉进行阶跃测试得到如图 5.118 所示的阶跃响应曲线。其中初时温度设定为 20℃。

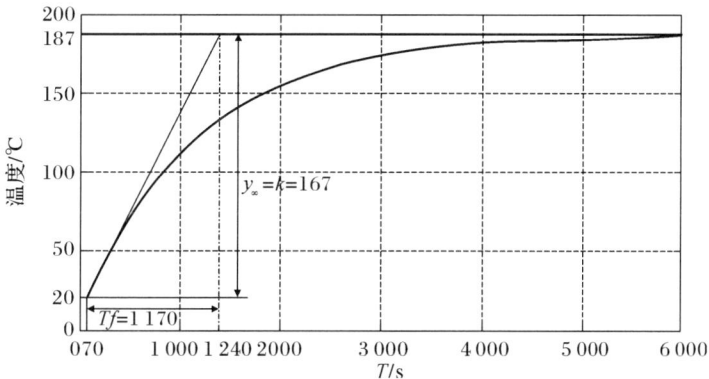

图 5.118　加热炉的阶跃测试曲线

从图 5.118 中可以看出,加热炉的阶跃测试曲线为 s 型曲线,其模型可以近似为一阶惯性环节加纯滞后,即式(5.4.4)。根据图 5.118,可求出基准参数,即对象等效纯滞后时间 $\tau = 70$ s,对象等效惯性时间常数 $T_f = 1\ 170$ s,$K = 167$。$k_c = K * (\tau/T_f) = 10$

由表 5.3 所列的经验参数,可求出 PID 控制器的三个参数 k_p,k_i 和 k_d 为

$k_p = 1.2/k_c = 0.12$;$k_i = k_p/T_i = k_p/3\tau = 0.000\ 57$;$k_d = k_p T_d = k_p * 0.5\tau = 4.2$

可求得加热炉闭环控制实验曲线,如图 5.119 所示。其中设定点为70℃。

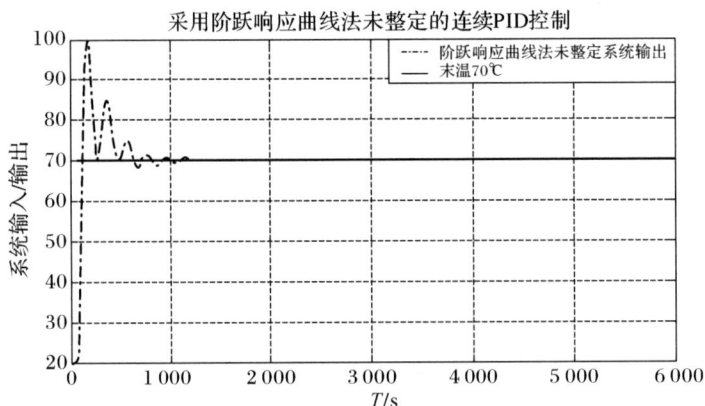

图 5.119　加热炉闭环控制实验曲线

从实验曲线可以看到,实验法确定 PID 参数并加以控制有其必然的缺陷,这就是实验过程有很大的随机性,容易受到外界的影响而导致实验数据不精确。采用 Smith 纯滞后补偿算法,重新对过程 PID 进行整定,得到一组优化的参数:$k_p = 0.6$,$k_i = 0.000\ 3$,$k_d = 4.5$。从而可获得如图 5.120 所示的闭环实验曲线。

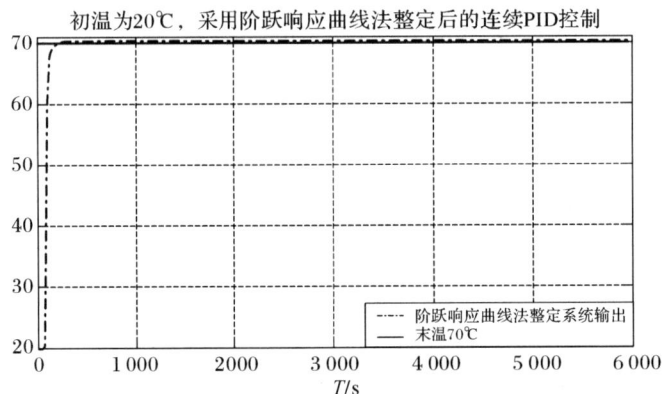

图 5.120　整定后加热炉闭环控制实验曲线

阶跃曲线法相对于临界比例度法的优点在于:系统不需要在闭环下运行,在开环状态下测得它的阶跃响应曲线。

3. 数字 PID 参数整定

数字 PID 参数整定就是要确定 T 及 k_p,T_i 和 T_d 四个参数。一般数字 PID 控制系统,采样周期选择得比较短,而被控对象又具有较大的时间常数,但大多数情况下,采样周期与对象的时间常数相比要小得多,所以数字 PID 参数整定可按模拟 PID 参数整定的方法进行。

(1)扩充临界比例度法(离散 Ziegler-Nichols 方法的 PID 整定)。

扩充临界比例度法是对模拟控制器中齐格勒—尼柯尔斯临界比例度法的推广,是实验经验法的一种。

1)选择一个足够短的周期 T_{min},使系统闭环,调节器作纯比例控制($T_i = \infty$,$T_d = 0$)。

2)逐步加大 k_p,直至系统开始振荡(即使系统的闭环极点位于 z 平面的单位圆上),由临界振荡过程求得相应的临界振荡周期 T_r 和临界增益 K_r,作为基准参数。

3）选择控制度。以模拟控制器为基准,将数字控制器的控制效果与模拟控制器的控制效果相比较。控制效果的评价函数通常用误差平方积分$\int_0^\infty e^2(t)\mathrm{d}t$表示。对模拟控制器误差二次方的积分可由记录仪上的图形算出,而对数字控制器则可由计算机直接计算。

控制度:是数字控制器与模拟控制器所对应的过渡过程的误差二次方的积分之比。

$$控制度 = \frac{\left[\int_0^\infty e^2(t)\mathrm{d}t\right]_{数字}}{\left[\int_0^\infty e^2(t)\mathrm{d}t\right]_{模拟}} \tag{5.4.5}$$

控制度仅表示控制效果的物理概念。它表示数字控制与模拟控制效果差异的程度。一般控制度为1.05时,认为二者控制效果相当。当控制度为2.0时,是指DDC(数字控制)比模拟控制效果差。随着控制度的增加,数字控制器的控制质量变差。按式(5.4.5)计算的控制度应向1.05,1.2,1.5,2.0中的某个数圆整。

从提高数字控制系统控制品质出发,控制度可选得小些,但就系统的稳定性看,控制度宜选大些。

4）选好控制度后,从表5.4中可以确定PID控制参数T及k_p,T_i和T_d。

表5.4　扩充临界比例度法确定PID参数T,k_p,T_i,T_d

控制度	控制规律	T/T_r	k_p/k_r	T_i/T_r	T_d/T_r
1.05	PI	0.03	0.53	0.88	
	PID	0.014	0.63	0.49	0.14
1.2	PI	0.05	0.49	0.91	
	PID	0.043	0.47	0.47	0.16
1.5	PI	0.14	0.42	0.99	
	PID	0.09	0.34	0.43	0.2
2.0	PI	0.22	0.36	1.05	
	PID	0.16	0.27	0.40	0.22
模拟控制器	PI		0.57	0.83	
	PID		0.7	0.5	0.13
Ziegler-Nichols 整定式	PI		0.45	0.83	
	PID		0.60	0.50	0.125

若被控对象的传递函数已知,临界增益k_r和临界周期T_r可以计算,用这些数值,从表5.4中可以确定PID控制参数k_p,T_i和T_d(或者k_p,k_i和k_d)。例如若仍选择Ziegler-Nichols整定规则,其整定公式为

$$k_p = 0.6k_r \tag{5.4.6}$$
$$k_i = k_p/T_i = k_p/0.5T_r = k_p\omega_r/\pi \tag{5.4.7}$$
$$k_d = k_pT_d = k_p*0.125T_r = k_p\pi/4\omega_r \tag{5.4.8}$$

式中:k_r为系统开始振荡时的开环增益值;ω_r为振荡频率。

利用根轨迹法可以确定k_r和ω_r。振荡频率ω_r可以由极点位于单位圆上的角度θ得到,

$\omega_r = \theta/T$(T 为采样周期)。

5）按求得的参数设定运行,观察控制效果,可适当结合试凑法调整参数,直到满意。

（2）扩充临界比例度法仿真举例。

【例 5.29】 如图 5.121 所示的计算机控制系统,采样周期 $T = 0.1\,s$,仿真时间 $100\,s$。输入指令信号:①$r(k) = 1$;②$r(k) = 0.5\sin(0.05\pi t)$。试采用扩充临界比例度法来确定参数 k_p,k_i 和 k_d,并比较整定前和整定后系统的输入/输出。

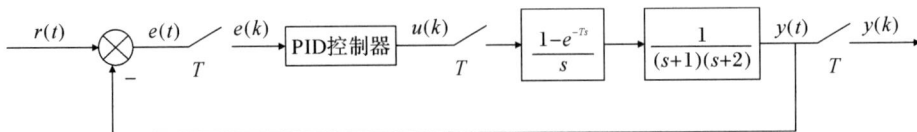

图 5.121　计算机控制系统

解　首先采用零阶保持器将被控对象离散化,使用 rlocus() 及 rlocfind() 函数可得到系统未整定时的根轨迹图如图 5.122 所示。在图 5.122 上选定位于 z 平面单位圆上的闭环极点,可求得未整定系统的振荡增益约为 $k_r = 65.234$ 和振荡频率约为 $\omega_r = 7.8\,rad/s$。程序如下:

```
clear all;clc;
ts = 0.1;sys = tf(1,[1 3 2]);dsys = c2d(sys,ts,'z')
figure(1);rlocus(dsys);
[kr,pole] = rlocfind(dsys);
wr = angle(pole(1))/ts;
kp = 0.6 * kr;ki = kp * wr/pi;kd = kp * pi/(4 * wr);
dsys_pid = kp + ki * tf([1,0],[1, -1],ts) * ts + kd * tf([1, -1],[1,0],ts)/ts
```
％ 离散的 PID 控制器

```
dsysc = dsys * dsys_pid;
```
％ 校正后的离散开环系统

```
figure(2);rlocus(dsysc);
```

采用 Ziegler-Nichols 方法,由式(5.4.6)、式(5.4.7)、式(5.4.8)可求得离散 PID 参数: $k_p = 39.14$,$k_i = 97.123$,$k_d = 3.943\,4$。

运行程序 example5_28,可得仿真结果如图 5.122 ～ 图 5.124 所示。

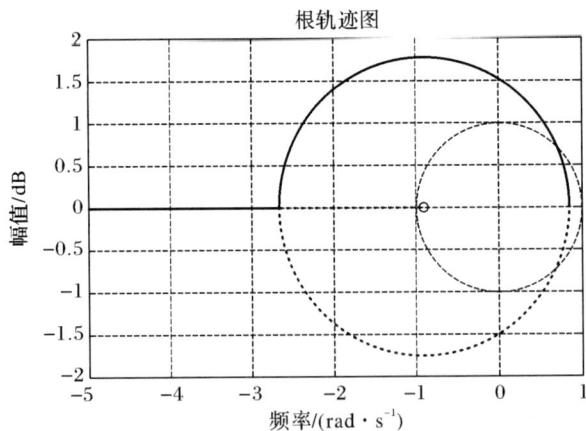

图 5.122　未整定时系统的根轨迹图

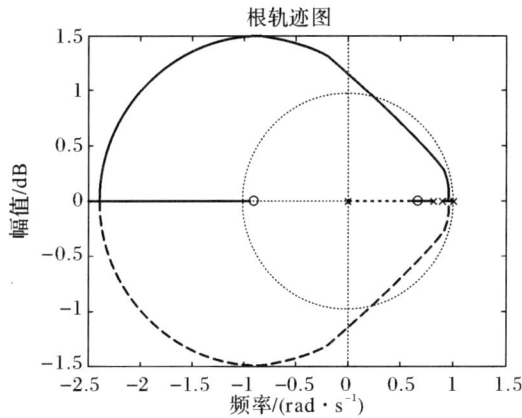

图 5.123　整定后系统的根轨迹图

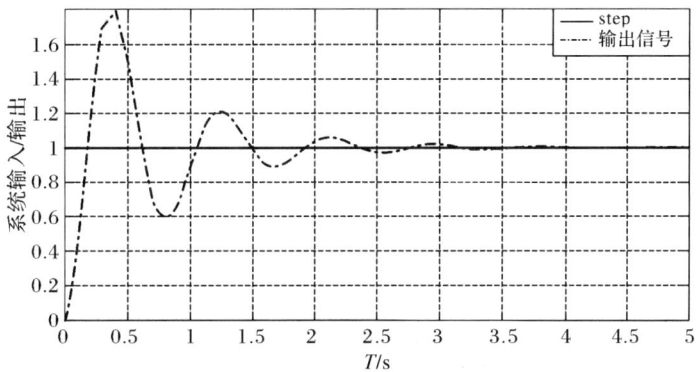

图 5.124　系统整定后的阶跃响应

运行 Simulink 仿真程序图 5.125,可得仿真结果如图 5.126 和图 5.127 所示。

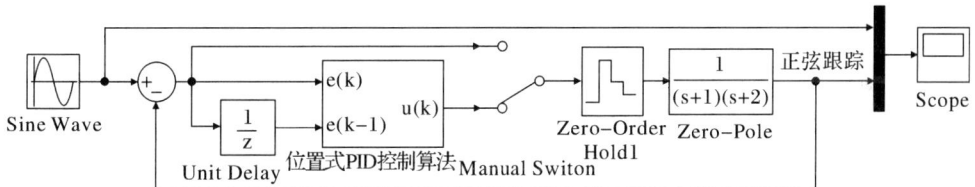

图 5.125　采用 Ziegler-Nichols 方法 Simulink 仿真程序图

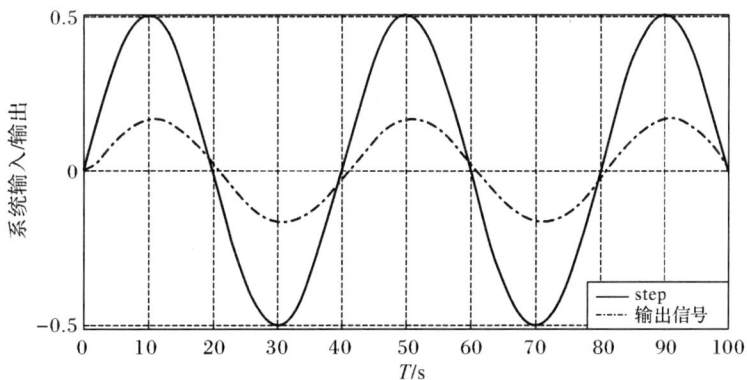

图 5.126　系统整定前的正弦输入/输出

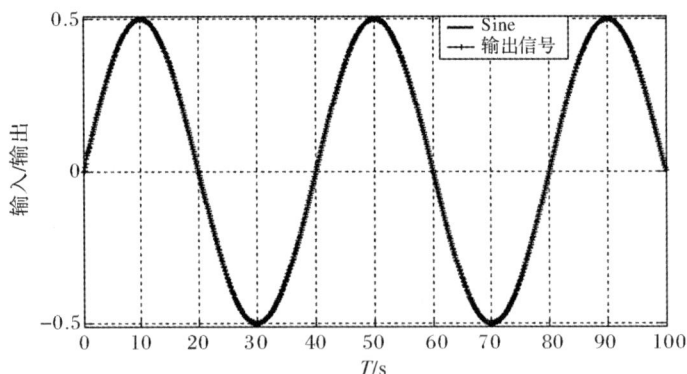

图 5.127　系统整定后的正弦输入/输出

（3）扩充响应曲线法。

这一方法也是一种实验经验法。它是模拟 PID 控制器阶跃响应曲线法的一种扩充。

整定步骤类似阶跃响应曲线法。

1）断开数字控制器，使系统在手动状态下工作，给被控对象一个单位阶跃输入。

2）用仪表记录下被调参数在此阶跃作用下的变化过程曲线（即包含执行器和检测仪表在内的广义对象的 s 型曲线）。如图 5.117 所示。

3）在曲线最大斜率处作切线，求得对象等效纯滞后时间 τ，对象等效惯性时间常数 T_f，以及它们的比值 τ/T_f，$k_c = K * (\tau/T_f)$ 作为基准参数。

4）根据所得的 τ，T_f 及 k_c，选择某一控制度，由表 5.5 即可求得数字 PID 控制器的 T，k_p，T_i 和 T_d。

5）按求得的参数设定运行，观察控制效果，可适当结合试凑法调整参数，直到满意。

表 5.5　扩充响应曲线法确定 PID 参数计算公式

控制度	控制规律	T/τ	$k_p * k_c$	T_i/τ	T_d/τ
1.05	PI	0.1	0.84	3.4	
	PID	0.05	1.15	2.0	0.45
1.2	PI	0.2	0.78	3.6	
	PID	0.16	1.00	1.9	0.55
1.5	PI	0.5	0.68	3.9	
	PID	0.34	0.85	1.62	0.65
2.0	PI	0.8	0.57	4.2	
	PID	0.6	0.6	1.5	0.82
模拟控制器	PI		0.9	3.3	
	PID		1.2	2.0	0.4
Ziegler-Nichols 整定式	PI		0.9	3.3	
	PID		1.2	3.0	0.5

(4)PID 归一参数整定法。

此方法是一种简化的扩充临界比例度整定方法。该方法只需整定一个参数即可,故其称为归一参数整定法。

控制器参数的整定是一项烦琐又费时的工作,当一台计算机控制多个控制回路时,整定参数工作量十分大。前面介绍的数字 PID 控制器参数的整定,就是要确定 T,k_p,T_i 和 T_d 四个参数,为了减少在线整定参数的数目,通过总结大量的实验经验,得到了下列经验公式:

$$T = 0.1T_r, T_i = 0.5T_r, T_d = 0.125T_r \tag{5.4.9}$$

式中:T_r 为系统纯比例控制时的临界振荡周期;T 为采样周期。

对增量式 PID 控制算法,为了计算方便,将式(5.4.9)代入式(5.2.16)得

$$\Delta u(k) = \left(k_p + k_i T + \frac{k_d}{T}\right)e(k) - \left(k_p + 2\frac{k_d}{T}\right)e(k-1) + \frac{k_d}{T}e(k-2) =$$

$$kp\left(1 + \frac{T}{Ti} + \frac{Td}{T}\right)e(k) \quad \left(kp + 2kp\frac{Td}{T}\right)e(k-1) + kp\frac{Td}{T}e(k-2) =$$

$$kp\left[2.45e(k) - 3.5e(k-1) + 1.25e(k-2)\right] \tag{5.4.10}$$

由式(5.4.10)可见,原来的四个参数,现在化简为一个参数 k_p 的整定,调整 k_p,直到满意的控制效果为止。这种参数整定法简便、实用。

本 章 要 点

1.连续域-离散化设计。

2.数字 PID 控制算法及仿真(位置式 PID 控制算法、增量式 PID 控制算法)。

3.对标准 PID 算法的改进(克服积分饱和的方法:遇限削弱积分法、积分分离法,有效偏差法)。

4.抑制干扰的 PID 算法[不完全微分的 PID 算法;给定值的前值滤波算法;修改算法中对给定值变化敏感的项(微分先行法的一种),微分先行的 PID 控制算法;带死区的 PID 控制算法]。

5.PID 控制器参数选择[采样周期的选择;参数整定方法(试凑法,实验经验法)]。

习　　题

1.什么叫连续域－离散化设计?它的主要应用范围是什么?对采样周期有何要求?

2.设连续系统传递函数 $G_0(s) = \dfrac{1}{(s+2)}$,采样周期 $T = 0.2$ s:① 用脉冲响应不变法和阶跃响应不变法求脉冲传递函数 $G(z)$;② 求连续系统的单位阶跃响应 $y(t)$,比较采样时刻 $t = kT(k = 0, 1, 2, \cdots, 10), y_1(kT), y_2(kT)$ 和 $y(kT)$ 的值。

3.设连续系统传递函数 $G_0(s) = \dfrac{s+1}{s^2 + 1.4s + 1}$,采样周期 $T = 1$ s,试用零极点匹配法求

相应的脉冲传递函数 $G(z)$,要求在 $z=-1$ 处补偿一个零点。

4.设传递函数 $D(s)=\dfrac{s+0.5}{(s+1)^2}$,用双线性变换法求其脉冲传递函数 $D(z)$。

5.已知一导弹位置随动系统如图 5.7 所示,其中导弹的传递函数为 $G(s)=\dfrac{10}{s(s+1)}$,$G_h(s)=\dfrac{1-\mathrm{e}^{-Ts}}{s}$,用连续域-离散化方法设计一个计算机控制系统,确定数字控制器 $D(z)$,使系统的品质指标为:① 截至频率 $\omega_c \geqslant 15\mathrm{rad}\cdot\mathrm{s}^{-1}$,相位裕度 $\gamma \geqslant 50°$;② 调节时间 $t_s <$ $0.5\ \mathrm{s}(\pm 5\%)$,峰值时间 $t_p < 0.2\ \mathrm{s}$,超调量 $\sigma < 15\%$。

6.PID 控制中,P,I,D 各自的作用是什么?

7.什么是位置式和增量式 PID 数字控制算法?试比较它们的优缺点?它们是否有本质区别?

8.在对象有精确数学模型的情况下,PID 控制参数也可通过系统综合的方法予以确定。对于较简单的对象,通常期望的闭环传递函数为具有阻尼系数 $\zeta = 0.707$ 的二阶环节 $\Phi(s)=\dfrac{\omega_n^2}{s^2+\sqrt{2}\,\omega_n s+\omega_n^2}$,它具有较小的超调,且当 ω_n 较大时有快速的响应。如果对象的传递函数为 $G_0(s)=\left(\dfrac{K_1}{T_1 s+1}\right)\left(\dfrac{K_2}{T_2 s+1}\right)\left(\dfrac{K_3}{T_3 s+1}\right)$,其中 $T_1 \gg T_2 \gg T_3$。试设计一模拟 PID 控制器,使闭环系统具有上述 $G(s)$ 的形式。在采样周期为 T 的情况下,写出其位置式 PID 控制算式。

9.已知某连续系统控制器的传递函数为 $D(s)=\dfrac{1+0.17s}{0.085s}$,欲用数字 PID 控制算法实现,试分别写出其相应的位置式和增量式 PID 数字控制算法,采样周期 $T=0.1\ \mathrm{s}$。

10.什么叫积分饱和现象?它是怎样引起的?PID 位置式算法中克服积分饱和常用哪几种方法?

11.试说明标准 PID 控制、不完全微分的 PID 控制、微分先行的 PID 控制的定义及各自的特点。

12.如图 5.121 所示的计算机控制系统,被控对象 $G_0(s)=\dfrac{\mathrm{e}^{-1.5s}}{3s+1}$。采样周期 $T=0.25\ \mathrm{s}$,仿真时间 100 s,输入为 $r(k)=1$。试采用扩充响应曲线法来确定参数 k_p,k_i 和 k_d,控制度取 1.2,并比较整定前和整定后系统的输入/输出。

13.如图 5.121 所示的计算机控制系统,被控对象 $G_0(s)=\dfrac{1}{(2s+1)(5s+1)}$。采样周期 $T=0.25\ \mathrm{s}$,仿真时间 100 s,输入指令信号:①$r(k)=1$;②$r(k)=0.5\sin(0.05\pi t)$。试采用扩充临界比例度法来确定参数 k_p,k_i 和 k_d,并比较整定前和整定后系统的输入/输出。

第6章 微分先行 PID 控制在飞行器姿态控制中的应用

6.1 微分先行 PID 控制算法在导弹控制系统设计中的应用

6.1.1 微分先行 PID 控制算法的作用

微分动作是建立在对未来时刻误差大小的估计基础之上的。当设定值不变时,微分不起作用;而当控制器的设定值调整时,属于阶跃突变,因为微分具有预测作用,而且还会给控制过程造成冲击,故一般过程控制系统(定值控制、扰动抑制控制),取微分动作仅用于测量值(因为测量值一般是不会突然变化的),而不作用于设定值,这样就可以避免微分冲击。

6.1.2 微分先行 PID 控制算法在导弹控制系统设计中的应用

导弹纵向通道自动驾驶仪由俯仰角速率反馈回路、俯仰姿态角反馈回路组成,其自动驾驶仪基本结构如图 6.1 所示。

为了提高导弹抗干扰能力,在导弹姿态角稳定回路引入了 PI 校正。输出变量是导弹的俯仰角 $\vartheta(t)$,它随给定的 $\vartheta_0(t)$ 变化。

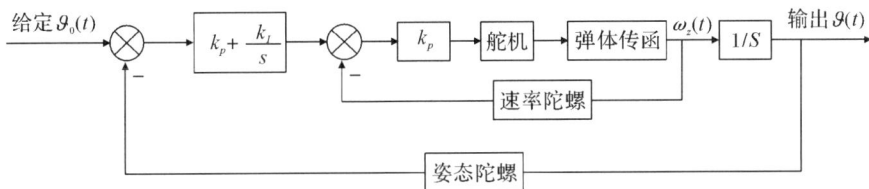

图 6.1 导弹纵向通道自动驾驶仪基本结构

对于图 6.1,从导弹纵向通道自动驾驶仪基本结构图来看,似乎没有用到微分控制,只有 PI 校正,此结构图恰恰是考虑到了输出端干扰的存在的一种控制系统设计。其本质就是我们在第五章中讲解的微分先行 PID 控制算法。

当系统速率陀螺和姿态陀螺都采用单位反馈时,以下给出图 6.1 的结构变形图,如图 6.2 所示。

从图 6.2 中的结构图可以看出,制导控制系统设计实际上是以控制算法为基础同时考虑容错、抗干扰等因素的设计方法。

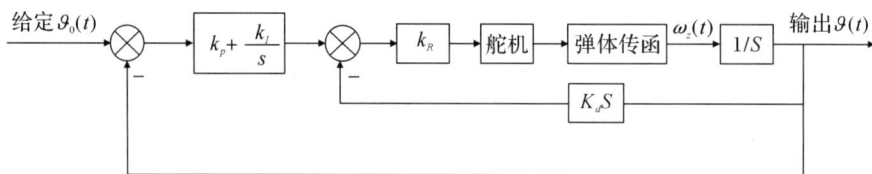

图 6.2 导弹纵向通道自动驾驶仪基本结构图的实质

6.2 导弹纵向通道控制系统设计实例

6.2.1 导弹纵向通道姿态角控制系统组成原理

导弹纵向通道自动驾驶仪由俯仰角速率反馈回路、俯仰姿态角反馈回路组成,其自动驾驶仪基本结构如图 6.3 所示。角速率反馈回路的基本作用除了为其提供足够的阻尼外,更重要的是增加回路的稳定性。

舵机是电气机械装置,按照传送来的电信号的大小,相应地转动导弹的操纵面。舵机执行传送来的电信号所出现的惯性,决定了自动驾驶仪的反应速度。

为了提高导弹抗干扰能力,在导弹姿态角稳定回路引入了 PI 校正。弹体姿态角的测量不是直接由姿态陀螺测量得到,而是由速率陀螺积分得到,积分初值由弹载火控系统装订。输出变量是导弹的俯仰角 $\vartheta(t)$,它随给定的 $\vartheta_0(t)$ 变化。

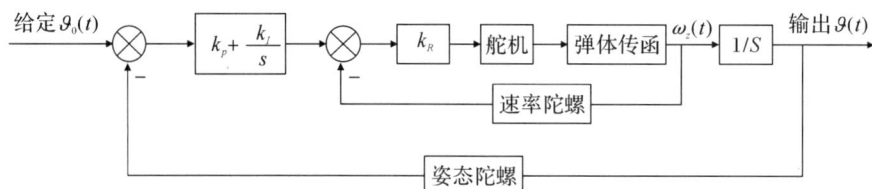

图 6.3 导弹纵向通道自动驾驶仪基本结构

导弹纵向通道自动驾驶仪的设计参数有姿态角控制增益 k_p、姿态角积分控制增益 k_I 和角速率控制增益 k_R,这些参数的合理选择可以保证导弹纵向通道具有要求的动态性能和抗干扰能力。

6.2.2 导弹弹体小扰动线性化模型

要实现导弹控制系统的设计,必须建立描述导弹运动的数学模型。一般来讲,导弹本身是一个时变的、非线性的弹性结构体,它的数学模型是很复杂的,不便于制导控制系统设计使用。通常只有在最后确定自动驾驶仪参数和评定飞行控制系统性能时才使用它。为了使设计工作简便、可靠,必须对其数学模型进行简化,具体简化原则如下:

(1)固化原则:即认为在导弹飞行过程中任一时刻 t,飞行速度 v,高度 H,发动机推力 P 以及质量 m 和转动惯量 J 不变。

(2)导弹采用轴对称布局形式。

(3)导弹在受到控制或干扰作用时,导弹参数变化不大,且导弹的使用攻角较小。

（4）控制系统保证实现滚动角稳定，并且具有足够的快速性。

在采用上述简化原则后，可以得到无耦合、常系数的导弹刚体动力学简化数学模型。

以正常式布局导弹为例，由于导弹采用轴对称布局，因此它的俯仰和偏航运动由两个完全相同的方程描述：

$$\left.\begin{array}{l} \ddot{\vartheta} + a_{22}\dot{\vartheta} + a_{24}\alpha + a'_{24}\dot{\alpha} = a_{25}\delta \\ \dot{\theta} - a_{34}\alpha = a_{35}\delta \\ \vartheta - \theta - \alpha = 0 \end{array}\right\} \tag{6.2.1}$$

下面简要介绍式（6.2.1）中的各个动力学系数的计算方法和物理意义。

$$a_{22} = -\frac{M_z^{\omega_z}}{J_z} = -\frac{m_z^{\omega_z}qSL}{J_z}\frac{L}{v} \tag{6.2.2}$$

式中：a_{22} 为导弹的阻尼系数。

$$a_{24} = -\frac{M_z^{\omega_z}}{J_z} = -\frac{57.3 m_z^{\alpha}qSL}{J_z} \tag{6.2.3}$$

式中：a_{24} 表征导弹的静稳定性。$a_{24} > 0$ 表征导弹是静稳定的；$a_{24} < 0$ 表征导弹是静不稳定的；$a_{24} = 0$ 表征导弹是中立稳定的。

$$a_{25} = -\frac{M_z^{\delta}}{J_z} = -\frac{57.3 m_z^{\delta}qSL}{J_z} \tag{6.2.4}$$

式中：a_{25} 为导弹的舵效率系数。$a_{25} > 0$ 表征导弹是正常式布局的；$a_{25} < 0$ 表征导弹是鸭式布局的。

$$a_{34} = \frac{Y^{\alpha} + P}{mv} = \frac{57.3 C_y^{\alpha}qS + P}{mv} \tag{6.2.5}$$

式中：a_{34} 为弹道切线转动的角速度增量。

$$a_{35} = \frac{Y^{\delta}}{mv} = \frac{57.3 C_y^{\alpha}qS}{mv} \tag{6.2.6}$$

式中：a_{35} 为当攻角不变时，由于操纵面作单位偏转所引起的弹道切线转动的角速度增量。

$$a'_{24} = -\frac{M_z^{\dot{\alpha}}}{J_z} = -\frac{m_z^{\dot{\alpha}}qSL}{J_z}\frac{L}{v} \tag{6.2.7}$$

式中：a'_{24} 为洗流延迟对于俯仰力矩的影响。

6.2.3　导弹飞行控制系统数学模型

1. 舵机的数学模型

舵机的动态特性可以用二阶环节描述，其传递函数为

$$G_1(s) = \frac{1}{T_a^2 s^2 + 2\xi_a T_a s + 1} \tag{6.2.8}$$

式中，T_a 为舵机时间常数；ξ_a 为舵机阻尼系数。

2. 速率陀螺

速率陀螺的动态特性可以用二阶环节描述，其传递函数为

$$G_2(s) = \frac{1}{T_g^2 s^2 + 2\xi_g T_g s + 1} \tag{6.2.9}$$

式中：T_g 为速率陀螺时间常数；ξ_g 为速率陀螺阻尼系数。

3. 导弹纵向运动传递函数

根据导弹弹体小扰动线性化数学模型简化原则，可得正常式布局导弹纵向运动传递函数为

$$\frac{\omega_z(s)}{\delta_z(s)} = \frac{a_{25}s + (a_{25}a_{34} - a_{24}a_{35})}{s^2 + (a_{22} + a_{34})s + (a_{24} + a_{22}a_{34})} \tag{6.2.10}$$

6.2.4　导弹纵向通道阻尼回路设计

导弹纵向通道通过引入角速率反馈回路可以有效地提高导弹纵向通道的稳定性。下面给出静不稳定导弹采用角速率反馈时应满足的稳定性条件。

正常式导弹弹体动力学传递函数为

$$\frac{\omega_z(s)}{\delta_z(s)} = \frac{a_{25}s + (a_{25}a_{34} - a_{24}a_{35})}{s^2 + (a_{22} + a_{34})s + (a_{24} + a_{22}a_{34})} \tag{6.2.11}$$

阻尼回路反馈控制增益为 K_R，忽略阻尼项，求出特征方程为

$$s^2 + (a_{34} + K_R a_{25})s + a_{24} + K_R a_{25}a_{34} = 0 \tag{6.2.12}$$

根据劳斯判据，得出稳定性条件的描述：

$$a_{24} + K_R a_{25}a_{34} > 0 \tag{6.2.13}$$

式（6.2.13）表明，只要提高控制增益，就可以稳定任意静不稳定度的弹体。然而，增益大到一定程度回路会失稳。

6.2.5　导弹纵向通道姿态角控制系统设计仿真举例

【例 6.1】　设某型导弹纵向通道采用姿态角控制。其纵向通道自动驾驶仪基本结构如图 6.1 所示。其中，弹体相应的参数为：$a_{22} = 0$，$a_{24} = 25.485$，$a_{25} = 6.980\,1$，$a_{34} = 0.070\,357$，$a_{35} = 0$。舵机相应的参数为：$\xi_a = 0.7$，$T_a = 0.01$，舵机舵偏角限制为 $[-10, 10]$；速率陀螺相应的参数为：$\xi_g = 0.7$，$T_g = 0.003\,2$。试确定模拟和数字控制器相应的参数，使系统的品质指标为：① 截至频率 $\omega_c \geqslant 10\,\mathrm{rad} \cdot \mathrm{s}^{-1}$，相位裕度 $\gamma \geqslant 50°$；幅值裕度 $h \approx 10\,\mathrm{dB}$；② 调节时间 $t_s < 1\,\mathrm{s}(\pm 2\%)$，峰值时间 $t_p < 0.5\,\mathrm{s}$，超调量 $\sigma < 10\%$。

解　根据已知参数，弹体相应的传递函数为 $G_0(s) = \dfrac{6.98s + 0.49}{s^2 + 0.07s + 25.5}$；

舵机相应的传递函数为 $G_1(s) = \dfrac{1}{0.01 \times 0.01s^2 + 2 \times 0.7 \times 0.01s + 1}$；

速率陀螺相应的传递函数为 $G_2(s) = \dfrac{1}{0.003\,2 \times 0.003\,2s^2 + 2 \times 0.7 \times 0.003\,2s + 1}$；

（1）第一步：导弹纵向通道阻尼回路设计。

通过对该系统进行高频分析，在确保 10 dB 左右幅值裕度的情况下，要使系统稳定，初步确定 $K_R = 3$。

阻尼回路的频域响应，如图 6.4 所示。

幅值裕度 $h = 10.2\,\mathrm{dB}$；

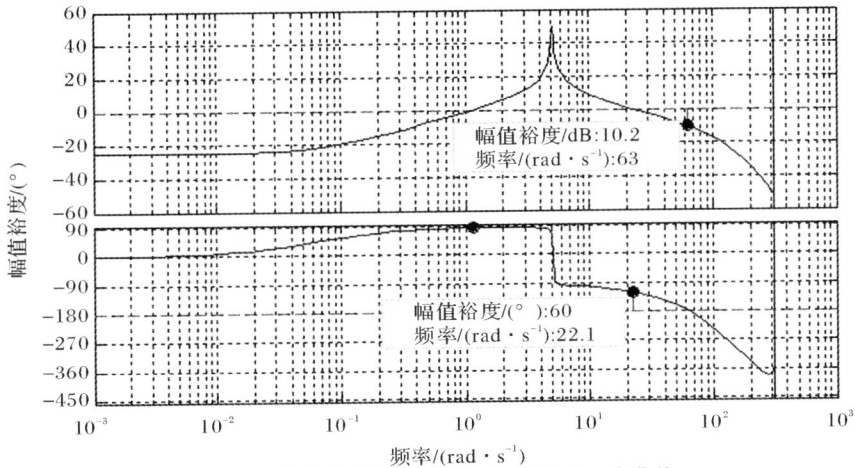

图 6.4　导弹纵向通道阻尼回路的频域响应曲线

（2）第二步：PID 控制器校正设计。

根据导弹纵向通道自动驾驶仪基本结构的设计方法，该导弹纵向通道控制系统设计结构图如图 6.5 所示。

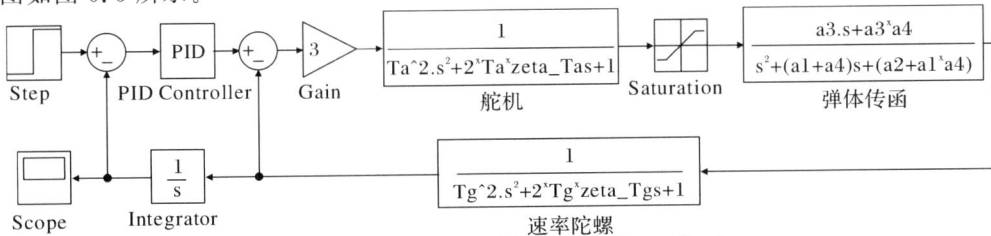

图 6.5　导弹纵向通道控制系统设计结构图

为了提高导弹抗干扰能力，在导弹姿态角稳定回路引入了 PI 校正。

根据给定的性能指标设计校正网络 $D_c(s)$，因此可以确定用 PID 控制器校正，求得校正装置的传递函数为

$$D_c(s) = 12 + \frac{9}{s}$$

其频域响应如图 6.6 所示。

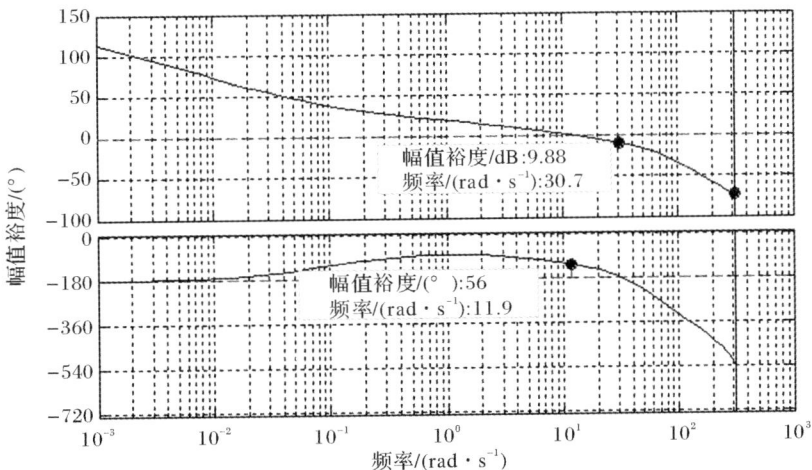

图 6.6　导弹姿态角稳定回路的频域响应曲线

其截至频率 $\omega_c = 11.9\text{rad} \cdot \text{s}^{-1}$,相位裕度 $\gamma = 56°$;幅值裕度 $h = 9.88$ dB。满足设计要求。

其阶跃响应如图 6.7 所示。

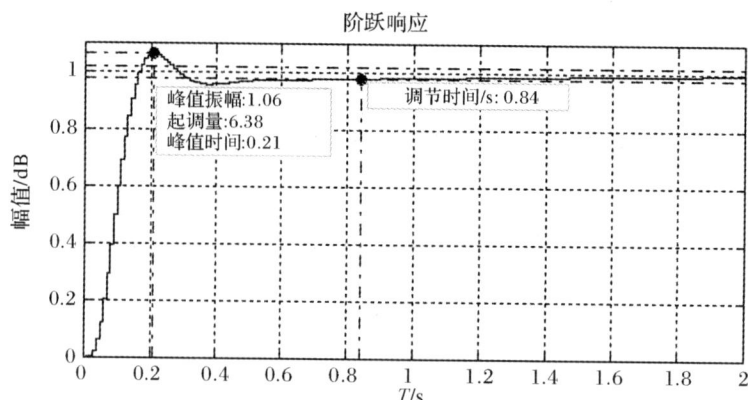

图 6.7 导弹姿态角稳定回路的阶跃响应曲线

其峰值时间:$t_p = 0.21$ s;超调量 $\sigma = 6.38\%$;调节时间 $t_s = 0.84$ s。满足设计要求。

(3)第三步:选择采样频率。

原闭环系统的频带如图 6.8 所示。

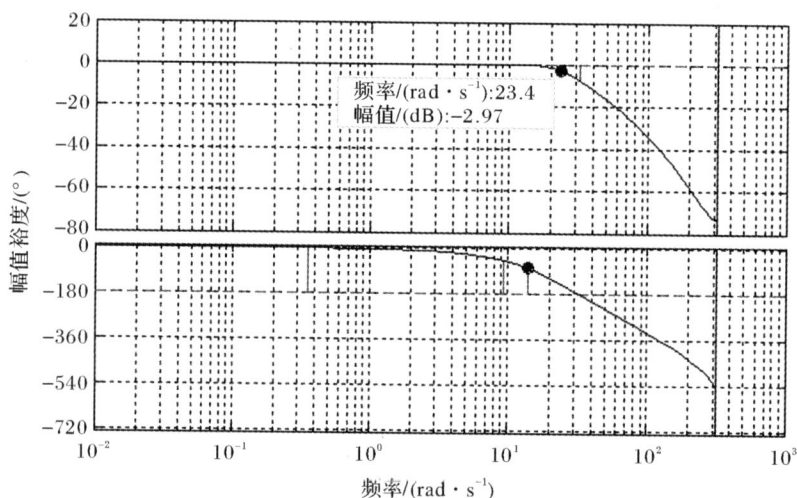

图 6.8 原闭环系统的带宽频率

原闭环系统的频带大约为 $\omega_b \approx 23.4\text{rad} \cdot \text{s}^{-1}$,现选择采样周期 $T = 0.01$ s,以保证离散化的精度,即 $\omega_s = 2\pi/T = 628\text{rad} \cdot \text{s}^{-1}$,远大于系统的频带。

(4)第四步:用双线性变换法确定相应的数字 $D(z)$。

该校正网络高频段幅值比较平坦,因而采用双线性变换法,得到

$$D(z) = \frac{12.045(z - 0.992\ 5)}{z - 1}$$

(5)第五步:检验计算机控制系统的闭环性能。

计算机控制系统如图 6.9 所示。

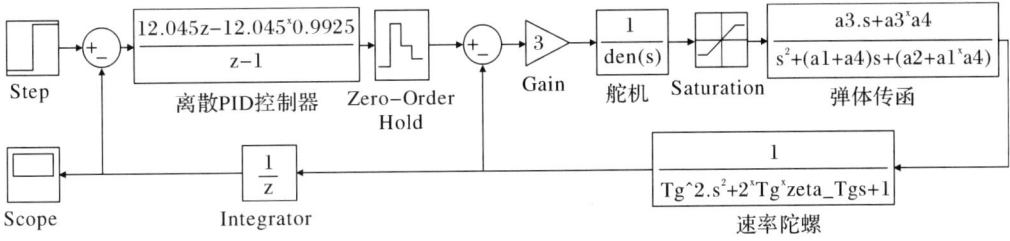

图 6.9 计算机控制系统设计结构图

将图 6.9 用 MATLAB 进行数字仿真,时域响应如图 6.10 所示。

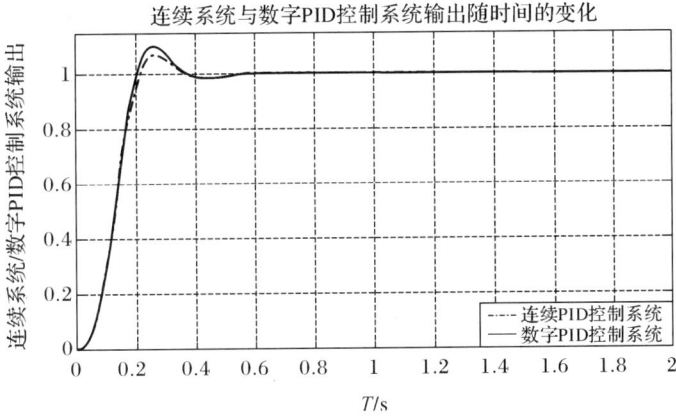

图 6.10 连续系统和计算机控制系统的阶跃响应曲线

本 章 要 点

1. 微分先行 PID 控制算法在导弹控制系统设计中的应用;

2. 导弹纵向通道控制系统设计实例。

习 题

1. 设某型鸭式布局导弹纵向通道采用姿态角控制。其纵向通道自动驾驶仪基本结构如图 6.1 所示。其中,弹体相应的参数为:$a_{22} = 3.885\ 4, a_{24} = 78.454, a_{25} = -106.200\ 6, a_{34} = 1.170\ 5, a_{35} = 0.062$。舵机相应的参数为:$\xi_a = 0.6, T_a = 0.008$,舵机舵偏角限制为 $[-10,10]$;速率陀螺相应的参数为:$\xi_g = 0.7, T_g = 0.002$。试确定模拟和数字控制器相应的参数,使系统的品质指标为:① 截至频率 $\omega_c \geqslant 10\text{rad} \cdot \text{s}^{-1}$,相位裕度 $\gamma \geqslant 50°$;幅值裕度 $h \approx 10\ \text{dB}$;② 调节时间 $t_s < 1\ \text{s}(\pm 2\%)$,峰值时间 $t_p < 0.5\ \text{s}$,超调量 $\sigma < 10\%$。

第7章 基于传递函数的计算机控制系统离散化设计方法

上一章讨论的数字 PID 控制算法是立足于连续系统 PID 控制器的设计方法,先设计出连续控制器 $D(s)$,然后将 $D(s)$ 离散化,并用计算机来实现,这种方法适用于控制对象的特性不太清楚。也就是说,模拟化设计方法是将具有 PID 这种固定结构形式的模拟控制规律进行数字化,然后通过参数的在线整定或自寻最优等方法,使系统性能达到指标要求。这种方法在控制过程中得到了广泛而有效的应用。这种方法要求具有较短的采样周期,以满足模拟化设计方法的基本条件。但是,较短的 T 只能实现较简单的控制算法。而在实际控制任务中,当所选择的采样周期比较长或对控制的质量要求比较高时,我们就不能再采用模拟化设计方法。而是从被控对象的特性出发,假定被控对象本身是离散化模型或者用离散化模型表示的连续对象,以采样系统理论为基础,以 $\mathscr{Z}$ 变换为工具,在 z 域中直接设计出数字控制器 $D(z)$,我们称这种方法为直接数字控制器设计方法。由于 T 的选择主要决定于对象特性,而不受分析方法所限,故比起模拟化设计方法,T 可相对长一些。

本章我们主要介绍一些用计算机进行实现的数字控制器的直接设计方法。这种方法是根据控制系统的性能指标,直接在 z 域进行设计。

在直接数字控制器的设计中,我们主要的任务就是确定数字控制器 $D(z)$,可以采用不同的方法,离散化设计的方法可分为:

(1)图解法。有三种设计方法:① z 域根轨迹设计法;② 频率域设计法,也称 W 变换法;

(2)解析法。这时 20 世纪 50 年代发展起来的一种方法,它根据给定的闭环性能要求,通过解析计算求得数字控制器 $D(z)$ 的 z 传递函数。其中最典型的是最少拍系统设计。

在离散化设计方法中,离散系统通常为如图 7.1 所示的典型结构形式。

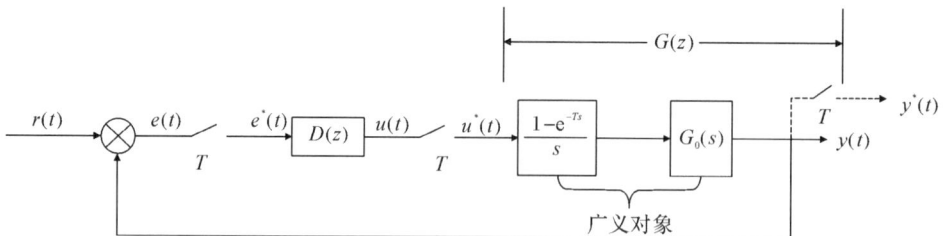

图 7.1 数字控制系统典型结构图

其中,$D(z)$ 为数字控制器的脉冲传递函数,$G(s)$ 为零阶保持器与被控对象的传递函数。

7.1　z 平面根轨迹设计

根轨迹法实质上是一种闭环极点的配置技术,也即通过反复试凑的办法,设计控制器的结构和参数,使整个闭环系统的主导极点配置在期望的位置上。

7.1.1　z 平面根轨迹的绘制法

离散系统 z 平面根轨迹的绘制方法与连续系统 s 平面根轨迹的绘制方法相同。

1.z 平面根轨迹定义

z 平面根轨迹定义:当系统的某个参数(如开环增益)由零到无穷大变化时,其闭环特征根的集合。

将如图 7.1 所示系统的开环传递函数写成零极点形式:

$$D(z)G(z) = \frac{K\prod_{i=1}^{m}(z-z_i)}{\prod_{j=1}^{n}(z-p_j)} \tag{7.1.1}$$

式中:z_i 和 p_j 分别为开环零极点;m 为零点数;n 为极点数;K 为根轨迹增益。根轨迹方程为

$$D(z)G(z) + 1 = 0 \tag{7.1.2}$$

即

$$\frac{K\prod_{i=1}^{m}(z-z_i)}{\prod_{j=1}^{n}(z-p_j)} = -1$$

因为为复变量,所以上式为矢量方程,其模值方程和相角方程为

$$K = \frac{\prod_{j=1}^{n}(z-p_j)}{\prod_{i=1}^{m}(z-z_i)} \tag{7.1.3}$$

$$\sum_{i=1}^{m}\lfloor(z-z_i) - \sum_{j=1}^{n}\lfloor(z-p_j) = (2k+1)\pi \tag{7.1.4}$$

式中:$k = 0, \pm 1, \pm 2, \cdots$。与 s 平面一样,相角方程[见式(7.1.4)]是决定闭环系统根轨迹的充要条件,而模值方程式[见(7.1.3)]主要是用来确定根轨迹上各点对应的开环增益值。

离散系统根轨迹法是连续系统根轨迹分析方法的直接推广。它是在已知系统开环传递函数零、极点分布的情况下,研究系统的某个参数变化对闭环传递函数极点分布的影响以及系统性能的变化趋势等,这种定性分析对提出改善系统的性能十分有效。

2.z 平面上根轨迹的特点

系统零极点在 z 平面的分布改变时,根轨迹的形状跟着变化,系统性能也跟着变化。为了满足性能指标要求,可以采用极零点对消,或加入新的极零点,从而得到要求的性能指标。

虽然离散系统与连续系统根轨迹的绘制法则相同,但由于离散系统的特点,必须注意 z 平面根轨迹的特殊性:

(1)z 平面极点的密集度很高(因为无限大的 s 左半平面映射到有限的单位圆内),z 平面上 2 个很接近的极点,对应的系统性能却有较大的差别。这样,在用根轨迹分析系统性能时,根轨迹的计算精度要求较高。特别是在 $z = 1$ 附近,极点的密集度更大,要求的计算精度更高,见表 7.1。

表 7.1 z 平面极点的密集度

S平面极点位置	Z平面极点位置			
	$T = 1$	$T = 0.1$	$T = 0.01$	$T = 0.001$
1	0.36	0.905	0.99	0.999
-10	0.000 045	0.368	0.905	0.99
$-10 \pm j15$	$0.000\ 045 \angle \pm 139.5°$	$0.368 \angle \pm 86°$	$0.905 \angle \pm 8.6°$	$0.99 \angle \pm 0.86°$
$-100 \pm j150$	$0 \angle \pm 45°$	$0.000\ 045 \angle \pm 139.5°$	$0.368 \angle \pm 85°$	$0.905 \angle \pm 8.6°$

(2)在 s 平面,临界增益是由根轨迹与虚轴的交点求得。z 平面的临界增益则是由根轨迹与单位圆的交点求得

(3)离散系统脉冲传递函数的零点多于相应的连续系统,只考虑闭环极点位置对系统动态性能的影响是不够的,还需考虑零点对系统动态性能的影响。

7.1.2 计算机控制系统的根轨迹设计方法及仿真

根轨迹法实质上是一种闭环极点的配置技术。也即通过反复试凑的办法,设计控制器的结构和参数,使整个闭环系统的主导极点配置在期望的位置上。设计人员的经验就很重要,只有熟练掌握开环零极点的配置如何影响闭环极点的根轨迹,又如何影响系统的性能,才能减少试凑的次数。

1. 系统的动态指标和 z 域极点位置的关系

以二阶系统为例(高阶系统可近似二阶系统),设二阶系统传递函数为

$$\Phi(s) = \frac{Y(s)}{R(s)} = \frac{\omega_n^2}{s^2 + 2\zeta\omega_n s + \omega_n^2}, 0 < \zeta < 1 \qquad (7.1.5)$$

其特征根为 $s_{1,2} = -\zeta\omega_n \pm j\omega_n \sqrt{1 - \zeta^2} = -\sigma \pm j\omega_d$

其实部和虚部的绝对值分别为

$$\mathrm{Re}(s) = \sigma = \zeta\omega_n \qquad (7.1.6)$$

$$\mathrm{Im}(s) = \omega_d = \omega_n \sqrt{1 - \zeta^2} \qquad (7.1.7)$$

式(7.1.7)的单位阶跃响应表达式为

$$y(t) = 1 - \frac{\mathrm{e}^{-\zeta\omega_n t}}{\sqrt{1 - \zeta^2}} \sin(\omega_n \sqrt{1 - \zeta^2} t + \arccos\zeta) \qquad (7.1.8)$$

根据式(7.1.8)可求得离散系统动态指标如下:

超调量:

$$\sigma_p = \mathrm{e}^{-\pi\zeta/\sqrt{1 - \zeta^2}} \times 100\% \qquad (7.1.9)$$

上升时间:

$$t_r = \frac{\pi - \arccos\zeta}{\omega_d} \tag{7.1.10}$$

峰值时间:

$$t_p = \frac{\pi}{\omega_d} \tag{7.1.11}$$

调节时间:

$$t_s = \frac{-\ln\left[\Delta\sqrt{1-\zeta^2}\right]}{\zeta\omega_n} = \frac{-\ln\left[\Delta\sqrt{1-\zeta^2}\right]}{\sigma} \tag{7.1.12}$$

式中:Δ 是误差带范围。

图 7.2 给出了 $\sigma_p - \zeta, t_r\omega_d - \zeta, t_s\sigma - \zeta$ 三条曲线,其中 $\Delta = 0.05, \Delta = 0.02$ 对应一条曲线,只是坐标不同。根据 z 平面和 s 平面的映射关系,可以在 z 平面绘制出等 σ(同心圆)、等 ω_d(射线)、等 ζ(对数螺旋线)特征曲线族,如图 7.3 所示。利用图 7.2 和图 7.3 可以根据系统动态指标,确定 $\Phi(z)$ 极点的分布范围;反之也可以由 $\Phi(z)$ 极点的位置求出其动态指标。

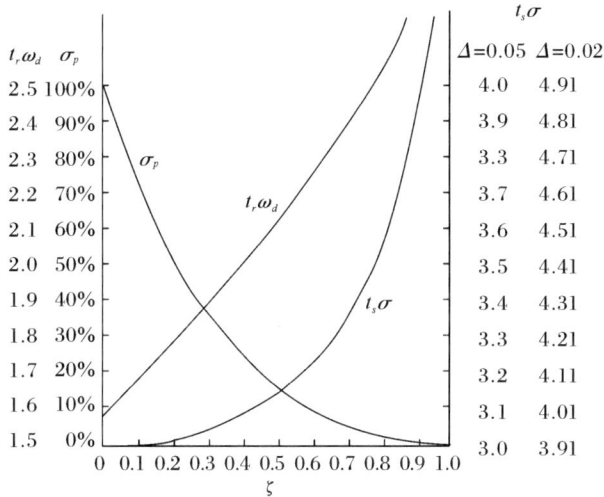

图 7.2　$\sigma_p, t_r\omega_d, t_s\sigma$ 和 ζ 的关系曲线

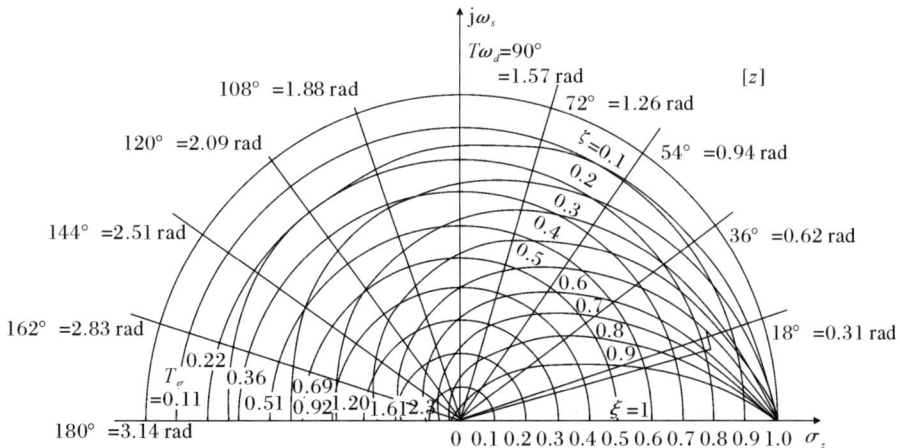

图 7.3　特征曲线

2. 根轨迹设计方法

根据性能指标(即 ζ,ω_d 等)完全可以确定 s 平面上主导极点位置范围,进而根据 $z = \mathrm{e}^{-Ts}$ 确定 z 平面极点位置的范围。

在 z 平面上,有三条典型轨迹 —— 等 ζ 线(对数螺旋线)、等 σ 线(同心圆)、等 ω 线(射线所包围的区域),则应满足给定的动态指标要求。

(1)等 ζ 线。

根据超调量 $\sigma\%$ 指标要求,由式 $\sigma_p = \mathrm{e}^{-\pi\zeta/\sqrt{1-\zeta^2}} \times 100\%$ 可确定阻尼比的值。在 s 平面,阻尼比相同的特征根轨迹是从原点出发的射线,且与负实轴的夹角为 $\beta = \arccos\zeta$,等 ζ 线映射至 z 平面,则为对数螺旋线。

(2)等 σ 线。

根据调节时间指标要求,由式 $t_s = \dfrac{-\ln\left[\Delta\sqrt{1-\zeta^2}\right]}{\zeta\omega_n} = \dfrac{-\ln\left[\Delta\sqrt{1-\zeta^2}\right]}{\sigma}$ 可得 s 平面特征根的 σ 映射至 z 平面实部绝对值,其特征根的模应为 $|R| \leqslant \mathrm{e}^{-\sigma T}$,即为同心圆。

(3)等 ω 线。

根据峰值时间或上升时间要求,由式 $t_r = \dfrac{\pi - \arccos\zeta}{\omega_d}$ 或式 $t_p = \dfrac{\pi}{\omega_d}$ 均可求得 s 平面特征根的虚部 ω_d 映射至 z 平面,其特征根相角 $\angle\theta \geqslant \omega_d T$ 则是通过原点的射线。

3. 根轨迹设计步骤

(1)根据给定的时域指标,在 z 平面画出期望极点的允许范围。

(2)设计数字控制器 $D(z)$。

1)首先求出广义被控对象的脉冲传递函数,即

$$G(z) = \mathscr{Z}\left[\frac{1-\mathrm{e}^{-Ts}}{S}G_0(s)\right] \tag{7.1.13}$$

2)试探确定控制器 $D(z)$ 的结构形式,常用的控制器有相位超前及相位滞后的一阶形式,其脉冲传递函数,即

$$D(z) = K_c\frac{z-z_c}{p-p_c} \tag{7.1.14}$$

式中:z_c 是实零点,p_c 是在单位圆内的实极点。若要求数字控制器 $D(z)$ 不影响系统的稳态性能,则要求 $|D(z)| = 1$,因此式(7.1.14)中的 K_c 为

$$K_c = \frac{1-p_c}{1-z_c} \tag{7.1.15}$$

讨论:① 当 $z_c > p_c$,即零点在极点右侧,如图 7.4(a)所示,是相位超前控制器,此时 $K_c > 1$;② 当 $z_c < p_c$,即零点在极点左侧,如图 7.4(b)所示,是相位滞后控制器,此时 $K_c < 1$;它们与相应的连续控制器的零、极点相对位置一致。

在设计,要根据系统性能要求,确定控制器的零点 z_c 和极点 p_c 的位置,再根据开环脉冲传递函数 $D(z)G(z)$ 的零极点绘出闭环根轨迹,直至其进入期望的闭环极点允许范围。在允许域中选择满足系统指标要求的根轨迹段,作为闭环工作点的选择区间。

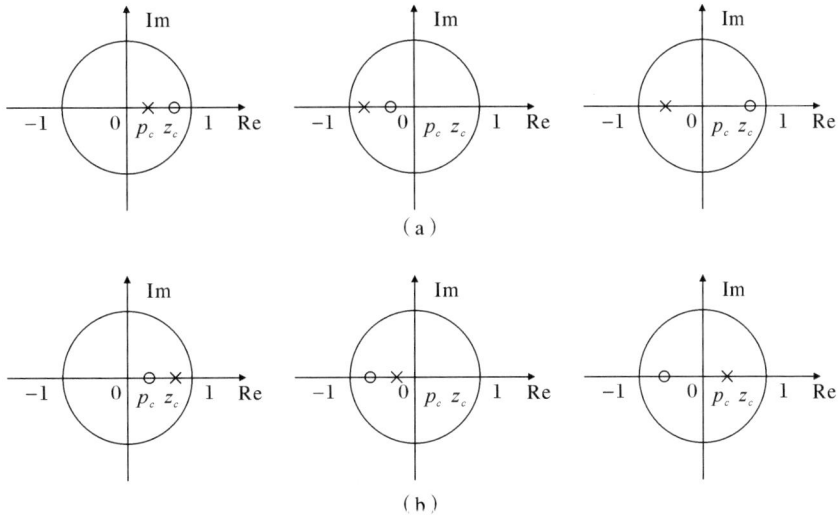

图 7.4　控制器零极点分布

(a) 相位超前控制器；(b) 相位滞后控制器

3）进行数字仿真，检验闭环系统指标。如不满足，重复 2），直到满意为止。

即使将希望的闭环极点配置在允许域之内，任有可能出现系统的动态性能不满足指标要求。这是因为：① 离散系统脉冲传递函数的零点多于对应的连续系统，因而系统的性能还受零点的影响；② 允许域是按二阶系统的品质指标近似绘制的，而实际系统经常是高于二阶的，高阶系统的响应尽管主要取决于它的一对共轭主导极点，但其他非主导极点也有一定的影响。

4）编成实现算法。

此外在连续系统设计中，常采用零极点对消法来设计控制器。所谓零极点对消法是指用控制器的零极点对消被控对象不希望的极零点，从而使整个闭环系统具有满意的品质。同样，在离散系统中，也可用零极点对消法来设计控制器，但是，必须注意一点，不要试图用控制器 $D(z)$ 取对消被控对象 $G(z)$ 在单位圆外、单位圆上及接近单位圆的零点，否则会因为不精确的对消而产生可能不稳定现象。如图 7.5 所示系统有 1 个零点 z_1 和 2 个极点 p_1 和 $p_2(p_1,p_2$ 靠近单位圆周)，若用控制器

$$D(z) = K_c \frac{(z - p_1)(z - p_2)}{(z - a)(z - b)} \tag{7.1.16}$$

零点对消原系统的极点，则根轨迹向圆心移动，闭环系统就可能获得满意的配置。但是在实际实现时，由于计算机的有限字长或对象本身特性的变化，因而零极点不能精确对消。图 7.5 给出了两种不精确对消的情况，显然 (c) 就很不理想，部分根轨迹已在单位圆外，容易造成系统的不稳定现象。

即使将希望的闭环极点配置在允许域之内，仍有可能出现系统的动态性能不满足指标要求。这是因为：① 离散系统脉冲传递函数的零点数多于对应的连续系统，因为系统的性能还受零点的影响；② 所得极点范围是按二阶系统的品质指标近似绘制的。而实际系统经常是高于二阶的，高阶系统的响应尽管主要取决于它的一对主导极点，但其他非主导极点也有一定的影响。

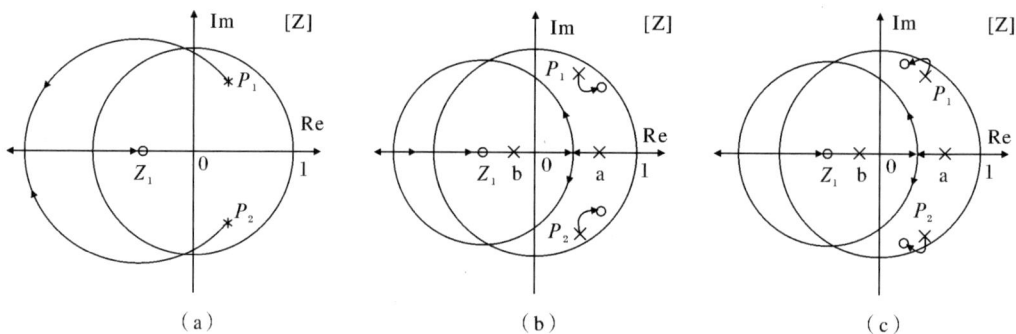

图 7.5　不精确对消的根轨迹

（a）原系统零极点根轨迹；（b）（c）极零点不精确对消根轨迹

4.仿真举例

【**例** 7.1】　计算机控制系统结构图如图 7.1 所示，$G_0(s) = \dfrac{k}{s(0.2s+1)}$，$T = 0.2$ s，试设计数字控制器 $D(z)$，使系统满足下列性能指标：① 超调量为 $\sigma_p \leqslant 10\%$；② 上升时间为 $t_r \leqslant 0.55$ s；③ 调节时间为 $t_s \leqslant 1$ s；④ 静态速度误差系数为 $K_v > 3$。

解　设计过程如下：

第一步：根据性能指标要求，确定期望闭环极点的允许范围。

将 $\sigma_p \leqslant 15\%$ 代入式（7.1.9），有 $\sigma_p = \mathrm{e}^{-\pi\zeta/\sqrt{1-\zeta^2}} \times 100\% \leqslant 15\% \Rightarrow \mathrm{e}^{-\pi\zeta/\sqrt{1-\zeta^2}} \leqslant 0.15$，即求得 $\zeta \geqslant 0.517$；

将 $t_s \leqslant 1$ s 代入式（7.1.12），取 $\Delta = 0.05$，求得 $\sigma \geqslant 3.151$；

将 $t_r \leqslant 0.5$ s 代入式（7.1.10），求得 $\omega_d \geqslant 3.844$；

在 z 平面上，画出 $\zeta \geqslant 0.517$ 的对数螺旋线，$R \leqslant \mathrm{e}^{-T\sigma} = \mathrm{e}^{-0.2 \times 3.151} = 0.53$ 的同心圆和 $\theta \geqslant T\omega_d = 44°$ 的射线，3 条特征曲线包围的阴影区即为满足以上指标的 z 平面极点所在位置，如图 7.6 所示。

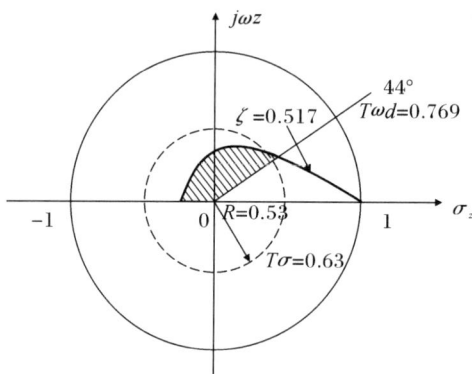

图 7.6　例 7.1 的特征根位置（$\zeta \geqslant 0.517$，$R = 0.53$，$\theta = 44°$）

第二步：设计数字控制器 $D(z)$。

（1）求出广义被控对象的脉冲传递函数，即

$$G(z) = \mathscr{Z}\left[\frac{1-\mathrm{e}^{-Ts}}{s}G_0(s)\right] = \mathscr{Z}\left[\frac{1-\mathrm{e}^{-Ts}}{s} \cdot \frac{k}{s(0.2s+1)}\right] = 0.735\,5k\,\frac{z+0.718\,2}{(z-1)(z-0.367\,8)}$$

（2）进行第一次试探，令 $D(z)=1$，此时系统的开环传递函数为

$$D(z)G(z) = \frac{0.735\,5k(z+0.718\,2)}{(z-1)(z-0.367\,8)} = K\frac{(z+0.718\,2)}{(z-1)(z-0.367\,8)} \quad (7.1.17)$$

式中：根轨迹增益 $K = 0.735\,5k$。

在图 7.6 上同时画出闭环根轨迹，得图 7.7。由图 7.7 可见，系统的闭环根轨迹不能穿过允许域，因而不可能满足性能指标要求。

（3）进行第二次试探，令

$$D(z) = K_c\frac{(z-0.367\,8)}{z} \quad (7.1.18)$$

式中采用 $D(z)$ 的零点对消 $G(z)$ 的极点 $z=0.367\,8$，同时配置了一个位于原点的新极点，以促进根轨迹左移，进入允许域。这时，对消后的开环传递函数为

$$D(z)G(z) = 0.735\,5kK_c\frac{(z+0.718\,2)}{z(z-1)} = K\frac{(z+0.718\,2)}{z(z-1)} \quad (7.1.19)$$

式中：根轨迹增益为

$$K = 0.735\,5kK_c \quad (7.1.20)$$

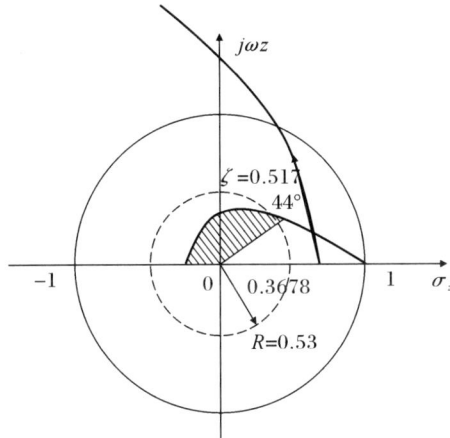

图 7.7　例 7.1 的允许域和式(7.1.17) 的根轨迹

根据式(7.1.19) 开环系统的零极点，再次绘制根轨迹，如图 7.8 所示。此时闭环根轨迹已进入允许域。

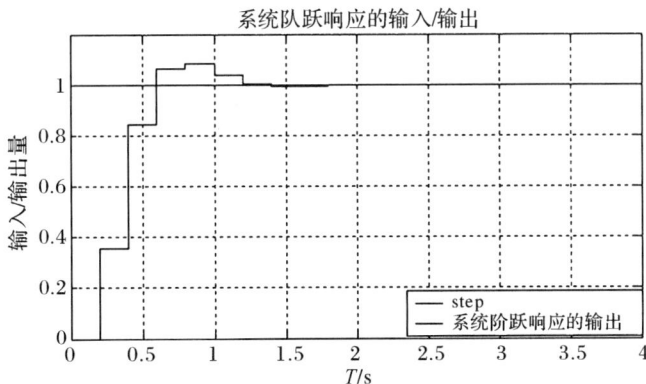

图 7.8　例 7.1 的允许域和式(7.1.19) 的根轨迹

在允许域内,首先根据静态速度误差系数 $K_v > 3$ 的要求,确定根轨迹增益的最小值,即根据

$$K_v = \frac{1}{T} \lim_{z \to 1} (z-1)D(z)G(z) = \frac{1}{T} \lim_{z \to 1} (z-1)K \frac{(z+0.718\ 2)}{z(z-1)} > 3$$

求得根轨迹增益 $K > 0.349$。

然后在允许域内 $K > 0.349$ 的轨迹区间内取一对主导极点,即闭环系统的工作点,这里选取 $z_{1,2} = 0.32 \pm j0.391$,且该点的根轨迹增益 $K = 0.357$。这时,系统的全部参数便可确定。若要求数字控制器 $D(z)$ 不影响系统的稳态性能,则在式(7.1.18)中令 $|D(z)|_{z=1} = 1$,得控制器增益 $K_c = 1.581\ 8$;再根据式(7.1.20)计算系统得开环增益

$$k = \frac{K}{0.735\ 5K_c} = \frac{0.357}{0.735\ 5 \times 1.581\ 8} = 3.072$$

第三步:进行数字仿真。得闭环系统得阶跃响应曲线如图 7.9 所示。其性能指标为

$$\sigma\% = 8\%, t_r = 0.4\ \text{s}, t_s = 1\ \text{s}$$

满足指标要求。仿真结果如图 7.9 所示。

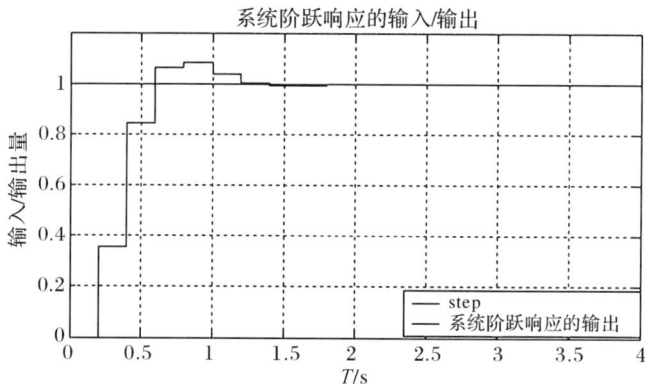

图 7.9　例 7.1 的系统阶跃响应曲线($\sigma\% = 8\%, t_r = 0.4\ \text{s}, t_s = 1\ \text{s}$)

【例 7.2】　计算机控制系统结构图如图 7.1 所示,$G_0(s) = \dfrac{1}{s(s+2)}$,$T = 0.2\ \text{s}$,试设计数字控制器 $D(z)$,使系统满足下列性能指标:① 超调量为 $\sigma_p = 16.3\%$;② 调节时间为 $t_s = 2\ \text{s}$。

解　设计过程如下:

第一步:根据性能指标要求,确定期望闭环极点的位置。

将 $\sigma_p = 16.3\%$ 代入式(7.1.9)中,求得 $\zeta = 0.5$;

将 $t_s \leqslant 2\ \text{s}$ 代入式(7.1.12),取 $\Delta = 0.02$,求得 $\sigma = 2$,进而求得 $\omega_n = 2/\zeta = 4$。

则阻尼振荡频率

$$\omega_d = \omega_n \sqrt{1-\zeta^2} = 4\sqrt{1-0.5^2} = 3.464$$

因为 $T = 0.2\ \text{s}$,有

$$\omega_s = 2\pi/T = 10\pi = 31.42$$

则

$$\omega_s/\omega_d \approx 9$$

这说明对阻尼振荡每周期采样 9 次。因此 0.2 s 的采样周期满足要求。

下面在 z 平面设置要求的主闭环极点,有

$$|z| = e^{sT} = e^{-\sigma + j\omega_d T}$$

$$|z| = e^{-\sigma T} = e^{-\zeta\omega_n T} = e^{-0.5 \times 4 \times 0.2} = 0.670\ 3$$

$$\angle z = \omega_d T = 3.464 \times 0.2 = 0.692\ 8(\text{rad}) = 39.7°$$

则在 z 平面上半平面要求的主闭环极点的位置用点 p 表示。则

$$z = 0.670\ 3 \angle 39.7° = 0.515\ 8 + j0.428\ 1$$

求出广义被控对象的脉冲传递函数,即

$$G(z) = \mathscr{Z}\left[\frac{1-e^{-Ts}}{s}G_0(s)\right] = \mathscr{Z}\left[\frac{1-e^{-Ts}}{s} \cdot \frac{1}{s(s+2)}\right] = \frac{0.017\ 58(z+0.876)}{(z-1)(z-0.670\ 3)}$$

在 z 平面上设置极点($z=1, z=0.670\ 3$)和零点($z=0.876$),如图 7.10 所示。若 p 点是设置在 z 平面的上半平面要求的主闭环极点,则根据根轨迹的相角条件,在 p 点的相角和必须等于 $\pm 180°$。在 p 点的相角和为

$$17.1° - 138.52° - 109.84° = -231.26°$$

因此要满足相角条件,需增加的相角为

$$-231.26° + 180° = -51.26°$$

也就是说,控制器的 $\mathscr{Z}$ 传递函数必须提供 $51.26°$ 的超前相角。

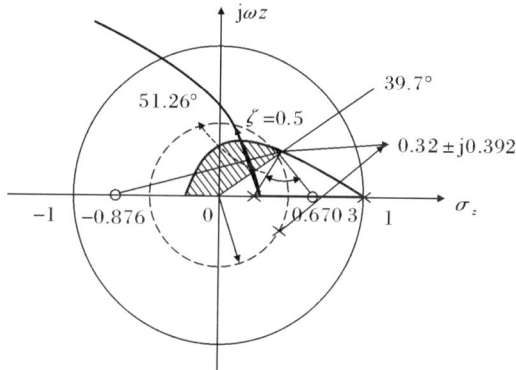

图 7.10　例 7.2 的根轨迹图

所以,选择控制器的 $\mathscr{Z}$ 传递函数为

$$D(z) = K_c \frac{z+\alpha}{z+\beta}$$

式中:K_c 为控制器增益。

用控制器的零点 $z=-\alpha$ 对消被控对象的极点 $z=0.670\ 3$,同时控制器还要提供 $51.26°$ 的相角。则确定控制器的极点为 $z=0.254\ 3$,即 $\beta=-0.254\ 3$。控制器的 $\mathscr{Z}$ 传递函数为

$$D(z) = K_c \frac{z-0.670\ 3}{z-0.254\ 3}$$

闭环系统的开环 $\mathscr{Z}$ 传递函数为

$$\Phi(z) = D(z)G(z) = K_c \frac{0.175\ 8(z+0.876)}{(z-1)(z-0.254\ 3)}$$

用幅值条件确定控制器增益 K_c,即

$$|\varPhi(z)| = \left| K_c \frac{0.175\ 8(z+0.876)}{(z-1)(z-0.254\ 3)} \right|_{z=0.515\ 8+j0.428\ 1} = 1 \Rightarrow K_c = 12.67$$

所设计的数字控制器的 $D(z)$ 为

$$D(z) = 12.67 \frac{z-0.670\ 3}{z-0.254\ 3}$$

闭环系统的开环 Z 传递函数为

$$\varPhi(z) = D(z)G(z) = 12.67 \frac{0.175\ 8(z+0.876)}{(z-1)(z-0.254\ 3)} = \frac{0.222\ 7(z+0.876)}{(z-1)(z-0.254\ 3)}$$

单位阶跃响应的仿真结果如图 7.11 所示。

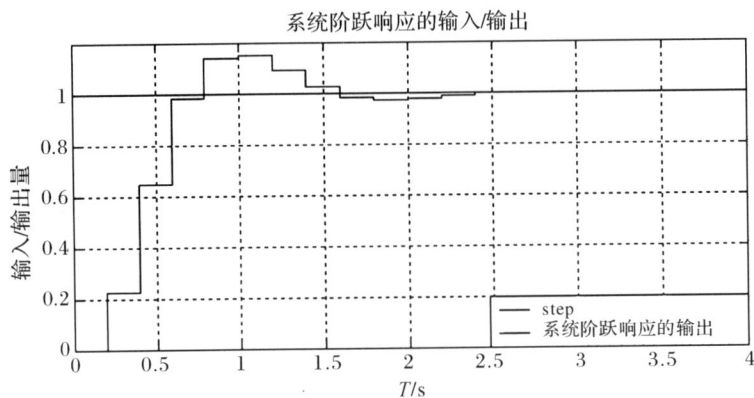

图 7.11 例 7.2 的系统阶跃响应曲线 $(\sigma = 16.3\%, t_s = 2\ \text{s})$

7.2 频率域设计方法

频率法是分析和设计连续控制系统最有效的方法之一。特别是典型环节的对数幅频特性能以折线近似画出,给分析和设计带来许多方便。

通过三频段理论可知,系统性能指标与其开环对数频率特性的形状有关:系统稳态性能 e_{ss} 主要由低频段决定,对数幅频特性低频段斜率越负,位置越高,相应系统类型越高,开环增益越大,稳态误差就越小;系统动态性能主要由中频段指标(截止频率 ω_c、相角裕度 γ、幅值裕度 h)来决定,一般来说,若 γ, h 值大,则 σ_p 小;若 ω_c 大,则 t_r, t_s 小;高频段则与系统抗高频干扰的能力有关。

但是,在离散系统中,被控对象脉冲传递函数 $G(z)$ 的频率特性为 $G(\mathrm{e}^{j\omega T})$,它不是频率 ω 的有理分式函数,所以无法方便地利用典型环节作伯德图,为了使工程技术人员能使用连续系统在 s 平面上及在频域内进行设计的那种技巧,人们提出了离散系统设计的 w 变换和 w' 变换法。它属于离散化设计的一种图解设计法。

7.2.1 w 变换和 w' 变换

w 变换:

$$w = \frac{z-1}{z+1}, \quad z = \frac{1+w}{1-w} \tag{7.2.1}$$

w' 变换：

$$w' = \frac{2}{T} \frac{z-1}{z+1} \qquad z = \frac{1 + \dfrac{T}{2}w'}{1 - \dfrac{T}{2}w'} \qquad (7.2.2)$$

式中：T 为采样周期。

实际使用证明，w' 变换比 w 变换优越的多，下面重点介绍 w' 变换。

7.2.2　w' 变换的特性

1.w' 变换计算特性

w' 变换也是一种双线性变换，其数学定义与第 4 章的连续域-离散化方法中的双线性 (tustin) 变换相同，计算特性也相同。两者的区别仅在于应用场合不同。w' 变换应用于离散域直接设计，先通过 z 变换把广义被控对象变换到 z 域，然后通过 w' 变换变换到 w' 域，在 w 域设计好 $D(w')$ 后，还需利用 w' 反变换得到 $D(z)$；而突斯汀变换应用于连续控制器 $D(s)$ 离散为数字控制器 $D(z)$。

2.从 s 域到 w' 域的映射关系

从 s 域到 w' 域具有以下两步映射过程：

(1) 从 s 域到 z 域。

根据 $z = \mathrm{e}^{sT}$ 来映射。

令 $s = \sigma + \mathrm{j}\omega$，有

$$z = \mathrm{e}^{sT} = \mathrm{e}^{(\sigma + \mathrm{j}\omega)T} = \mathrm{e}^{\sigma T} \angle \omega T \qquad (7.2.3)$$

这时的映射关系是将 s 左半平面的主频带映射至 z 平面单位圆，次频带一一重叠地映射到单位圆内。

(2) 从 z 域到 w' 域。

采用的是双线性变换。

令 $w' = \sigma_w + \mathrm{j}\omega_w$，有

$$z = \frac{1 + \dfrac{T}{2}w'}{1 - \dfrac{T}{2}w'} = \frac{\left(1 + \dfrac{T}{2}\sigma_m\right) + \mathrm{j}\dfrac{\omega_w T}{2}}{\left(1 - \dfrac{T}{2}\sigma_m\right) - \mathrm{j}\dfrac{\omega_w T}{2}} \qquad (7.2.4)$$

这时的映射关系是将 z 平面单位圆一对一的映射到 w' 平面的整个左半平面。

图 7.12 为 s，z 和 w' 域之间的映射关系。由图 7.12 可见，s 平面经过上述 2 步映射又得到了以虚轴为稳定分界线的 w' 平面。由于 s 平面和 w' 平面的稳定域均为左半平面，传递函数都是它们各自的复变量 s 和 w' 的有理函数，因而可得到如下的主要推论：

(1)s 平面的稳定性判别方法均适用于 w' 平面分析。

(2)s 平面的分析、设计方法，如频率法（特别是伯德图法）、根轨迹法均可应用于 w' 平面。

这样，人们在 s 域上积累的丰富设计经验又可用在 w' 域上进行离散系统直接设计。

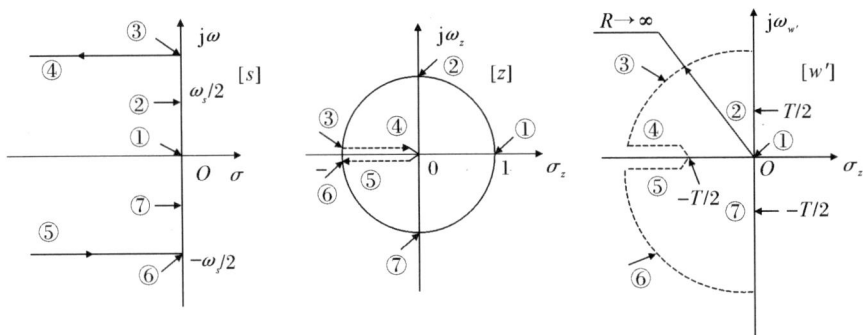

图 7.12 s,z 和 w' 域之间的映射关系

3. s 域和 w' 域的频率对应关系

s 域和 z 域的频率都用 ω 来表示,ω 是系统的真实频率,变换至 w' 域后得到虚拟频率,用 $\omega_{w'}$ 表示。令 $w' = j\omega_{w'}$,$z = e^{j\omega T}$ 代入式(7.2.2)得

$$\omega_{w'} = \frac{2}{T}\tan\frac{\omega T}{2} \qquad (7.2.5)$$

$\omega_{w'}$ 与 ω 之间得关系如图 7.13 所示。

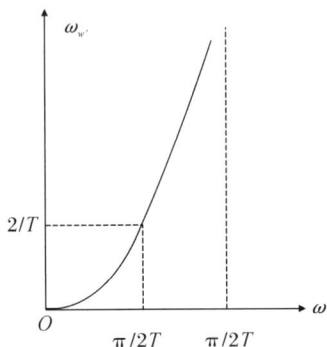

图 7.13 $\omega_{w'}$ 和 ω 之间的关系

当采样频率较高,系统角频率工作在低频段时,ωT 很小,近似有 $\omega_{w'} \approx \omega$ 成立。此时,w' 域的虚拟频率特性 $G(\omega_{w'})$ 与真实频率特性 $G(\omega)$ 十分接近,所以 s 域的分析设计方法(如频率校正法),均适用于 w' 域。但必须按式(7.2.5)进行非线性换算。

4. 当采样周期无限减小,复变量 w' 近似等于复变量 s

现以 $z = e^{sT}$,代入式(7.2.2),取极限有

$$\lim_{T\to 0}\omega' = \lim_{T\to 0}\frac{2}{T}\frac{z-1}{z+1} = \lim_{z\to 0}\frac{2}{T}\frac{e^{sT}-1}{e^{sT}+1} = s \qquad (7.2.6)$$

式(7.2.6)表明,当采样频率无限高时(即 $T \to 0$),w' 域便可视作 s 域。

5. s 域和 w' 域传递函数的相似性

以具体例子来说明。已知连续被控对象

$$G(s) = \frac{a}{s+a} \qquad (7.2.7)$$

经零阶保持后广义脉冲传递函数为

$$G(z) = Z\left[\frac{1-\mathrm{e}^{sT}}{s}\frac{a}{s+a}\right] = \frac{1-\mathrm{e}^{-aT}}{z-\mathrm{e}^{-aT}} \tag{7.2.8}$$

将其变换至 w' 平面有

$$G(w') = G(z)\Big|_{z=\frac{1+\frac{T}{2}w'}{1-\frac{T}{2}w'}} = \frac{2}{T}\frac{1-\mathrm{e}^{-aT}}{1+\mathrm{e}^{-aT}} \tag{7.2.9}$$

若取 $a=5, T=0.1\ \mathrm{s}$，则有

$$G(s) = \frac{5}{s+5} \tag{7.2.10}$$

$$G(z) = \frac{0.393\ 5}{z-0.606\ 5} \tag{7.2.11}$$

$$G(w') = \frac{4.899\left(1-\dfrac{w'}{20}\right)}{w'+4.899} \tag{7.2.12}$$

比较 $G(w')$ 和 $G(s)$，可看到它们的极点和增益值十分相近（**注意**：$G(z)$ 则没有这种相似性），不同的是 $G(w')$ 比 $G(s)$ 分子上多了一个 $w'=2/T=20$ 的零点。

当 $T \to 0$ 时，对式（7.2.9）取极限有

$$\lim_{T\to 0}G(w') = \frac{a}{w'+a}$$

这时，$G(w')$ 和 $G(s)$ 就完全一致。

列出了 $G(s)$，$G(z)$ 和 $G(w')$ 典型环节对照表，由表可清楚地看到 $G(w')$ 和 $G(s)$ 的相似性。表 7.2 中从 $G(s)$ 到 $G(w')$ 是两步变换，即

$$G(w') = W\left\{\mathscr{Z}\left[\frac{1-\mathrm{e}^{sT}}{s}G(s)\right]\right\} \tag{7.2.13}$$

表 7.2 给出了部分函数的 w' 变换。

表 7.2　典型环节的 w' 变换

	$G(s)$	$G(z)$	$G(w')$	$\lim\limits_{T\to 0}G(w')$
1	$\dfrac{1-\mathrm{e}^{-Ts}}{s}\dfrac{1}{s}$	$\dfrac{T}{z-1}$	$\dfrac{1-Tw'/2}{w'}$	$\dfrac{1}{w'}$
2	$\dfrac{1-\mathrm{e}^{-Ts}}{s}\dfrac{1}{s^2}$	$\dfrac{T^2(z+1)}{(z-1)^3}$	$\dfrac{1-Tw'/2}{w'^2}$	$\dfrac{1}{w'^2}$
3	$\dfrac{1-\mathrm{e}^{-Ts}}{s}\dfrac{1}{s+a}$	$\dfrac{1}{a}\dfrac{(a-\mathrm{e}^{-aT})}{(z-\mathrm{e}^{-aT})}$	$\dfrac{\dfrac{1}{a}(1-Tw'/2)}{1+\dfrac{(1+\mathrm{e}^{-aT})Tw'/2}{(1-\mathrm{e}^{-aT})}}$	$\dfrac{1}{w'+a}$
4	$\dfrac{1-\mathrm{e}^{-Ts}}{s}\dfrac{a}{s(s+a)}$	$\dfrac{(aT+\mathrm{e}^{-aT}-1)z+}{a(z-1)(z-\mathrm{e}^{-aT})}$ $\dfrac{-(aT\mathrm{e}^{-aT}+\mathrm{e}^{-aT}-1)z}{a(z-1)(z-\mathrm{e}^{-aT})}$	$\dfrac{1}{w'}\dfrac{\left(1-\dfrac{Tw'}{2}\right)\left[1+\dfrac{aT(1+\mathrm{e}^{-aT})-2(1-\mathrm{e}^{-aT})}{2a(1-\mathrm{e}^{-aT})}w'\right]}{1+\dfrac{Tw'}{2}\dfrac{(1+\mathrm{e}^{-aT})}{(1-\mathrm{e}^{-aT})}}$	$\dfrac{a}{w'(w'+a)}$

一般来说,$G(w')$的分之、分母阶次通常是相同的。因而$G(w')$的对数幅频特性高频段斜率为零。但是,当$G(z)$的零点或极点在$z=-1$时,会出现w'项的对消现象,即

$$G(w') = (z+1)\big|_{z=\frac{1+\frac{T}{2}w'}{1-\frac{T}{2}w'}} = \frac{2}{1-\frac{T}{2}w'} \text{(分子阶次低于分母)} \qquad (7.2.14)$$

$$G(w') = \frac{1}{z+1}\bigg|_{z=\frac{1+\frac{T}{2}w'}{1-\frac{T}{2}w'}} = \frac{1-\frac{T}{2}w'}{2} \text{(分子阶次高于分母)} \qquad (7.2.15)$$

因此,当在w'域上设计的控制器$D(w')$分子阶次高于分母时,返回到z平面时,会出现$z=-1$的极点,这时控制器本身会出现响应振荡现象。

由表7.2可见,当$G(z)$分子阶次比分母低时,在$G(w')$中必然出现$w'=2/T$的零点,它在w'平面的右半部,是非最小相位零点。它的对数幅频和相频特性曲线如图7.14所示。其转折频率在$2/T$,幅频与一阶微分环节相同,斜率为20 dB。而相位是滞后的,从$0° \sim 90°$。

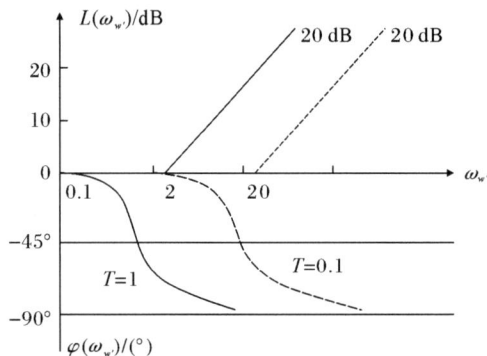

图7.14　$1-Tw'/2$的对数频率特性

图7.14画出了$T=1$ s和$T=0.1$ s两种情况。显然,当T较小时,在低频段,幅频是1 dB,相位滞后的影响也不大,而T较长时,相位滞后的影响就比较明显,因此,$1-Tw'/2$清楚地反映出广义被控对象中零阶保持器相位滞后地影响。

零阶保持器的特性在w'传递函数中能清楚地显示出来,这是w'域设计的一大优点。

此外,当$G(z)$分子阶次低于分母阶次二阶以上时,$G(w')$还会增添新的零点。这是$G(z)$零点的映射。所以在w'域中设计系统时,要考虑其影响,留适当余量,以便返回z域后仍能满足要求。

6.稳态增益维持不变

w'变换具有串联性,变换后稳态增益不变。这是因为从$s \rightarrow z$是做带ZOH的z变换,它能保持$G(s)$和$G(z)$的稳态增益不变;从$z \rightarrow w'$是做双线性变换,它也能保持$G(z)$和$G(w')$的稳态增益不变;

上面讨论了w'变换的定义和性质。实质上,可将w'域看作另一种离散域,它和s域不仅几何上类似,而且实际数据也非常类似。在对计算机控制系统进行分析设计时,w'域比z域更能利用连续域的设计方法和经验。但是w'域必须通过z域的变换获得,而且在w'域上设计所得的控制器$D(w')$又必须返回到z域实现。

7.2.3　计算机控制系统的频率域设计方法及仿真

1. 设计步骤

利用 w' 变换法设计计算机控制系统可分为以下 6 步：

(1) 根据采样周期 T，求出广义被控对象的 z 域脉冲传递函数 $G(z)$。即

$$G(z) = \mathscr{Z}\left[\frac{1 - e^{sT}}{s}G(s)\right]$$

(2) 将 $G(z)$ 变换到 w' 平面上，即

$$G(w') = G(z)_{z = \frac{1 + \frac{T}{2}w'}{1 - \frac{T}{2}w'}}$$

(3) 作 $G(w')$ 的伯德图，在 w' 平面上设计控制器 $D(w')$。利用连续域设计系统的基本原则，设计 w' 域中控制器的脉冲传递函数 $D(w')$。这是设计的关键，要注意以下三点：① 由于 w' 域和 s 域的频率扭曲，在性能指标中的截至频率 ω_c 并非是 $G(w')$ 伯德图中的截至频率，两者关系如式 (7.2.5)；② 设计 $D(w')$ 时必须考虑它所对应的 $D(z)$ 的物理可实现性和稳定性；③ 设计时所考虑的性能指标一般比要求的稍高一些，以便将 $D(w')$ 变换到 z 域时，系统仍能满足要求。

(4) 进行 w' 反变换，求得 z 域控制器 $D(z)$，即

$$D(z) = G(w')\big|_{w' = \frac{2}{T}\frac{z-1}{z+1}}$$

(5) 检验 z 域闭环系统的性能要求。

(6) 仿真实现。

2. 控制器的一般形式

与连续域中频率校正所采用的形式相同，w' 域中常用的控制器是一阶超前、一阶滞后和滞后 — 超前三种形式。其传递函数为：

$$D(w') = K_c\frac{(w' + z_1)(w' + z_2)}{(w' + p_1)(w' + p_2)} \tag{7.2.16}$$

式中：$p_2 < z_2 < z_1 < p_1$，K_c 为控制器的比例系数，此时，$D(w')$ 为滞后 — 超前控制器。当 $z_2 = p_2$ 时，式 (7.2.16) 为一阶相位超前控制器；当 $z_1 = p_1$ 时，式 (7.2.16) 为一阶相位滞后控制器。

3. 仿真举例

【例 7.3】　数字控制系统结构图如图 7.15 所示，其中 $G(s) = \dfrac{k}{s(s+1)}$，要求设计数字控制器 $D(z)$，使校正后的系统满足以下性能指标：① 幅值裕度为 $h \geqslant 10$ dB；② 相角稳定裕度为 $\gamma = 45°$；③ 速度误差系数为 $K_v \geqslant 4$；④ 采样周期为 $T = 0.2$ s。

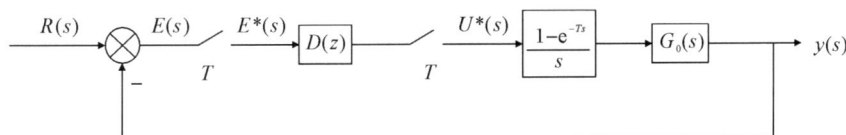

图 7.15　数字控制系统结构图

解　在 w' 平面上用频率法设计该系统。

第一步:求 $G(z)$,即

$$G(z) = \mathscr{Z}\left[\frac{1 - \mathrm{e}^{sT}}{s}\frac{k}{s(s+1)}\right] = \frac{0.018\,73k(z+0.935\,6)}{(z-1)(z-0.818\,7)}$$

用 $K_v \geqslant 4$,确定开环增益 k:

$$K_v = \lim_{z \to 1}(z-1)G(z) = \lim_{z \to 1}(z-1)\frac{0.018\,73k(z+0.935\,6)}{(z-1)(z-0.818\,7)} = 2k = 4 \Rightarrow k = 2$$

即

$$G(z) = \mathscr{Z}\left[\frac{1 - \mathrm{e}^{sT}}{s}\frac{k}{s(s+1)}\right] = \frac{0.037\,64(z+0.935\,6)}{(z-1)(z-0.818\,7)}$$

第二步:将 $G(z)$ 变换到 w' 平面上,有

$$G(w') = G(z)\Big|_{z=\frac{1+\frac{T}{2}w'}{1-\frac{T}{2}w'}} = \frac{2\left(\frac{w'}{300.6}+1\right)\left(-\frac{w'}{10}+1\right)}{w'\left(\frac{w'}{0.996\,6}+1\right)}$$

比较 $G(w')$ 和 $G(s)$,可看到它们的增益和极点非常相似,$G(w')$ 有一个在 $w' = 2/T = 10$ 的零点,位于 w' 平面的右半平面,是非最小相位零点。

第三步:在 w' 平面上用采样频率法设计控制器 $D(w')$。

(1) 在 w' 域画出为校正系统 $G(w')$ 的伯德图。仿真结果如图 7.16 虚线所示。

由图 7.16 可见,幅值裕度为 15.5 dB;相角稳定裕度为 $30°$;参考指标要求,控制器应采用超前校正形式。设

$$D(w') = \frac{1 + aw'}{1 + a\tau w'}$$

加入超前校正装置,不改变幅频特性的形状,但是增益穿越频率要向右移动。考虑这个因素,要求校正装置再增加 $8°$ 的相位余量。这样校正装置提供的最大超前相角为

$$\varphi_m = \gamma - 30° + 8° = 28°$$

由于校正装置的转折频率 $w' = \frac{1}{\tau}$ 和 $w' = \frac{1}{a\tau}$,而最大超前角位于两个转折频率的几何中点$\left(\text{即 } w' = \frac{1}{\tau\sqrt{a}}\right)$,在幅频特性 $w' = \frac{1}{\tau\sqrt{a}}$ 点上,由于加入超前校正 $D(w') = \frac{1 + aw'}{1 + a\tau w'}$,要做如下的修正。

$$a = \frac{1 - \sin(\varphi_m)}{1 + \sin(\varphi_m)} = \frac{1 - \sin(28°)}{1 + \sin(28°)} = 0.361$$

$$20\lg\big[\,|D(j\omega_w')|\,\big] = 20\lg\left(\frac{1}{\sqrt{a}}\right) = -4.425 \text{ dB}$$

从 w' 域的对数频率特性曲线上求得幅值为 -4.425 dB 的频率点为 $w' = 1.7$ rad·s^{-1},选取该频率点为新的增益穿越频率,即

$$\tau = \frac{1}{w'\sqrt{a}} = \frac{1}{1.7\sqrt{0.361}} = 0.979$$

$$a\tau = 0.361 \times 0.979 = 0.353\,4$$

求得超前控制器的传递函数为

$$D(w') = \frac{1 + aw'}{1 + a\tau w'} = \frac{1 + 0.979w'}{1 + 0.353\,4w'}$$

相位超前控制器设计完毕。

执行如下仿真程序：

```
clear all;close all;
num1 = [-1/10 1];num2 = [1/300.6 1];num3 = [0.979 1];
wnum1 = 2 * conv(num1,num2);
wnum = conv(wnum1,num3);
den1 = [1 0];den2 = [1/0.9966 1];den3 = [0.3534 1];
wden1 = conv(den1,den2);
wden = conv(wden1,den3);
figure(1);bode(wnum1,wden1);
figure(2);bode(wnum,wden);
```

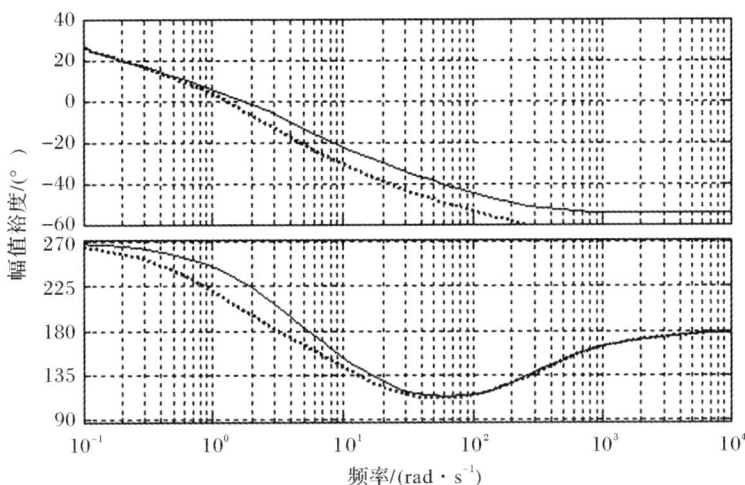

图 7.16　例 7.3 w' 域未校正系统和校正后系统的伯德图

图 7.16 中的实线为校正后系统的伯德图。

第四步：将 $D(w')$ 变换到 z 平面上，有

$$D(z) = D(w')\mid_{w' = \frac{2}{T}\frac{z-1}{z+1}} = \frac{2.379\ 8z - 1.938\ 7}{z - 0.558\ 9}$$

第五步：数字仿真。仿真结果如图 7.17 所示。

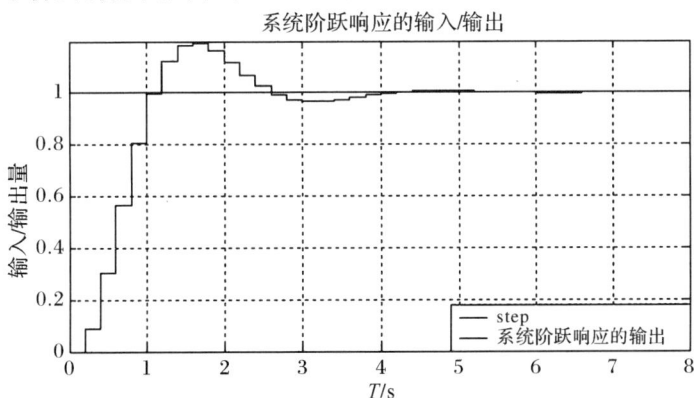

系统阶跃响应的输入/输出

图 7.17　例 7.3 的系统阶跃响应曲线$(\sigma = 20\%, t_s = 4\text{ s})$

【例 7.4】 数字控制系统结构图如图 7.15 所示,其中 $G(s) = \dfrac{180}{s\left(\frac{1}{6}s+1\right)\left(\frac{1}{2}s+1\right)}$,要

求设计数字控制器 $D(z)$,使校正后的系统满足以下性能指标:① 当输入为 $r(t) = T = 180$ s 时,$e_{ss} \leqslant 1$;② 相角稳定裕度 $\gamma \geqslant 45°$;③ 截至频率 $\omega_c \geqslant 3.4$;④ 采样周期 $T = 0.1$ s。

解 在 w' 平面上用频率法设计该系统。

第一步:求 $G(z)$,即

$$G(z) = \mathscr{Z}\left[\frac{1-\mathrm{e}^{-sT}}{s}\frac{180}{s\left(\frac{1}{6}s+1\right)\left(\frac{1}{2}s+1\right)}\right] = \frac{0.296(z+0.218\,6)(z+3.075)}{(z-1)(z-0.817\,6)(z-0.55)}$$

第二步:将 $G(z)$ 变换到 w' 平面上,有

$$D(z) = D(w')\mid_{w'=\frac{1+\frac{T}{2}w'}{1-\frac{T}{2}w'}} = \frac{180\left(1-\dfrac{w'}{20}\right)\left(1-\dfrac{w'}{39.3}\right)\left(1+\dfrac{w'}{31.14}\right)}{w'\left(1+\dfrac{w'}{5.815}\right)\left(1+\dfrac{w'}{1.993}\right)}$$

比较 $G(w')$ 和 $G(s)$,可看到它们的增益和极点非常相似,因为 $G(z)$ 的分子比分母低一阶,且有 2 个零点,所以变换到 w' 平面上有 3 个零点:一个在 $w' = 2/T = 20$,是非最小相位零点,另外 2 个零点是 $G(z)$2 个零点的映射。

第三步:在 w' 平面上采用频率法设计控制器 $D(w')$

(1) 先考虑静态指标。

考虑稳态误差 e_{ss} 的要求,由此得系统的稳态速度误差系数

$$K_v = \frac{R}{e_{ss}} = 1\,801/\mathrm{s}$$

检验 w' 域为校正系统的静态指标:

$$K_v = \lim_{T \to 0}w'G(w') = 1\,801/\mathrm{s}$$

可见满足静态指标要求。

(2) 依题意,要求截至频率为 $\omega_c \geqslant 3.5$ rad·s^{-1},但这是真实频率,还需变换到 w' 域,找出虚拟的截至频率 $\omega_{w'_c}$,根据式(7.2.5) 有

$$\omega_{w'_c} = \frac{2}{T}\mathrm{tg}\frac{\omega_c T}{2} = 3.54 \text{ rad·s}^{-1}$$

可见,$\omega_{w'_c}$ 和 ω_c 相差不大,有时为设计简单起见,也可近似认为 $\omega_{w'_c} = \omega_c$。

(3) 在 w' 域画出为校正系统 $G(w')$ 的伯德图。仿真结果如图 7.18 虚线所示。

可见它是一个不稳定的系统,需要较大的相位超前校正。计算未校正系统 $G(w')$ 在 $\omega_{w'_c} = 3.54$ rad·s^{-1} 处的相位和幅值为

$$\varphi_1(\omega_{w'_c} = 3.54) = -\arctan\frac{3.54}{20} - \arctan\frac{3.54}{39.3} + \arctan\frac{3.54}{31.4} - 90°$$

$$- \arctan\frac{3.54}{5.815} - \arctan\frac{3.54}{1.993} = -190.53°$$

$$L_1(\omega_{w'_c} = 3.54) = 20\lg\left[180\frac{\sqrt{1+\left(\frac{3.54}{20}\right)^2}\sqrt{1+\left(\frac{3.54}{39.3}\right)^2}\sqrt{1+\left(\frac{3.54}{31.14}\right)^2}}{3.54\sqrt{1+\left(\frac{3.54}{5.815}\right)^2}\sqrt{1+\left(\frac{3.54}{1.993}\right)^2}}\right] = 26.82 \text{ dB}$$

其幅值为 $M_1 = 21.93$,由此算得,超前校正必须具有的超前角为

$$\varphi_m(\omega_{w_c'}) = \gamma - [180° + \varphi_1(\omega_{w_c'})] = 55.53°$$

参考指标要求,控制器应采用滞后 — 超前校正形式。设

$$D(w') = K_c \frac{(w' + z_1)(w' + z_2)}{(w' + p_1)(w' + p_2)}$$

则还应考虑滞后校正将在 $\omega_{w_c'}$ 处引起的相位滞后,超前部分应提供的最大超前相角为

$$\varphi_m(\omega_{w_c'}) = \gamma - [180° + \varphi_1(\omega_{w_c'})] + 6° = 61.53°$$

根据的最大超前角位于特性曲线的几何中点的性质,根据频域设计方法,可求得超前控制器的参数为

$$a = \frac{1 - \sin(\varphi_m(\omega_{w_c'}))}{1 + \sin(\varphi_m(\omega_{w_c'}))} = \frac{1 - \sin 61.53°}{1 + \sin 61.53°} = 0.064\,4$$

$$z_1 = \sqrt{a}\,\varphi_m(\omega_{w_c'}) = 3.54\sqrt{0.064\,4} = 0.897$$

$$p_1 = z_1/a = 0.897/0.064\,4 = 13.94$$

为保证校正后系统在截至频率处幅值为 1,即

$$\left| D(\mathrm{j}\omega_{w_c'})G(\mathrm{j}\omega_{w_c'}) \right| = \left| K_c \frac{\mathrm{j}\omega_{w_c'} + z_1}{\mathrm{j}\omega_{w_c'} + p_1} \right| \cdot M_1 = 1$$

求得超前控制器的比例系数为

$$K_c = \frac{\sqrt{\omega_{w_c'}{}^2 + p_1{}^2}}{\sqrt{\omega_{w_c'}{}^2 + z_1{}^2}} \frac{1}{M_1} = 0.18$$

相位超前控制器设计完毕。

（4）相位超前控制器的引入,改善了系统的稳定性,满足了相角稳定裕度的要求,但有可能影响到稳态精度的要求,所以需进行验算,由于

$$D(w') \mid_{w' \to 0} = K_c \frac{z_1}{p_1} = 0.18 \times 0.897 \div 13.94 = 0.011\,58$$

所以加入超前校正后的系统的速度误差系数为

$$K_1 = \lim_{w' \to 0} w' G(w') \lim_{w' \to 0} D(w') = 180 \times 0.011\,58 = 2.085 < K_v$$

于是,还需要在低频段引进滞后校正,以提高稳态精度。

滞后校正的零极点应远离截至频率,以免它的相位滞后在截至频率处产生较大的影响。根据频域设计方法,通常取 $z_2 = \omega_{w_c'}/10 = 0.354$,而 p_2 由 K_v 指标确定,即

$$p_2 = \frac{K_1 z_2}{K_v} = 0.004\,1$$

控制器全部设计完毕,其传递函数为

$$D(w') = K_c \frac{(w' + z_1)(w' + z_2)}{(w' + p_1)(w' + p_2)} = 0.18 \frac{(w' + 0.897)(w' + 0.354)}{(w' + 13.94)(w' + 0.041)}$$

执行如下仿真程序:

```
clear all;close all;
num1 = [−1/20 1];num2 = [−1/39.3 1];num3 = [1/31.14 1];
num4 = [1 0.897];num5 = [1 0.354];
wnum1 = 180 * conv(conv(num1,num2),num3);
```

```
wnum = 0.18 * conv(wnum1, conv(num4, num5));
den1 = [1 0]; den2 = [1/5.815 1]; den3 = [1/1.993 1];
den4 = [1 13.94]; den5 = [1 0.041];
wden1 = conv(conv(den1, den2), den3);
wden = conv(wden1, conv(den4, den5));
figure(1);
bode(wnum1, wden1);
figure(2);
bode(wnum, wden);
```

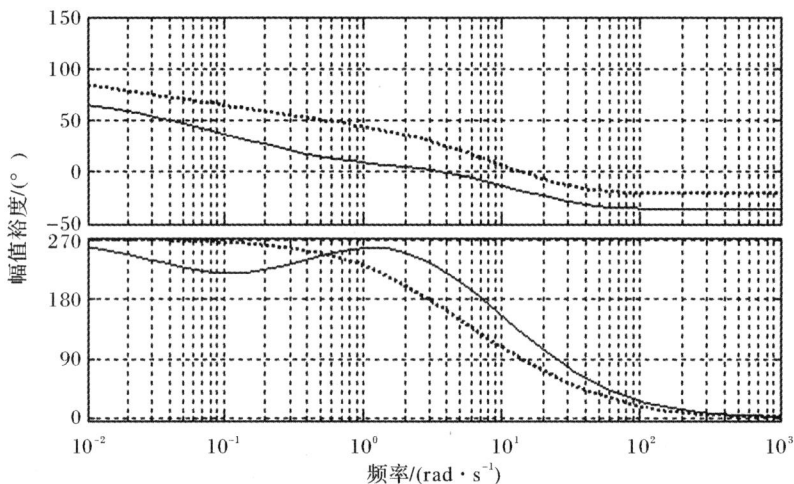

图 7.18   例 7.4 w' 域未校正系统和校正后系统的伯德图

图 7.18 中的实线为校正后系统的伯德图。

其指标为：$\omega_{w'_c} = 3.54$ rad · s^{-1}，$\gamma = 45°$，$K_c = 1\,801$ s^{-1}。全部满足指标要求。

第四步：将 $D(w')$ 变换到 z 平面上，有

$$D(z) = D(w') \big|_{w' = \frac{2}{T}\frac{z-1}{z+1}} = \frac{0.113z^2 - 0.212z + 0.099}{z^2 - 1.178z + 0.178}$$

第五步：数字仿真。仿真结果如图 7.19 所示。

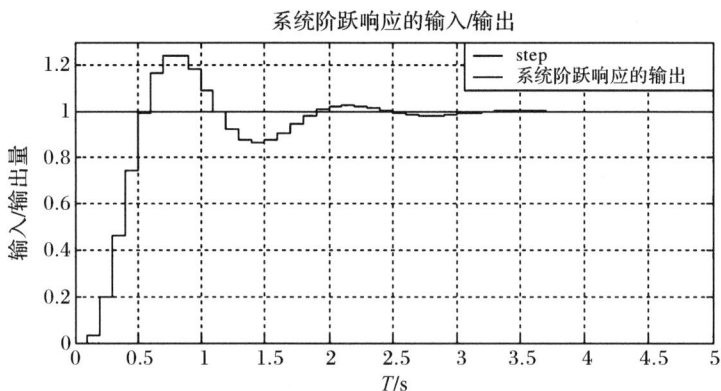

图 7.19   例 7.4 的系统阶跃响应曲线（$\sigma = 25\%$，$t_s = 1.75$ s，$t_r = 0.3$ s）

7.3 解析设计法

解析设计法是一种直接在 z 域中设计数字控制系统的方法,其基本思想是根据系统的指标要求,确定闭环脉冲传递函数,然后用代数方法解出控制器脉冲传递函数。解析设计法实际应用并不广泛,但其设计思想很有参考价值。

7.3.1 解析设计法的概念及步骤

图 7.20 是数字控制系统的典型结构图。$D(z)$ 为数字控制器的脉冲传递函数,$G(s)$ 为零阶保持器与被控对象的传递函数。

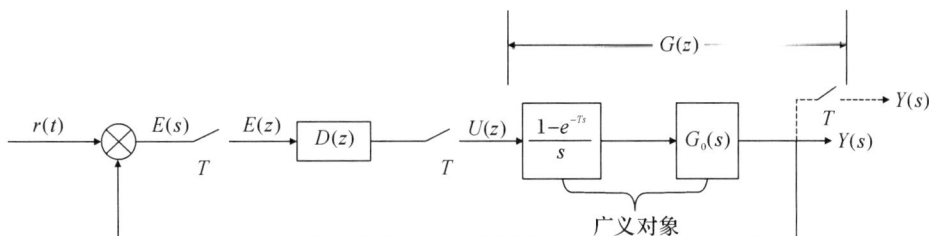

图 7.20 数字控制系统结构图

广义被控对象的 $\mathscr{Z}$ 传递函数

$$G(z) = \mathscr{Z}\left[\frac{1 - \mathrm{e}^{-Ts}}{s}G_0(s)\right] = (1 - z^{-1})\,\mathscr{Z}\left[\frac{G_0(s)}{s}\right] \tag{7.3.1}$$

系统闭环 z 传递函数

$$\Phi(z) = \frac{D(z)G(z)}{1 + D(z)G(z)} \tag{7.3.2}$$

数字控制器的 z 传递函数

$$D(z) = \frac{\Phi(z)}{G(z)(1 - \Phi(z))} \tag{7.3.3}$$

从式(7.3.3)中可以看出,$D(z)$ 的结构将受到 $G(z)$ 的影响,若能根据性能要求和约束条件确定出系统所希望的系统闭环脉冲传递函数 $\Phi(z)$,则 $D(z)$ 就可以确定。

解析设计方法步骤如下:

(1)求出广义被控对象的 $\mathscr{Z}$ 传递函数 $G(z)$。

(2)根据性能要求和约束条件设计系统闭环 $\mathscr{Z}$ 传递函数 $\Phi(z)$。

(3)利用式(7.3.3),求出数字控制器的 $\mathscr{Z}$ 传递函数 $D(z)$。

(4)编写程序,实现控制算法。

7.3.2 最少拍系统设计原则

在计算机控制系统中,常把一个采样周期 T 称为一拍。最少拍系统设计包括最少拍有波纹系统设计和无波纹最少拍系统设计。

最少拍控制:是指在典型输入作用下,要求闭环系统在最少拍内使系统输出量跟踪上系统的输入量。换句话说,就是要求偏差采样值能在最短的时间内达到零。或者说要求系统在最短的时间内的稳态误差为零。

因此,最少拍系统设计就是要求系统输出值能够尽快地跟踪上期望值的变化。

最少拍系统设计可分如下所示的三个步骤:

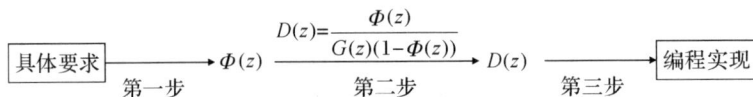

图 7.21　最少拍系统设计框图

其中,每一步所要做的工作是:

第一步:主要根据性能要求和约束条件确定所需的 $\Phi(z)$。性能要求和约束条件有:

(1) 准确性:是指控制系统对典型输入必须无稳态误差,有波纹系统设计指在采样点上无稳态误差。无波纹系统设计指在采样点上和采样点之间无稳态误差。

(2) 快速性:过渡过程应尽快结束,即调整时间为有限步,且步数最小。也就是说使系统达到稳态后,系统准确跟踪输入信号所需的 T 数应为最小。

(3) 稳定性:闭环系统必须是稳定的。

(4) 物理可实现性:设计出的 $D(z)$ 必须是物理上可实现的。

物理可实现,是指 $D(z)$ 当前时刻的输出只取决于当前时刻及过去时刻的输入,而与将来的输入无关。

设直接设计的线性数字控制器的一般形式为

$$D(z) = \frac{U(z)}{E(z)} = \frac{u_0 + u_1 z^{-1} + \cdots + u_m z^{-m}}{e_0 + e_1 z^{-1} + \cdots + e_m z^{-l}} \qquad (7.3.4)$$

为了得到一个可实现的控制算法。从数学上讲,就是应保证 $D(z)$ 分母中 z^{-1} 的最低次幂小于分子关于 z^{-1} 的最低次幂,即 $e_0 \neq 0$。

若 $e_0 = 0$,则 $D(z)$ 的分母可以提出一个 z^{-1} 项,则 $D(z)$ 出现了 z 的正次幂;这是用计算机无法实现的。因为我们只能控制采样到的值,而未采样的值我们无法控制,也就无法实现控制算法,一般取 $e_0 = 1$(为了实现简单)。

$$D(z) = \frac{U(z)}{E(z)} = \frac{u_0 + u_1 z^{-1} + \cdots + u_m z^{-m}}{1 + e_1 z^{-1} + \cdots + e_l z^{-l}} \qquad (7.3.5)$$

举一个例子来说明数字控制器 $D(z)$ 的物理可实现性。

设有 $D(z) = \dfrac{5.43 - 4.72 z^{-1} + z^{-2}}{z^{-1} - 0.292 z^{-2} - 0.718 z^{-3}} = 5.43 z - 3.14 + 5.82 z^{-1} + \cdots$

其分母关于 z^{-1} 的最低次幂为 1,分子为 0;故此 $D(z)$ 物理上是不可实现的。事实上,该 $D(z)$ 的输出:

$$U(z) = D(z)E(z) = 5.43 z E(z) - 3.14 E(z) + 5.82 z^{-1} E(z) + \cdots$$

对应的差分方程为

$$u(k) = 5.43 e(k+1) - 3.14 e(k) + 5.82 e(k-1) + \cdots$$

这说明 $D(z)$ 当前时刻 kT 的输出要取决于未来时刻 $(k+1)T$ 的输入。这样的 $D(z)$ 物理上是不可实现的。

同时，为了使数字控制器本身不带有时延，则要求 $u_0 \neq 0$。因为如果 $u_0 = 0$，则 $D(z)$ 的分子 $U(z)$ 可以提出一个 z^{-1} 项，这表示有延迟了，$D(z)$ 就无法对被控对象进行控制。

第二步：由 $\Phi(z)$ 确定 $D(z)$，依据式(7.3.3)。

第三步：根据 $D(z)$ 编制控制算法程序。

7.3.3　最少拍有波纹系统设计

有波纹是指对任何两次采样时刻之间的输出不提任何要求。也就是说，系统输出在采样点上误差为 0，而在采样点之间误差不为 0，因而就有波纹产生，这就是有波纹系统，如图 7.22 所示。

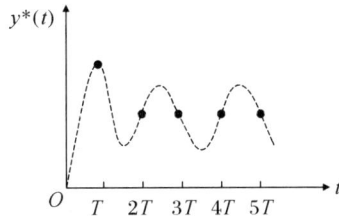

图 7.22　最少拍有波纹系统的输出

那么，我们设最少拍系统的闭环 z 传递函数具有形式：

$$\Phi(z) = m_1 z^{-1} + m_2 z^{-2} + \cdots + m_p z^{-p} \tag{7.3.6}$$

式中：p 是可能情况下的最小正整数。式(7.3.6)表明闭环系统的脉冲响应在 p 个采样周期后变为零，也就是说系统在 p 拍之内达到稳态。

最少拍系统设计的三个步骤中，第一步是最关键的。下面我们将从性能要求和约束条件的四个方面逐步讨论 $\Phi(z)$ 的获取方法。

1. 由准确性要求确定 $\Phi(z)$

先假定广义对象 $G(z)$ 是稳定的，即 $G(z)$ 不含单位圆上和圆外的极点($z = 1$ 除外)，还假定 $G(z)$ 不含单位圆上和圆外的零点，$G_0(s)$ 不含纯滞后。

准确性要求是：系统对某种典型的输入在采样点上无稳态误差，即要求：

$$e_{ss} = \lim_{z \to 1}(1 - z^{-1})E(z) = \lim_{z \to 1}(1 - z^{-1})(1 - \Phi(z))R(z) = 0 \tag{7.3.7}$$

这个要求可归结为$(1 - \Phi(z))$有一定要求，如能找到满足要求的$[1 - \Phi(z)]$，则由式(7.3.7)就可以设计出相应的 $D(z)$。

下面我们讨论在典型输入下，满足上式要求的$[1 - \Phi(z)]$的结构形式。

将输入时间函数 $r(t) = A_0 + A_1 t + \dfrac{A_2}{2!} + \cdots + \dfrac{A_{m-1}}{(m-1)!} t^{(m-1)}$ 取 $\mathcal{Z}$ 变换，有

$$R(z) = \frac{A(z)}{(1 - z^{-1})^m} = \begin{cases} \dfrac{1}{1 - z^{-1}}, m = 1(\text{单位阶跃输入}) \\[2mm] \dfrac{Tz^{-1}}{(1 - z^{-1})^2}, m = 2(\text{单位速度输入}) \\[2mm] \dfrac{T^2 z^{-1} + T^2 z^{-2}}{2(1 - z^{-1})^3}, m = 3(\text{单位加速度输入}) \end{cases} \tag{7.3.8}$$

式中:$A(z)$ 中不含有$(1-z^{-1})$ 因之的多项式;m 为正整数。将式(7.3.8)代入式(7.3.7)有

$$e_{ss} = \lim_{z \to 1}(1-z^{-1})\frac{A(z)}{(1-z^{-1})^m}[1-\Phi(z)] = 0 \tag{7.3.9}$$

显然,要使稳态误差 $e_{ss} = 0$,则$(1-\Phi(z))$ 中必须有$(1-z^{-1})$ 因子[因为 $A(z)$ 中不含$(1-z^{-1})$ 因子]且其幂次不能低于 m,即

$$1-\Phi(z) = (1-z^{-1})^m F(z) =$$
$$(1-z^{-1})^m(f_0 + f_1 z^{-1} + f_2 z^{-2} + \cdots + f_n z^{-n}) =$$
$$(1-z^{-1})^m(1 + f_1 z^{-1} + f_2 z^{-2} + \cdots + f_n z^{-n}) \tag{7.3.10}$$

式中:F(z) 是关于 z^{-1} 的有限多项式,将由其他条件确定。为了使 $\Phi(z)$ 能够实现,取 $f_0 = 1$(按两边多项式对应系数相等确定),则有

$$\Phi(z) = 1 - (^1-z^{-1})m(1 + f_1 z^{-1} + f_2 z^{-2} + \cdots + f_n z^{-n}) =$$
$$m_1 z^{-1} + m_2 z^{-2} + \cdots + m_{m+n} z^{-(m+n)} \tag{7.3.11}$$

2. 由快速性要求确定 $\Phi(z)$

快速性要求是:闭环系统过渡过程步数最小,即在最短时间内,使采样点上的误差趋于 0,这就要求$[1-\Phi(z)]$ 中关于 z^{-1} 的幂次尽可能低。

显然在满足准确性要求的基础上,必须有 $n = 0$,$F(z) = 1$,此时,$\Phi(z)$ 具有 z^{-1} 的最高次幂 $p = m+n = m$,系统在采样点的输出可在 m 拍(也就是最少拍)内达到稳态,则所得的 $[1-\Phi(z)]$ 既可满足准确性,又可满足快速性要求,这样就有

$$\Phi(z) = 1 - (1-z^{-1})^m = m_1 z^{-1} + m_2 z^{-2} + \cdots + m_m z^{-m} \tag{7.3.12}$$
$$1-\Phi(z) = (1-z^{-1})^m \tag{7.3.13}$$

在对象符合前面假定性的情况下,针对几种典型输入,可由式(7.3.12)得到以下结果:

(1) 单位阶跃输入($m = 1$)。

$$R(z) = \frac{1}{1-z^{-1}}$$

$$\Phi(z) = 1 - (1-z^{-1})m = 1 - (1-z^{-1}) = z^{-1}$$

$$E(z) = R(z)(1-\Phi(z)) = \frac{1}{1-z^{-1}}(1-z^{-1}) = 1 \cdot z^0 + 0 \cdot z^{-1} + 0 \cdot z^{-2} + \cdots)$$

对应的采样点偏差值为 $e(0) = 1$,$e(T) = e(2T) = e(3T) = \cdots = 0$,这说明开始第一个采样点上有偏差,一个采样周期后,系统在采样点上不再有偏差,过渡过程为一拍。

接下来,再看输入,输出的情况:

输入:$R(z) = \frac{1}{1-z^{-1}} = 1 + z^{-1} + z^{-2} + \cdots$

输出:$Y(z) = R(z)\Phi(z) = \frac{1}{1-z^{-1}}z^{-1} = \frac{z^{-1}}{1-z^{-1}} = 0 \cdot z^0 + z^{-1} + z^{-2} + z^{-3} + \cdots$

对应的输出系列为 $Y(0) = 0$,$Y(T) = Y(2T) = Y(3T) = \cdots = 1$,此式表明,只需一拍,系统的输出就能跟踪上输入,误差为 0,如图 7.23(a)所示。

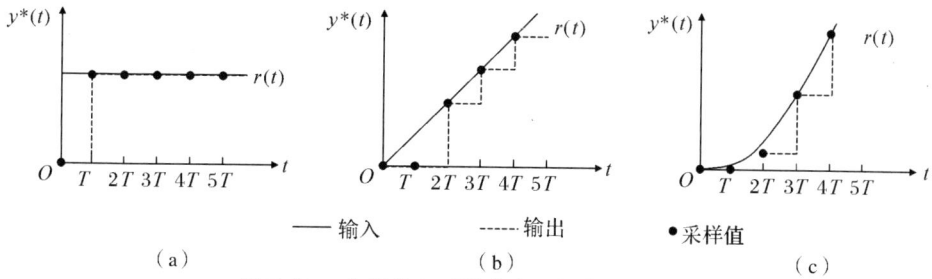

$$（a）\qquad\qquad （b）\qquad\qquad （c）$$

$$——输入\qquad -----输出\qquad ●采样值$$

图 7.23 典型输入时输出在采样点上的响应

(a) 单位阶跃输入；(b) 单位速度输入；(c) 单位加速度输入

(2) 单位速度输入($m = 2$)。

$$R(z) = \frac{Tz^{-1}}{(1-z^{-1})^2}$$

$$\Phi(z) = 1 - (1-z^{-1})m = 1 - (1-z^{-1})2 = 2z^{-1} - z^{-2}$$

$$E(z) = R(z)(1-\Phi(z)) = \frac{Tz^{-1}}{(1-z^{-1})^2}(1-z^{-1})2 = Tz^{-1} =$$

$$0 \cdot z^0 + Tz^{-1} + 0 \cdot z^{-2} + 0 \cdot z^{-3} + \cdots)$$

对应的采样点偏差值为 $e(0) = 1, e(T) = e(2T) = e(3T) = \cdots = 0$，此式说明，经过两拍后，偏差采样值达到并保持为 0，过渡过程为两拍。

再看输入、输出的情况：

输入：$R(z) = \dfrac{Tz^{-1}}{(1-z^{-1})^2} = 0z^0 + Tz^{-1} + 2Tz^{-2} + 3Tz^{-3} + \cdots$

输出：$Y(z) = R(z)\Phi(z) = \dfrac{Tz^{-1}}{1-z^{-1}}(2z^{-1} - z^{-2}) = \dfrac{2Tz^{-2} - Tz^{-3}}{1 - 2z^{-1} + z^{-2}} =$

$$0 \cdot z^0 + 0 \cdot z^{-1} + 2Tz^{-2} + 3Tz^{-3} + 4Tz^{-4} + \cdots$$

对应的输出系列为 $Y(0) = Y(T) = 0, Y(2T) = 2T, Y(3T) = 3T, \cdots$，此式表明，只需二拍，输出就能跟踪上输入，达到稳态，误差为 0，如图 7.23(b) 所示。

(3) 单位加速度输入($m = 3$)。

$$R(z) = \frac{T^2 z^{-1}(1+z^{-1})}{2(1-z^{-1})^3}$$

$$\Phi(z) = 1 - (1-z^{-1})m = 1 - (1-z^{-1})3 = 3z^{-1} - 3z^{-2} + z^{-3}$$

$$E(z) = R(z)(1-\Phi(z)) = \frac{T^2 z^{-1}(1+z^{-1})}{2(1-z^{-1})^3}(1-z^{-1})3 = \frac{1}{2}T^2(z^{-1} + z^{-2}) =$$

$$\frac{1}{2}T^2 z^{-1} + \frac{1}{2}T^2 z^{-2} + 0 \cdot z^{-3} + 0 \cdot z^{-4} + \cdots$$

对应的采样点偏差值为 $e(0) = 0, e(T) = \dfrac{1}{2}T^2, e(2T) = \dfrac{1}{2}T^2, e(3T) = e(4T) = \cdots = 0$，此式说明，经过三拍后，输出采样值不再有误差，过渡过程为三拍。

再看输出，输入的情况：

输入：$R(z) = \dfrac{T^2 z^{-1}(1+z^{-1})}{2(1-z^{-1})^3} = \dfrac{T^2(z^{-1} + z^{-2})}{2 - 6z^{-1} + 6z^{-2} - 2z^{-3}} =$

$$0 \cdot z^0 + 0.5T^2 z^{-1} + 2T^2 z^{-2} + 4.5T^2 z^{-3} + 8T^2 z^{-4} + \cdots$$

输出：$Y(z) = R(z)\Phi(z) = \dfrac{T^2 z^{-1}(1+z^{-1})}{2(1-z^{-1})^3}(3z^{-1}-3z^{-2}+z^{-3}) =$

$$\dfrac{3T^2 z^{-2} - 2T^2 z^{-4} + T^2 z^{-5}}{2 - 6z^{-1} + 6z^{-2} - 2z^{-3}} = 0 \cdot z^0 + 0 \cdot z^{-1} + 1.5T^2 z^{-2} +$$

$$4.5T^2 z^{-3} + 8T^2 z^{-4} + \cdots$$

对应的输出系列为 $Y(0) = Y(T) = 0, Y(2T) = 1.5T^2, Y(3T) = 4.5T^2, \cdots$，此式表明，只需三拍，输出就能跟踪上输入，达到稳态，误差为 0，如图 7.23(c) 所示。

在对象符合前面的假定情况下，上述三种典型输入的 $\Phi(z)$ 设计结果见表 7.3。

表 7.3　三种典型输入时最少拍有波纹系统的 $\Phi(z)$

输入类型 $r(t)$ 和 $R(z)$	误差 z 传递函数 $\Phi_e(z)$	闭环 z 传递函数 $\Phi(z)$	最快调整时间 t_s
单位阶跃输入 $1(t), \dfrac{1}{1-z^{-1}}$	$1 - z^{-1}$	z^{-1}	T
单位速度输入 $t, \dfrac{Tz^{-1}}{(1-z^{-1})^2}$	$(1-z^{-1})^2$	$2z^{-1} - z^{-2}$	$2T$
单位加速度输入 $\dfrac{1}{2}t^2, \dfrac{T^2 z^{-1}(1+z^{-1})}{2(1-z^{-1})^3}$	$(1-z^{-1})^3$	$3z^{-1} - 3z^{-2} + z^{-3}$	$3T$

表中给出的最小拍系统设计，实际上只适用于在对象符合前面的假定情况下给出的，即被控对象 $G(z)$ 不含单位圆上和圆外的极点（$z=1$ 除外），以及不含单位圆上和圆外零点（$z=1$ 除外），同时 $G_0(s)$ 不含纯滞后环节。

【例 7.5】　控制系统结构图如图 7.24 所示，设 $G_0(s) = \dfrac{10}{s(s+1)}$，$T = 1$ s，试针对单位速度输入设计最小拍有波纹数字控制器。

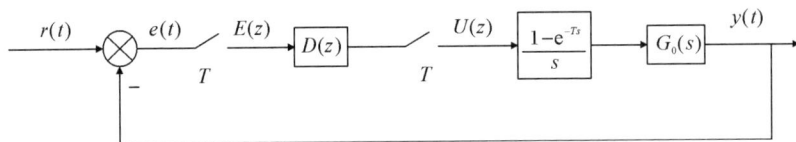

图 7.24　离散控制系统结构图

解　广义对象的 $\mathscr{Z}$ 传递函数为

$$G(z) = \mathscr{Z}\left[\dfrac{1-\mathrm{e}^{-Ts}}{s} G_0(s)\right] = (1-z^{-1})\mathscr{Z}\left[\dfrac{10}{s^2(s+1)}\right] =$$

$$10(1-z^{-1})\left[\dfrac{z^{-1}}{(1-z^{-1})^2} - \dfrac{(1-\mathrm{e}^{-1})z^{-1}}{(1-\mathrm{e}^{-1}z^{-1})}\right] =$$

$$\dfrac{3.682z^{-1}(1+0.718z^{-1})}{(1-z^{-1})(1-0.368z^{-1})}$$

被控对象 $G(z)$ 稳定，不含单位圆上和圆外零点和极点（$z=1$ 除外），且 $G_0(s)$ 不含纯滞后环节，故由表 7.3 可查得

$$\Phi(z) = 2z^{-1} - z^{-2}$$

$$D(z) = \dfrac{\Phi(z)}{G(z)[1-\Phi(z)]} = \dfrac{0.543(1-0.5z^{-1})(1-0.368z^{-1})}{(1-z^{-1})(1+0.718z^{-1})}$$

这就是要设计的数字控制器 $D(z)$。

下面再看输入、输出及 $E(z)$

输入：$R(z) = \dfrac{z^{-1}}{(1-z^{-1})^2} = 0 \cdot z^0 + 1 \cdot z^{-1} + 2 \cdot z^{-2} + 3 \cdot z^{-3} + \cdots$

输出：$Y(z) = R(z)\Phi(z) = \dfrac{z^{-1}}{(1-z^{-1})^2}(2z^{-1} - z^{-2}) = \dfrac{2z^{-2} - z^{-3}}{1 - 2z^{-1} + z^{-2}} =$

$0 \cdot z^0 + 0 \cdot z^{-1} + 2 \cdot z^{-2} + 3 \cdot z^{-3} + 4 \cdot z^{-4} + \cdots$

则 $Y(0) = Y(T) = 0, Y(2T) = 2, Y(3T) = 3, Y(4T) = 4, \cdots$

$$E(z) = (1 - \Phi(z))R(z) = \dfrac{z^{-1}}{(1-z^{-1})^2}(1-z^{-1})^2 = z^{-1} = 0 \cdot z^0 + 1 \cdot z^{-1} + 0 \cdot z^{-2} + \cdots$$

则 $e(0) = 0, e(T) = 1, e(2T) = e(3T) = \cdots = 0$，从 $y(k), e(k)$ 序列可以看出，经过两个采样周期，误差达到 0，系统输出在采样点上跟踪上输入。仿真结果如图 7.25 所示。

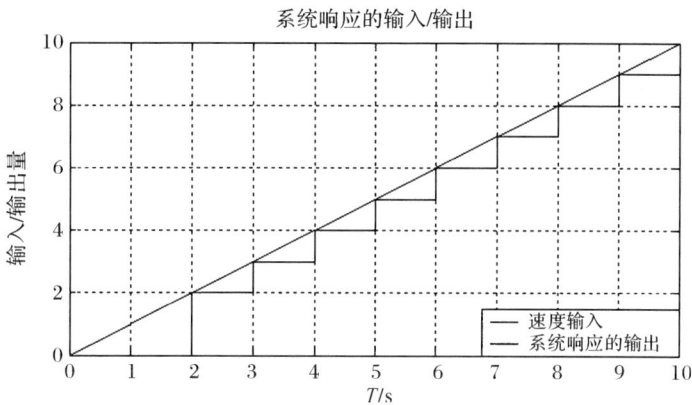

图 7.25　最少拍有波纹系统的输出

3. 由稳定性要求确定 $\Phi(z)$

前面我们讲的准确性要求和快速性要求，实质上都是从输入信号的角度来设计 $D(z)$ 的，显然 $D(z)$ 也与广义对象有关。当广义对象 $G(z)$ 中含有单位圆上或圆外的零、极点时，考虑到闭环的稳定性，对 $\Phi(z)$ 的结构还会提出一些要求。

（1）$G(z)$ 中含有单位圆上或圆外零点时。

当 $G(z)$ 中含有单位圆上或圆外零点时，我们从式（7.3.3）可以看出，$G(z)$ 圆上或圆外的零点将变成 $D(z)$ 圆上或圆外的极点，如果 $\Phi(z)$ 仍按照以前的方法设计，则 $D(z)$ 的输出将不稳定，这个不稳定的控制量又会使系统的输出发散。我们举个例子来说明：

【例 7.6】　如图 7.24 所示，设 $G_0(s) = \dfrac{2.1}{s^2(s+1.252)}$，$T = 1\ \text{s}$，按前面的设计方法，针对单位阶跃输入设计 $D(z)$。

解　根据 $\mathscr{Z}$ 变换，可得

$$G(z) = \dfrac{0.263z^{-1}(1 + 2.827z^{-1})(1 + 0.19z^{-1})}{(1-z^{-1})^2(1 - 0.286z^{-1})}$$

按照前面的方法,我们由表 7.3 查得,$\Phi(z) = z^{-1}$,有

$$D(z) = \frac{\Phi(z)}{G(z)(1-\Phi(z))} = \frac{3.802(1-z^{-1})(1-0.286z^{-1})}{(1+2.827z^{-1})(1+0.19z^{-1})}$$

我们再看输入、输出及 $E(z)$:

输入:$R(z) = \dfrac{1}{1+z^{-1}} = 1 + z^{-1} + z^{-2} + z^{-3} + \cdots$

输出:$Y(z) = R(z)\Phi(z) = \dfrac{1}{1+z^{-1}}z^{-1} = \dfrac{z^{-1}}{1+z^{-1}} = 1 + z^{-1} + z^{-2} + z^{-3} + \cdots$

对应得输出序列:$Y(0) = 0, Y(T) = Y(2T) = Y(3T) = \cdots = 1$

讨论:从采样点上看,系统是似乎一拍后就稳定了,但采样点之间的输出可能极差的。

例 7.6 表明,$D(z)$ 确实包含了一个不稳定极点 $z = -2.78$,从 $\Phi(z) = \dfrac{D(z)G(z)}{1+D(z)G(z)}$ 表面上来看,由于 $D(z)$ 与 $G(z)$ 的不稳定极点和零点整好相消了,所以输出理论上应当是稳定的。

$Y(z)$ 的序列也似乎说明输出是稳定的,但是否真正稳定,还得进一步研究控制量 $U(z)$。

$$U(z) = \frac{\Phi(z)}{G(z)}R(z) = (1-\Phi(z))D(z)R(z) \tag{7.3.14}$$

根据式(7.3.14)对例 7.6 有

$$U(z) = (1-z^{-1})\frac{1}{1-z^{-1}}D(z) = \frac{3.802(1-z^{-1})(1-0.286z^{-1})}{(1+2.827z^{-1})(1+0.19z^{-1})} =$$

$$3.802 - 16.36z^{-1} + 48.38z^{-2} - 137.2z^{-3} + \cdots$$

对应的控制序列:$u(0) = 3.802, u(T) = -16.36, u(2T) = 48.38, u(3T) = -137.2$,$\cdots$,从此可见,控制序列是发散的,这是因为 $D(z)$ 包含了不稳定极点,在这样的控制量作用下,被控制量是不可能稳定的,上面的 $Y(z)$ 序列表现出来的仅是一种假象,即采样点上虽然无稳态误差,但采样点之间早就发散了,仿真结果如图 7.26 和图 7.27 所示。

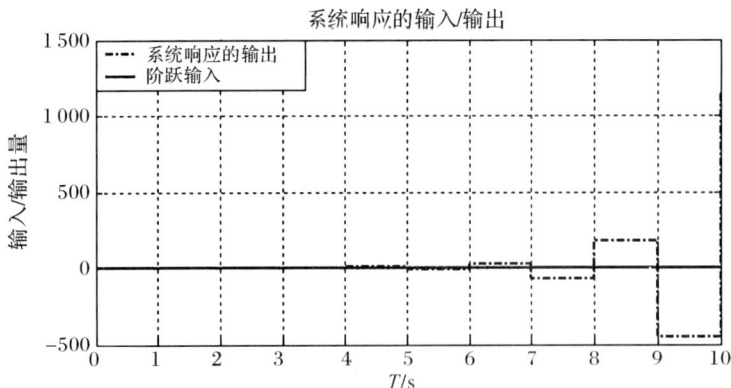

图 7.26　最少拍阶跃输入系统的不稳定输出

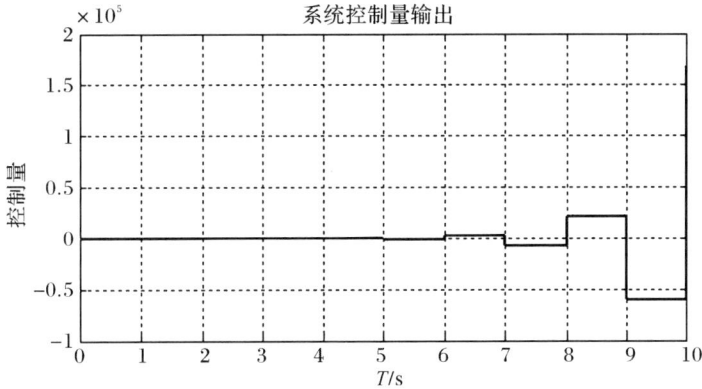

图 7.27　最少拍阶跃输入系统的不稳定控制

这一例子表明,在最小拍系统设计中,不但要保证输出量在采样点上的稳定,而且还要保证控制量收敛,才能使闭环系统在物理上真正稳定。

讨论:能否用 $[1-\Phi(z)]$ 所含相应极点来抵消 $G(z)$ 的零点呢?当然不行,这会使 $[1-\Phi(z)]$ 不稳定,从而使误差 $E(z)=R(z)[1-\Phi(z)]$ 越来越大。由于

$$R(z)\Phi(z)=Y(z)=U(z)G(z)\Rightarrow \frac{U(z)}{R(z)}=\frac{\Phi(z)}{G(z)} \tag{7.3.15}$$

为了使 $U(z)$ 控制量收敛,则只有让 $\Phi(z)$ 的零点中含有 $G(z)$ 圆上或圆外零点,二者相消是可行的,因为 $\Phi(z)$ 含有单位圆上或圆外零点,不影响自身稳定性。因此,在前面对 $\Phi(z)$ 要求的基础上,应作进一步修改:

设 $G(z)$ 在单位圆上或圆外有 i 个零点 $b_1,b_2,\cdots,b_i$,则式(7.3.12)和式(7.3.13)应修改为

$$\Phi(z)=(1-b_1z^{-1})(1-b_2z^{-1})\cdots(1-b_iz^{-1})(m_1z^{-1}+m_2z^{-1}+\cdots m_mz^{-m}) \tag{7.3.16}$$

$$1-\Phi(z)=(1-z^{-1})^m(1+f_1z^{-1}+f_2z^{-1}+\cdots+f_iz^{-i}) \tag{7.3.17}$$

【例 7.7】　在例 7.6 中,针对各典型输入设计 $D(z)$。

解　a 单位阶跃输入为

$$G(z)=\frac{0.263z^{-1}(1+2.827z^{-1})(1+0.19z^{-1})}{(1-z^{-1})^2(1-0.286z^{-1})}$$

对象 $G(z)$ 含有一个在单位圆外的零点 $z=-2.827$,则有 $i=1,m=1$,根据式(7.3.16)和式(7.3.17)有

$$\begin{cases}\Phi(z)=(1+2.827z^{-1})z^{-1}m_1 & (1)\\ 1-\Phi(z)=(1-z^{-1})(1+f_1z^{-1}) & (2)\end{cases}$$

将式(1)代入式(2),并令两边关于 z 的幂次系数相等,有

$$\begin{cases}1-f_1=m_1\\ 2.827m_1=f_1\end{cases}\Rightarrow \begin{cases}m_1=0.261\\ f_1=0.739\end{cases}$$

则

$$D(z)=\frac{\Phi(z)}{G(z)(1-\Phi(z))}=\frac{(1-z^{-1})(1-0.286z^{-1})}{(1+0.19z^{-1})(1+0.739z^{-1})}$$

$$\Phi(z)=0.261(1+2.827z^{-1})z^{-1}$$

我们再看输入、输出:

输入:$R(z)=\dfrac{1}{1-z^{-1}}=1+z^{-1}+z^{-2}+z^{-3}+\cdots$

输出：$Y(z) = R(z)\Phi(z) = \dfrac{0.261(1 + 2.78z^{-1})z^{-1}}{1 - z^{-1}} = 0.261z^{-1} + z^{-2} + z^{-3} + \cdots$

对应的输出序列：$Y(0) = 0, Y(T) = 0.261, Y(2T) = Y(3T) = \cdots = 1$。

$$U(z) = \frac{Y(z)}{G(z)} = \frac{(1 - z^{-1})(1 - 0.286z^{-1})}{1 + 0.2z^{-1}} = 1 \cdot z^{0} - 1.466z^{-1} + 0.563\ 2z^{-2} - 0.107z^{-3} + \cdots$$

对应的控制序列为$1, -1.466, 0.563\ 2, -0.107, \cdots$，故控制序列是收敛的，也即是稳定的，输出序列同样也是稳定的。仿真结果如图 7.28 和图 7.29 所示。

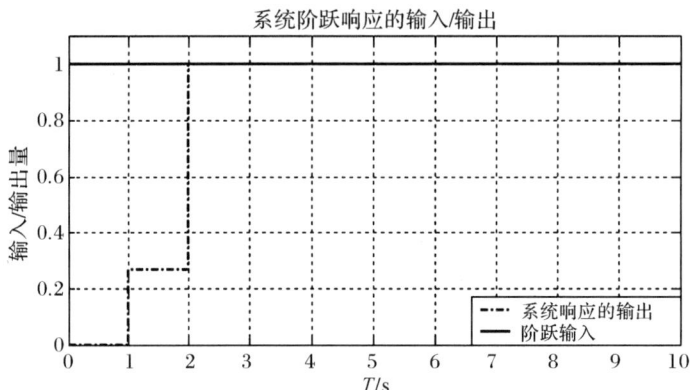

图 7.28 最少拍阶跃输入系统的稳定输出

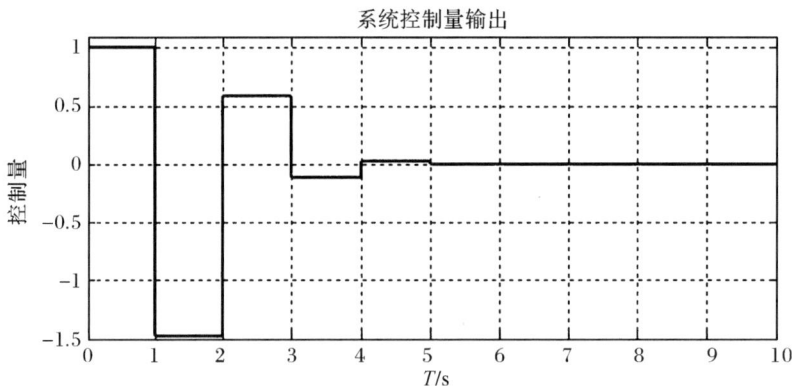

图 7.29 最少拍阶跃输入系统的稳定控制

b 单位速度输入：

$$G(z) = \frac{0.263z^{-1}(1 + 2.827z^{-1})(1 + 0.19z^{-1})}{(1 - z^{-1})^{2}(1 - 0.286z^{-1})}$$

对象 $G(z)$ 含有一个在单位圆外的零点 $z = -2.827$，则有 $i = 1, m = 2$，根据式（7.3.16）和式（7.3.17）有

$$\begin{cases} \Phi(z) = (1 + 2.827z^{-1})z^{-1}m_1 & (1) \\ 1 - \Phi(z) = (1 - z^{-1})(1 + f_1 z^{-1}) & (2) \end{cases}$$

将式（1）代入式（2），并令两边关于 z 的幂次系数相等，有

$$\begin{cases} f_1 = -2.827m_2 \\ 2 - f_1 = m_1 \\ 2f_1 - 1 = 2.827m_1 + m_2 \end{cases} \Rightarrow \begin{cases} m_1 = 0.717 \\ m_2 = -0.454 \\ f_1 = 1.283 \end{cases}$$

则

$$D(z) = \frac{\Phi(z)}{G(z)(1 - \Phi(z))} = \frac{2.726(1 - 0.286z^{-1})(1 - 0.633z^{-1})}{(1 + 0.19z^{-1})(1 + 1.283z^{-1})}$$

$$\Phi(z) = (1 + 2.827z^{-1})(0.717z^{-1} - 0.454z^{-2})$$

接着再看输入、输出：

输入：$R(z) = \dfrac{z^{-1}}{(1 - z^{-1})^2} = 0 \cdot z^0 + z^{-1} + 2z^{-2} + 3z^{-3} + \cdots$

输出：$Y(z) = R(z)\Phi(z) = \dfrac{0.717z^{-2}(1 - 0.633z^{-1})(1 + 2.827z^{-1})}{(1 - z^{-1})^2} =$

$0.717z^{-2} + 3z^{-3} + 4z^{-4} + 5z^{-5} + \cdots$

对应的输出序列：$Y(0) = Y(T) = 0, Y(2T) = 0.724, Y(3T) = 3, \cdots$。

$$U(z) = \frac{Y(z)}{G(z)} =$$

$$\frac{2.726z^{-1}(1 - 0.286z^{-1})(1 - 0.633z^{-1})}{(1 + 0.19z^{-1})} =$$

$2.726z^{-1} - 3.023z^{-2} + 1.068z^{-3} - 0.202\,8z^{-4} + 0.038\,5z^{-5} + \cdots$

对应的控制序列为 $0, 0, 2.726, -3.023, 1.068, -0.202\,8, 0.038\,5, \cdots$，故控制序列是收敛的，输出序列从第三拍起准确跟踪上输入。仿真结果如图 7.30 和图 7.31 所示。

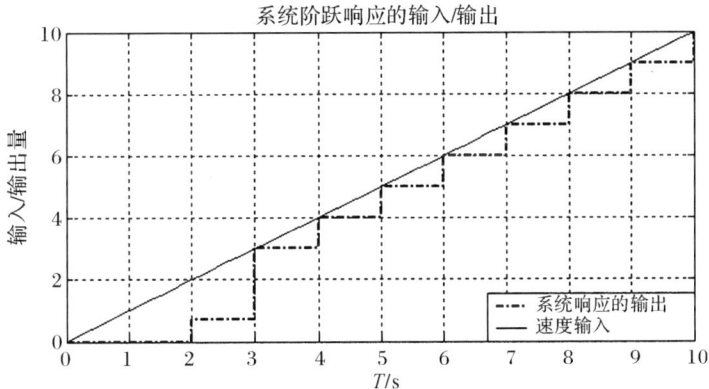

图 7.30　最少拍速度输入系统的稳定输出

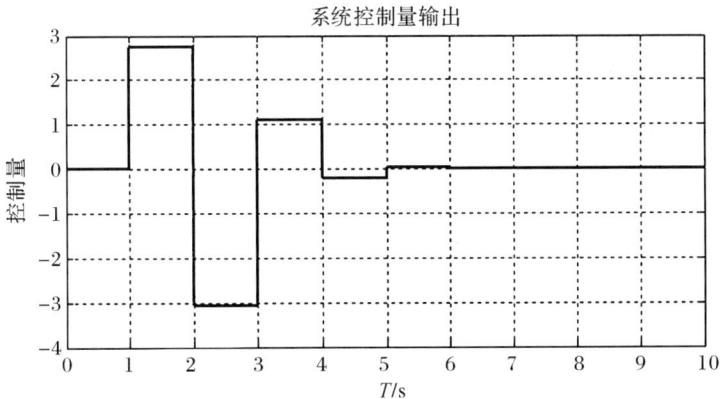

图 7.31　最少拍速度输入系统的稳定控制

b 单位加速度输入：

$$G(z) = \frac{0.263z^{-1}(1+2.827z^{-1})(1+0.19z^{-1})}{(1-z^{-1})(1-0.286z^{-1})}$$

对象 $G(z)$ 含有一个在单位圆外的零点 $z=-2.827$，则有 $i=1, m=3$，根据式(7.3.16)和式(7.3.17) 有

$$\begin{cases} \Phi(z) = z^{-1}(m_1 + m_2 z^{-1} + m_2 z^{-2})(1+2.827z^{-1}) & (1) \\ 1-\Phi(z) = (^1 - z^{-1})3(1+f_1 z^{-1}) & (2) \end{cases}$$

将式(1) 代入式(2)，并令两边关于 z 的幂次系数相等，有

$$\begin{cases} 3 - f_1 = m_1 \\ 3(f_1 - 1) = 2.827m_1 + m_2 \\ 2.827m_2 + m_3 = 1 - 3f_1 \\ f_1 = 2.827m_3 \end{cases} \Rightarrow \begin{cases} m_1 = 1.312 \\ m_2 = -1.646 \\ m_3 = 0.597 \\ f_1 = 1.688 \end{cases}$$

则

$$D(z) = \frac{\Phi(z)}{G(z)(1-\Phi(z))} = \frac{(1-z^{-1})^2(1-0.286z^{-1})}{0.263z^{-1}(1+2.827z^{-1})(1+0.19z^{-1})} \cdot$$

$$\frac{(1+2.827z^{-1})(1.312z^{-1} - 1.646z^{-2} + 0.597z^{-3})}{(1-z^{-1})^3(1+1.688z^{-1})} =$$

$$\frac{5(1-0.286z^{-1})(1-1.255z^{-1} + 0.455z^{-2})}{(1+0.19z^{-1})(1-z^{-1})(1+1.688z^{-1})}$$

输出序列从第四拍起准确跟踪上输入。仿真结果如图 7.32 和图 7.33 所示。

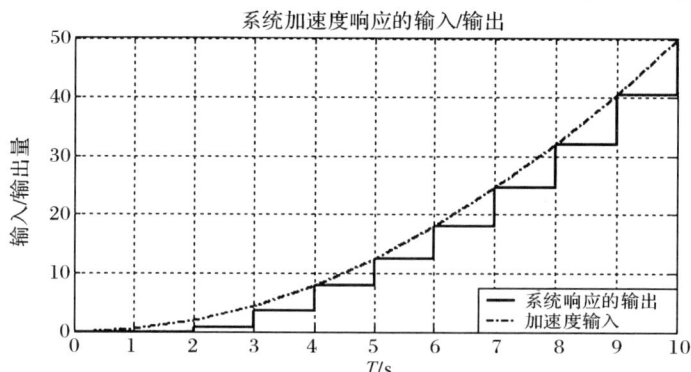

图 7.32　最少拍加速度输入系统的稳定输出

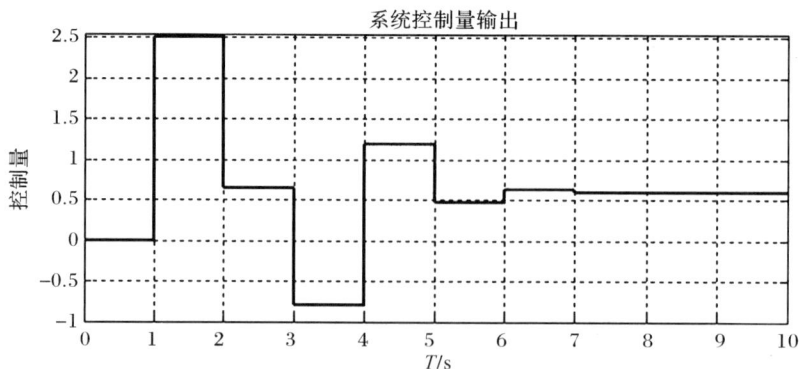

图 7.33　最少拍加速度输入系统的稳定控制

　　上面我们讨论了 $G(z)$ 含单位圆上或圆外零点时,最小拍控制系统的设计。下面讨论另一种情况,广义被控对象 $G(z)$ 含有单位圆上或圆外极点时,控制器 $D(z)$ 的设计。

　　(2) $G(z)$ 含有单位圆上或圆外极点时($z=1$ 除外)。

　　由式(7.3.3)可知,如果 $\Phi(z)$ 仍按快速性要求的方法设计时,则 $G(z)$ 的不稳定极点将变成 $D(z)$ 的零点,又由 $\Phi(z)=\dfrac{D(z)G(z)}{1+D(z)G(z)}=D(z)G(z)[1-\Phi(z)]$ 知,$D(z)$ 与 $G(z)$ 的零极点又可对消,在理论上可得到一个稳定的控制系统,从而无论输出量 $Y(z)$,还是控制量 $U(z)$ 都是稳定的。

　　然而实际中,由于系统辨识的误差或系统运行过程中对象参数的变化,都可能造成 $G(z)$ 的不稳定极点与理论上不一致,这一类抵消是不可能准确实现的。

　　下面讨论当 $D(z)$ 的零点与 $G(z)$ 的极点不能准确抵消时会发生什么现象?

　　设不稳定广义被控对象的 $\mathscr{Z}$ 传函:

$$G(z)=\frac{G_0(z)}{1-p_iz^{-1}} \tag{7.3.18}$$

式中:p_i 为系统的不稳定极点,则

$$D(z)=\frac{\Phi(z)}{G(z)(1-\Phi(z))}=\frac{1-p_iz^{-1}}{G_0(z)}\frac{\Phi(z)}{(1-\Phi(z))} \tag{7.3.19}$$

　　若系统的极点很准确的为 p_i,在形成闭环时,$G(z)$ 的不稳定极点与 $D(z)$ 的零点抵消时,有

$$Y(z)=R(z)\Phi(z)=R(z)\frac{D(z)G(z)}{1+D(z)G(z)} \tag{7.3.20}$$

$$U(z)=\frac{Y(z)}{G(z)}=\frac{\Phi(z)R(z)}{G(z)}=\frac{1-p_iz^{-1}}{G_0(z)}R(z)\Phi(z) \tag{7.3.21}$$

输出量和控制量都可以是稳定的。

　　但如果由于辨识误差或参数随时间的变化,实际系统的不稳定极点 p_i 有一个偏差 Δp_i,则被控对象的传函

$$G^*(z)=\frac{G_0(z)}{1-(p_i+\Delta p_i)z^{-1}} \tag{7.3.22}$$

$$\Phi^*(z)=\frac{D(z)G^*(z)}{1+D(z)G^*(z)}=\frac{(1-p_iz^{-1})\Phi(z)}{1-[p_i+\Delta p_i-\Delta p_i\Phi(z)]z^{-1}} \tag{7.3.23}$$

讨论:

1) 当 $\Delta p_i=0$ 时,$\Phi^*(z)=\Phi(z)$ [$G(z)$ 的不稳定极点恰好能被 $D(z)$ 的零点抵消]。

2) 当 $\Delta p_i\neq 0$,且充分小时,$\Phi^*(z)\neq\Phi(z)$,将引起闭环系统不稳定。

下面举例来说明:

　　【例7.8】　设有不稳定对象 $G(z)=\dfrac{2.2z^{-1}}{1+1.2z^{-1}}$,仍用快速性要求的方法,针对单位阶跃输入设计最小拍有波纹 $D(z)$,若 $G(z)$ 的不稳定极点由 -1.2 变成了 -1.3,考察所设计的系统的输出响应。

　　解　对于阶跃输入,由表 7.3 可知

$$\Phi(z)=z^{-1}$$

$$D(z)=\frac{\Phi(z)}{G(z)[1-\Phi(z)]}=\frac{1+1.2z^{-1}}{2.2z^{-1}}\frac{z^{-1}}{1-z^{-1}}=\frac{1+1.2z^{-1}}{2.2(1-z^{-1})}$$

$$Y(z) = R(z)\Phi(z) = \frac{z^{-1}}{1 - z^{-1}} = 0 + z^{-1} + z^{-2} + z^{-3} + \cdots$$

$$U(z) = \frac{Y(z)}{G(z)} = \frac{1 + 1.2z^{-1}}{2.2(1 - z^{-1})} = 0.454\ 5 + z^{-1} + z^{-2} + z^{-3} + \cdots$$

看起来控制量和输出响应均稳定,该系统也好像是一个稳定的控制系统。

若广义对象的极点由 -1.2 变成 -1.3,则

$$G^*(z) = \frac{2.2z^{-1}}{1 + 1.3z^{-1}}$$

那么在使用上述最少拍控制器 $D(z)$ 的情况下,闭环传递函数将变为

$$\Phi^*(z) = \frac{D(z)G^*(z)}{1 + D(z)G^*(z)} = \frac{z^{-1}(1 + 1.2z^{-1})}{1 + 1.3z^{-1} - 0.1z^{-2}}$$

在输入为单位阶跃输入时,

$$Y^*(z) = \Phi^*(z)R(z) = \frac{z^{-1}(1 + 1.2z^{-1})}{(1 + 1.3z^{-1} - 0.1z^{-2})(1 - z^{-1})} =$$

$$0 + z^{-1} + 0.9z^{-2} + 1.13z^{-3} + 0.82z^{-4} + 1.264z^{-5} + \cdots$$

可见,参数变化后,原设计系统不再稳定,如图 7.34 所示。

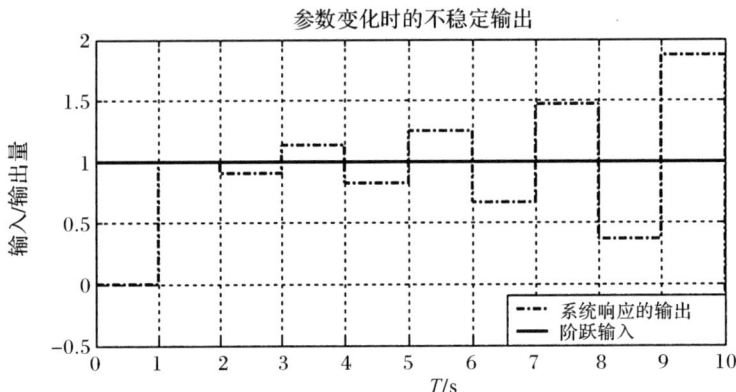

图 7.34　参数变化时阶跃输入的不稳定输出

仔细分析可知,参数变化后,特征方程 $1 + 1.3z^{-1} - 0.1z^{-2} = 0$ 的根为 -1.38 和 0.08 有一个极点在单位圆外。

上面的分析和例子说明,在最小拍控制系统的设计中,控制器的零点与对象不稳定极点相消只能给出理论的稳定控制,而实际上,闭环系统是不可能真正稳定的。

既然不能使用让 $D(z)$ 的单位圆上或圆外的零点与 $G(z)$ 的不稳定极点相抵消的方法,那么正确的解决办法是:让 $[1 - \Phi(z)]$ 的零点中包含 $G(z)$ 的不稳定极点。这样,$[1 - \Phi(z)]$ 自身稳定,又可相消,因此,对式(7.3.16)和式(7.3.17)进一步修改。

设 $G(z)$ 有 i 个单位圆上或圆外零点,即 $b_1, b_2, \cdots b_i$,有 j 个单位圆上或圆外极点($z = 1$ 除外),即 $p_1, p_2, \cdots, p_j$,按上述要求有

$$1 - \Phi(z) = (1 - z^{-1})^m(1 + f_1z^{-1} + f_2z^{-2} + \cdots f_iz^{-i})(1 - p_1z^{-1})(1 - p_2z^{-1})\cdots$$

$$(1 - p_jz^{-1}) \tag{7.3.24}$$

$$\Phi(z) = (1 - b_1z^{-1})(1 - b_2z^{-1})\cdots(1 - b_iz^{-1})[m_1z^{-1} + m_2z^{-2} + \cdots +$$

$$m_{m+j}z^{-(m+j)}] \tag{7.3.25}$$

【例 7.9】　对于例 7.8, $G(z) = \dfrac{2.2z^{-1}}{1 + 1.2z^{-1}}$,针对单位阶跃输入设计最小拍有波纹 $D(z)$。

解　对于单位阶跃输入 $m = 1, i = 0, j = 1(z = -1.2)$,根据式(7.3.24)式(7.3.25)有

$$\begin{cases} 1 - \Phi(z) = (1 - z^{-1})(1 + 1.2z^{-1}) & (1) \\ \Phi(z) = z^{-1}(m_1 + m_2 z^{-1}) & (2) \end{cases}$$

将式(2)代入式(1),并令两边关于 z 的幂次系数相等,有

$$\begin{cases} m_1 = -0.2 \\ m_2 = 1.2 \end{cases}$$

则

$$D(z) = \frac{\Phi(z)}{G(z)[1 - \Phi(z)]} = \frac{1 + 1.2z^{-1}}{2.2z^{-1}} \cdot \frac{-0.2z^{-1}(1 - 6z^{-1})}{(1 - z^{-1})(1 + 1.2z^{-1})} = \frac{-0.091(1 - 6z^{-1})}{1 - z^{-1}}$$

接着再看输入、输出:

输入: $R(z) = \dfrac{1}{1 - z^{-1}} = 1 + z^{-1} + z^{-2} + z^{-3} + \cdots$

输出: $Y(z) = R(z)\Phi(z) = \dfrac{-0.2(1 - 6z^{-1})z^{-1}}{1 - z^{-1}} = -0.2z^{-1} + z^{-2} + z^{-3} + \cdots$

控制量: $U(z) = \dfrac{Y(z)}{G(z)} = \dfrac{-0.091(1 - 6z^{-1})(1 + 1.2z^{-1})}{1 - z^{-1}} = -0.091 + 0.345z^{-1} + z^{-2} + z^{-3} + \cdots$

可见系统是稳定的。

若 $G(z)$ 的极点由 -1.2 变成 -1.3,则

$$G^*(z) = \frac{2.2z^{-1}}{1 + 1.3z^{-1}}$$

那么在使用例 7.9 最少拍控制器 $D(z)$ 的情况下,闭环传递函数将变为

$$\Phi^*(z) = \frac{D(z)G^*(z)}{1 + D(z)G^*(z)} = \frac{-0.2z^{-1}(1 - 6z^{-1})}{1 + 0.1z^{-1} - 0.1z^{-2}}$$

在输入为单位阶跃输入时,

$$Y^*(z) = \Phi^*(z)R(z) = \frac{-0.2z^{-1}(1 - 6z^{-1})}{(1 + 0.1z^{-1} - 0.1z^{-2})(1 - z^{-1})} =$$
$$-0.2z^{-1} + 1.02z^{-2} + 0.878z^{-3} + 1.0142z^{-4} + 0.986z^{-5} + \cdots$$

可见,模型参数变化时,系统仍稳定,如图 7.35 所示。

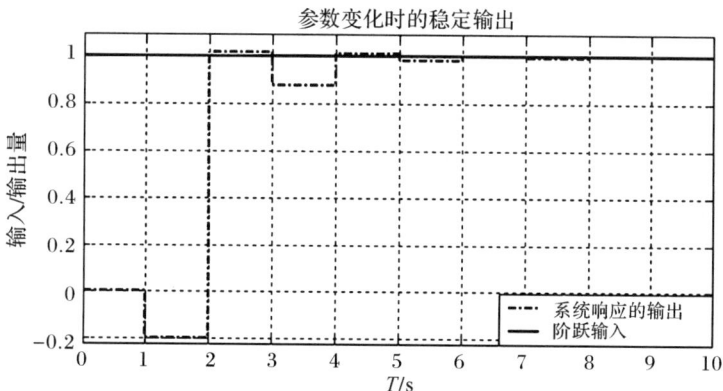

图 7.35　参数变化时阶跃输入的稳定输出

4. 由 $D(z)$ 的物理可实现性确定 $\Phi(z)$

当对象含有纯滞后环节，形如 $G_0(s) = \dfrac{10e^{-\tau s}}{s(s+1)}$ 时，根据延迟定理，$Z[f(t-\tau)] = z^{-l}F(z)$，其中，$l = \tau/T$。所以，当被控对象包含纯滞后时，其对应的脉冲传递函数就含 z^{-l} 的因子，在设计 $D(z)$ 时，会遇到 $D(z)$ 的可实现性问题。

则 $G(z)$ 的传递函数为

$$G(z) = \mathscr{Z}[\text{ZOH} \cdot G_0(s)] = z^{-1}(g_0 + g_1 + g_2 z^{-2} + \cdots) \tag{7.3.26}$$

则

$$D(z) = \frac{\Phi(z)}{G(z)(1-\Phi(z))} = \frac{\Phi(z)}{z^{-1}(g_0 + g_1 + g_2 z^{-2} + \cdots)[1-\Phi(z)]} \tag{7.3.27}$$

由于 $(g_0 + g_1 + g_2 z^{-2} + \cdots)$ 不影响 $(1-\Phi(z))$ 的关于 z^{-1} 的最低次幂，为了保证 $D(z)$ 的物理可实现，则要求 $\Phi(z)$ 中必须包含因子 z^{-1}，因而在准确性、快速性及稳定性设计的基础上，式(7.3.24)和式(7.3.25)进一步修改。

设被控对象 $G_0(s)$ 含有 l 个采样周期($l = \tau/T$)的纯滞后，并且有 i 个单位圆上或圆外零点，即 $b_1, b_2, \cdots, b_i$，有 j 个单位圆上或圆外极点($z=1$ 除外)，即 $p_1, p_2, \cdots, p_j$，按上述要求有：

$$\Phi(z) = z^{-1}(1-b_1 z^{-1})(1-b_2 z^{-1})\cdots(1-b_i z^{-1})$$
$$(m_1 z^{-1} + m_2 z^{-2} + \cdots + m_{m+j} z^{-(m+j)}) \tag{7.3.28}$$
$$1 - \Phi(z) = (1-z^{-1})^m (1-p_1 z^{-1})(1-p_2 z^{-1})\cdots(1-p_j z^{-1})$$
$$(1 + f_1 z^{-1} + \cdots + f_{i+l} z^{-(i+l)}) \tag{7.3.29}$$

【例 7.10】 如图 7.24 所示，$G_0(s) = \dfrac{10e^{-Ts}}{s(s+1)}$，$T = 1\text{ s}$，针对单位速度输入设计最小拍有波纹 $D(z)$。

解 根据 $\mathscr{Z}$ 变换，可得

$$G(z) = \mathscr{Z}[\text{ZOH} \cdot G_0(s)] = \frac{3.682 z^{-2}(1 + 0.718 z^{-1})}{(1 + z^{-1})(1 - 0.368 z^{-1})}$$

可见，由于 $G_0(s)$ 包含了一个采样周期的纯滞后，所以 $G(z)$ 增加了一个 z^{-1} 因子。对于单位速度输入 $m = 1, i = 0, j = 0, l = \tau/T = 1$，根据式(7.3.28)和式(7.3.29)有

$$\begin{cases} \Phi(z) = z^{-2}(m_1 + m_2 z^{-1}) & (1) \\ 1 - \Phi(z) = (1-z^{-1})(1 + f_1 z^{-1}) & (2) \end{cases}$$

将式(1)代入式(2)，并令两边关于 z 的幂次系数相等，有

$$\begin{cases} 2 - f_1 = 0 \\ 2f_1 - 1 = m_1 \\ m_2 = -f_1 \end{cases} \Rightarrow \begin{cases} f_1 = 2 \\ m_1 = 3 \\ m_2 = -2 \end{cases}$$

$$D(z) = \frac{\Phi(z)}{G(z)(1-\Phi(z))} = \frac{(1-0.368 z^{-1})(3 - 2z^{-1})}{3.68(1 + 0.718 z^{-1})(1 - z^{-1})(1 + 2z^{-1})}$$

仿真结果如图 7.36 所示。

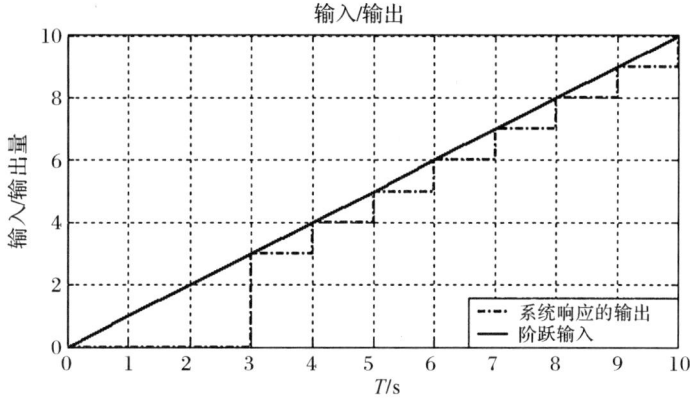

图 7.36　考虑 $D(z)$ 物理可实现性系统的输入 / 输出

经过二个采样周期,误差达到 0,系统输出在采样点上跟踪上输入。

小结:综上所述,在设计最小拍有波纹数字控制器 $D(z)$ 时,必须要考虑下述三个方面:

(1) 为了使输出采样值在最小拍内到达设定值,$\Phi(z)$,$[1-\Phi(z)]$ 应先根据典型的输入信号确定。

(2) 为了保证系统的稳定性,$G(z)$ 的单位圆上和圆外的极点必须包括在 $[1-\Phi(z)]$ 的零点之中,而 $G(z)$ 的单位圆上和圆外的零点必须包括在 $\Phi(z)$ 的零点之中。

(3) 为了保证 $D(z)$ 的无理可实现,$\Phi(z)$ 还应乘以因子 z^{-l}(其中,$l=\dfrac{\tau}{T}$,τ 是控制对象的纯滞后时间)。

【**例** 7.11】　如图 7.24 中,设 $G_0(s)=\dfrac{12.5}{s(s+2)(s+0.5)}$,$T=1\text{ s}$,针对单位阶跃输入设计最小拍有波纹 $D(z)$。

解　根据 $\mathscr{Z}$ 变换,可得

$$G(z)=\mathscr{Z}\big[\text{ZOH}\cdot G_0(s)\big]=Z\Big[\frac{1-\text{e}^{-Ts}}{s}\cdot\frac{12.5}{s(s+5)(s+0.5)}\Big]=$$

$$\frac{0.738\,5z^{-1}(1+1.516z^{-1})(1+0.051\,7z^{-1})}{(1-z^{-1})(1-0.606\,5z^{-1})(1-0.006\,7z^{-1})}$$

对于单位阶跃输入 $m=1$,$i=1(z=-1.516)$,$j=0$,$l=0$,根据式(7.3.28)和式(7.3.29)有

$$\begin{cases}\Phi(z)=z^{-1}(1+1.516z^{-1})m_1 & (1)\\ 1-\Phi(z)=(1-z^{-1})(1+f_1z^{-1}) & (2)\end{cases}$$

将(1)代入(2),并令两边关于 z 的幂次系数相等,有

$$\begin{cases}f_1=0.603\\ m_1=0.397\end{cases}$$

则

$$\Phi(z)=0.397z^{-1}(1+1.516z^{-1})$$

$$1-\Phi(z)=(1-z^{-1})(1+0.603z^{-1})$$

$$D(z) = \frac{\Phi(z)}{G(z)[1 - \Phi(z)]} = \frac{0.537\ 6(1 - 0.606\ 5z^{-1})(1 - 0.006\ 7z^{-1})}{(1 + 0.603z^{-1})(1 + 0.051\ 7z^{-1})}$$

接着再看输入、输出：

输入：$R(z) = \dfrac{1}{1 - z^{-1}} = 1 + z^{-1} + z^{-2} + z^{-3} + \cdots$

输出：$Y(z) = R(z)\Phi(z) = \dfrac{0.397z^{-1}(1 + 1.516z^{-1})}{1 - z^{-1}} = 0.397z^{-1} + z^{-2} + z^{-3} + \cdots$

可见系统是稳定的。仿真结果如图 7.37 和图 7.38 所示。

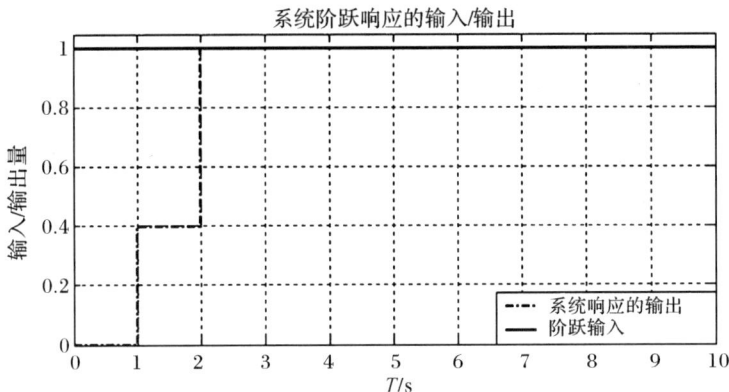

图 7.37　最少拍阶跃输入系统的稳定输出

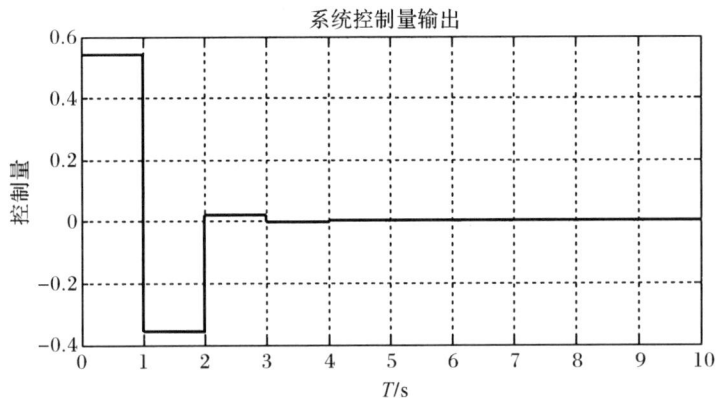

图 7.38　最少拍阶跃输入系统的稳定控制

此系统消除偏差采样值需要两个采样周期，而在表 7.3 中，输入为单位阶跃时，仅需要一个周期，之所以多出一个采样周期，就是因为 $G(z)$ 中有一个单位圆外的零点。

5. 最小拍有波纹系统的局限性

最小拍有波纹系统的设计步骤明确，设计方法简单且整个过程可解析地进行，其所得 $D(z)$ 的结构也十分简单，这都是它的优点，但它也存在着一些局限性。

（1）对不同的输入类型的适应性差。

$D(z)$ 的设计是系统针对某一种典型输入的响应为最小拍，但对于其他类型的输入不一定为最小拍，甚至会有很大的超调和静差，对随机输入性能就更差。我们通过一个例子来说明。

【例7.12】　设有一阶广义对象 $G(z) = \dfrac{0.5z^{-1}}{1 - 0.5z^{-1}}$，$T = 1$ s，针对单位速度输入设计最小拍有波纹系统，并考察系统对单位阶跃，速度和加速度输入的响应。

解　针对单位速度输入设计的结果为

$$\Phi(z) = 2z^{-1} - z^{-2}$$

则

$$D(z) = \frac{\Phi(z)}{G(z)(1 - \Phi(z))} = \frac{4\,(1 - 0.5z^{-1})^2}{(1 + z^{-1})^2}$$

1) 对单位速度输入的响应：

$$R(z) = \frac{z^{-1}}{(1 - z^{-1})^2} = z^{-1} + 2z^{-2} + 3z^{-3} + \cdots$$

$$Y(z) = R(z)\Phi(z) = \frac{2z^{-2} - z^{-3}}{1 - z^{-1}} = 2z^{-2} + z^{-3} + z^{-4} + \cdots$$

两拍后系统无静差。

2) 对单位阶跃输入的响应：

$$R(z) = \frac{1}{1 - z^{-1}} = 1 + z^{-1} + z^{-2} + z^{-3} + \cdots$$

$$Y(z) = R(z)\Phi(z) = \frac{2z^{-1} - z^{-2}}{1 - z^{-1}} = 2z^{-1} + z^{-2} + z^{-3} + \cdots$$

两拍后系统无静差。但第一拍的输出值为 2，超调量达到了 100%。

3) 对单位加速度输入的响应为

$$\Phi(z) = \frac{z^{-1}(1 + z^{-1})}{2\,(1 - z^{-1})^3} = 0.5z^{-1} + 2z^{-2} + 4.5z^{-3} + 8z^{-4} + \cdots$$

$$Y(z) = R(z)\Phi(z) = \frac{(z^{-1} + z^{-2})(2z^{-1} - z^{-2})}{2\,(1 - z^{-1})^3} = z^{-2} + 3.5z^{-3} + 7z^{-4} + 11.5z^{-5} + \cdots$$

期望值在各采样点上的值为 $0, 0.5, 2, 4.5, 8, \cdots$，输出值为 $0, 0, 1, 3.5, 7, 11.5\cdots$，稳态误差 $e_{ss} = 1$，这时，既不是最少拍，也不是无静差的。仿真结果如图 7.39 所示。

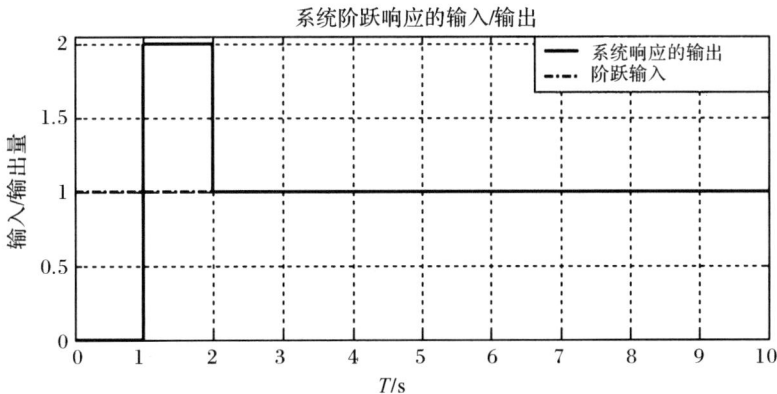

图 7.39　**按速度输入设计的最少拍系统对不同输入类型的响应**

系统加速度响应的输入/输出

系统加速度响应的输入/输出

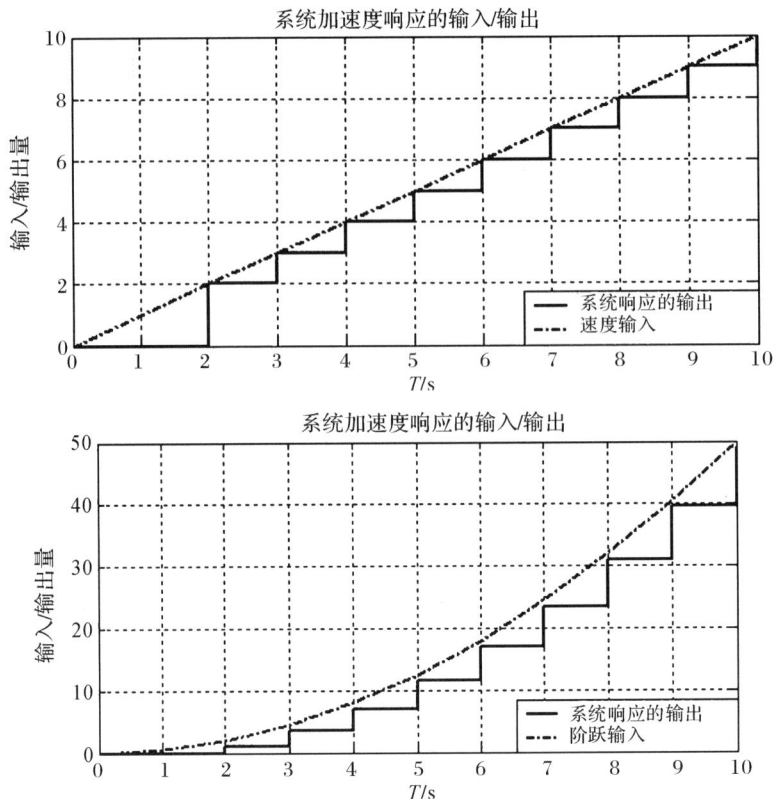

续图 7.39　按速度输入设计的最少拍系统对不同输入类型的响应

由图 7.39 可以看出,如下几点结论:① 从快速性来看,系统按速度输入设计的最少拍系统,所以,在各种典型输入下,其调整时间均为二拍,对加速度输入来说,虽然输出没有跟踪上输入,但其调整时间均为二拍,只是有静态误差($e_{ss} = 1$);② 从准确性来看,系统对单位阶跃输入和单位速度输入在采样时刻均无稳态误差,但对单位加速度输入,采样时刻上的稳态误差($e_{ss} = 1$);③ 从系统动态性能来看,系统对单位速度输入下的响应最好,这是因为系统本身就是针对速度输入而设计的,但系统对于单位阶跃输入响应性能较差,有 100% 的超调量。

因此,按某种典型输入设计的最少拍系统,适应性较差。

(2) 对参数变化过于敏感。

最少拍系统的闭环 z 传递函数含有多重极点 $z = 0$,从理论上可以证明,这一多重极点对参数变化的灵敏度可达到无穷。因此,若系统参数变化,或在计算机中存入的参数与设计参数略有差异,则实际输出将严重偏离期望状态,这也是在做最少拍实验时,常常得不到预期结果的原因。下面通过一个例子来说明。

【例 7.13】　在例 7.12 中,如果 $G(z) = \dfrac{0.5z^{-1}}{1 - 0.5z^{-1}}$ 变为 $G^{*}(z) = \dfrac{0.6z^{-1}}{1 - 0.4z^{-1}}$ 时,求系统对单位速度输入的响应。

解　参数变化后,系统的闭环 z 传递函数为

$$D(z) = \frac{4(1-0.5z^{-1})^2}{(1-z^{-1})^2}$$

$$\Phi^*(z) = \frac{D(z)G^*(z)}{1+D(z)G^*(z)} = \frac{2.4z^{-1}(1-0.5z^{-1})^2}{1-0.6z^{-2}+0.2z^{-3}}$$

当输入为单位速度时：

输入：$R(z) = \dfrac{z^{-1}}{(1-z^{-1})^2} = 0 \cdot z^{-0} + z^{-1} + 2z^{-2} + z^{-3} + \cdots$

输出：$Y(z) = R(z)\Phi(z) = \dfrac{2.4z^{-2}(1-0.5z^{-1})^2}{(1-z^{-1})^2(1-0.6z^{-2}+0.2z^{-3})} =$

$2.4z^{-2} + 2.4z^{-3} + 4.4z^{-4} + 4.56z^{-5} + 6.384z^{-6}\cdots$

对应的输出序列：$0,0,2.4,2.4,4.4,\cdots$ 与期望值 $0,1,2,3,\cdots$ 相差甚远。事实上，这时闭环极点已变为 $z_1 = -0.906, z_{2,3} = 0.435 \pm 0.12j$，偏离原点甚远。已不具最少拍设计性质。

（3）控制作用易超出限制范围。

在前面讲的最少拍设计中，并未对采样周期的下限，也未对控制量提出任何限制。因此，我们所得到的控制结果是使在控制量不受任何限制时系统输出跟踪输入所需要的最少拍过程，也就是说，T 似乎可以无限缩短，系统的调整时间 t_s 也可以无限短。这个结论只有理论上的意义，实际上是不可能的。因为离散系统中，许多参数与采样周期 T 有关，当 T 变短时，参数也变化，到一定程度就会使控制量超出系统的线性范围（如放大器饱和、D/A 饱和、电机转速限制等）。控制量起不到预期的控制效果。我们举个例子来说明：

【例 7.14】　一阶惯性环节 $G_0(s) = \dfrac{1}{T_f s + 1}$，研究 T 与控制量 U 的关系。

解　广义对象的 z 传函为

$$G(z) = \mathscr{Z}[\text{ZOH} \cdot G_0(s)] = \frac{(1-\sigma)z^{-1}}{1-\sigma z^{-1}} = \frac{(1-\sigma)z^{-1}}{(1-\sigma)z^{-1}+(1-z^{-1})} = \frac{z^{-1}}{z^{-1}+\dfrac{1-z^{-1}}{1-\sigma}}$$

式中：$\sigma = e^{-T/T_f}$，那么控制量为

$$U(z) = \frac{Y(z)}{G(z)} = \frac{\Phi(z)R(z)}{G(z)}$$

讨论：当 $T\downarrow$ 时（即采样频率加大），则 $\sigma\uparrow \rightarrow (1-\sigma)\downarrow \rightarrow |G(z)|\downarrow \rightarrow |U(z)|\uparrow$。

若该 $U(z)$ 通过功效驱动电机，则 $U(z)$ 幅度大到一定程度，必然会引起放大器饱和或达到电机极限转速。因此，在设计过程中，必须恰当选择 T，以实现最少拍设计的控制量。

（4）在采样之间存在波纹。

最少拍有波纹系统只是在采样点上的稳态误差为 0，而采样点之间的输出却有偏差，即有波纹。这些波纹影响了系统质量，增加了功耗、振动和机械磨损。而有些系统是不允许有波纹的，因此就有必要弄清楚波纹产生的原因，并想办法消除它，这将在下一节论述。

由于以上这些原因，最少拍控制在工程的应用受到很大限制，所以，除去个别情况外，最少拍有波纹系统并无多大实用意义。但是，人们可以针对最少拍控制的局限性，在其设计基础上加以改进，选择更为合理的 $\Phi(z)$，以获得较好的控制效果。

7.3.4 最少拍无波纹系统设计

最少拍无波纹系统数字控制器 $D(z)$ 的设计,是在最少拍有波纹设计的基础上,对期望闭环响应 $-\Phi(z)$ 和 $[1-\Phi(z)]$ 进一步修正,以达到不仅保证采样点上无稳态误差,而且能消除采样点之间的波纹。为此,先要弄清楚有波纹设计中产生波纹的原因,然后找出消除波纹的方法。

1.波纹产生的原因

下述通过一个例子来说明波纹产生的原因。

【例 7.15】 如图 7.24 所示,设 $G_0(s)=\dfrac{10}{s(s+1)}$,$T=1\ \mathrm{s}$,针对单位阶跃输入设计最少拍有波纹控制器 $D(z)$,并考察误差 $E(z)$ 及控制量 $U(z)$。

解 根据 $\mathscr{Z}$ 变换,可得

$$G(z)=\mathscr{Z}\left[\frac{1-\mathrm{e}^{-Ts}}{s}G_0\right]=\frac{3.682z^{-1}(1+0.718z^{-1})}{(1-z^{-1})(1-0.368z^{-1})}$$

故由表 7.3 可查得

$$\Phi(z)=z^{-1}$$

$$D(z)=\frac{\Phi(z)}{G(z)(1-\Phi(z))}=\frac{0.272-0.1z^{-1}}{1+0.718z^{-1}}$$

接着再看误差 $E(z)$

$$E(z)=(1-\Phi(z))R(z)\doteq\frac{1}{1-z^{-1}}(1-z^{-1})=1+0\cdot z^{-1}+0\cdot z^{-2}+\cdots$$

即一拍后输出跟踪输入,且偏差已达到并保持为 0。因此,如果从第一拍起,控制量 $U(z)$ 也能保持恒定(常数或 0),则输出就可以保持不变了。但是:

$$U(z)=D(z)E(z)=0.272-0.295z^{-1}+0.212z^{-2}-0.152z^{-3}+0.109z^{-4}+\cdots$$

可见控制量实际上并不恒定,而是在不停的波动(与前面要求的控制量的收敛是不同的),从而使连续部分的输出在采样点之间存在波纹。仿真结果如图 7.40 和图 7.41 所示。

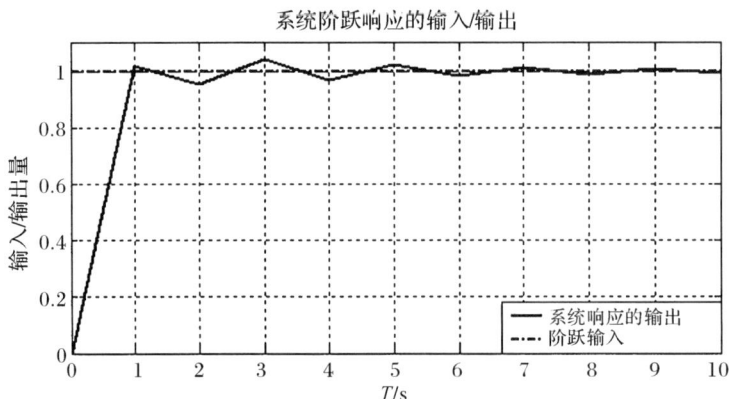

图 7.40 最少拍有波纹系统的输入 / 输出

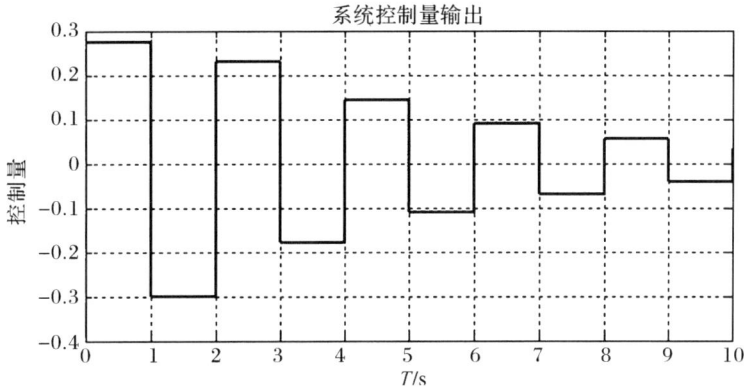

图 7.41　**最少拍有波纹系统的控制输出**

由这个例子可以得到下面的结论:最少拍有波纹设计可以使得有限拍后采样点上的偏差为 0,但数字控制器的输出并不一定达到稳态值,而是上下波动的。控制量作用在保持器的输入端,保持器的输出也必然波动。于是,系统的输出也出现了波纹。

控制量的波动,究其原因,主要是由于控制量 $U(z)$ 的 $\mathscr{Z}$ 变换含有非零极点,即单位圆内的极点。根据 z 平面上的极点分布与瞬态响应的关系,单位圆内极点虽然是稳定的,但对应的时域响应是振荡收敛的,而 $U(z)$ 的这种极点是由 $G(z)$ 的相应非零零点引起的。

2. 消除波纹的附加条件

由于

$$U(z) = \frac{\Phi(z)}{G(z)} R(z) \tag{7.3.30}$$

讨论:只要 $\dfrac{\Phi(z)}{G(z)}$ 是 z^{-1} 的有限多项式,如形式: $\dfrac{\Phi(z)}{G(z)} = a_0 + a_1 z^{-1} + a_2 z^{-2}$,那么在确定的典型输入下,经过有限拍后,系统输出 $Y(z)$ 就可以达到相对的稳态值。现在问题是, $\dfrac{\Phi(z)}{G(z)}$ 怎样才能是 z^{-1} 的有限多项式?

设 $G(z)$ 是关于 z^{-1} 的有理分式,即

$$G(z) = \frac{Q(z)}{P(z)} \tag{7.3.31}$$

$$\frac{\Phi(z)}{G(z)} = \frac{\Phi(z)P(z)}{Q(z)} \tag{7.3.32}$$

如果 $\Phi(z) = Q(z)\Phi_m(z)$,即让 $\Phi(z)$ 中包含 $G(z)$ 的全部非零零点, $\Phi_m(z)$ 是由准确性、稳定性和物理可实现性所决定的 z^{-1} 的多项式。

由此可知,无波纹设计的附加条件是:在最少拍有波纹设计的基础上,使 $\Phi(z)$ 中包含 $G(z)$ 的全部非零零点。

这些零点抵消了 $G(z)$ 的全部零点,充分证明了 $U(z)$ 中不再会有非零极点,因此消除了控制量的波动。

因此,最少拍无波纹系统的设计原则为:设被控对象 $G(z)$ 中含有 l 个采样周期的纯滞后,$l = \tau/T$,并且有 u 个非零零点,即 $z_1, z_2, \cdots, z_u$,j 个单位圆上或圆外极点($z = 1$ 除外),即,$p_1, p_2, \cdots, p_j$ 按上述要求式(7.3.28)和式(7.3.29)进一步修改为

$$\Phi(z) = z^{-l}(1 - z_1 z^{-1})(1 - z_2 z^{-1})\cdots(1 - z_u z^{-1})(m_1 z^{-1} + m_2 z^{-2} + \cdots +$$

$$m_{m+j} z^{-(m+j)}) \tag{7.3.33}$$

$$1 - \Phi(z) = (1 - z^{-1})^m (1 - p_1 z^{-1})(1 - p_2 z^{-1})\cdots(1 - p_j z^{-1})(1 +$$

$$f_1 z^{-1} + \cdots + f_{u+l} z^{-(u+l)}) \tag{7.3.34}$$

与有波纹设计相比,无波纹系统的调整时间比有波纹增加了 $(u - i)$ 步,这就是换取无波纹的代价。

【例7.16】 如图7.24所示,设 $G_0(s) = \dfrac{10}{s(s+1)}$,$T = 1\text{ s}$,试针对单位阶跃输入设计最少拍无波纹控制器 $D(z)$,并考察误差 $E(z)$ 及控制量 $U(z)$。

解 根据 $\mathscr{Z}$ 变换,可得

$$G(z) = \mathscr{Z}\left[\frac{1 - \text{e}^{-Ts}}{s} G_0(s)\right] = \frac{3.682 z^{-1}(1 + 0.718 z^{-1})}{(1 - z^{-1})(1 - 0.369 z^{-1})}$$

对于单位阶跃输入 $m = 1, u = 1, j = 0, l = 0$,根据式(7.3.33)和式(7.3.34)有

$$\begin{cases} \Phi(z) = (1 + 0.718 z^{-1}) \cdot m_1 z^{-1} & (1) \\ 1 - \Phi(z) = (1 - z^{-1})(1 + f_1 z^{-1}) & (2) \end{cases}$$

将式(1)代入式(2),并令两边关于 z 的幂次系数相等,有

$$\begin{cases} m_1 = 0.582 \\ f_1 = 0.418 \end{cases}$$

则

$$D(z) = \frac{\Phi(z)}{G(z)(1 - \Phi(z))} = \frac{0.158(1 - 0.368 z^{-1})}{1 + 0.418\ 1 z^{-1}}$$

接着再看输入、输出:

输入:$R(z) = \dfrac{1}{1 - z^{-1}} = 1 + z^{-1} + z^{-2} + z^{-3} + \cdots$

输出:$Y(z) = R(z)\Phi(z) = \dfrac{0.582 z^{-1}(1 + 0.718 z^{-1})}{1 - z^{-1}} = 0.582 z^{-1} + z^{-2} + z^{-3} + \cdots$

控制量:$U(z) = D(z)(1 - \Phi(z))R(z) =$

$$\frac{0.528 z^{-1}(1 + 0.718 z^{-1})}{1 - z^{-1}} \times \frac{(1 - z^{-1})(1 - 0.368 z^{-1})}{3.68 z^{-1}(1 + 0.718 z^{-1})} =$$

$$0.158(1 - 0.368 z^{-1}) =$$

$$0.158 - 0.058 z^{-1}$$

从上式可知,从第二拍起,输出量稳定在稳态值,控制量为0,而不会有波纹了,系统的调整时间比有波纹设计多了一拍。仿真结果如图7.42和图7.43所示。

系统阶跃响应的输入/输出

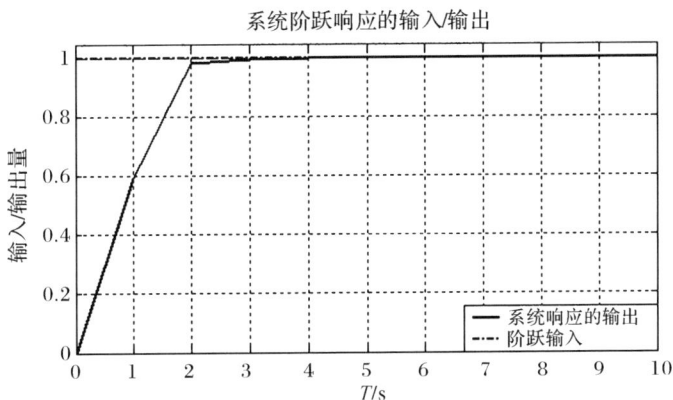

图 7.42　最少拍无波纹系统的控制输出

系统控制量输出

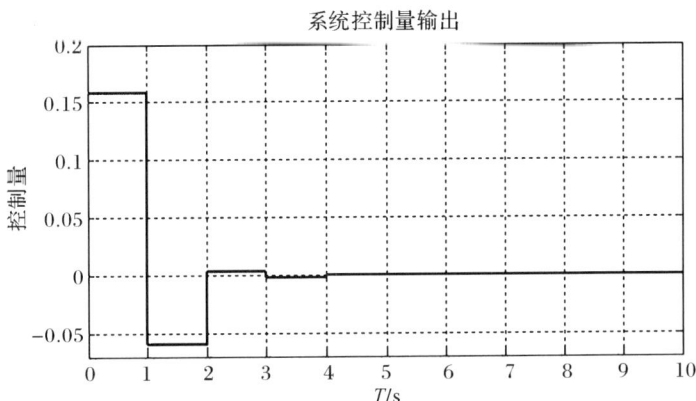

图 7.43　最少拍无波纹系统的输入/输出

特例:有波纹与无波纹设计结果相同。

【**例 7.17**】　如图 7.24 所示,设被控对象 $G_0(s) = \dfrac{1}{s^2}$, $T = 1$ s,试针对速度输入设计无波纹控制器 $D(z)$,并考察误差 $E(z)$ 及控制量 $U(z)$。

解　根据 $\mathscr{Z}$ 变换,可得

$$G(z) = \mathscr{Z}\left[\frac{1 - \mathrm{e}^{-Ts}}{s} G_0(s)\right] = (1 - z^{-1})\frac{T^2 z(z+1)}{2(z-1)^3} = \frac{(1 + z^{-1})z^{-1}}{2(1 - z^{-1})^2}$$

对于单位速度输入 $m = 2$, $u = 1$, $j = 0$, $l = 0$,根据式(7.3.33)和式(7.3.34)有

$$\begin{cases} \Phi(z) = (1 + z^{-1})(m_1 z^{-1} + m_2 z^{-2}) & (1) \\ 1 - \Phi(z) = (1 - z^{-1})2(1 + f_1 z^{-1}) & (2) \end{cases}$$

将式(1)代入式(2),并令两边关于 z 的幂次系数相等,有

$$\begin{cases} m_1 = 1.25 \\ m_2 = -0.75 \\ f_1 = 0.75 \end{cases}$$

则

$$D(z) = \frac{\Phi(z)}{G(z)(1 - \Phi(z))} = \frac{2.5 - 1.5 z^{-1}}{0.75 z^{-1} + 1}$$

接着再看输入、输出：

输入：$R(z) = \dfrac{z^{-1}}{(1-z^{-1})^2} = z^{-1} + 2z^{-2} + 3z^{-3} + \cdots$

输出：$Y(z) = R(z)\Phi(z) = \dfrac{z^{-2}(1+z^{-1})(1.25-0.75z^{-1})}{(1-z^{-1})^2} = 1.25z^{-2} + 3z^{-3} + 4z^{-4} + \cdots$

控制量：$U(z) = D(z)(1-\Phi(z))R(z) = 2.5z^{-1} - 1.5z^{-2}$

三拍后系统达到稳态。仿真结果如图 7.44 和图 7.45 所示。

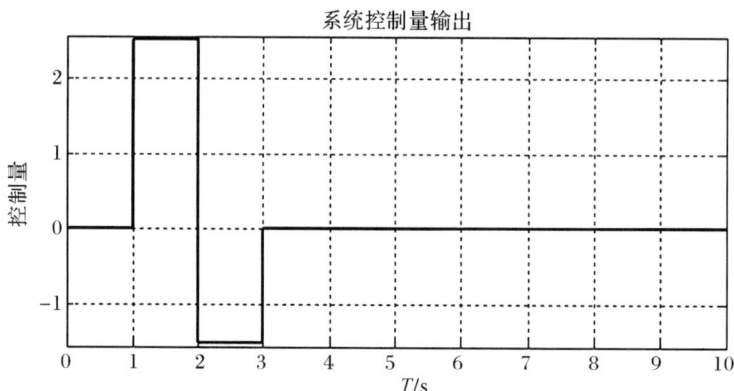

图 7.44　最少拍无波纹系统的控制输出

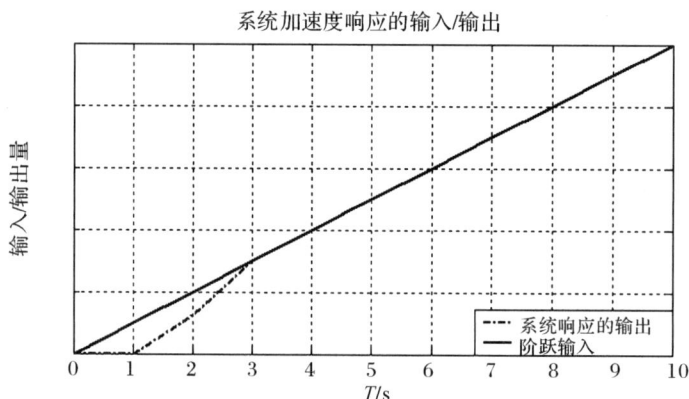

图 7.45　最少拍无波纹系统的输入/输出

最少拍无波纹系统的设计，消除了采样点之间的波纹，并在一定程度上减小了控制能量，降低了对参数变化的灵敏度，但它仍然是针对某一种特定输入设计的，而对其他类型的输入适应性仍然不好。以上我们讨论了最少拍有波纹和无波纹系统的设计，而两者的设计都存在对不同类型输入适应性差，以及对参数变化反映灵敏和控制作用易超出线性范围等问题。下面，我们介绍一种方法，将不同程度地解决这些问题。

7.3.5　最少拍系统的改进设计－惯性因子法

惯性因子法也称阻尼因子法或折中设计法。这种方法的基本思想是：将针对某一种典型输入设计的最少拍 $\Phi(z)$ 和 $[1-\Phi(z)]$ 中加入惯性因子。从而兼顾到各类输入，使调节时间，超调量都不会过大，这是以牺牲最少拍为代价，换取系统对各类输入都有折中的较满意的响应。

通过惯性因子项 $\dfrac{1}{1-cz^{-1}}(|c|<1)$ 将 $(1-\Phi(z))$ 修改为

$$1-\Phi(z) = \frac{1-\Phi_m(z)}{1-cz^{-1}} \tag{7.3.35}$$

$$\Phi(z) = \frac{\Phi_m(z)-cz^{-1}}{1-cz^{-1}} \tag{7.3.36}$$

式中:c 称为惯性因子或阻尼因子。为使系统稳定,c 的取值范围应满足 $|c|<1$,为使响应能单调衰减,常取 $0<c<1$,c 的取值的盲目性较大,可通过反复试凑确定。

这里还要简单的说明一下,为什么引入 $\dfrac{1}{1-cz^{-1}}(|c|<1)$ 能增强对不同输入类型的适应性?

因为 $\mathscr{Z}\left[\dfrac{1}{s+a}\right] = \dfrac{1}{1-\mathrm{e}^{-at}z^{-1}} = \dfrac{1}{1-cz^{-1}}$ 是一阶惯性环节,它的引入相当于增强了单位圆内实轴上的极点。当 $0<c<1$ 时,对应的单调衰减项。当 $-1<c<0$ 时,对应的是振荡衰减项。这个衰减特性使得系统的响应"柔和"了一些,不再是大幅度的交替变化。

【例 7.18】　如图 7.24 所示,设 $G_0(s) = \dfrac{10}{s(s+1)}$,$T=1$ s,试针对单位速度输入设计最少拍有波纹控制器 $D(z)$,并应用阻尼因子法进行改进。

解　根据 $\mathscr{Z}$ 变换,可得

$$G(z) = \mathscr{Z}\left[\frac{1-\mathrm{e}^{-Ts}}{s}G_0(s)\right] = \frac{3.682z^{-1}(1+0.718z^{-1})}{(1-z^{-1})(1-0.368z^{-1})}$$

最少拍有波纹设计结果:

$$\begin{cases} \Phi(z) = 2z^{-1}-z^{-2} & (1) \\ 1-\Phi(z) = (1-z^{-1})2 & (2) \end{cases}$$

1)单位阶跃响应:

$$R(Z) = \frac{1}{1-z^{-1}} = 1+z^{-1}+z^{-2}+z^{-3}+\cdots$$

$$Y(z) = R(z)\Phi(z) = 2z^{-1}+z^{-2}+z^{-3}+z^{-4}+\cdots$$

2)单位速度输入的响应:

$$R(z) = \frac{z^{-1}}{(1-z^{-1})^2} = z^{-1}+2z^{-2}+3z^{-3}+\cdots$$

$$Y(z) = R(z)\Phi(z) = \frac{z^{-1}(2z^{-1}-z^{-2})}{(1-z^{-1})^2} = 2z^{-2}+3z^{-3}+4z^{-4}+\cdots$$

3)单位加速度响应:

$$R(z) = \frac{z^{-1}(1+z^{-1})}{2(1-z^{-1})^3} = 0.5z^{-1}+2z^{-2}+4.5z^{-3}+8z^{-4}+\cdots$$

$$Y(z) = R(z)\Phi(z) = z^{-2}+3.5z^{-3}+7z^{-4}+11.5z^{-5}+\cdots$$

若对单位阶跃输入时有 100% 的超调,对加速度输入有稳态误差 $T^2=1$,用阻尼因子法改进,取 $c=0.5$。

则根据式(7.3.35)和式(7.3.36)有

$$\Phi(z) = \frac{\Phi_m(z) - 0.5z^{-1}}{1 - 0.5z^{-1}} = \frac{1.5z^{-1} - z^{-2}}{1 - 0.5z^{-1}}$$

$$1 - \Phi(z) = \frac{1 - \Phi_m(z)}{1 - 0.5z^{-1}} = \frac{(1 - z^{-1})^2}{1 - 0.5z^{-1}}$$

$$D(z) = \frac{\Phi(z)}{G(z)(1 - \Phi(z))} = \frac{0.2717(1.5 - z^{-1})(1 - 0.368z^{-1})}{(1 + 0.718z^{-1})(1 - z^{-1})}$$

1) 对单位速度的响应:

$$R(z) = \frac{z^{-1}}{(1 - z^{-1})^2} = z^{-1} + 2z^{-2} + 3z^{-3} + 4z^{-4} + \cdots$$

$$Y(z) = R(z)\Phi(z) = \frac{1.5z^{-1} - z^{-2}}{1 - 0.5z^{-1}} \times \frac{z^{-1}}{(1 - z^{-1})^2} = 1.5z^{-1} + 2.75z^{-2}$$

$$+ 3.875z^{-4} + 4.9374z^{-4} + \cdots$$

2) 对单位阶跃的响应:

$$R(z) = \frac{1}{1 - z^{-1}} = 1 + z^{-1} + z^{-2} + z^{-3} + \cdots$$

$$Y(z) = R(z)\Phi(z) = \frac{1.5z^{-1} - z^{-2}}{(1 - 0.5z^{-1})(1 - z^{-1})} = 1.5z^{-1} + 1.25z^{-2} + 1.125z^{-3} + \cdots$$

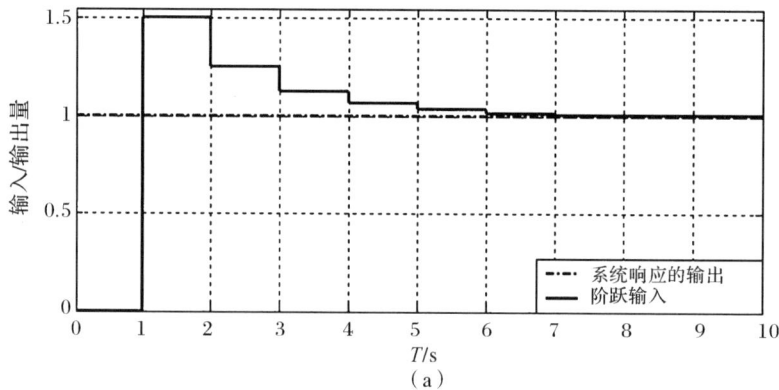

（a）

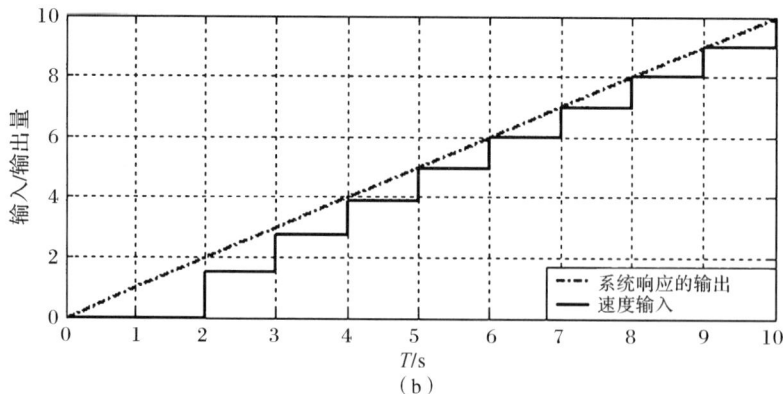

（b）

图 7.46　按速度输入设计的惯性因子法改善对不同输入类型的响应

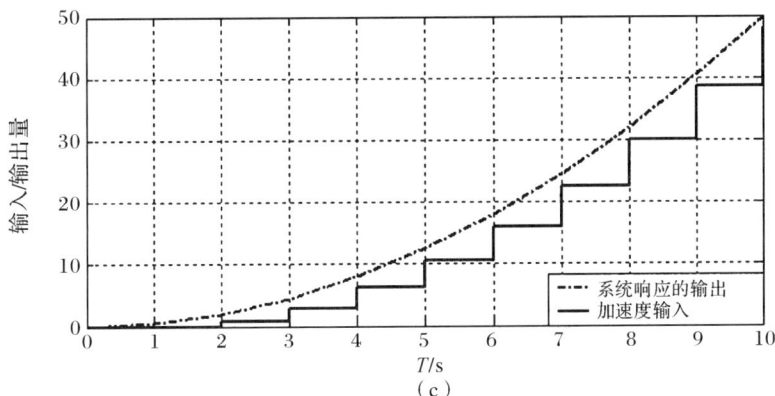

续图 7.46　按速度输入设计的惯性因子法改善对不同输入类型的响应

（a）系统阶跃响应的输入/输出；（b）系统速度响应的输入/输出；（c）系统加速度响应的输入/输出

3）对加速度输入的响应的稳态误差：

最少拍设计时：

$$e_{ss} = \lim_{z \to 1}(1-z^{-1})(1-\Phi(z))R(z) = \lim_{z \to 1}(1-z^{-1})(1-z^{-1})^2 \frac{T^2(1+z^{-1})}{2(1-z^{-1})^3} = T$$

用惯性因子法时：

$$e_{ss} = \lim_{z \to 1}(1-z^{-1})(1-\Phi(z))R(z) = \lim_{z \to 1}(1-z^{-1}) \frac{(1-z^{-1})^2}{1-0.5z^{-1}} \times \frac{T^2 z^{-1}(1+z^{-1})}{2(1-z^{-1})^2} =$$

$$\lim_{z \to 1} \frac{T^2 z^{-1}(1+z^{-1})}{2(1-0.5z^{-1})} = 2T^2$$

与最少拍相比，对单位速度响应的过渡过程长了一些，而阶跃输入时超调降到了 50%，但对加速度输入静差却大了一倍。仿真结果如图 7.46 所示。

因此，阻尼因子并不能改善对所有输入的响应。

本 章 要 点

1. Z 平面根轨迹设计；

2. 频率域设计方法；

3. 最少拍有波纹系统设计；

4. 最少拍无波纹系统设计。

习　　题

1. 已知伺服系统被控对象的传递函数 $G_0(s) = \dfrac{1}{s(s+2)}$，使系统满足下列性能指标：$\omega_n = 5$ rad·s^{-1}，$\zeta = 0.7$，$T = 0.1$ s。试用 z 平面上的根轨迹法设计数字控制器 $D(z)$。

2. 在图 7.1 中,设被控对象的 $\mathscr{Z}$ 传递函数 $G(z) = \dfrac{0.016\ 4K(z+0.12)(z+1.93)}{(z-1)(z-0.368)(z-0.135)}$,采样周期 $T = 0.1$ s,试用 z 平面上的根轨迹法设计数字控制器 $D(z)$,要求 $\zeta = 0.7, K_v \geqslant 0.5$。

3. 在图 7.1 中,设被控对象的传递函数 $G_0(s) = \dfrac{1}{s(10s+1)}$,采样周期 $T = 1$ s,① 令数字控制器 $D(z) = K_c \dfrac{z-0.905}{z+0.4}$,试在 z 平面上画出 $D(z)G(z)$ 的闭环根轨迹,并取 $K_v = 11/\mathrm{s}$,检验闭环系统的阶跃响应;② 令数字控制器 $D(z) = K_c \dfrac{z-0.8}{z+0.6}$①。

4. 在图 7.1 中,设被控对象的传递函数 $G_0(s) = \dfrac{k}{(0.2s+1)(s+1)}$,试用 z 平面上的根轨迹法(采用零极点对消技术)设计数字控制器 $D(z)$,系统的性能指标为:① 超调量为 $\sigma_p \leqslant 20\%$;② 上升时间为 $t_r \leqslant 0.6$ s;③ 调节时间为 $t_s \leqslant 1$ s;④ 静态速度误差系数为 $K_v \geqslant 4$;⑤ 采样周期为 $T = 0.2$ s。

5. 已知计算机控制系统的连续被控对象 $G_0(s) = \dfrac{2}{s(0.2s+1)}$,采样周期 $T = 0.1$ s,将 $G(s)$ 变换至 w' 域,并画出 $G(w')$ 的对数幅频和相频特性曲线草图,并与 $G(s)$ 的伯德图作比较。

6. 在图 7.1 中,设被控对象的传递函数 $G_0(s) = \dfrac{k}{s(s+1)}$,采样周期 $T = 1$ s,试用 w' 变换法设计数字控制器 $D(z)$,系统的性能指标为:$\gamma \geqslant 50°, \omega_c = 0.6$ rad $\cdot$ s^{-1}, $K_v \geqslant 10 1/\mathrm{s}^{-1}$。

7. 最少拍设计中对闭环脉冲传递函数的性能要求和约束是什么?并说明提出这些性能要求和约束的理由。

8. 最少拍设计是否意味着采样周期越短,系统的调节时间就会越短?

9. 分析最少拍有波纹系统产生波纹的原因。

10. 如图 7.24 所示,$G_0(s) = \dfrac{4}{s(0.125s+1)(0.25s+1)}$,$T = 0.5$ s,试针对单位阶跃输入设计最小拍有波纹 $D(z)$。

11. 如图 7.24 所示,设 $G_0(s) = \dfrac{10}{s(s+1)(0.1s+1)}$,$T = 0.5$ s,针对单位阶跃输入设计最小拍有波纹 $D(z)$。

12. 对于广义被控对象 $G(z) = \dfrac{0.265z^{-1}(1+2.78z^{-1})(1+0.2z^{-1})}{(1-z^{-1})^2(1-0.286z^{-1})}$,$T = 1$ s,试针对单位阶跃输入设计最少拍无波纹 $D(z)$,并考察 $U(z)$ 和 $Y(z)$。

13. 如图 7.24 所示,$G_0(s) = \dfrac{10\mathrm{e}^{-Ts}}{s(s+1)}$,$T = 1$ s,试针对单位阶跃输入设计最小拍有波纹和无波纹控制器 $D(z)$。

第8章 复杂规律的计算机控制系统设计

在计算机控制系统中,除了单回路的PID控制系统外,还存在一些复杂规律的计算机控制系统,例如串级控制、前馈控制、纯滞后补偿控制等。这些控制系统,通常包含两台以上控制器或执行机构以实现复杂的控制规律。本节简要介绍串级控制、前馈控制、纯滞后补偿控制等几种复杂规律的计算机控制系统的设计。

8.1 串 级 控 制

串级控制是改善控制过程品质极为有效的方法,并得到了广泛的应用。串级控制系统是两只调节器串联起来工作,其中一个调节器的输出作为另一个调节器的给定值的系统。该系统主要应用于对象的滞后和时间常数很大、干扰作用强而频繁、负荷变化大、对控制质量要求较高的场合。图8.1为加热炉出口温度与炉膛温度串级控制系统。

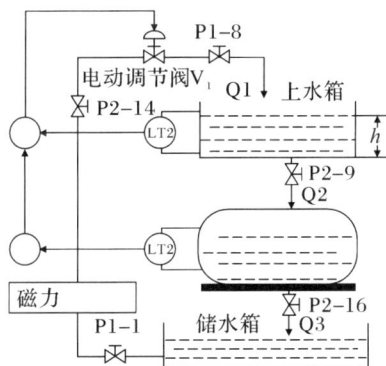

图8.1 加热炉出口温度与炉膛温度串级控制系统

8.1.1 串级控制系统介绍

单回路控制系统只用一个调节器,调节器只有一个输入信号,即只有一个闭环,在大多数情况下,这种简单系统能够满足工艺生产的要求。但是也有一些另外的情况,譬如:调节对象的动态特性决定了它很难控制,而工艺对调节质量的要求又很高;或者对调节对象的控制任务要求特殊,则单回路控制系统就无能为力了。另外,随着生产过程向着大型、连续和强化方向发展,对操作条件要求更加严格,参数间相互关系更加复杂,对控制系统的精度和功能提出许多新的要求，为此需要在单回路的基础上，采取其他措施，组成复杂控制系统。串级控制是改善调节过程的一种极为有效的方法，并且在实际中得到了广泛的应用。

首先来看一个例子。图 8.2 为精馏塔底部示意图，在再沸器中，用蒸汽加热塔釜液产生蒸汽，然后在塔釜中与下降物料流进行传质传热。为了保证生产过程顺利进行，需要把提馏段温度 T 保持恒定。为此，在蒸汽管路上装一个调节阀，用它来控制加热蒸汽流量。从调节阀动作到温度 T 发生变化，需要相继通过很多热容积。实践证明，加热蒸汽压力的波动对温度 T 的影响很大。此外，还有来自液箱加料等方面的各种扰动，包括它的流量、温度和组分等，它们通过提馏段的传质传热过程，以及再沸器中的传热条件（塔釜温度、再沸器液面等），最后也影响到温度 T。当加热蒸汽压力较大时，如果采用如图 8.2 所示的简单控制系统，调节质量一般都不能满足生产要求。如果采用一个附加的蒸汽压力控制系统，把蒸汽压力的干扰克服在入塔前，这样也提高了温度调节的品质，但这样就需要增加一只调节阀并增加了蒸汽管路的压力损失，在经济上很不合理。

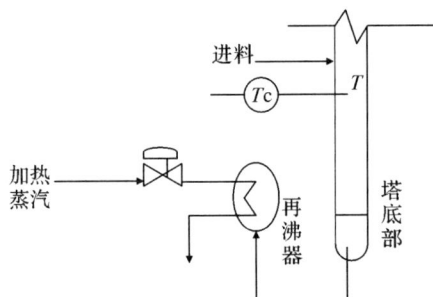

图 8.2　精馏塔提馏段温度控制方案

比较好的方法是采用串级控制，如图 8.3 所示。

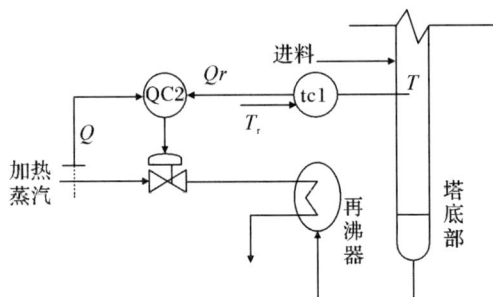

图 8.3　提馏段温度串级控制方案

副调节器 QC2 根据加热蒸汽流量信号控制调节阀，这样就可以在加热蒸汽压力波动的情况下，仍能保持蒸汽流量稳定。副调节器 QC2 的给定值则受主调节器 tc1 的控制，后者根据温度 T 改变流量给定值 Qr，从而保证在发生进料方面的扰动的情况下，仍能保持温度 T 满足要求。用这种方法可以非常有效的克服蒸汽压力波动对于温度 T 的影响。因为流量自稳定系统的动作很快，蒸汽压力变化引起的流量波动在 $2 \sim 3$ s 内就消除了，而这样短暂时间的蒸汽流量波动对于温度 T 的影响是很微小的。

该串级控制系统方框图如图 8.4 所示。

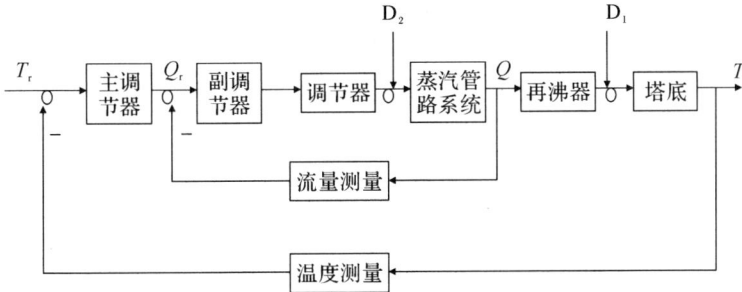

图 8.4　提馏段温度串级控制系统

由以上例子可看出,一个通用的串级控制系统框图如图 8.5 所示。

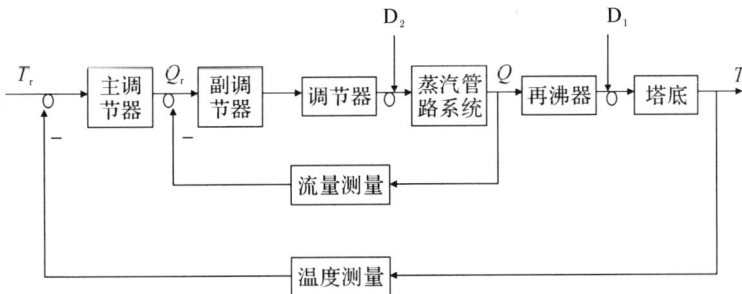

图 8.5　一般串级控制系统

进一步可以得到串级控制系统结构图如图 8.6 所示。

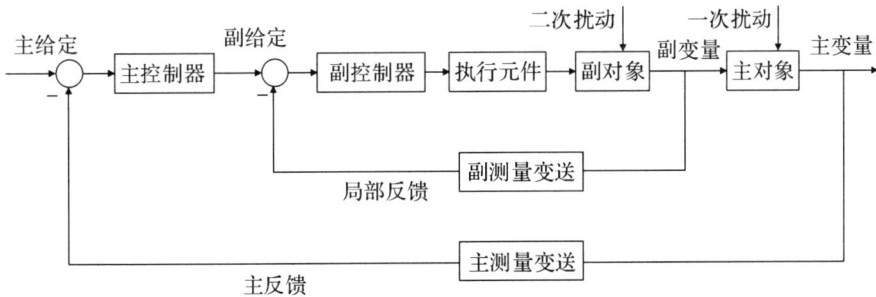

图 8.6　串级控制系统框图

从图 8.6 中可以看出,串级控制系统与简单的单回路控制系统相比,串级控制系统在其结构上形成了两个闭环:一个闭环在里面,被称为内回路或者副回路,在控制过程中起着"粗调"的作用;另一个闭环在外,被称为外回路或者主回路,用来完成"细调"任务,串级控制就是通过这两条回路的配合控制完成普通单回路控制系统很难达到的控制效果。以最终保证被调量满足工艺要求。

在串级控制中,无论是主回路还是副回路都有着各自的控制对象、测量变送器和控制器。在主回路中的控制对象、被测参数和控制器分别被称为主对象、主参数和主控制器。在副回路内则相应地被称为副对象、副参数和副控制器。副对象是整个控制对象的一部分,常被称为控制对象的前导区,主对象是整个控制对象的另一部分,常被称为控制对象的惰性区。主控制器具有自己独立的给定值,它的输出作为副控制器的给定值,而副控制器的输出信号则送到控制机构去控制生产过程。

无论主环或副环都有各自的调节对象、测量变送元件和调节器。主/副调节器的作用各不相同。主调节器具有自己独立的设定值,它的输出作为副调节器的设定值,而副调节器的输出信号则是送到调节阀去控制生产过程。与简单控制系统相比,只是多了一个测量变送元件和一个调节器,增加的仪表投资并不多,但控制效果却有明显的提高。

8.1.2 串级控制系统的组成和性能分析

1. 串级控制系统的组成

串级控制系统采用两套检测变送器和两个调节器,前一个调节器的输出作为后一个调节器的设定,后一个调节器的输出送往调节阀。

前一个调节器称为主调节器,它所检测和控制的变量称主变量(主被控参数),即工艺控制指标;后一个调节器称为副调节器,它所检测和控制的变量称副变量(副被控参数),是为了稳定主变量而引入的辅助变量。

整个系统包括两个控制回路:主回路和副回路。副回路由副变量检测变送、副调节器、调节阀和副过程构成;主回路由主变量检测变送、主调节器、副调节器、调节阀、副过程和主过程构成。

2. 串级控制系统的性能分析

(1)在串级控制系统中,由于加入了一个副回路,而二次扰动是先讲副回路,经副回路的抑止作用再进主环,在此过程中,串级系统的结构使二次干扰对主参数这一通道的动态增益明显减少,因此对主回路中的主参数的影响将较大的减弱。

(2)由于副回路的存在,对象的动态特性得到明显改善,即使得等效对象的时间常数减小了,而且随着副调节器比例增益的增大而减小。因此副回路的比例增益可以取的很大,等效时间常数可减小到很小的数值,从而加快了副环的响应速度;因此可以加大主调节器的增益,而保证系统稳定,这都将提高系统的工作频率。

(3)在串级系统中,由于串级控制系统的结构,负荷的变化引起副回路内各环节参数的变化时,对等效对象的增益影响不大,因此在不改变调节器整定参数的情况下,系统的副回路能能自动的克服一些非线性因素的影响,保持或接近原有的控制质量。另外,由于副回路通常是一个流量随动系统,当系统操作条件或负荷改变时,主调节器将改变其输出值,副回路能快速跟踪及时精确的控制流量,从而保证系统的控制品质。以上两方面都说明串级控制系统对负荷的变化有一定的自适应能力。

8.1.3 串级控制系统的特点及分析

串级控制系统的主要特点如下:
(1)在系统结构上,它是由两个串接工作的控制器构成的双闭环控制系统。
(2)系统的目的在于通过设置副变量来提高对主变量的控制质量;副回路中参数的变化,由副回路给予控制,对被控量的影响大为减弱。
(3)由于副回路的存在,对进入副回路的干扰有超前控制的作用,因而减小了干扰对主变量的影响,也就是将干扰加到副回路中,由副回路控制对干扰进行抑制。

(4) 系统对负荷改变时有一定的自适应能力。

由以上特点可以看出,采用串级控制改善了系统过程动态特性,提高了系统控制质量:

(1) 能迅速克服进入副回路的二次扰动;

(2) 由于副回路的存在,副回路的惯性由副回路调节,减小了控制对象的时间参数,从而提高了整个系统的响应速度;

(3) 提高了系统的工作频率,改善了系统的控制质量;

(4) 对负荷变化的适应性较强;

(5) 串级控制系统所用的仪表多,参数整定也比较麻烦。

8.1.4　串级控制系统的应用范围

1. 工业应用串级控制系统的工业应用

(1) 用于克服被控过程较大的容量滞后。在过程控制系统中,被控过程的容量滞后较大,特别是一些被控量是温度等参数时,控制要求较高,如果采用单回路控制系统往往不能满足生产工艺的要求。利用串级控制系统存在二次回路而改善过程动态特性,提高系统工作频率,合理构造二次回路,减少容量滞后对过程的影响,加快响应速度。在构造二次回路时,应该选择一个滞后较小的副回路,保证快速动作的副回路。

(2) 用于克服被控过程的纯滞后。被控过程中存在纯滞后会严重影响控制系统的动态特性,使控制系统不能满足生产工艺的要求。使用串级控制系统,在距离调节阀较近、纯滞后较小的位置构成副回路,把主要扰动包含在副回路中,提高副回路对系统的控制能力,可以减少纯滞后对主被控量的影响,改善控制系统的控制质量。

(3) 用于抑制变化剧烈幅度较大的扰动。串级控制系统的副回路对于回路内的扰动具有很强的抑制能力。只要在设计时把变化剧烈幅度大的扰动包含在副回路中,即可以大大削弱其对主被控量的影响。

(4) 用于克服被控过程的非线性。在过程控制中,一般的被控过程都存在着一定的非线性。这会导致当负载变化时整个系统的特性发生变化,影响控制系统的动态特性。单回路系统往往不能满足生产工艺的要求,由于串级控制系统的副回路是随动控制系统,具有一定的自适应性,在一定程度上可以补偿非线性对系统动态特性的影响。

2. 串级控制系统的几种典型应用

(1) 应用于容量滞后较大的对象。当对象的容量滞后较大时:若采用单回路控制,则系统的控制时间长、超调量大,控制质量往往不能满足生产要求;若采用串级控制,则根据对其特点的分析表明,可以选择一个滞后较小的副参数,构成一个副回路,使等效对象的时间常数减小,以提高系统的工作效率,加快反应速度,可以得到较好的控制质量。因此,对于很多以温度或质量参数为被调参数的对象,其容量滞后往往比较大,而生产上对这些参数的控制质量要求又比较高,此时宜采用串级控制系统。

(2) 应用于纯滞后较大的对象。当对象纯滞后较大,单回路反馈控制系统不能满足工艺要求时,有时可以用串级控制系统来改善系统的控制质量。因为采用串级控制系统后,就可以在离调节阀较近、纯滞后较小的地方,选择一个辅助参量作为副参数,构成一个纯滞后较小的副回路。当扰动作用于副回路时,在它通过纯滞后较大的主对象去影响主参数之前,由副回路实现对主要扰动的控制,从而克服纯滞后的影响。副回路纯滞后小,控制及时,可以大大减少扰动对主参数的影响。

(3)应用于扰动变化激烈而且幅度大的对象。串级控制系统的副回路对于进入其中的扰动具有较强的校正能力。所以,在系统设计时,只要将变化激烈而且幅度大的扰动包括在副回路中,就可以大大减少这种变化激烈而幅度大的扰动对主参数的影响。

(4)应用于参数互相关联的对象。在有些生产过程中,有时两个互相关联的参数需要利用同一个介质进行控制。在这种情况下,若采用单回路回馈控制系统,则需要装两套装置。如前所述,在同一条管道上要安装两个调节阀,不仅不经济,而且也是无法工作的。对于这样的对象可以采用串级控制系统。分清互相关联参数的主次,组成串级控制,以满足工艺上的要求。

8.1.5　计算机串级控制系统工作过程

一次扰动:作用在主被控过程上的,而不包括在副回路范围内的扰动。二次扰动:作用在副被控过程上的,即包括在副回路范围内的扰动。

当扰动发生时,破坏了稳定状态,调节器进行工作。根据扰动施加点的位置不同,分不同情况进行分析:扰动作用于副回路、扰动作用于主过程及扰动同时作用于副回路和主过程。

从以上分析可以看到,在串级控制系统中,由于引入了一个副回路,不仅能及早克服进入副回路的扰动,而且又能改善过程特性。副调节器具有"粗调"的作用,主调节器具有"细调"的作用,从而使其控制品质得到进一步提高。

8.1.6　串级控制系统的设计原则

1.主回路的设计

串级控制系统的主回路是定值控制,其设计单回路控制系统的设计类似,设计过程可以按照简单控制系统设计原则进行。这里主要解决串级控制系统中两个回路的协调工作问题,主要包括如何选取副被控参数、确定主、副回路的原则等问题。

2.副回路的设计

由于副回路是随动系统,对包含在其中的二次扰动具有很强的抑制能力和自适应能力,二次扰动通过主/副回路的调节对主被控量的影响很小,因此在选择副回路时应尽可能把被控过程中变化剧烈、频繁、幅度大的主要扰动包括在副回路中,此外要尽可能包含较多的扰动。归纳如下:

(1)在设计中要将主要扰动包括在副回路中。

(2)将更多的扰动包括在副回路中。

(3)副被控过程的滞后不能太大,以保持副回路的快速相应特性。

(4)要将被控对象具有明显非线性或时变特性的一部分归于副对象中。

　　(5) 在需要以流量实现精确跟踪时,可选流量为副被控量。在这里要注意(2)和(3)存在明显的矛盾,将更多的扰动包括在副回路中有可能导致副回路的滞后过大,这就会影响到副回路的快速控制作用的发挥,因此,在实际系统的设计中要兼顾(2)和(3)的综合。

　　例如,图 8.1 所示的以物料出口温度为主被控参数、炉膛温度为副被控参数,燃料流量为控制参数的串级控制系统,假定燃料流量和气热值变化是主要扰动,系统把该扰动设计在副回路内是合理的。

　　副回路的设计质量是保证发挥串级系统优点的关键所在。其中的关键又是副参数的选择。一般应遵循以下几个原则:

　　(1) 副参数的选择应使副回路的时间常数小,调节通道短,反应灵敏。

　　(2) 副回路应包含被控对象所受到的主要干扰。

　　调节通道短与尽可能多的纳入干扰这两者间存在矛盾,应在设计中加以协调。

　　3. 主、副回路工作频率的选择

　　要注意串级系统的共振现象。一般取主回路的阻尼自然振荡周期为副回路的阻尼自然振荡周期的 3 ~ 10 倍。

　　4. 设计中应采取措施防止调节器积分饱和的现象

　　副控回路应该尽量包含积分环节。积分环节的相角滞后是 $-90°$,当副控回路包含积分环节时,相角滞后将可以减少,有利于改善调节系统的品质。

8.1.7　串级主控和副控回路控制器的选择

　　1. 主 / 副回路中包含的扰动数量、时间常数的匹配

　　设计中考虑使二次回路中应尽可能包含较多的扰动,同时也要注意主 / 副回路扰动数量的匹配问题。副回路中如果包括的扰动越多,其通道就越长,时间常数就越大,副回路控制作用就不明显了,其快速控制的效果就会降低。如果所有的扰动都包括在副回路中,主调节器也就失去了控制作用。原则上,在设计中要保证主 / 副回路扰动数量、时间常数之比值在 3 ~ 10 之间。比值过高,即副回路的时间常数较主回路的时间常数小得太多,副回路反应灵敏,控制作用快,但副回路中包含的扰动数量过少,对于改善系统的控制性能不利;比值过低,副回路的时间常数接近主回路的时间常数,甚至大于主回路的时间常数,副回路虽然对改善被控过程的动态特性有益,但是副回路的控制作用缺乏快速性,不能及时有效地克服扰动对被控量的影响。严重时会出现主 / 副回路"共振"现象,系统不能正常工作。

　　2. 主 / 副调节器的控制规律的匹配、选择

　　在串级控制系统中,主 / 副调节器的作用是不同的。主调节器是定值控制,副调节器是随动控制。系统对二个回路的要求有所不同。主回路一般要求无差,主调节器的控制规律应选取 PI 或 PID 控制规律;副回路要求起控制的快速性,可以有余差,一般情况选取 P 控制规律而不引入 I 或 D 控制。如果引入 I 控制,会延长控制过程,减弱副回路的快速控制作用;也

没有必要引入 D 控制,因为副回路采用 P 控制已经起到了快速控制作用,引入 D 控制会使调节阀的动作过大,不利于整个系统的控制。

3. 主 / 副调节器正反作用方式的确定

一个过程控制系统正常工作必须保证采用的反馈是负反馈。串级控制系统有两个回路,主 / 副调节器作用方式的确定原则是要保证两个回路均为负反馈。确定过程是首先判定为保证内环是负反馈副调节器应选用哪种作用方式,然后再确定主调节器的作用方式。以图 1 所示物料出口温度与炉膛温度串级控制系统为例,说明主 / 副调节器正反作用方式的确定。副调节器作用方式的确定:首先确定调节阀,出于生产工艺安全考虑,燃料调节阀应选用气开式,这样保证当系统出现故障使调节阀损坏而处于全关状态,防止燃料进入加热炉,确保设备安全,调节阀的 $K_v > 0$。然后确定副被控过程的 K_{o2},当调节阀开度增大,燃料量增大,炉膛温度上升,所以 $K_{o2} > 0$。最后确定副调节器,为保证副回路是负反馈,各环节放大系数(即增益)乘积必须为负,所以副调节器 $K_2 < 0$,副调节器作用方式为反作用方式。主调节器作用方式的确定:炉膛温度升高,物料出口温度也升高,主被控过程 $K_{o1} > 0$。为保证主回路为负反馈,各环节放大系数乘积必须为正,所以主调节器的放大系数 $K_1 < 0$,主调节器作用方式为反作用方式。例如图 8.1 所示串级控制系统示意图,从加热炉安全角度考虑,调节阀应选气开阀,即如果调节阀的控制信号中断,阀门应处于关闭状态,控制信号上升,阀门开度增大,流量增加,是正作用方式。反之,为负作用方式。副对象的输入信号是燃料流量,输出信号是阀后燃料压力,流量上升,压力亦增加是正作用方式。测量变送单元作用方式均为正。在图 8.6 的串级控制系统框图中可以看到,由于副回路可以简化成一个正作用方式环节,主对象作用方式为正,主测量变送环节为正。根据单回路控制系统设计中介绍的闭合系统必须为负反馈控制系统设计原则,即闭环各环节比例度乘积必须为正,故主调节器均选用反作用调节器,副调节器均选用反作用调节器。

8.1.8　串级 PID 控制原理

串级计算机控制系统的典型结构如图 8.7 所示。

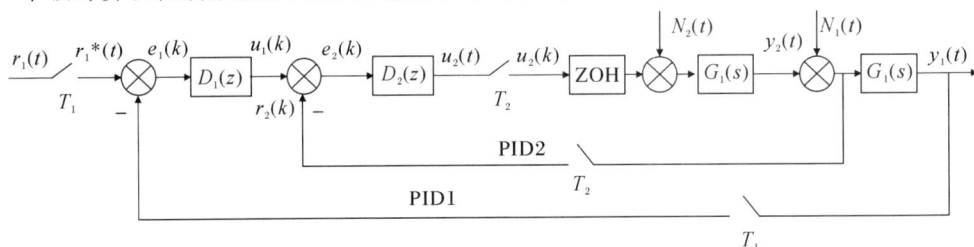

图 8.7　串级控制系统结构图

系统中有两个 PID 控制器,$G_2(s)$ 称为副调节器传递函数,包围 $G_2(s)$ 的内环称为副回路(PID2)。$G_1(s)$ 称为主调节器传递函数,包围 $G_1(s)$ 的外环称为主回路(PID1)。主调节器的输出控制量 $u_1(k)$ 作为副回路的给定量 $r_2(k)$。

串级控制系统的计算顺序是先主回路(PID1),后副回路(PID2)。控制方式有两种:

(1)异步采样控制。主回路的采样控制周期 T_1,是副回路采样控制周期 T_2 的整数倍。这是因为一般串级控制系统中主控对象的响应速度慢、副控对象的响应速度快的缘故。

(2)同步采样控制。主、副回路的采样控制周期相同。这时,应根据副回路选择采样周期,因为副回路的受控对象的响应速度较快。

8.1.9　串级 PID 控制系统仿真程序及分析

【例 8.1】　如图 8.8 所示的串级控制系统框图,副控对象传递函数 $G_2(s) = \dfrac{1}{10s+1}$,主控对象传递函数 $G_1(s) = \dfrac{1}{10s+1}$,采样时间为 $T = 2$ s,干扰信号为随机信号 $d_2(t) = 0.01\text{rands}(1)$,主控制器采用 PI 控制,其中 $k_p = 1.2, k_i = 0.02$,副控制器采用 P 控制,其中 $k_p = 1$。试分析常规 PID 控制与串级控制的阶跃响应。

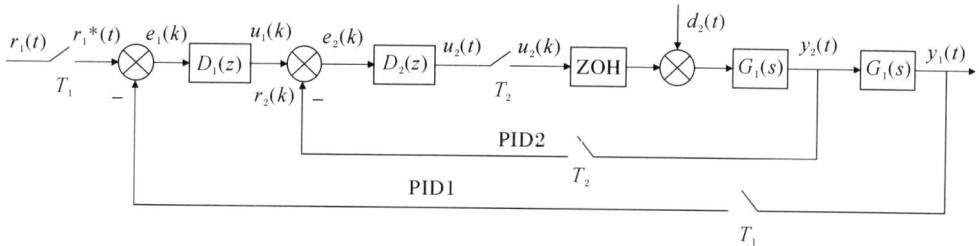

图 8.8　串级控制系统框图

(1)仿真方法一(采用离散方式进行仿真)。

本例题采用同步采样控制。如图 8.9 所示的 Simulink 仿真程序图。

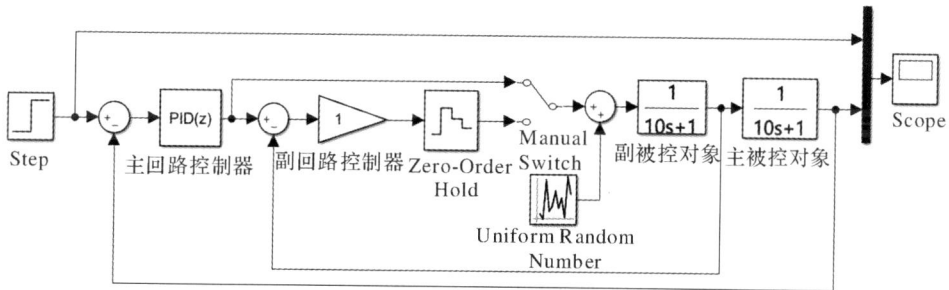

图 8.9　常规 PID 控制和串级控制 Simulink 仿真程序图

相应的阶跃响应如图 8.10 和图 8.11 所示。

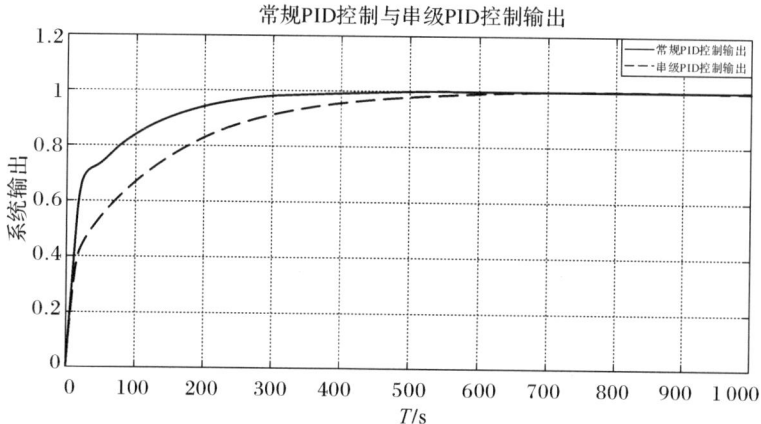

图 8.10　常规 PID 控制和串级 PID 控制输入 / 输出

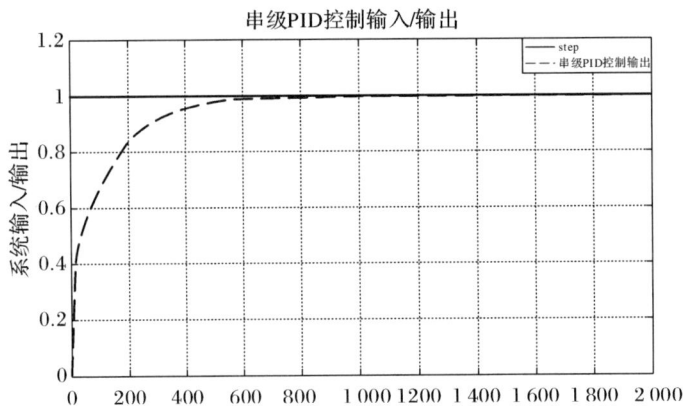

图 8.11　串级 PID 控制输入/输出

（2）仿真方法二（采用连续方式进行仿真）。

如图 8.12 所示的 Simulink 仿真程序图。

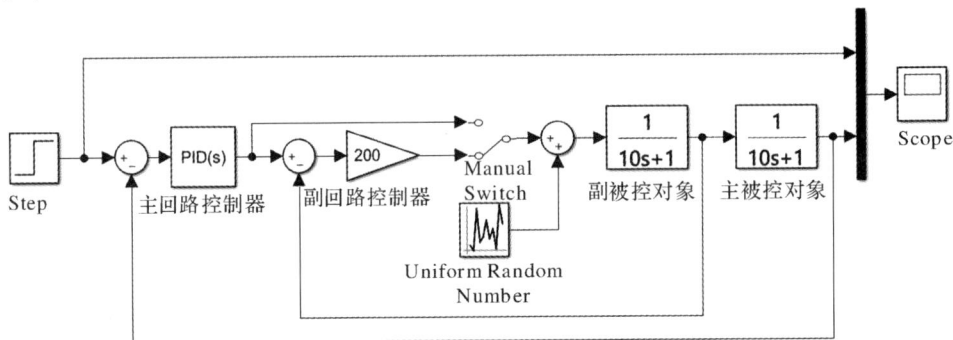

图 8.12　常规 PID 控制和串级控制 Simulink 仿真程序图

相应的阶跃响应如图 8.13 和图 8.14 所示。

串级控制的主要优点：

（1）将干扰加到副回路中，由副回路控制对其进行抑制；

（2）副回路中参数的变化，由副回路给予控制，对主被控对象 $G_1(s)$ 的影响大为减弱；

（3）副回路的惯性由副回路给予调节，因而提高了整个系统的响应速度。

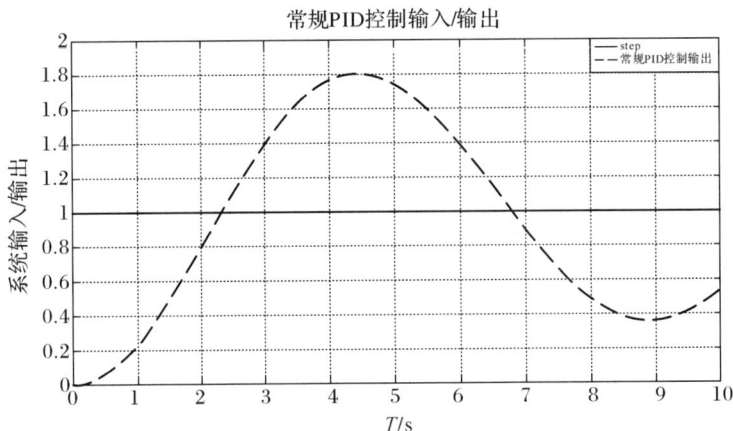

图 8.13　常规 PID 控制输入/输出

串级PID控制输入/输出

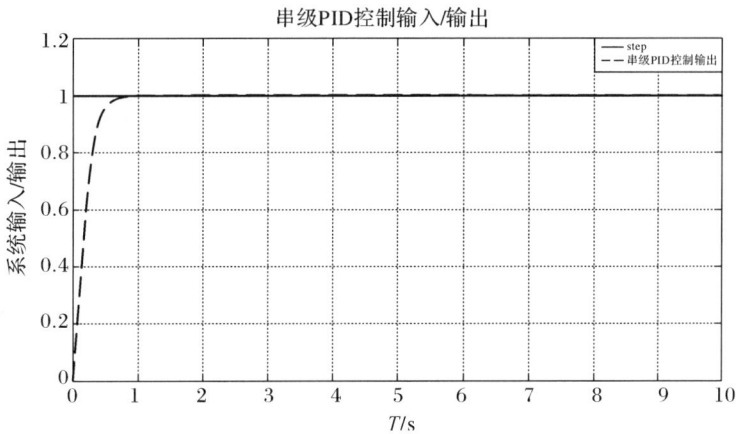

图 8.14　串级 PID 控制输入/输出

8.1.10　副控回路微分先行串级控制系统

1.副控回路微分先行串级控制系统原理

为了防止主控调节器输出(即副控调节器的给定值)变化过大而引起副控回路的不稳定,同时,也为了克服副控对象惯性较大而引起调节品质的恶化,在副控反馈回路中加入微分控制,称为副控回路微分先行,系统如图 8.15 所示。

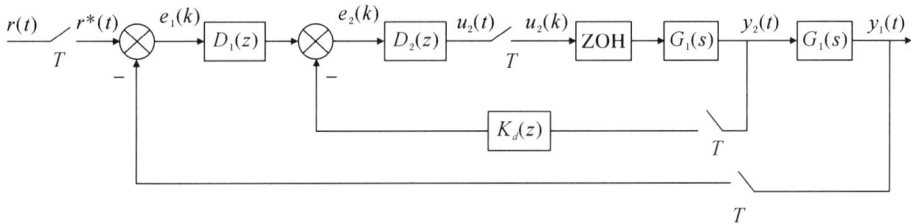

图 8.15　副控回路微分先行串级控制系统

2.副控回路微分先行串级控制系统仿真算法实例

实列见第 6 章微分先行 PID 控制算法在导弹控制系统设计中的应用,这里不再赘述。

8.2　前　馈　控　制

前馈控制是在苏联学者所倡导的不变性原理的基础上发展而成的。20 世纪 50 年代以后,在工程上,前馈控制系统逐渐得到了广泛的应用。前馈控制系统是根据扰动或给定值的变化按补偿原理来工作的控制系统,其特点是在扰动产生后,被控变量还未变化以前,根据扰动作用的大小进行控制,以补偿扰动作用对被控变量的影响。前馈控制系统运用得当,可以使被控变量的扰动消灭在萌芽之中,使被控变量不会因扰动作用或给定值变化而产生偏差,它较之反馈控制能更加及时地进行控制,并且不受系统滞后的影响。

前馈控制发生在实际工作开始之前,是未来导向的。质量控制培训项目、预测、预算、实时的计算机系统都属于前馈控制。前馈控制是管理层最渴望采取的控制类型,因为它能避免预期出现的问题,而不必当问题出现时再补救。

8.2.1　前馈控制的工作原理

前馈控制指通过观察情况、收集整理信息、掌握规律、预测趋势,正确预计未来可能出现的问题,提前采取措施,将可能发生的偏差消除在萌芽状态中,为避免在未来不同发展阶段可能出现的问题而事先采取的措施。

8.2.2　前馈控制的类型

一般而言,管理中采取的控制可以在行动开始之前、进行之中或结束之后进行,称为三种控制模型。第一种称为前馈控制或预先控制;第二种称为同期控制或过程控制;第三种称为反馈控制或事后控制。

前馈控制是在企业生产经营活动开始之前进行的控制,是一种开环控制。管理过程理论认为,只有当管理者能够对即将出现的偏差有所觉察并及时预先提出某些措施时,才能进行有效的控制,因此前馈控制具有重要的意义。

前馈控制采用的普遍方式,是利用所能得到的最新信息,进行认真、反复的预测,把计划所要达到的目标同预测相比较,并采取措施修改计划,以使预测与计划目标相吻合。到目前为止运用得比较先进的前馈控制技术之一是计划评审法,或称网络分析法。它可以预先知道哪些工序的延时会影响到整个工期,在何时会出现何种资源需求高峰,从而采取有效的预防措施与行之有效的管理办法。

单纯的前馈控制是开环的,是按扰动进行补偿的,因此根据一种扰动设置的前馈控制就只能克服这一扰动对被控变量的影响,而对于其他扰动对被控变量的影响,由于这个前馈控制器无法感受到,也就无能为力了,所以在实际工业过程中单独使用前馈控制很难达到工艺要求,因此为了克服其他扰动对被控变量的影响,就必须将前馈控制和反馈控制结合起来,构成前馈反馈控制系统。前馈反馈控制系统有两种结构形式,一种是前馈控制作用与反馈控制作用相乘。图 8.16 为精馏塔出口温度的进料前馈反馈控制系统。

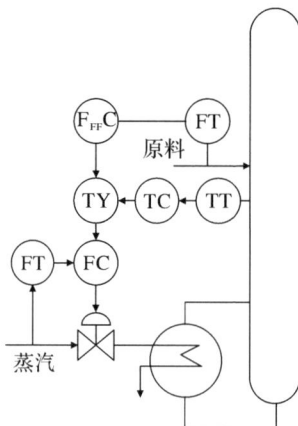

图 8.16　精馏塔前馈反馈控制系统(相乘型)

另一种是前馈控制作用与反馈控制作用相加,这是前馈反馈控制系统中最典型的结构形式,图 8.17 为加热炉出口温度的进料前馈反馈控制系统。

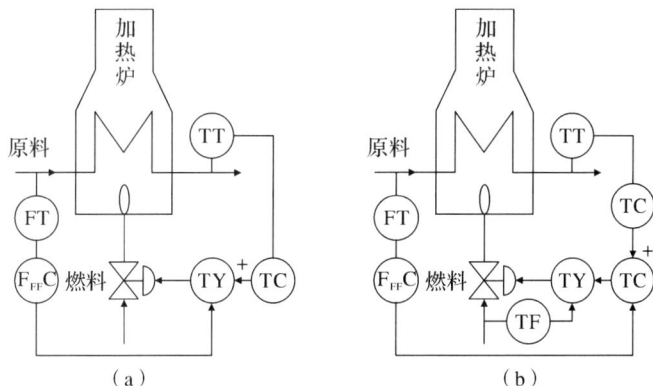

图 8.17　加热炉前馈反馈控制系统(相加型)

8.2.3　前馈控制的条件

采用前馈控制系统的条件如下。

(1)扰动可测但是不可控。

(2)变化频繁且变化幅度大的扰动。

(3)扰动对被控变量的影响显著,反馈控制难以及时克服,且过程控制精度要求又十分严格的情况。

8.2.4　前馈控制的实施过程

前馈控制的实施过程如下。

(1)对计划与控制系统做认真、深入的分析。

(2)建立该系统的物理模型或因果关系分析图。

(3)随时对上述模型进行补充、修正、完善、使之更符合实际。

(4)通过调查、预测,把变化的环境参数输入模型中,观察、分析其影响及偏差信息。

(5)根据事前的备选方案,结合实际情况,采取相应的纠偏措施。

8.2.5　前馈控制的要求

前馈控制的要求如下。

(1)要有大量的、准确的、有代表性的信息以便准确预测。

(2)要有科学的、经过实践检验的预测模型。

(3)要充分了解控制过程并将其透视为"白箱"的能力。

(4)要对过程变化高度敏感。

(5)要保持前馈控制模型的动态特性。这些因素在控制实务上具有一定的难度,因而,前馈控制是有风险的。

8.2.6　前馈控制的局限性

前馈控制的局限性主要有以下几点。

（1）在生产应用中各个环节的特性是随负荷变化的，对象动态特性形式多样性难以精确测量，容易造成过补偿或欠补偿。为了补偿前馈调节的不准确，通常将前馈和反馈控制系统结合起来组成前馈反馈控制系统。

（2）工业对象存在多个扰动，若均设置前馈控制器，那设备投资高，工作量大。

（3）很多前馈补偿结果在现有技术条件下没有检测手段。

（4）前馈控制受到前馈控制模型精度限制。

（5）前馈控制算法，往往做近似处理。

8.2.7　前馈控制选用原则

前馈控制选用原则如下。

（1）系统中存在频率高、幅度大、可测量而不可控的扰动时，可选用前馈控制。

（2）当控制系统控制通道滞后时间长、反馈控制又不能获得良好效果时，可选用前馈控制。

（3）选用前馈控制要符合经济性原则。

（4）在决定前馈控制方案后，如静态前馈能满足工艺要求，则不选用动态前馈。

8.2.8　前馈控制的设计原则

前馈控制的设计原则如下。

（1）系统中存在的扰动幅度大，频率高且可测不可控时，由于扰动对被控参数的影响显著，反馈控制难以消除扰动影响，当对被控参数的控制性能要求很高时，可引入前馈控制。

（2）当主要扰动无法用串级控制包围在副控回路时，采用前馈-反馈控制可以获得较好的控制效果。

（3）当扰动通道和控制通道的时间常数接近的时候，引入前馈控制可以显著提高控制性能，由于控制效果明显，通常采用静态前馈就能满足要求了。

（4）动态前馈比静态前馈复杂，参数的整定也比较麻烦。因此，在静态前馈能够满足工艺要求的时候，尽量不采用动态前馈。实际工程中，通常控制通道和扰动通道的惯性时间和纯滞后时间接近，往往采用静态前馈就能获得良好的控制效果。

（5）扰动通道的时间常数远大于控制通道的时间常数时，反馈控制已能获得良好的控制性能，只有控制性能要求很高时，才有必要引入前馈控制。

（6）扰动通道的时间常数远远小于控制通道的时间常数时，由于扰动的影响十分快速，前馈调节器的输出迅速达到最大或最小，以至难于补偿扰动的影响，这时候前馈控制的作用就不大了。

8.3　前馈-反馈控制

前馈控制属于开环控制，反馈控制属于负反馈的闭环控制。一般定值控制系统是按照测量值与给定值比较得到的偏差进行调节，属于闭环负反馈调节。其特点是在被控变量出现偏差后才进行调节;如果干扰已经发生而没有产生偏差,调节器不会进行工作。因此反馈控制方式的调节作用落后于干扰作用。

前馈调节是按照干扰作用来进行调节的。前馈控制将干扰测量出来并直接引入调节装置,对于干扰的克服比反馈控制及时。

总体来说,前馈反馈控制按扰动进行控制的前馈与按偏差进行控制的反馈相结合,以期兼收两者的优点。实际应用的前馈控制系统几乎都采用前馈-反馈控制复合形式。

8.3.1　前馈-反馈控制系统的对比

前馈控制系统为前馈控制的一种形式,是控制部分发出指令使受控部分进行某种活动,同时又通过另一快捷途径向受控部分发出前馈信号,受控部分在接受控制部分的指令进行活动时,又及时地受到前馈信号的调控,因此活动可以更加准确。

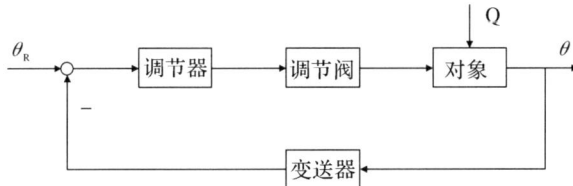

图 8.18　反馈控制系统方块图

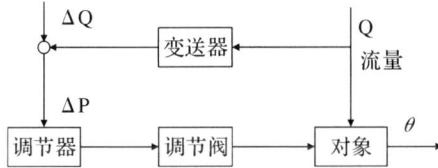

图 8.19　前馈控制系统方块图

由图 8.20 中反馈控制系统与前馈控制系统方块图可知:

(1) 前馈是"开环",反馈是"闭环" 控制系统。从图 8.20 中可以看到,表面上,两种控制系统都形成了环路,但反馈控制系统中,在环路上的任一点,沿信号线方向前行,可以回到出发点形成闭合回路,成为"闭环" 控制系统 。而在前馈控制系统中,在环路上的任一点,沿信号线方向前行,不能回到出发点,不能形成闭合环路,因此称其为"开环" 控制系统 。

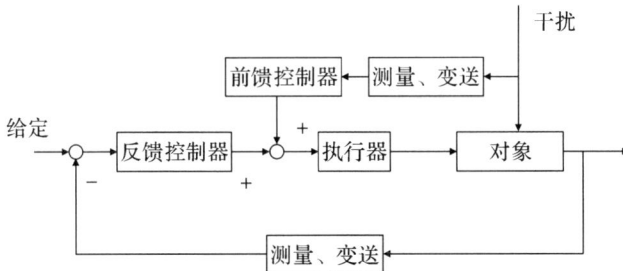

图 8.20　前馈-反馈控制系统方块图

(2) 前馈控制系统中测量干扰量,反馈控制系统中测量被控变量。在单纯的前馈控制系统中,不测量被控变量,而单纯的反馈控制系统中不测量干扰量。

(3) 前馈控制需要专用调节器,反馈控制一般采用通用 PID 调节器。由于前馈控制的精确性和及时性取决于干扰通道和调节通道的特性,且要求较高,因此,通常每一种前馈控制都采用特殊的专用调节器,而反馈基本上不管干扰通道的特性,且允许被控变量有波动,因此,可采用通用调节器,常用通用 PID 调节器、DCS 等或 PLC 控制系统实现。

(4) 前馈控制只能克服所测量的干扰,反馈控制则可克服所有干扰。前馈控制系统中若干扰量不可测量,前馈就不可能加以克服。而反馈控制系统中,任何干扰,只要它影响到被控变量,都能在一定程度上加以克服。

(5) 前馈控制理论上可以无差,反馈控制必定有差。反馈调节使系统达到动态稳定,让被调参数稳定在给定值附近动态变化,却不能使被调参数稳定在给定值上不动。前馈调节在理论上可以实现无差调节。

如果系统中的干扰数量很少,前馈控制可以逐个测量干扰,加以克服,理论上可以做到被控变量无差。而反馈控制系统,无论干扰的多与少、大与小,只有在干扰影响到被控变量,产生"差"之后,才能知道有了干扰,然后加以克服,因此必定有差。

8.3.2   干扰信号对控制部分的直接作用

要求将手伸至某一目标物,脑发出神经冲动指令一定的肌群收缩,同时又通过前馈机制,使这些肌肉的收缩活动能适时地受到一定的制约,因而手不会达不到目标物,也不致伸得过远,整个动作能完成得很准确。在这种调控过程中,前馈控制和反馈控制又是常常互相配合的。例如在脑指挥肌肉活动的过程中,肌肉和关节中的感受器将肌肉活动的信息反馈到脑,因此,脑可以对肌肉实际活动的情况与原先设计的动作要求之间的偏差进行分析,再对前馈信号进行调整,在以后再指令作同样的动作时,发出的前馈信号就更加准确,使完成动作能更接近设计的要求。

与前馈控制相比,反馈控制需要较长的时间,因为控制部分要在接到受控部分活动的反馈信号后才能发出纠正受控部分活动的指令,因此受控部分的活动可能发生较大波动。以神经系统对骨骼肌任意活动的控制为例,如果只有反馈控制而没有前馈控制,则肌肉活动时可出现震颤,动作不能快速、准确、协调地完成。

8.3.3   前馈-反馈控制系统优点

前馈-反馈控制系统优点如下。

(1) 从前馈控制角度看,由于增加了反馈控制,降低了对前馈控制模型精度的要求,并能对没有测量的干扰信号的扰动进行校正。

(2) 从反馈控制角度看,前馈控制作用对主要干扰及时进行粗调,大大减少反馈控制的负担。

8.3.4   前馈-反馈 PID 控制系统仿真程序及分析

【例 8.2】   如图 8.21 所示的前馈-反馈 PID 控制系统框图,被控对象的传递函数 $G(s) = \dfrac{133}{s^2 + 25s}$,采样时间为 $T = 1\text{m}$,输入信号 $r(t) = 0.5\sin(6\pi t)$,其中 $k_p = 80, k_i = 20, k_d = 2$,试分析常规 PID 控制与前馈-反馈 PID 控制的正弦跟踪。

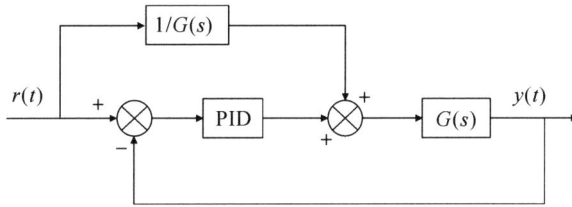

图 8.21　串级控制系统框图

如图 8.22 所示的 Simulink 仿真程序图。

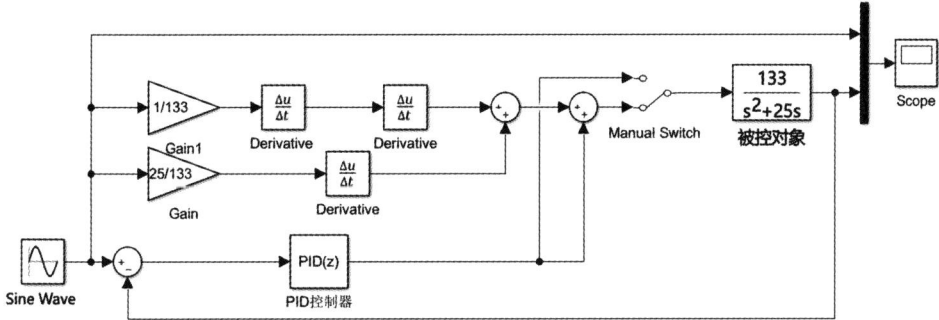

图 8.22　前馈-反馈 PID 控制 Simulink 仿真程序图

相应的阶跃响应如图 8.23 和图 8.24 所示。

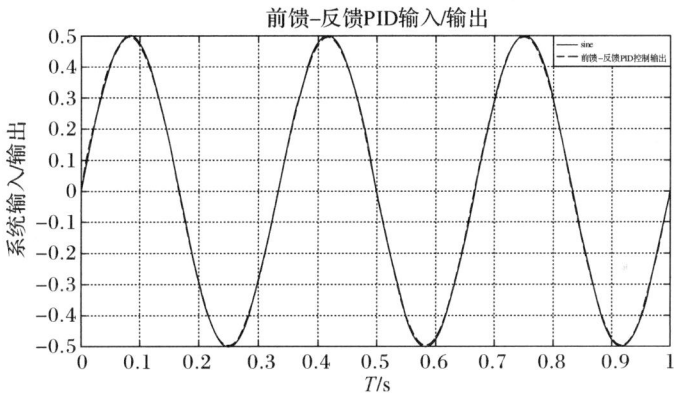

图 8.23　前馈-反馈 PID 控制输入/输出

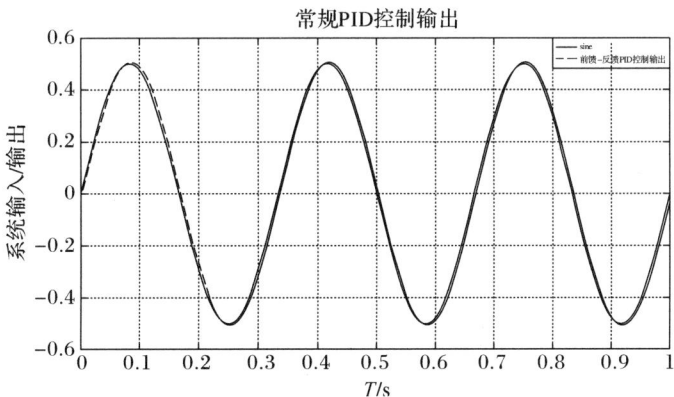

图 8.24　常规 PID 控制输入/输出

从图 8.23 和图 8.24 仿真结果可以看出，通过前馈补偿可以提高系统的跟踪性能。

8.4 纯滞后对象的控制

所谓纯滞后，是指输入信号开始作用于系统的时刻到系统输出开始变化的时刻这段时间。

大多数工业工程对象都存在着较大的纯滞后，它们对系统的稳定性影响极坏，会使系统产生长时间和大幅度的超调。因此对这类系统，人们的期望是不要有超调或超调很小，而调节时间则允许长一些。

对于这种以超调为主要设计指标的系统，长期以来人们做过大量研究，工程实践发现用单纯的最少拍控制或简单的 PID 控制都不行。目前常用的方法有两种：① 大林算法；②"Smith 补偿法"。

8.4.1 大林算法

1.针对的对象

正如前面所述，大林算法是用来解决含有纯滞后对象的控制问题，所以大林算法所针对的对象自然应含有纯滞后环节，而纯滞后地出现在工业控制系统，大部分工业控制对象都含有一阶或二阶惯性环节，所以 Dahlin 算法就针对了这类最广泛的控制对象，其数学模型如下。

（1）一阶惯性环节：

$$G_0(s) = \frac{K\mathrm{e}^{-\tau s}}{T_1 s + 1} \tag{8.4.1}$$

（2）二阶惯性环节：

$$G_0(s) = \frac{K\mathrm{e}^{-\tau s}}{(T_1 s + 1)(T_2 s + 1)} \tag{8.4.2}$$

式中：τ 为纯滞后时间；T_1，T_2 为纯滞后时间常数；K 为放大系数。

2.大林算法的设计目标

这种算法主要解决超调问题，而调节过程可以相对长一些，因此所设计系统的闭环传递函数应具有惯性性质。这样输出才会平滑一些。又因为考虑到闭环传递函数的物理可实现性，应使其分子含有纯滞后环节，这样，Dahlin 算法就给出了如下的设计目标，即使闭环传函为

$$\Phi(s) = \frac{\mathrm{e}^{-\tau s}}{T_\tau s + 1} \tag{8.4.3}$$

式中：T_τ 为闭环系统期望的时间常数；τ 为闭环系统期望的纯滞后时间；T 为采样周期，一般设计中取 τ 和 T 为整数倍关系，以便延时准确，即 $\tau = lT(l = 1, 2, \cdots)$。

有了对象模型，又有了闭环传函，可以仿照直接设计最少拍系统的过程设计出 $D(z)$。事实上，Dahlin 算法在这儿针对的对象是具体的一类含纯滞后的对象，闭环传函的设计式根据

无超调与可实现要求得出的。

3.设计步骤

大林算法的设计步骤为:

$$\Phi(s) \xrightarrow{\Phi(s)\ 离散化} \Phi(z) \xrightarrow{D(z) = \frac{\Phi(z)}{G(z)(1-\Phi(z))}} D(z) \rightarrow 编成实现$$

其中,每一步步骤的算法公式如下:

(1)$\Phi(s)$ 离散化:

$$\Phi(z) = \mathscr{Z}\left[\frac{1-e^{-Ts}}{s} \cdot \frac{e^{-\tau s}}{T_\tau s + 1}\right] = \frac{(1-e^{-T/T_\tau})z^{-(l+1)}}{1-e^{-T/T_\tau}z^{-1}} \tag{8.4.4}$$

(2) 求 $D(z)$。

1)当被控对象为一阶惯性环节的纯滞后时:

$$G(Z) = \mathscr{Z}\left[ZOH \cdot \frac{Ke^{-\tau s}}{T_1 s + 1}\right] = Kz^{-(l+1)} \cdot \frac{1-e^{-T/T_1}}{1-e^{-T/T_1}z^{-1}} (\tau = lT) \tag{8.4.5}$$

则

$$D(z) = \frac{\Phi(z)}{G(z)(1-\Phi(z))} = \frac{(1-e^{-T/T_\tau})(1-e^{-T/T_1}z^{-1})}{K(1-e^{-T/T_1})[1-e^{-T/T_\tau}z^{-1}-(1-e^{-T/T_\tau})z^{-(l+1)}]} \tag{8.4.6}$$

2)当被控对象为二阶惯性环节的纯滞后时:

$$G(z) = \mathscr{Z}\left[\frac{1-e^{-Ts}}{s} \cdot \frac{Ke^{-\tau s}}{(T_1 s + 1)(T_2 s + 1)}\right] = \frac{K(c_1 + c_2 z^{-1})z^{-(l+1)}}{(1-e^{-T/T_1}z^{-1})(1-e^{-T/T_2}z^{-1})} \tag{8.4.7}$$

其中 $\begin{cases} c_1 = 1 + \frac{1}{T_2 - T_1}(T_1 e^{-T/T_1} - T_2 e^{-T/T_2}) \\ c_2 = e^{-T(\frac{1}{T_1}+\frac{1}{T_2})} + \frac{1}{T_2 - T_1}(T_1 e^{-T/T_1} - T_2 e^{-T/T_2}) \end{cases}$ 且 $\left(0 < \frac{c_2}{c_1} < 1\right)$

则

$$D(z) = \frac{(1-e^{-T/T_\tau})(1-e^{-T/T_1}z^{-1})(1-e^{-T/T_2}z^{-1})}{K(c_1 + c_2 z^{-1})[1-e^{-T/T_\tau}z^{-1}-(1-e^{-T/T_\tau})z^{-(l+1)}]} \tag{8.4.8}$$

【例 8.3】　对连续一阶被控对象 $G_0(s) = \frac{e^{-1.46s}}{3.34s+1}$,采样周期 $T = 1$ s,期望的闭环响应时间常数 $T_\tau = 2$ s,并带有 $l = 1$ 个采样周期的纯滞后的一阶惯性环节,即 $\Phi(s) = \frac{e^{-s}}{2s+1}$,用大林算法设计 $D(z)$。

解　根据设计步骤有以下几步。

1)求 $\Phi(z)$。

$$\Phi(z) = \mathscr{Z}\left[\frac{1-e^{-Ts}}{s} \cdot \frac{e^{-s}}{2s+1}\right] = z^{-1}(1-z^{-1}) \cdot \mathscr{Z}\left[\frac{0.5}{s(s+0.5)}\right] = \frac{0.393\,5z^{-2}}{1-0.606\,5z^{-1}}$$

2)求 $D(z)$。先求 $G(z)$:

$$G(z) = \mathscr{Z}[ZOH \cdot G_0(s)] = \mathscr{Z}\left[\frac{1-e^{-Ts}}{s} \cdot \frac{e^{-1.46s}}{3.34s+1}\right] =$$

$$\mathscr{Z}\left[\frac{1-e^{-Ts}}{s} \cdot e^{-s} \cdot \frac{e^{-0.46s}}{3.34s+1}\right] = (1-z^{-1})z^{-1}\mathscr{Z}\left[\frac{e^{-0.46s}}{s(3.34s+1)}\right]$$

由 $\tau = 0.46, T = 1 \Rightarrow \lambda = \tau/T = 0.46, m = 1 - \lambda = 0.54,$ 有

$$(1-z^{-1})z^{-1}\mathscr{Z}_m\left[\frac{\frac{1}{3.34}}{s\left(s+\frac{1}{3.34}\right)}\right] = z^{-1}(1-z^{-1})\cdot\frac{z^{-1}(1-e^{-\frac{1}{3.34}}z^{-1}-e^{-\frac{0.54}{3.34}}+e^{-\frac{0.54}{3.34}}z^{-1})}{(1-z^{-1})(1-e^{-\frac{1}{3.34}}z^{-1})} =$$

$$\frac{0.149\ 3z^{-2}(1+0.732\ 8z^{-1})}{1-0.741\ 3z^{-1}}$$

再求 $D(z)$：

$$D(z) = \frac{\Phi(z)}{G(z)(1-\Phi(z))} = \frac{2.635\ 6(1-0.741\ 3z^{-1})}{(1+0.732\ 8z^{-1})(1-z^{-1})(1+0.393\ 5z^{-1})}$$

检验系统输出：

$$R(z) = \frac{1}{1-z^{-1}} = 1+z^{-1}+z^{-2}+\cdots$$

$$Y(z) = \Phi(z)R(z) = \frac{0.393\ 5z^{-2}}{(1-0.606\ 5z^{-1})(1-z^{-1})} =$$

$$0.393\ 5z^{-2}+0.632\ 2z^{-3}+0.776\ 9z^{-4}+0.864\ 7z^{-5}+\cdots$$

控制量：

$$U(z) = \frac{Y(z)}{G(z)} = \frac{2.635\ 6(1-0.741\ 3z^{-1})}{(1-0.606\ 5z^{-1})(1-z^{-1})(1+0.732\ 8z^{-1})} =$$

$$2.635\ 6+0.348\ 4z^{-1}+1.809\ 6z^{-2}+0.607\ 8z^{-3}+\cdots$$

采用 MATLAB 语言仿真程序：

```
% 大林控制算法
clear all;clc;
ts = 1;
sys1 = tf([1],[3.34,1],'inputdelay',1.46)
dsys1 = c2d(sys1,ts,'zoh');
[num1,den1] = tfdata(dsys1,'v')
sys2 = tf([1],[2,1],'inputdelay',1)
dsys2 = c2d(sys2,ts,'zoh');
dsys = 1/dsys1 * dsys2/(1-dsys2);
[num,den] = tfdata(dsys,'v')
u_1 = 0.0;u_2 = 0.0;u_3 = 0.0;u_4 = 0.0;u_5 = 0.0;y_1 = 0.0;
error_1 = 0.0;error_2 = 0.0;error_3 = 0.0;ei = 0;
for k = 1:1:15
    time(k) = k * ts;
    rin(k) = 1.0;
    yout(k) = -den1(2) * y_1 + num1(3) * u_2 + num1(4) * u_3;
    error(k) = rin(k) - yout(k);
    u(k) = (num(1) * error(k) + num(2) * error_1 - den(2) * u_1 - den(3) * u_2 -
```

den(4) * u_3)/den(2);

u_5 = u_4;u_4 = u_3;u_3 = u_2;u_2 = u_1;u_1 = u(k);y_1 = yout(k);

error_3 = error_2;error_2 = error_1;error_1 = error(k);

end

figure(1);plot(time,rin,'b',time,yout,'r');xlabel('时间(s)');ylabel('输入／输出');

figure(2);stairs(time,u,'r');xlabel('时间(s)');ylabel('控制量');

仿真结果如图 8.25 和图 8.26 所示。

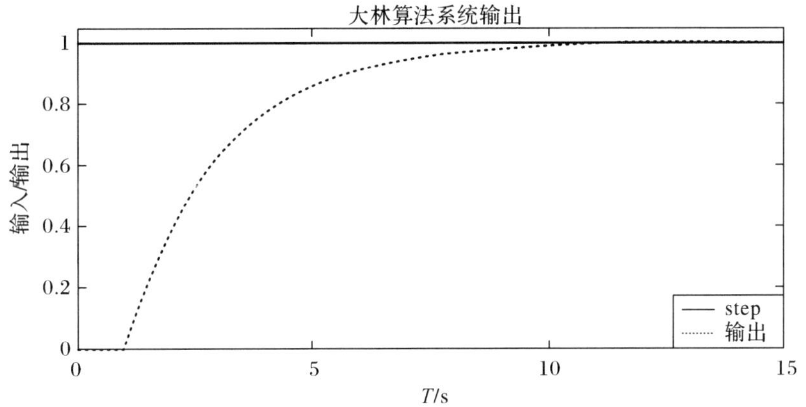

图 8.25 大林算法控制系统的输出

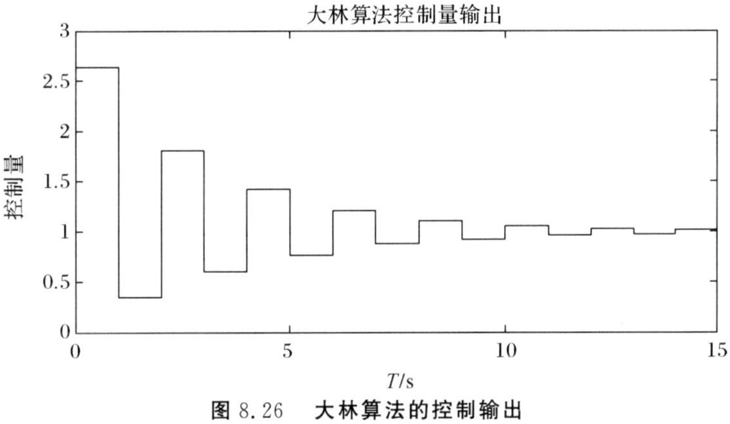

图 8.26 大林算法的控制输出

由图可知,系统输出在采样点上的值符合指数规律,确实不存在超调。尽管过渡过程长一些,而且输出在采样点之间有波纹,控制量 $U(z)$ 有大幅度摆动,而且摆动频率为 1/2 采样频率,大林把 $U(z)$ 的这种振荡现象称为振铃,使 $Y(z)$ 产生波纹,这将增加执行结构的磨损,因此必须弄清楚振铃产生的原因,并设法消除它。

振铃:使控制量以 1/2 采样频率作上下摆动。

4. 振铃产生的原因及消除

(1) 产生原因:由于 $U(z)$ 中含有左半圆内的非零极点,极点接近 -1,振荡越严重。

从数学上分析如下($G(z)$ 中含有左半圆内的零点,$D(z)$ 就含有相应极点):

当 $D(z)$ 含 $\dfrac{1}{1-az^{-1}}(a<0)$ 因子时,其输出中必有分量

$$u(k) = \mathscr{Z}^{-1}\left[\frac{1}{1-az^{-1}}\right] = a^k$$

当 $a<0$ 时,若 k 为奇数,$u(k)<0$;若 k 为偶数,$u(k)>0$

这说明 $D(z)$ 输出以二分之一采样频率振荡的原因。

注意:$D(z)$ 中还会有其他因子,所以 $U(z)$ 并非一定是正负的形式,有可能全正,但振铃现象仍然存在

(2) 振铃的消除:不能简单地将振铃因子拿走,因为这将影响 $D(z)$ 的稳态值,如 $D(z)$ 分母中有以振铃因子 $1+0.733z^{-1}$,按终值定理,当 $z\to 1$ 时,此因子终值为 1.733;若将其去掉,$D(z)$ 分母无此因子,相当于因子终值为 1,显然影响 $D(z)$ 的稳态值,也就影响了系统的性能。

大林提出的方法是:将振铃因子的 z 直接取为 $z=1$。这样,既不会影响 $D(z)$ 稳态值,又消除了振铃。

对于例 8.3,对 $D(z)$ 中的 $1+0.733z^{-1}$ 多项式,令 $z=1$,由此得到消除振铃的 $D^*(z)$。

$$D^*(z) = \frac{2.635\,6(1-0.741\,3z^{-1})}{1.733(1-z^{-1})(1+0.393\,5z^{-1})} = \frac{1.521(1-0.741\,3z^{-1})}{(1-z^{-1})(1+0.393\,5z^{-1})}$$

那么:

$$\Phi^*(z) = \frac{D^*(z)G(z)}{1+D^*(z)G(z)} = \frac{0.227\,1z^{-2}(1+0.733z^{-1})}{1-0.606\,5z^{-1}-0.166\,4z^{-2}+0.166\,4z^{-3}}$$

在单位阶跃输入时,输出值为

$$R(z) = \frac{1}{1-z^{-1}} = 1+z^{-1}+z^{-2}+z^{-3}+\cdots$$

$$Y^*(z) = \Phi^*(z)R(z) = \frac{0.227\,1z^{-2}(1+0.733z^{-1})}{(1-z^{-1})(1-0.606\,5z^{-1}-0.166\,4z^{-2}+0.166\,4z^{-3})} =$$

$$0.227\,1z^{-2}+0.531\,2z^{-3}+0.753\,4z^{-4}+0.900\,9z^{-5}+\cdots$$

$$U^*(z) = \frac{Y^*(z)}{G(z)} = 1.521+1.316\,1z^{-1}+1.445z^{-2}+1.235\,1z^{-3}+\cdots$$

仿真结果如图 8.27 和图 8.28 所示。振铃现象及输出值的波纹已经基本消除。

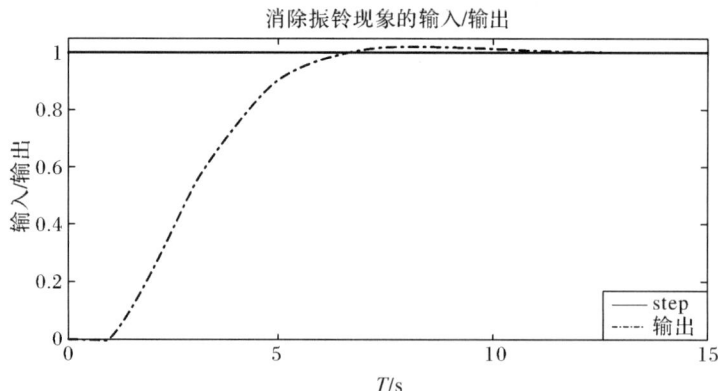

图 8.27 大林算法消除振铃现象控制系统的输出

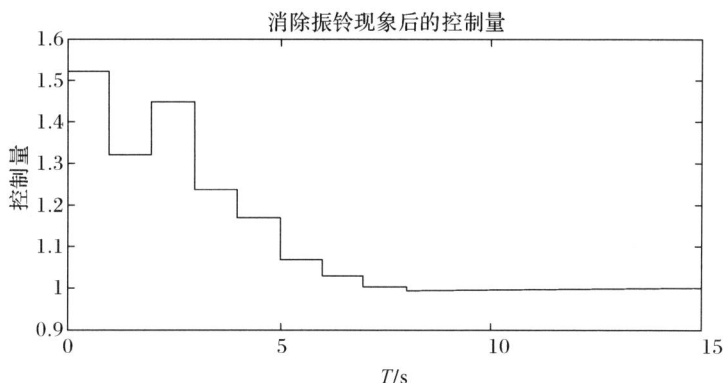

图 8.28　大林算法消除振铃现象的控制输出

几点说明如下：

1) $D(z)$ 修改后，原设计 $\Phi(z)$ 将发生变化，因此修改后应检验 $\Phi(z)$ 的稳定性。

2) 当 $G(z)$ 含有单位圆外零点时，$D(z)$ 含了单位圆外的极点，这时 $D(z)$ 不稳定。大林算法中的 $\Phi(z)$ 是根据要求得到的不能变，因此仍可采用上面消除振铃的方法，即令 $z = 1$。

3) 大林算法只适合于对象是稳定的情况。

4) 振铃消除有主次，一般应消除主要的。

5. 仿真举例

【例 8.4】　设 $G_0(s) = \dfrac{\mathrm{e}^{-2s}}{s(s+1)}$，$T = 1$ s，构成期望的闭环响应 $\Phi(s) = \dfrac{\mathrm{e}^{-2s}}{2s+1}$，输入为单位阶跃时，用大林算法求 $D(z)$。

解　求 $\Phi(z)$：

$$\Phi(z) = \mathscr{Z}\left[\mathrm{ZOH} \cdot \Phi(s)\right] = \mathscr{Z}\left[\frac{1 - \mathrm{e}^{-Ts}}{s} \cdot \frac{\mathrm{e}^{-2s}}{2s+1}\right]$$

$$= (1 - z^{-1})\mathscr{Z}\left[\frac{0.5\mathrm{e}^{-2s}}{s(s+0.5)}\right] = \frac{0.393 z^{-3}}{1 - 0.607 z^{-1}}$$

求 $G(z)$：

$$G(z) = \mathscr{Z}\left[\mathrm{ZOH} \cdot G_0(s)\right] = \mathscr{Z}\left[\frac{1 - \mathrm{e}^{-Ts}}{s} \cdot \frac{\mathrm{e}^{-2s}}{s(s+1)}\right] =$$

$$(1 - z^{-1})z^{-2}\mathscr{Z}\left[\frac{1}{s^2(s+1)}\right] = \frac{0.368 z^{-3}(1 + 0.718 z^{-1})}{(1 - z^{-1})(1 - 0.368 z^{-1})}$$

求 $D(z)$：

$$D(z) = \frac{\Phi(z)}{G(z)(1 - \Phi(z))} = \frac{(1 - z^{-1})(1 - 0.368 z^1)}{0.368 z^{-3}(1 + 0.718 z^{-1})} \cdot \frac{0.393 z^{-3}}{1 - 0.607 z^{-1} + 0.393 z^{-3}} =$$

$$\frac{1.068(1 - 0.368 z^{-1})}{(1 + 0.718 z^{-1})(1 + 0.393 z^{-1} + 0.393 z^{-2})}$$

检验系统输出：

$$Y(z) = R(z)\Phi(z) = \frac{0.393 z^{-3}}{(1 - z^{-1})(1 - 0.607 z^{-1})} =$$

$$0.393 z^{-3} + 0.632 z^{-4} + 0.775 z^{-5} + 0.865 z^{-6} + \cdots$$

控制量：

$$U(z) = \frac{Y(z)}{G(z)} = \frac{1.068(1-0.368z^{-1})}{(1-0.607z^{-1})(1+0.718z^{-1})} =$$

$$1.068 - 0.512z^{-1} + 0.523z^{-2} - 0.281z^{-3} + 0.259z^{-4} + \cdots$$

可见，系统输出时以指数形式变化的，控制量以 1/2 采样频率大幅度地摆动，有振铃现象产生。

消除振铃：令因子$(1+0.718z^{-1})$ 中 $z=1$，有

$$D^*(z) = \frac{1.068(1-0.368z^{-1})}{1.718(1+0.393z^{-1}+0.393z^{-2})} = \frac{0.622(1-0.365z^{-1})}{1+0.393z^{-1}+0.393z^{-2}}$$

$$\Phi^*(z) = \frac{D^*(z)G(z)}{1+D^*(z)G(z)} = \frac{0.229z^{-3}(1+0.718z^{-1})}{1-0.607z^{-1}-0.164z^{-3}+0.164z^{-4}}$$

$$Y^*(z) = \Phi^*(z)R(z) = 0.229z^{-3} + 0.532z^{-4} + 0.716z^{-5} + 0.958z^{-7} + \cdots$$

$$U^*(z) = \frac{Y^*(z)}{G(z)} = \frac{0.622(1-0.368z^{-1})}{1-0.607z^{-1}-0.164z^{-2}+0.164z^{-3}} =$$

$$0.622 + 0.149z^{-1} + 0.090z^{-2} + 0.158z^{-3} + 0.016z^{-4} + \cdots$$

由上式可知，振铃现象已基本消除，因此，输出波纹也有了明显减小。

采用 MATLAB 语言仿真程序：

```
clear all;clc;
ts = 1;
sys1 = tf([1],[1,1,0],'inputdelay',2);
dsys1 = c2d(sys1,ts,'zoh');
[num1,den1] = tfdata(dsys1,'v')
sys2 = tf([1],[2,1],'inputdelay',2);
dsys2 = c2d(sys2,ts,'zoh');
dsys = 1/dsys1 * dsys2/(1 - dsys2);
[num,den] = tfdata(dsys,'v')
u_1 = 0.0;u_2 = 0.0;u_3 = 0.0;u_4 = 0.0;u_5 = 0.0;
y_1 = 0.0;y_2 = 0.0;
error_1 = 0.0;error_2 = 0.0;error_3 = 0.0;ei = 0;
for k = 0:1:20
    time(k+1) = k * ts;
    rin(k+1) = 1.0;
    yout(k+1) =- den1(2) * y_1 - den1(3) * y_2 + num1(2) * u_3 + num1(3) * u_4;
    error(k+1) = rin(k+1) - yout(k+1);
    u(k+1) = (num(1) * error(k+1) + num(2) * error_1 + num(3) * error_2 +
num(4) * error_3
            - den(4) * u_1 - den(5) * u_2 - den(6) * u_3 - den(7) * u_4 - den(8) *
u_5)/den(3);
    u_5 = u_4;u_4 = u_3;u_3 = u_2;u_2 = u_1;u_1 = u(k+1);
```

y_2 = y_1;y_1 = yout(k + 1);

error_3 = error_2;error_2 = error_1;error_1 = error(k + 1);

end

figure(1);plot(time,rin,′b′,time,yout,′r′);xlabel(′时间(s)′);ylabel(′输入/输出′);

figure(2);stairs(time,u,′r′);xlabel(′时间(s)′);ylabel(′控制量′);

仿真结果如图 8.29 和图 8.30 所示。

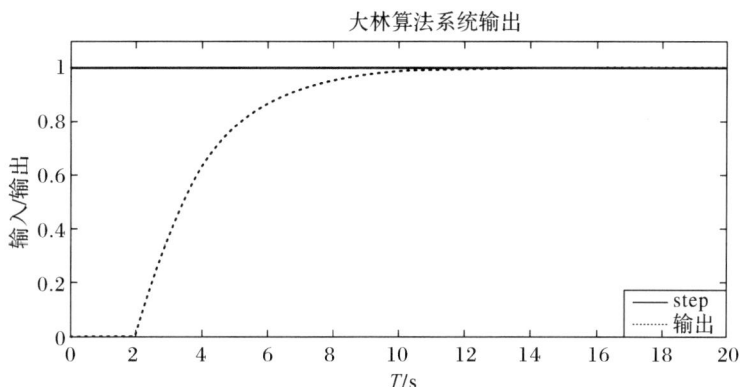

图 8.29 大林算法控制系统的输出

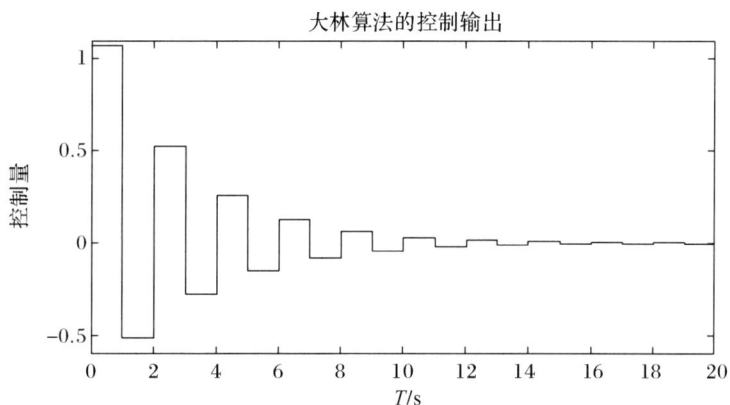

图 8.30 大林算法的控制输出

【例 8.5】 大林控制算法。控制对象为 $G_0(s) = \dfrac{e^{-0.76s}}{0.4s + 1}$,采样时间为 0.5 s;期望的闭

环响应设计为 $\Phi(s) = \dfrac{e^{-0.5s}}{0.15s + 1}$;仿真时间 10 s;输入指令信号为阶跃信号,其中 $k_p = 1$,

$k_i = 0.5$,$k_d = 0.1$(要求:再用标准 PID 控制算法实现后,对两种控制算法进行比较)。

采用 MATLAB 语言仿真程序:

clear all;clc;

ts = 0.5;

sys1 = tf([1],[0.4,1],′inputdelay′,0.76);

dsys1 = c2d(sys1,ts,′zoh′);

[num1,den1] = tfdata(dsys1,′v′);

```
sys2 = tf([1],[0.15,1],'inputdelay',0.5);

dsys2 = c2d(sys2,ts,'zoh');

dsys = 1/dsys1 * dsys2/(1 - dsys2);

[num,den] = tfdata(dsys,'v')

u_1 = 0.0;u_2 = 0.0;u_3 = 0.0;u_4 = 0.0;u_5 = 0.0;y_1 = 0.0;

error_1 = 0.0;error_2 = 0.0;error_3 = 0.0;ei = 0;

for k = 0:1:50

    time(k+1) = k * ts;

    rin(k+1) = 1.0;

    yout(k+1) =- den1(2) * y_1 + num1(2) * u_2 + num1(3) * u_3;

    error(k+1) = rin(k+1) - yout(k+1);

    M = 2;

    if M == 1              % 大林算法

        u(k+1) = (num(1) * error(k+1) + num(2) * error_1 + num(3) * error_2 +
num(4) * error_3

                    - den(3) * u_1 - den(4) * u_2 - den(5) * u_3 - den(6) * u_4 -
den(7) * u_5)/den(2);

    elseif M == 2        % 标准 PID 控制算法

        ei = ei + error(k+1) * ts;

        u(k+1) = 1.0 * error(k+1) + 0.10 * (error(k+1) - error_1)/ts + 0.50 * ei;

    end

    u_5 = u_4;u_4 = u_3;u_3 = u_2;u_2 = u_1;u_1 = u(k+1);y_1 = yout(k+1);

    error_3 = error_2;error_2 = error_1;error_1 = error(k+1);

end

figure(1);plot(time,rin,'b',time,yout,'r');xlabel('时间(s)');ylabel('输入/输出');

figure(2);stairs(time,u,'r');xlabel('时间(s)');ylabel('控制量');
```

仿真结果如图 8.31 和图 8.32 所示。

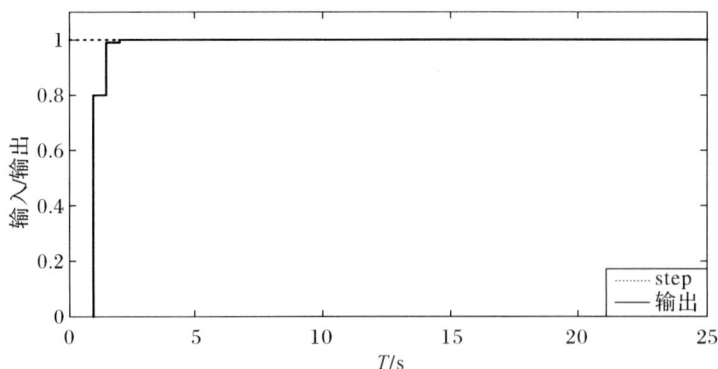

图 8.31　采用大林控制算法控制系统的输出

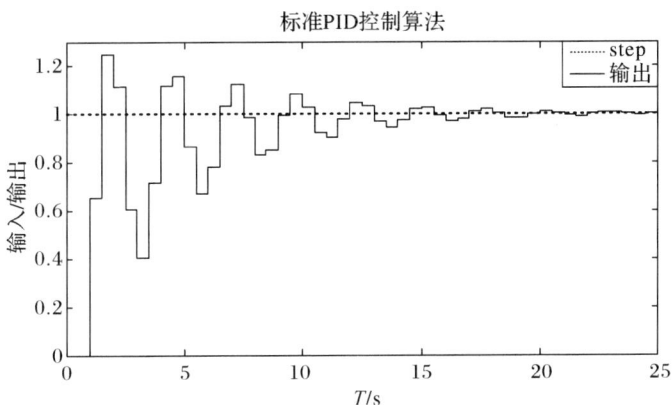

图 8.32　采样标准 PID 控制系统的输出

8.4.2　Smith 纯滞后补偿控制

Smith 补偿法也称纯滞后补偿控制。

1. Smith 补偿控制原理

它是通过引入一个与对象并联的补偿器 $D_\tau(s)$，使得补偿后的等效对象的传递函数不再包含纯滞后，然后针对这个不再包含纯滞后的等效对象，以学过的常规方法为基础设计控制器 $D(s)$。$D(s)$ 一般为 PID 控制。

设对象的传递函数 $G(s) = \dfrac{K\mathrm{e}^{-\tau s}}{T_1 s + 1} = G'(s)\mathrm{e}^{-\tau s}$，其中，$G(s)$ 不包含纯滞后特性，即 $G'(s) = \dfrac{K}{T_1 s + 1}$，系统的结构图如图 8.33 所示。

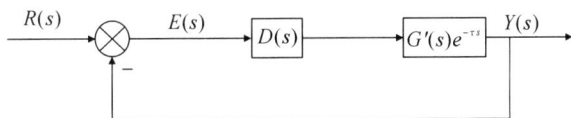

图 8.33　Smith 控制系统结构图

由图 8.33 可知，系统闭环传函为

$$\Phi(s) = \frac{Y(s)}{R(s)} = \frac{D(s)G'(s)\mathrm{e}^{-\tau s}}{1 + D(s)G'(s)\mathrm{e}^{-\tau s}} \tag{8.4.9}$$

特征方程为

$$1 + D(s)G'(s)\mathrm{e}^{-\tau s} = 0$$

式中包含有纯滞后环节 $\mathrm{e}^{-\tau s}$。显然 $\mathrm{e}^{-\tau s}$ 使系统的稳定性下降，特别当 τ 较大时，系统就会不稳定。因此，常规的调节规律 $D(s)$ 很难使闭环系统获得满意的控制性能。

为了改善控制系统的性能，引入一个与对象并联的补偿器 $D_\tau(s)$，使得补偿以后的等效对象的传递函数不包含纯滞后 $\mathrm{e}^{-\tau s}$，而只会有特性 $G'(s)$，如图 8.34 所示。

由图 8.34 可得

$$\frac{Y'(s)}{U(s)} = G'(S)\mathrm{e}^{-\tau s} + D_\tau(s) = G'(s) \Rightarrow D_\tau(s) = G'(s)(1 - \mathrm{e}^{-\tau s}) \tag{8.4.10}$$

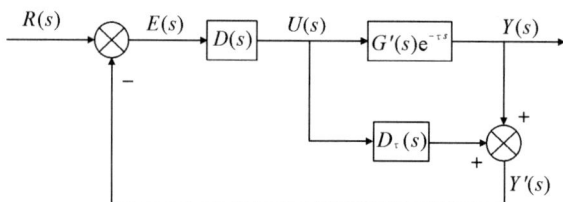

图 8.34　Smith 补偿法控制系统结构图

当纯滞后补偿 $D_\tau(s)$ 如式(8.4.10)时,可以使等效对象的传递函数不包含纯滞后特性,这种补偿法称为 Smith 补偿法。

事实上,根据自动控制原理知识移动节点,补偿器实现时,是连接在控制器 $D(z)$ 上的,如图 8.35 所示。

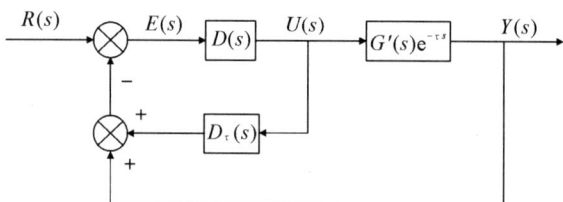

图 8.35　Smith 补偿法控制系统结构图

经过纯滞后补偿控制后,系统的闭环传函为

$$D_g(s) = \frac{D(s)}{1 + D(s)D_\tau(s)} = \frac{D(s)}{1 + D(s)G'(s)(1 - \mathrm{e}^{-\tau s})}$$

$$\Phi(s) = \frac{Y(s)}{R(s)} = \frac{D_g(s)G'(s)\mathrm{e}^{-\tau s}}{1 + D_g(s)G'(s)\mathrm{e}^{-\tau s}} = \frac{D(s)G'(s)\mathrm{e}^{-\tau s}}{1 + D(s)G'(s)}$$

由上式看出,经过纯滞后补偿,闭环系统的特征方程为 $1 + D(s)G'(s) = 0$,不再包含 $\mathrm{e}^{-\tau s}$,因此,纯滞后特性不影响系统的稳定性,只是将控制过程在时间坐标上向后推移了 τ 时间。

2. Smith 补偿控制的实现

Smith 补偿控制的实现就是要用计算机来实现保持器 $D_\tau(s)$ 和 $D(s)$ 的功能。其步骤为

$$\text{给定对象 } G'(s)\mathrm{e}^{-\tau s} \Phi(s) \underset{(G'(s)\text{中含ZOII})}{\xrightarrow{D_\tau(s) = G'(s)(1 - \mathrm{e}^{-\tau s})}} D_\tau(s) \xrightarrow{\mathcal{Z}\text{变换法将 } D_\tau(s) \text{ 离散化}} D_\tau(z)$$

【例 8.6】　设控制对象 $G(s) = \dfrac{K\mathrm{e}^{-\tau s}}{T_1 s + 1}$,试设计数字 Smith 补偿器。

解

$$D_\tau(s) = G'(s)(1 - \mathrm{e}^{-\tau s}) = \frac{K(1 - \mathrm{e}^{-\tau s})}{T_1 s + 1} \tag{8.4.11}$$

$$D_\tau(z) = \mathcal{Z}[D_\tau(s)] = \mathcal{Z}\left[\frac{1 - \mathrm{e}^{-TS}}{s} \cdot \frac{K(1 - \mathrm{e}^{-\tau s})}{T_1 s + 1}\right] = (1 - z^{-1})\frac{K(1 - \sigma)z^{-l}}{1 - \sigma z^{-1}} \tag{8.4.12}$$

式中:$\sigma = \mathrm{e}^{-T/T_1}$,$l = \tau/T$,$T$ 为采样周期。

将 $D_\tau(z)$ 写成 $D_\tau(z) = \dfrac{D(z)}{U(z)} = \dfrac{V(z)}{U(z)} \cdot \dfrac{D(z)}{V(z)} = (1 - z^{-1})\dfrac{K(1 - \sigma)z^{-l}}{1 - \sigma z^{-1}}$

令

$$\begin{cases} \dfrac{V(z)}{U(z)} = \dfrac{K(1-\sigma)z^{-1}}{1-\sigma z^{-1}} \\ \dfrac{D(z)}{V(z)} = (1-z^{-l}) \end{cases} \qquad (8.4.13)$$

则对应的差分方程为

$$\begin{cases} v(k) = K(1-\sigma)u(k-1) + \sigma v(k-1) \\ d(\mathrm{k}) = v(k) - v(k-l) \end{cases} \qquad (8.4.14)$$

根据此方程,即可编写计算补偿器的程序。数字 Smith 补偿控制系统的框图如图 8.36 所示。

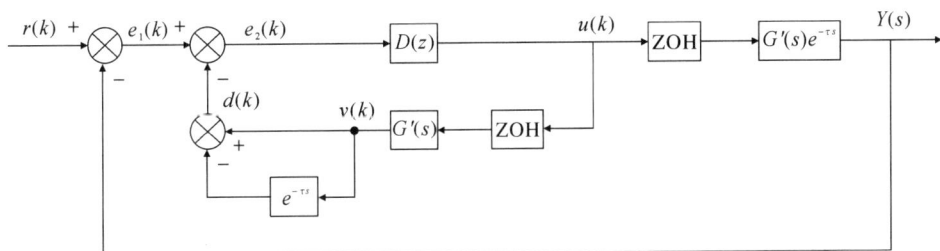

图 8.36　数字 Smith 补偿控制系统结构图

3. 仿真举例

【例 8.7】　纯滞后系统的 Smith 控制算法。控制对象为 $G(s) = \dfrac{\mathrm{e}^{-80s}}{60s+1}$,采样时间为 20 ms,控制器输出限制在 $[-110, 110]$。输入指令信号为:①rin$(k) = 100$,仿真时间 2 000 s,其中 $k_p = 3, k_i = 0.017\ 7$;②rin$(t) = \mathrm{sign}(\sin(0.000\ 4\pi t))$,仿真时间 12 000 s,其中 $k_p = 0.5, k_i = 0.01$(要求:再用普通 PID 控制算法实现后,对两种控制算法进行比较系统的输入/输出)。

(1) 仿真方法一(采用 Simulink 仿真程序)。

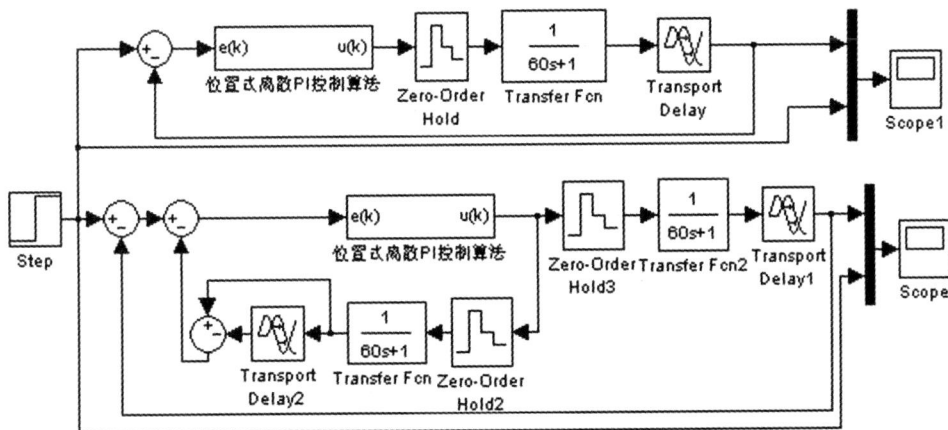

图 8.37　Smith 补偿法 Simulink 仿真程序图

仿真结果如图 8.38 和图 8.39 所示。

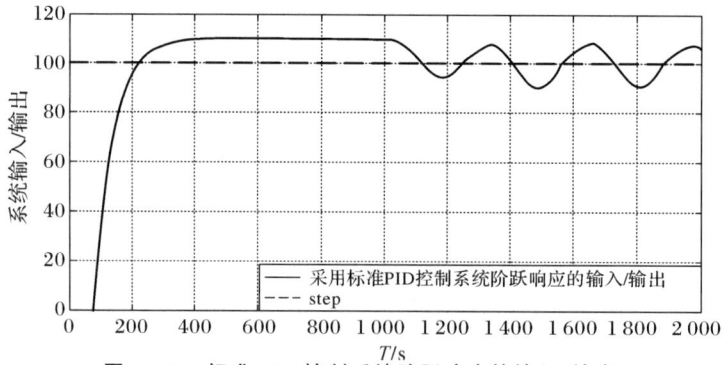

图 8.38　标准 PID 控制系统阶跃响应的输入/输出

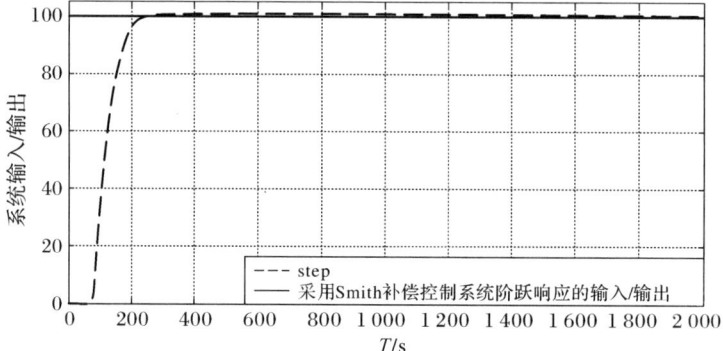

图 8.39　采用 Smith 补偿法控制算法阶跃响应的输入/输出

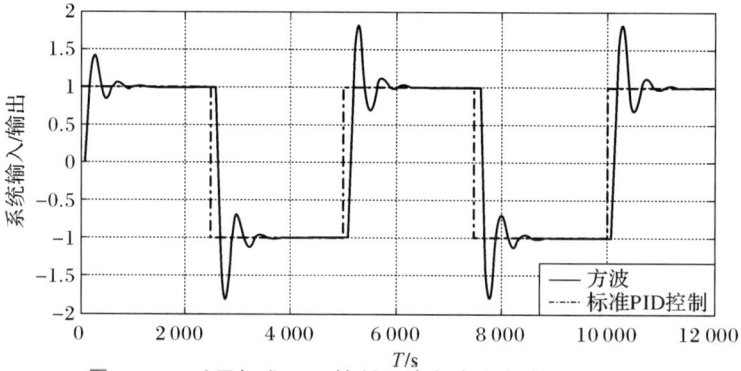

图 8.40　采用标准 PID 控制系统方波响应的输入/输出

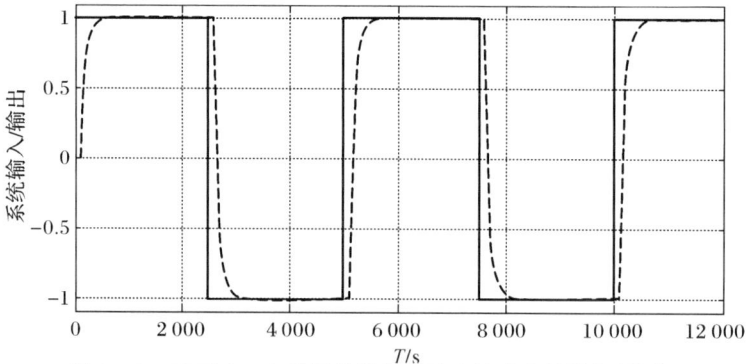

图 8.41　采用 Smith 补偿法控制算法方波响应的输入/输出

（2）仿真方法二（采用 MATLAB 语言仿真程序）。

```
% 纯滞后补偿算法
clear all;clc;
Ts = 20;
sys = tf([1],[60,1],'inputdelay',80);
dsys = c2d(sys,Ts,'zoh');
[num,den] = tfdata(dsys,'v');
M = 2;
u_1 = 0.0;u_2 = 0.0;u_3 = 0.0;u_4 = 0.0;u_5 = 0.0;
el_1 = 0;e2 = 0.0;e2_1 = 0.0;ei = 0;
xm_1 = 0.0;y_1 = 0.0;
kp = 3; ki = 0.0177;
for k = 1:1:100
    time(k) = k * Ts;
    rin(k) = 100.0;
    xm(k) =- den(2) * xm_1 + num(2) * u_1;
    yout(k) =- den(2) * y_1 + num(2) * u_5;
    if M == 1
        e2(k) = rin(k) - xm(k);
        ei = ei + Ts * e2(k);
        u(k) = kp * e2(k) + ki * ei;
        e2_1 = e2(k);
    elseif M == 2
        e1(k) = rin(k) - yout(k);
        ei = ei + Ts * e1(k);
        u(k) = kp * e1(k) + ki * ei;
        e1_1 = e1(k);
    end
    if u(k) >= 110
        u(k) = 110;
    end
    if u(k) <=- 110
        u(k) =- 110;
    end
    xm_1 = xm(k);
    u_5 = u_4;u_4 = u_3;u_3 = u_2;u_2 = u_1;u_1 = u(k);
    y_1 = yout(k);
end
plot(time,rin,'b',time,yout,'r');
```

xlabel(′time(s)′);ylabel(′rin,yout′);

仿真结果同上。

2. 大林算法与 Smith 补偿法比较。

(1) 两种方法都需要事先知道对象的结构与参数,对象均含纯滞后。大林算法适用于两类特定结构对象,而 Smith 对结构无特殊要求。

(2) 设计方法上:大林算法用离散化设计法,按指定闭环传递结构,根据已知对象直接设计出数字控制器 $D(z)$,有振铃现象;Smith 算法是先用模拟化方法设计出补偿器,将对象改造为无纯滞后的等效对象,然后针对等效对象,再设计反馈控制器 $D(z)$。

本 章 要 点

1. 串级控制系统的组成和性能分析。

2. 串级控制系统的特点及分析。

3. 串级控制系统的应用范围。

4. 计算机串级控制系统工作过程。

5. 串级控制系统的设计原则。

6. 串级主控和副控回路控制器的选择。

7. 副控回路微分先行串级控制系统。

8. 前馈控制。

9. 前馈-反馈控制系统的对比。

10. 大林算法(针对的对象;大林算法的设计目标;振铃产生的原因及消除)。

11. Smith 补偿法(Smith 补偿控制原理;等效结构图;Smith 补偿控制的实现)。

习 题

1. 简述串级控制系统的工作原理。

2. 简述串级控制系统的组成和特点。

3. 简述串级控制系统的设计原则。

4. 简述串级主控和副控回路控制器的选择依据。

5. 简述前馈、反馈控制系统的区别与联系。

6. 干扰信号对控制部分有哪些影响?

7. 简述前馈-反馈控制系统优点。

8. 简述 Smith 补偿控制原理及实现过程。

9. 设 $G_0(s) = \dfrac{e^{-1.42s}}{2.28s+1}$,$T = 1$ s,构成期望的闭环响应 $\Phi(s) = \dfrac{e^{-2s}}{2s+1}$,输入为单位阶跃时,用大林算法求 $D(z)$。

第9章　多采样频率系统的分析与设计

多采样频率是指数字信号处理系统中存在多种采样频率的情况,简称多速率,它是面对不同的应用选择不同的采样率的策略,目的是降低数字信号处理器的成本。多采样率的应用非常广泛,在现代的数字信号处理应用中,要求系统能够处理不同采样率的信号。这种有多种采样率的系统叫做多速率系统。

为了充分发挥计算机的作用,一台计算机经常要同时控制多个系统或同一对象的多个参数。这些系统或参数的特性及控制要求是不同的,因此,采用一个采样频率已不能满足多个系统或参数的控制要求。通常,用低采样速率去采样慢速变化信号比较适宜,而对高频信号应取高速率采样。当一个数字系统在不同位置具有不同数据采样频率时,则该系统属于多速率数字系统。图9.1表示一典型的导弹纵向通道自动驾驶仪基本结构图。

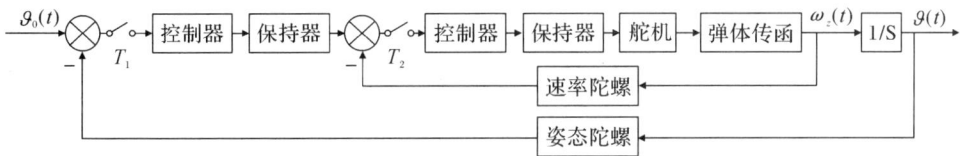

图 9.1　带多速率采样器的数字式导弹自动驾驶仪控制系统

由于在位置反馈和速度反馈回路的动态性能间有差别,故系统中采样器有两个采样周期 T_1 和 T_2。另图9.1系统中的两个数据保持器具有不同的特性。因为它们分别保持着周期 T_1 和 T_2 的采样信号。显然,这是一个多速率的数字系统。

采用多采样频率控制的优点如下。

(1)可以有效地减少计算机的运算量,降低计算机的运算速度要求。

(2)根据宽频带回路的快变信号,选择相应的高采样频率,可以有效地减小高频补偿器数字变化带来的动态误差;根据窄频带回路的慢变信号,选择相应的低采样频率,可以有效地减小其中低频补偿器的量化误差、死区和不灵敏区等。

多采样率数字控制系统可以看成是一个周期时变的数字控制器与连续时间被控对象构成的闭环系统,因此,它可以实现许多常规单采样控制系统所不具备的控制功能,如改善系统增益裕量,实现分散控制、增强系统稳定性、鲁棒控制等。

对于一台计算机控制的多个独立系统,其中不存在交联,虽然各通道采样频率不同,仍可单独分析或设计。只有在不同采样频率信号存在交联、同一回路不同补偿器采用不同采样频率、或多回路系统而又采用不同采样频率时,必须按多采样频率系统进行分析或设计。

9.1　多采样频率的配置

多采样频率的配置原则是根据不同的回路频带来配置不同的采样频率。采样频率一般为回路频带的 $6 \sim 10$ 倍。就单个回路来说,采样频率的选择和单采样频率系统是相同的。

为了使多采样频率系统的分析和设计简单,使多采样频率在计算机中实现简单,除保证同步采样的要求外,采样频率之比通常采用整数倍。如采样频率比 $n = 2, 4, \cdots$。为使系统分析与设计更为简单,n 尽可能选小,如 $n = 2$,或尽可能选高,如 $n = 8, 10$。

9.2　多采样频率系统的等效变换

多采样频率系统的分析与设计有其特殊性,如能把多采样频率系统变换为等效的单采样频率系统,则通常的数字控制系统的分析设计方法即可应用。

多采样频率系统的等效变换,主要有两种方法:① 时域采样信号分解法;② 频域采样信号分解法。

对时域采样信号法,只简单介绍采样器分解法。由于频域采样信号分解法较简单,特别对复杂的多回路系统,可以直接用 $\mathscr{Z}$ 传递函数及结构图描述,避免使用广义 $\mathscr{Z}$ 变换,也便于推广到状态空间描述,所以,重点介绍第二种方法。

对于多速率系统进行等效变换时,必须解决两个方面的变换:环节的等效变换和系统的等效变换。

9.2.1　环节的等效变换

对具有多速率的开环数字系统主要有三种基本类型:① 图 9.2(a) 所示系统在输入端有一慢速率采样器,在输出端有一快速率采样器。这种类型的系统属于慢-快多速率采样系统。② 图 9.2(b) 表示的系统在输入端的采样器比输出端的采样器采样频率快,该系统属于快-慢多速率采样系统。通常,取 $T_1 = nT_s$,而 n 为大于 1 的正整数。通常的情况是,多速率数字系统即为一数字计算机,或是输入 / 输出数据采用的是频率不同的控制器。在这种情况下,实际上并未发生操作过程。然而,为分析方便起见,这里利用如图 9.2(c) 的方框图表示法来指明输入 / 输出数据具有不同的采样频率。

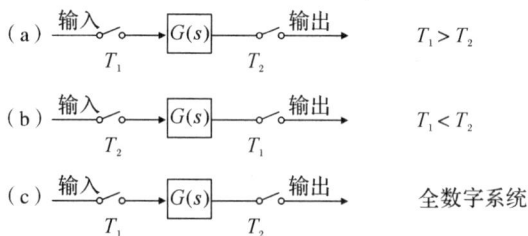

图 9.2　开环多速率数字系统

1. 慢-快多速率采样系统的等效变换

(1) 假想采样器法。这属于频域采样信号分解法。其等效变换如图 9.3 所示。

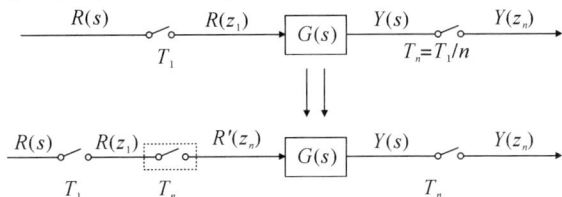

图 9.3　慢-快多采样环节的变换

其中，$z_1 = \mathrm{e}^{T_1 s}$，$z_n = \mathrm{e}^{T_n s}$，$T_n = T_1/n$，n 为正整数。

在慢速率（低频）采样器后人为地引入快速率（高频）虚拟采样器，把低采样频率信号变为高采样频率信号，其采样信号的传递特性不变，即 $R'(z_n) = R(z_1)$，因而

$$Y(z_n) = G(z_n)R'(z_n) \tag{9.2.1}$$

这里 $R'(z_n) = R(z_1)$，它仍然是相当于一个低频输入信号的 $\mathscr{Z}$ 变换，如何才能把它表示成以 T_n 为采样周期的高频采样信号呢？

根据 $\mathscr{Z}$ 变换的定义有

$$z_n = \mathrm{e}^{T_n s} = \mathrm{e}^{\frac{T_1}{n} s} = (\mathrm{e}^{T_1 s})^{\frac{1}{n}} = (z_1)^{\frac{1}{n}}$$

故

$$z_n^n = z_1, \quad R'(z_n) = R(z_1) = R(z_n^n) \tag{9.2.2}$$

式 (9.2.2) 表明了对于低采样频率输入，高采样频率输出环节的等效变换，可把采样频率输入信号 $R(z_1)$ 处理成等效的高采样频率信号 $R(z_n^n)$，则其传递函数即可用高采样频率传递函数 $G(z_n)$ 表示。

【例 9.1】　已知一慢-快多速率系统，如图 9.2(a) 所示，其中 $G(s) = \dfrac{1 - \mathrm{e}^{-T_1 s}}{s} \dfrac{1}{s+1}$，$R(s) = \dfrac{1}{s}$，$T_2 = \dfrac{T_1}{2} = 0.5$，求系统的输出 $Y(z_2)$。

解　$\quad R(z_1) = \mathscr{Z}_1[R(s)] = \dfrac{1}{1 - z_1^{-1}} = 1 + z_1^{-1} + z_1^{-2} + z_1^{-3} + \cdots$

在输入通道加一虚拟采样开关之后（见图 9.3）：

$$R'(z_2) = R(z_1) = R(z_2^2) = \frac{1}{1 - z_2^{-2}} = 1 + z_2^{-2} + z_2^{-4} + z_2^{-6} + \cdots$$

$$G(z_2) = \mathscr{Z}_2[G(s)] = \mathscr{Z}_2\left[\frac{1 - \mathrm{e}^{-T_1 s}}{s} \frac{1}{s+1}\right] = (1 - z_1^{-1})\,\mathscr{Z}_2\left[\frac{1}{s(s+1)}\right] =$$

$$[1 - (z_2^2)^{-1}]\,\mathscr{Z}_2\left[\frac{1}{s(s+1)}\right] = (1 + z_2^{-1})(1 - z_2^{-1})\left[\frac{1}{1 - z_2^{-1}} - \frac{z_2}{z_2 - \mathrm{e}^{-T_2}}\right] =$$

$$(1 + z_2^{-1})\frac{z_2^{-1}(1 - \mathrm{e}^{-T_2})}{1 - \mathrm{e}^{-T_2} z_2^{-1}} = (1 + z_2^{-1})\frac{0.393\,5\,z_2^{-1}}{1 - 0.606\,5\,z_2^{-1}} =$$

$$0.393\,5\,z_2^{-1} + 0.632\,1\,z_2^{-2} + 0.383\,4\,z_2^{-3} + 0.232\,5\,z_2^{-4} + 0.141 z_2^{-5} + \cdots$$

$$Y(z_2) = G(z_2)R'(z_2) = (1 + z_2^{-1})\frac{z_2^{-1}(1 - \mathrm{e}^{-aT_2})}{1 - \mathrm{e}^{-aT_2} z_2^{-1}}(1 + z_2^{-2} + z_2^{-4} + z_2^{-6} + \cdots) =$$

$$(1 - \mathrm{e}^{-aT_2})z_2^{-1} + (1 - \mathrm{e}^{-2aT_2})z_2^{-2} + \cdots =$$

$$0.393\,5 z_2^{-1} + 0.632\,1\,z_2^{-2} + 0.776\,9\,z_2^{-3} + 0.864\,7 z_2^{-4} + \cdots$$

信号传递关系如图 9.4 所示。

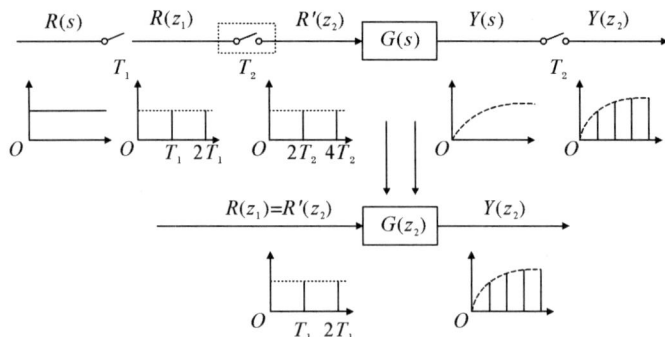

图 9.4　慢-快多采样系统信号的传递

（2）采样器分解法。采样器分解法是属于时域采样信号分解法，它是将快速率采样分解成 n 个慢速率采样器，它们各带时间超前和时间延迟单元，如图 9.5 所示。现在，由于采样器均具有同一采样速率，故可应用普通 $\mathscr{Z}$ 变换表达式。输出的 $\mathscr{Z}$ 变换可写为

$$Y_n(z) = \sum_{k=0}^{n-1} z^{-\frac{k}{n}} \mathscr{Z}\left[e^{\frac{k}{n}T_s}G(s)\right]R(z) \qquad (9.2.3)$$

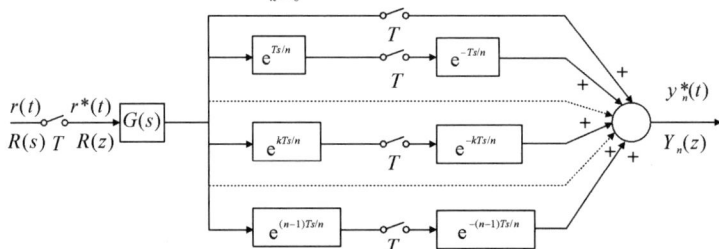

图 9.5　慢-快多采样系统的采样器分解法示意图

利用 $\mathscr{Z}$ 变换的定义,有

$$G_n(z) = \sum_{k=0}^{n-1} z^{-\frac{k}{n}} Z\left[e^{\frac{k}{n}T_s}G(s)\right] \qquad (9.2.4)$$

式中：$\left[e^{\frac{k}{n}T_s}G(s)\right]$ 的 $\mathscr{Z}$ 变换可以从 $G(s)$ 的广义 $\mathscr{Z}$ 变换确定。根据超前广义 $\mathscr{Z}$ 变换定义

$$\mathscr{Z}\left[e^{\frac{k}{n}T_s}G(s)\right] = \sum_{n=0}^{\infty}\left[g\left(nT + \frac{k}{n}T\right)\right]z^{-n} \qquad (9.2.5)$$

这里 $\dfrac{k}{n}$ 总小于 1。

2.快-慢多速率采样系统的等效变换

（1）假想采样器法。

一种频域采样分解法,这种方法的环节等效变换图如图 9.6 所示。

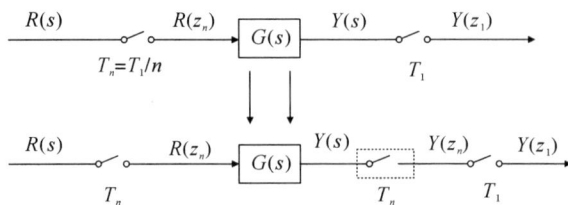

图 9.6　快-慢多采样开环系统的等效变换

在输出端的慢速率（即低频）采样器之前引入虚拟高频采样器，采样信号的传递特性仍不变，因而

$$Y(z_n) = G(z_n)R(z_n) \tag{9.2.6}$$

为了求得 $Y(z_1)$ 与 $Y(z_n)$ 之间的关系，必须在频域中进行采样信号的分解：

$$Y^*(s) = \frac{1}{T_1} \sum_{m=-\infty}^{\infty} Y\left(s + \mathrm{j}\frac{2\pi}{T_1}m\right) \tag{9.2.7}$$

令式中 $m = k + nl$，其中 $-\infty \leqslant l \leqslant \infty$，$k = 0,1,2,\cdots,n-1$。

$$
\begin{aligned}
Y^*(s) &= \frac{1}{T_1} \sum_{k+nl=-\infty}^{\infty} Y\left(s + \mathrm{j}\frac{2\pi}{T_1}k + \mathrm{j}\frac{2\pi}{T_1}nl\right) = \\
&\frac{1}{T_1} \sum_{k=0}^{n-1} \sum_{l=-\infty}^{\infty} Y\left(s + \mathrm{j}\frac{2\pi}{T_1}k + \mathrm{j}\frac{2\pi}{T_n}l\right) = \\
&\frac{1}{n} \sum_{k=0}^{n-1} \left[\frac{1}{T_n} \sum_{l=-\infty}^{\infty} Y\left(s + \mathrm{j}\frac{2\pi}{T_1}k + \mathrm{j}\frac{2\pi}{T_n}l\right)\right] = \\
&\frac{1}{n} \sum_{k=0}^{n-1} \left[Y^*\left(s + \mathrm{j}\frac{2\pi}{T_1}k\right)T_n\right]
\end{aligned} \tag{9.2.8}
$$

为了进一步说明采样信号频域分解的物理概念，可将式（9.2.8）以图形来说明其意义。这里取 $n = 4$，则对应式（9.2.8）的采样信号频谱分解图如图 9.7 所示。

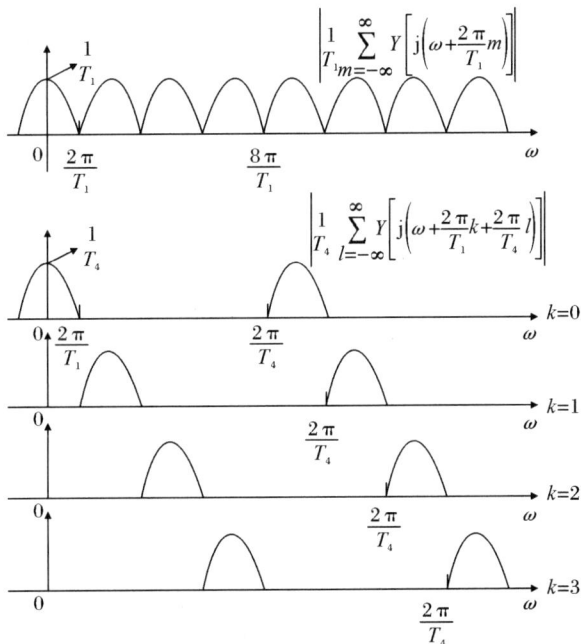

图 9.7　采样信号的频谱分析

由图 9.7 可知，慢（低）采样频率信号的频谱可分解成 n 个高采样频率信号的频谱之平均和，而各个高采样频率信号的频谱逐次移位一个低采样频率 $\omega_{s1} = 2\pi/T_1$。

如果用 $\mathscr{Z}$ 变换式表达 $Y(z_1)$ 和 $Y(z_n)$ 的关系，我们可先用 $\mathscr{Z}$ 变换复位移定理，将式（9.2.8）改写为

$$Y(z_1) = \frac{1}{n} \sum_{k=0}^{n-1} Y\left[\mathrm{e}^{\mathrm{j}\frac{2\pi}{n}k}z_n\right] \xlongequal{\Delta} \frac{1}{n} \sum_{k=0}^{n-1} Y\left[\boldsymbol{a}_k z_n\right] \tag{9.2.9}$$

式中

$$a_k = e^{j\frac{2\pi}{n}k}$$

式 (9.2.9) 说明 $Y(z_1)$ 可以分解成 n 个 $Y[a_k z_n]$ 之平均和。

由于

$$Y(z_n) = G(z_n)R(z_n) \text{ 或 } Y(a_k z_n) = G(a_k z_n)R(a_k z_n) \tag{9.2.10}$$

则

$$Y(z_1) = \frac{1}{n}\sum_{k=0}^{n-1} G(a_k z_n)R(a_k z_n) \tag{9.2.11}$$

式中:$a_k = e^{j\frac{2\pi}{n}k}$,是模为1,辐角为 $\frac{2\pi}{n}k$ 的单位矢量。若 $n = 2, a_k = [a_0 \quad a_1] = [1 \quad -1]$。

$$Y(z_1) = \frac{1}{2}[G(z_2)R(z_2) + G(-z_2)R(-z_2)] \tag{9.2.12}$$

若 $n = 4, a_k = [a_0 \quad a_1 \quad a_2 \quad a_3] = [1 \quad j \quad -1 \quad -j]$

$$Y(z_1) = \frac{1}{2}\left\{\frac{1}{2}[G(z_4)R(z_4) + G(-z_4)R(-z_4)] + \right.$$

$$\left. \frac{1}{2}[G(jz_4)R(jz_4) + G(-jz_4)R(-jz_4)]\right\} \tag{9.2.13}$$

可列出其传递函数结构图如图 9.8 所示。

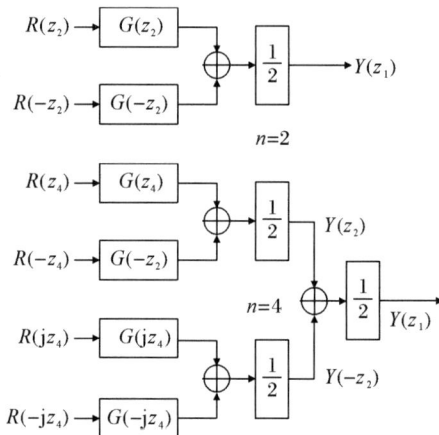

图 9.8 $n = 2,4$ 传递函数结构图

【**例 9.2**】 有一快-慢多速率采样系统,如图 9.2(b) 所示,其中 $G(s) = \dfrac{1-e^{-T_2 s}}{s}\dfrac{1}{s+1}$,

输入信号 $R(s) = \dfrac{1}{s}, T_2 = \dfrac{T_1}{n} = 0.5, n = 2$,求系统的输出 $Y(z_1)$。

解
$$R(z_2) = Z_2\left[\frac{1}{s}\right] = \frac{1}{1-z_2^{-1}} = 1 + z_2^{-1} + z_2^{-2} + z_2^{-3} + \cdots$$

$$R(-z_2) = \frac{1}{1+z_2^{-1}} = 1 - z_2^{-1} + z_2^{-2} - z_3^{-3} + z_2^{-4} + \cdots$$

$$G(z_2) = Z_2\left[\frac{1-e^{-T_2 s}}{s}\frac{1}{s+1}\right] = \frac{(1-e^{-T_2})z_2^{-1}}{1-e^{-T_2}z_2^{-1}} = \frac{0.393\,5z_2^{-1}}{1-0.606\,5z_2^{-1}}$$

$$G(-z_2) = \frac{-(1-\mathrm{e}^{-T_2})z_2^{-1}}{1+\mathrm{e}^{-T_2}z_2^{-1}} = \frac{-0.393\,5z_2^{-1}}{1+0.606\,5z_2^{-1}}$$

$$Y(z_2) = G(z_2)R(z_2) = \frac{1-\mathrm{e}^{-T_2}}{1-\mathrm{e}^{-T_2}z_2^{-1}}\frac{z_2^{-1}}{1-z_2^{-1}} = \frac{0.393\,5z_2^{-1}}{(1-0.606\,5z_2^{-1})(1-z_2^{-1})} =$$

$$0.393\,5z_2^{-1} + 0.632\,1z_2^{-2} + 0.776\,9z_2^{-3} + 0.864\,7z_2^{-4} + 0.917\,9z_2^{-5} + 0.950\,2z_2^{-6} + \cdots$$

$$Y(-z_2) = G(-z_2)R(-z_2) = \frac{1-\mathrm{e}^{-T_2}}{1+\mathrm{e}^{-T_2}z_2^{-1}}\frac{(-z_2^{-1})}{1+z_2^{-1}} = \frac{-0.393\,5z_2^{-1}}{(1+0.606\,5z_2^{-1})(1+z_2^{-1})} =$$

$$-0.393\,5z_2^{-1} + 0.632\,1z_2^{-2} - 0.776\,9z_2^{-3} + 0.864\,7z_2^{-4} - 0.917\,9z_2^{-5} +$$

$$0.950\,2z_2^{-6} + \cdots$$

所以

$$Y(z_1) = \frac{1}{2}[Y(z_2) + Y(-z_2)] =$$

$$(1-\mathrm{e}^{-2T_2})z_2^{-2} + (1-\mathrm{e}^{-4T_2})z_2^{-4} + (1-\mathrm{e}^{-6T_2})z_2^{-6} + \cdots =$$

$$(1-\mathrm{e}^{-T_1})z_1^{-1} + (1-\mathrm{e}^{-2T_1})z_1^{-2} + (1-\mathrm{e}^{-3T_1})z_1^{-3} + \cdots =$$

$$0.632\,1z_2^{-2} + 0.864\,7z_2^{-4} + 0.950\,2z_2^{-6} + \cdots =$$

$$0.632\,1z_1^{-1} + 0.864\,7z_1^{-2} + 0.950\,2z_1^{-3} + \cdots$$

信号传递如图 9.9 所示。

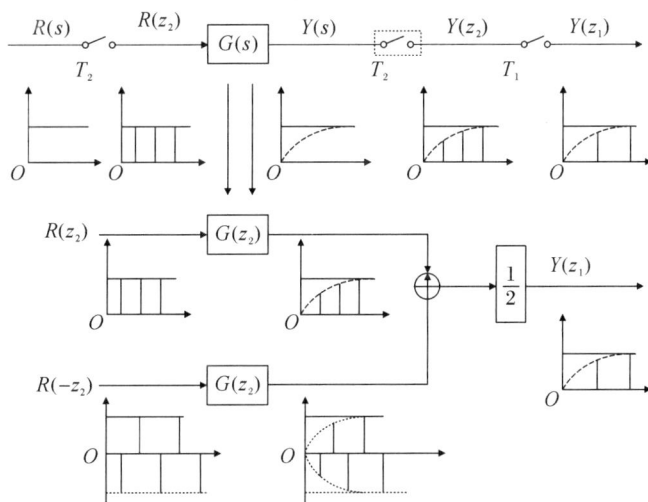

图 9.9 **快-慢多采样开环系统信号传递图**$(n=2)$

由图 9.9 可见,快(高)采样频率输入,慢(低)采样频率输出的开环系统(或环节)的等效变换,在 $n=2$ 时能获得明显的物理概念。是在基本环节 $G(z_2)$ 信号通道外,构造另一辅助环节 $G(-z_2)$ 信号通道,$R(z_2)$ 和 $Y(z_2)$ 信号各采样值均为正值,而 $R(-z_2)$ 和 $Y(-z_2)$ 信号各采样值随采样点正负交替,两者相加除 2,即将中间点的采样值抵消,从而获得相应的低采样频率信号。

(2)采样器分解法。

一种时域采样信号分解法,将快速率采样器分解为 n 个慢速率采样器,它们各具有时间超前和时间延迟单元,如图 9.10 所示。

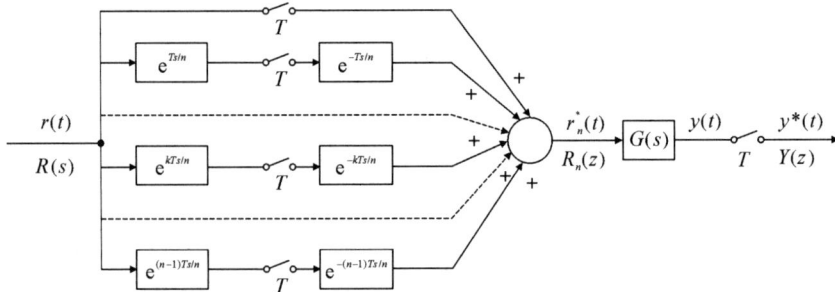

图 9.10 **快-慢多采样开环系统采样器分解法示意图**

图 9.10 中所示系统输入 / 输出关系在 z 域中写出为

$$Y(z) = \sum_{k=0}^{n-1} \mathscr{Z}\left[R(s)\mathrm{e}^{\frac{k}{n}Ts}\right]\mathscr{Z}\left[\mathrm{e}^{-\frac{k}{n}Ts}G(s)\right] \qquad (9.2.14)$$

式中,k/n 总小于 1,所以式中第一项根据 $\mathscr{Z}$ 变换定义写作

$$\mathscr{Z}\left[R(s)\mathrm{e}^{\frac{k}{n}Ts}\right] = \sum_{l=0}^{\infty} r\left[\left(l+\frac{k}{n}\right)T\right]z^{-l} \qquad (9.2.15)$$

而式中第二项根据 $\mathscr{Z}$ 变换定义可写作

$$\mathscr{Z}\left[G(s)\mathrm{e}^{-\frac{k}{n}Ts}\right] = \sum_{l=0}^{\infty} g\left[\left(l-\frac{k}{n}\right)T\right]z^{-l} \qquad (9.2.16)$$

显然,它们分别表示 $R(s)$ 的超前广义 $\mathscr{Z}$ 变换和 $G(s)$ 的延迟广义 $\mathscr{Z}$ 变换。所以,采用采样器分解法进行环节等效变换时要进行广义 $\mathscr{Z}$ 变换的计算,这种变换方法与频率采样信号分解法相比要复杂一些,因此,我们不提倡用这种方法来进行环节的等效变换。

9.2.2　系统的等效变换

系统的等效变换需要解决两个问题:① 在不同采样频率信号联接或综合时,在低(慢)采样频率信号中引入数字保持器,然后再进行高频采样,以使同一采样频率的信号相互连接或综合;反之,从高频采样到低频采样信号变换则无需数字保持器,只需将高频信号再进行低频采样即可。② 延伸补助环节,构成整个系统的辅助通道。

1. 数字保持器的等效变换

数字保持器应位于低频采样到高频采样信号采样开关之间。如图 9.11 所示。其实质是将低频信号先变成连续信号,然后再进行高频采样。

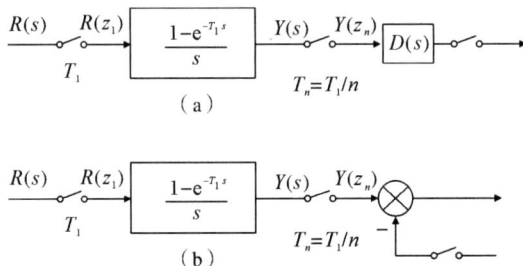

图 9.11 **不同采样频率信号的连接与综合**

由 $Y(z_n) = G(z_n)R(z_1)$ 得

$$Y(z_n) = \mathscr{Z}_n\left[\frac{1-\mathrm{e}^{-T_1 s}}{s}\right]R(z_1) = \frac{1-z_1^{-1}}{1-z_n^{-1}}R(z_1) = \frac{1-z_n^{-n}}{1-z_n^{-1}}R(z_1) =$$
$$(1 + z_n^{-1} + z_n^{-2} + \cdots z_n^{-(n-1)})R(z_1) \tag{9.2.17}$$

若 $n = 2, Y(z_2) = (1 + z_2^{-1})R(z_1)$。

若 $n = 4, Y(z_4) = (1 + z_4^{-1} + z_4^{-2} + z_4^{-3})R(z_1)$。

【例 9.3】　设 $n = 2, R(s) = \dfrac{1}{s^2}$，求数字保持器的输入 / 输出。

解　$R(z_1) = \dfrac{T_1 z_1^{-1}}{(1 - z_1^{-1})^2} = \dfrac{T_1 z_2^{-2}}{(1 - z_2^{-2})^2}$

$$Y(z_2) = (1 + z_2^{-1})R(z_1) = (1 + z_2^{-1})\frac{T_1 z_2^{-2}}{(1 - z_2^{-2})^2} = \frac{T_1 z_2^{-2}}{(1 + z_2^{-1})(1 - z_2^{-1})^2} =$$
$$T_1 z_2^{-2} + T_1 z_2^{-3} + 2T_1 z_2^{-4} + 2T_1 z_2^{-5} + 3T_1 z_2^{-6} + \cdots$$

数字保持器输入 / 输出波形，如图 9.12 所示。

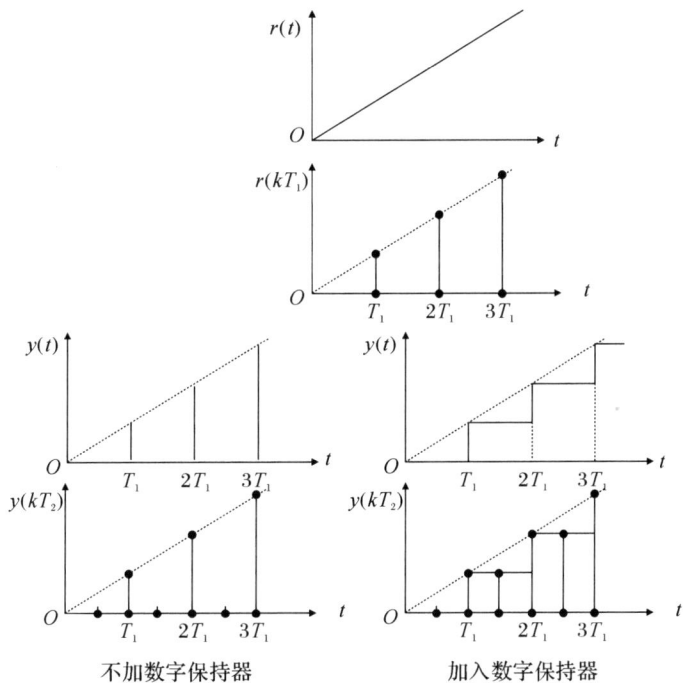

不加数字保持器　　　　加入数字保持器

图 9.12　数字保持器输入 / 输出波形

由图 9.12 可知，不同采样频率信号综合时，如果不用数字保持器过渡，则 $y(kT_2)$ 信号在 $k = 1, 3, 5, \cdots$ 时均为零，信号会产生大幅度跳动。引入数字保持器可使信号平滑。数字保持器是以低速率进行保持，实现中，只需将低速率信号存于内存中，并保持一个低速率周期，高速率采样只是按高速率周期从内存中多次取数。当然，数字保持器的引入同样也会引入附加相移。

【例 9.4】　当 $n = 2$ 时，试求数字保持器 $G_H(z_2) = \dfrac{1 - z_2^{-2}}{1 - z_2^{-1}}$ 的频率特性。

解 数字保持器的频率特性：

$$G_H(e^{j\omega T_2}) = \frac{1 - e^{j2\omega T_2}}{1 - e^{j\omega T_2}} = \frac{e^{-j\omega T_2}(e^{j\omega T_2} - e^{-j\omega T_2})}{e^{-j\frac{\omega}{2}T_2}(e^{j\frac{\omega}{2}T_2} - e^{-j\frac{\omega}{2}T_2})} =$$

$$\frac{\sin(\omega T_2)}{\sin(\omega T_2/2)} e^{-j\frac{\omega T_2}{2}} = 2\cos(\omega T_2/2) e^{-j\frac{\omega T_2}{2}} \tag{9.2.18}$$

引入的附加相移 $\Phi = -\dfrac{\omega T_2}{2}$，相当于引入附加时延 $\tau = \dfrac{T_2}{2}$ 或 $\dfrac{T_1}{4}$。

其频率特性如图 9.13 所示。

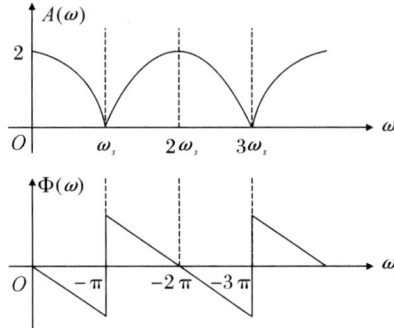

图 9.13 数字保持器的频率特性

数字保持器的频率特性与 D/A 中的零阶保持器不同,数字保持器的输出仍为离散输出,因而,数字保持器的传递函数为脉冲传递函数,其频率特性具有周期重复性质,并且在系统中引入相位滞后。

2. 系统辅助通道的构成

在系统等效变换时,辅助通道是高采样频率输入到低采样频率输出分解所要求的,在形成闭环系统时,必须将其向外延伸到低采样频率信号点。由于低采样频率信号 $E(z_1) = E(z_2^2) = E[(-z_2)^2]$,因而辅助通道从低采样频率信号点开始。

系统回路的复杂程度取决于 n 的大小,当 $n = 2$ 时有两个并联通道,$n = 4$ 时则有四个并联通道。

【例 9.5】 设导弹纵向通道自动驾驶仪结构如图 9.14 所示,试进行等效变换。

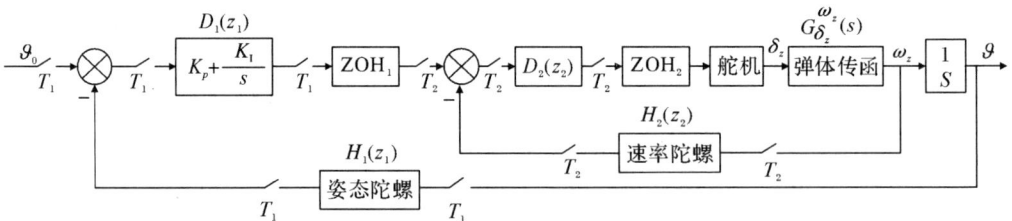

图 9.14 导弹纵向通道自动驾驶仪结构图

其中 $ZOH_1 = \dfrac{1 - e^{-T_1 s}}{s}$ 为数字保持器,$ZOH_2 = \dfrac{1 - e^{-T_2 s}}{s}$ 为 D/A 中的零阶保持器,$G_{T_a}(s)$ 为舵机的传递函数;$G_{\delta_z}^{\omega_z}(s)$ 为舵回路输入到俯仰角速率输出之间的弹体传递函数;$G_{\delta_z}^{\vartheta}(s)$ 为舵回路输入到俯仰角输出之间的弹体传递函数。$G_{\delta_z}^{\omega_z}(z_2) = Z_2[(ZOH_2) \cdot G_{T_a}(s) \cdot$

$$G_{\delta_z}^{\omega_z}(s)], G_{\delta_z}^{\vartheta}(z_2) = Z_2 \left[(\text{ZOH}_2) \cdot G_{T_a}(s) \cdot G_{\delta_z}^{\vartheta}(s)\right]$$

等效变换后结构图如图 9.15 所示。

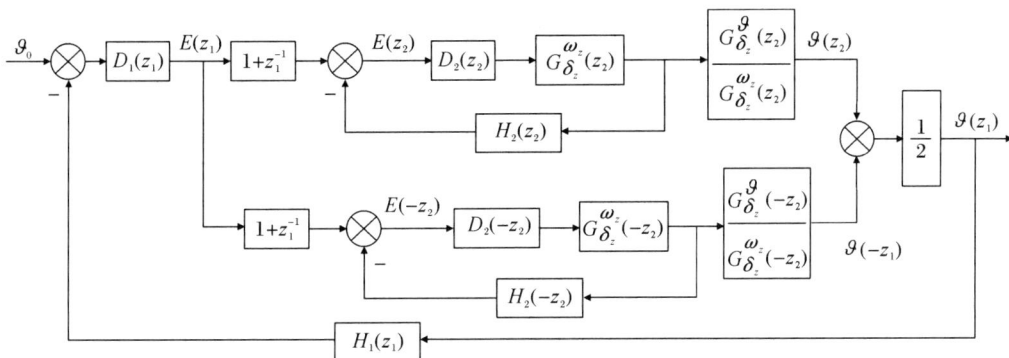

图 9.15　导弹纵向通道自动驾驶仪的等效变换结构图

3.等效变换的状态空间描述

多采样频率系统应用频域采样信号分解法可以等效变换为单采样频率系统,对于这种变换方法也可推广到状态空间描述。

对于低(慢)采样频率输入,高采样频率输出环节,其等效变换式为

$$Y(z_n) = G(z_n)U(z_1) \quad (\text{传递函数阵描述}) \tag{9.2.19}$$

$$Y(z_n) = \left[C(z_n I - F)^{-1}G + D\right]U(z_1) \quad (\text{状态空间描述}) \tag{9.2.20}$$

对于高采样频率输入,低采样频率输出环节,其等效变换式为:

$$Y(z_1) = \frac{1}{n}\sum_{k=0}^{n-1}G(a_k z_n)U(a_k z_n) \quad (\text{传递函数阵描述}) \tag{9.2.21}$$

$$Y(z_1) = \frac{1}{n}\sum_{k=0}^{n-1}\left[C(a_k z_n I - F)^{-1}G + D\right]U(a_k z_n) =$$

$$\frac{1}{n}\sum_{k=0}^{n-1}\left[C(z_n I - a_k^{-1}F)(a_k^{-1}G) + D\right]U(a_k z_n) \quad (\text{状态空间描述}) \tag{9.2.22}$$

对于系统等效变换,仍以例 9.5 为例,其传递函数描述的结构图如图 9.14 所示,该结构图可方便地转换成状态空间表达形式,如图 9.16 所示。

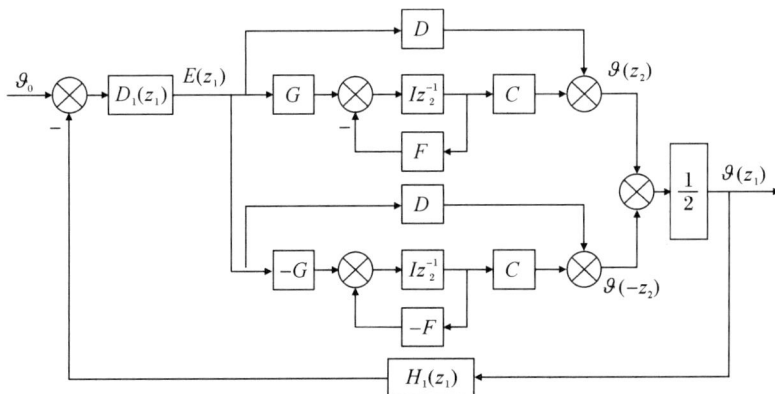

图 9.16　导弹纵向通道自动驾驶仪状态空间表达式的等效变换结构图

可见,对于 $n=2$ 的情况,基本通道若用 $[G, F, C, D]$ 表达,则补助通道即可用 $[-G, -F, -C, -D]$ 表达。补助通道与基本通道的差别只体现在 G 阵和 F 阵多增加一个负号,C 和 D 阵完全相同。

9.3 多采样频率系统的性能分析

对于多速率采样系统,当采用频域信号分解法将其等效变换为单速率系统后,我们就可以按前几章所讨论的方法,对该系统进行性能分析了。现通过对一简单系统的分析,来说明这个问题。

图 9.17(a) 给出了一个简单多速率系统。

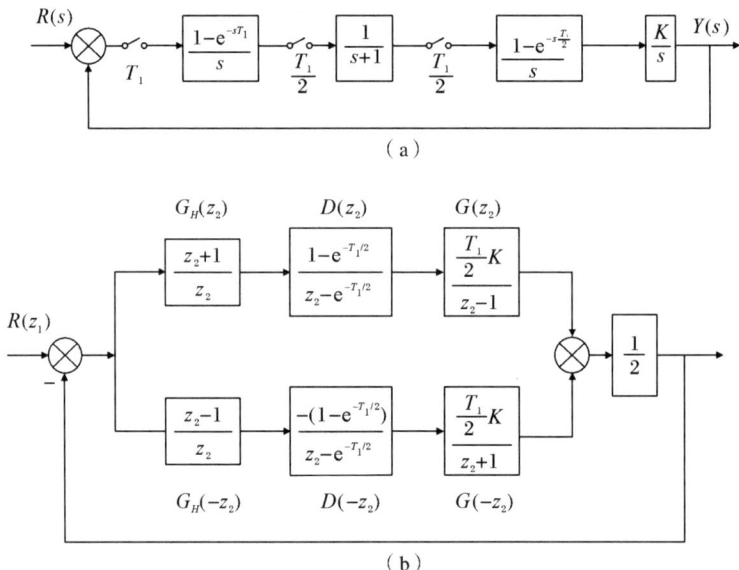

（a）

（b）

图 9.17　简单系统及其等效变换结构图

其中,$\dfrac{1-\mathrm{e}^{-sT_1}}{s}$ 是连接不同采样开关的数字保持器,$\dfrac{K}{s}$ 是该系统的被控对象,$\dfrac{1}{s+1}$ 是系统的控制器,$\dfrac{1-\mathrm{e}^{-s\frac{T_1}{2}}}{s}$ 是 D/A 中的零阶保持器。我们首先将原系统离散化为一数字系统。$D(z_2)$ 采用阶跃响应不变法进行离散化。

$$G(z_2) = \mathscr{Z}_2\left(\frac{1-\mathrm{e}^{-s\frac{T_1}{2}}}{s}\frac{K}{s}\right) = (1-z_2^{-1})\mathscr{Z}_2\left(\frac{K}{s^2}\right) = \left(\frac{z_2-1}{z_2}\right)\frac{\frac{T_1}{2}Kz_2}{(z_2-1)^2} = \frac{\frac{T_1}{2}K}{z_2-1} \quad (9.3.1)$$

$$G_H(z_2) = \mathscr{Z}_2\left(\frac{1-\mathrm{e}^{-s\frac{T_1}{2}}}{s}\right) = (1-z_2^{-2})\frac{1}{1-z_2^{-1}} = 1+z_2^{-1} = \frac{1+z_2}{z_2} \quad (9.3.2)$$

$$D(z_2) = \mathscr{Z}_2\left(\frac{1-\mathrm{e}^{-s\frac{T_1}{2}}}{s} \cdot \frac{1}{s+1}\right) = (1-z_2^{-1})\mathscr{Z}_2\left[\frac{1}{s(s+1)}\right] = \frac{1-\mathrm{e}^{-\frac{T_1}{2}}}{z_2-\mathrm{e}^{-\frac{T_1}{2}}} \quad (9.3.3)$$

然后,按系统等效变换法,构造辅助通道,得到图 9.17(b) 原系统的等效变换后的系统。

由图 9.17(b) 可得该系统的开环传递函数：

$$\Phi_0(z_1)\big|_{n=2} = \frac{1}{2}\left[\frac{\dfrac{T_1}{2}K(z_2+1)(1-e^{-\frac{T_1}{2}})}{z_2(z_2-e^{-\frac{T_1}{2}})(z_2-1)} + \frac{(z_2-1)(1-e^{-\frac{T_1}{2}})(\dfrac{T_1}{2}K)}{z_2(z_2+e^{-\frac{T_1}{2}})(z_2+1)}\right] =$$

$$\frac{\dfrac{KT_1}{2}(1-e^{-\frac{T_1}{2}})(z_2^2+1+2e^{-\frac{T_1}{2}})}{(z_2^2-1)(z_2^2-e^{-T_1})} =$$

$$\frac{\dfrac{KT_1}{2}(1-e^{-\frac{T_1}{2}})(z_1+1+2e^{-\frac{T_1}{2}})}{(z_1-1)(z_1-e^{-T_1})} \tag{9.3.4}$$

假若整个系统是单速率系统，即 $n=1$ 时，则系统的开环传递函数为

$$\Phi_0(z_1)\big|_{n=1} = \frac{KT_1(1-e^{-T_1})}{(z_1-1)(z_1-e^{-T_1})} \tag{9.3.5}$$

对比式(9.3.4) 与式(9.3.5) 可见：

(1) 两个开环传递函数的分母相同，说明选用多速率后，系统极点不变。

(2) 去除积分因子后的稳态增益不变。这是由于采用阶跃响应不变法离散化其稳态增益不变。

(3) 零点发生变化。多采样频率系统在 z_1 平面增加了一个零点，相当于引进了超前补偿。

当 $D(z_2)$ 由 Tustin 变换数字化而得时，以上三点结论仍存在(近似)。

其根轨迹如图 9.18 所示。

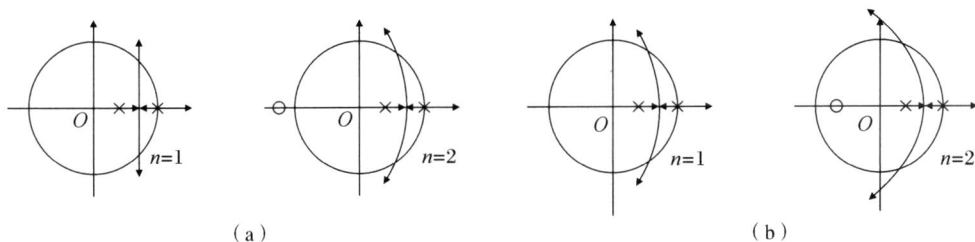

图 9.18　简单系统根轨迹图

(a)$D(z_2)$ 由阶跃响应不变法获得；(b) 由 Tustin 变换获得

若 $K=5$, $T_1=0.1$ s，对图 9.18(a) 的情况，输入为单位阶跃，则输出过程如图 9.19 所示。

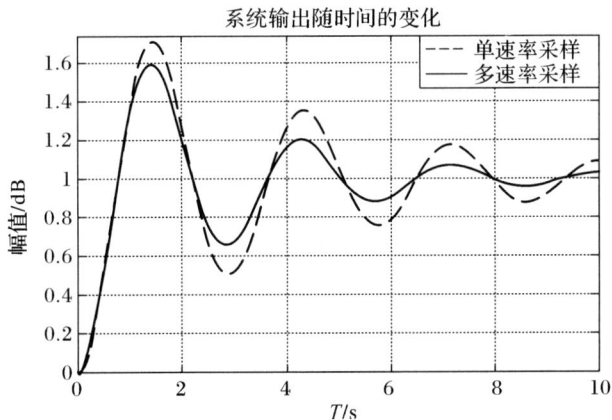

图 9.19　系统的单位阶跃响应

由此可见,采用多速率采样频率,即在系统某一局部网络采用高采样频率后,系统稳定储备增加,超调减小,上升时间加快,因而动态品质得到改善。这种结果与在单速率系统中减小采样周期 T 的效果是一致的。另外,D/A 输出波纹也可相应减小。

对于两个以上并行通道,以及回路传递函数除实极点外还包含有复极点情况,只是计算复杂,上述三条结论仍然存在,说明上述简单例子有一定的普遍性。

应该指出,在构造多速率系统结构时,应避免发生貌似多速率系统,实质为单速率系统的现象。在图 9.17(a) 中,如果将高采样速率的开关设置在补偿器之后,如图 9.20 所示,则该系统实质不是双速率系统,而是单速率系统,即伪双速率系统。从结构图中即可以看出,在低速率的数字保持器之后,加上双速率开关及高速率的物理保持器并不影响低速率保持器的输出。

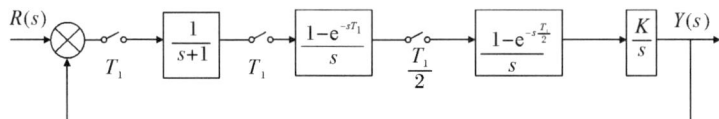

图 9.20 伪双速率系统结构图

对于多采样频率系统的性能分析,除了用上面介绍的频域信号分解法对系统进行等效变换,借助构造辅助通道将多采样频率系统化为单采样频率系统进行分析而外,我们还可以直接用描述系统的状态方程,通过系数矩阵的所有特征值的模小于 1 来判别系统的稳定性,通过求解状态方程得到系统的输出相应来分析系统的动态过程。

对于单变量多速率多回路系统,一般在单独分析内回路时,由于内回路通常只有一个采样周期,可按离散系统的一般方法处理。而在分析外回路时,则可将内回路作为一个环节来考虑。

对于多变量多速率多回路系统,则运用状态空间分析法,分别写出连续部分的离散化方程、比较环节的表达式、数字控制器方程及数字保持器方程等,并考虑各采样频率的关系,建立归一化的系统状态空间表达式,然后就可进行状态分析了。

9.4 多采样频率系统的设计方法

多采样频率系统的分析要比单采样频率系统复杂得多。系统的等效变换为系统的分析与设计提供了方法。原则上,前几章讲述的连续域-离散化设计法和离散域直接设计法均可以推广到多采样频率系统的设计中来,只是计算上要复杂得多。

9.4.1 连续域-离散化设计

用连续域－离散化方法进行设计时,首先还是根据对系统的性能要求,设计控制器 $D(s)$,然后,将 $D(s)$ 用 Tustin 或预修正 Tustin 变换进行离散化,以获得 $D(z_2)$。如果在设计 $D(s)$ 时忽略了数字保持器,D/A 保持器中的零阶保持器的时延,则会使采样系统其相位稳定储备比连续系统的下降,而超调量增大,致使采样系统的动态性能低于所设计的连续系统的动态性能。为了解决这个问题,我们可以在连续域对 $D(s)$ 进行设计时,就考虑两个保持器(数字保持器和 D/A 保持器中的零阶保持器)和前置滤波器的相位滞后,然后再对 $D(s)$ 进行离散化。如图 9.21 所示。

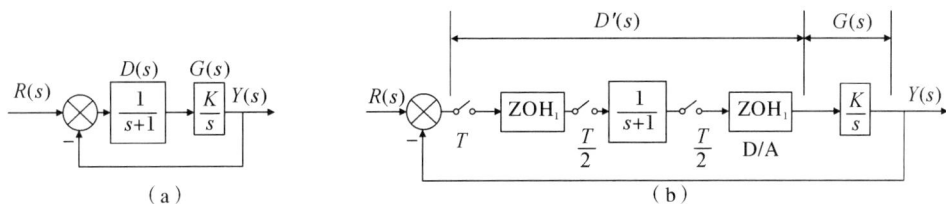

图 9.21　连续系统及其对应的多速率采样系统

由图 9.21(b)，离散化后等效的控制器传递函数 $D_c(s)$，当采样频率较高，在只考虑基频分量时，则可表示为

$$D_c(s) = D_{T/2}^*(s) \mathrm{e}^{-\frac{T}{2}s} \tag{9.4.1}$$

式中：$\dfrac{1}{T}$ 为采样开关；$2\mathrm{e}^{-\frac{T}{4}s}D_{T/2}^*(s)$ 为数字保持器；$\dfrac{T}{2}\mathrm{e}^{-\frac{T}{4}s}$ 为 D/A 保持器。

式(9.4.1)表明，$D(s)$ 等效为 $D_c(s)$ 后，$D_{T/2}^*(s)$ 以较高的频率离散化，精度较高，滞后减少，性能改善。$\mathrm{e}^{-\frac{T}{2}s}$ 是数字保持器与零阶保持器组合引起的时延，相当于系统以 T 为采样周期的单速率系统零阶保持器的时延，故系统的时延没有得到改善。这说明采用这种多速率方法设计时，仅仅将 $D(s)$ 用高速率采样离散，没有考虑两个保持器相位滞后的影响，会降低采样系统的稳定裕量，超调量增大。为此，连续域设计时就应考虑上述时延的影响，对 $D(s)$ 进行修正。就是在 $D(s)$ 设计时，将数字保持器和 D/A 保持器的时延 $\mathrm{e}^{-\frac{T}{2}s}$ 用 $\dfrac{1}{\dfrac{T}{2}s+1}$ 近似，加入被控对象 $G(s)$ 中。在连续域进行设计，求得 $D'(s)$，再将其离散化。

控制器离散化后，由于设计方法的近似性，还需要对整个系统进行数字仿真，以验证其动态性能。仿真时，控制器要用多采样频率进行仿真。

9.4.2　离散域直接设计

多采样频率系统的离散域直接设计其总的步骤与单速率系统的离散域直接设计方法相同，即首先确定采样周期，连续对象的离散化，然后进行离散域设计，及系统的动态仿真与性能验证。所不同的有两点：其一是采样周期的选择及内外回路采样频率的配置；其二是离散域的设计。我们以图 9.14 所示系统为例，说明其离散域设计过程。

对图 9.14 所示的系统，我们先建立它的等效变换结构图如图 9.15 所示。然后，根据该等效变换结构图先设计内回路补偿器 $D_2(z_2)$，求内回路闭环传递函数，接着求取两个并联通道的组合传递函数，最后设计外回路的补偿器 $D_1(z_1)$。

当内外回路采样频率比 $n = 4$ 时，在进行系统等效变换时，由于有四个并联通道，因此设计计算将比较复杂。但当 $n = 8$ 时，或更高时，设计反而可以简化。这是由于采样频率之比较大，回路之间可以采用近似方法处理。可以单独设计高采样频率内回路的补偿器 $D(z_8)$，如图 9.22(a) 所示。然后在设计低采样频率外回路补偿器 $D_1(z_1)$ 时，可将离散内回路用连续传递函数近似，而在 $D_1(z_1)$ 与内回路之间保留一个零阶保持器，如图 9.22(b) 所示。

（a）

（b）

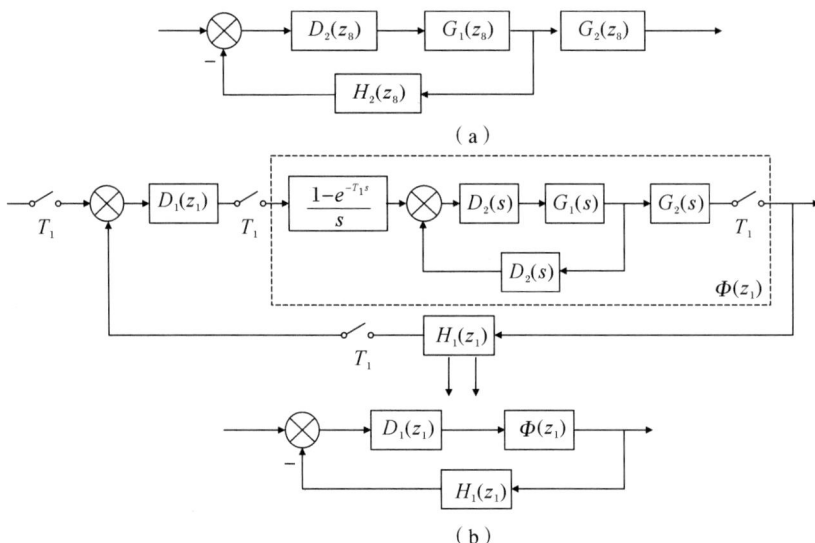

图 9.22　多采样频率系统的近似设计

以上就是多采样频率系统的近似设计法。

本 章 要 点

1.多采样频率的配置；

2.多采样频率系统的等效变换；

3.多采样频率系统的性能分析；

4.多采样频率系统的设计方法。

习　　题

1.多采样频率的配置原则是什么？

2.某慢-快多速率系统,如图 9.2(a) 所示,其中 $G(s)=\dfrac{1-\mathrm{e}^{-T_1 s}}{s}\dfrac{1}{s+2}$, $R(s)=\dfrac{1}{s}$, $T_2=\dfrac{T_1}{2}=0.5$,求系统的输出 $Y(z_2)$。

3.某快-慢多速率采样系统,如图 9.2(b) 所示,其中 $G(s)=\dfrac{1-\mathrm{e}^{-T_2 s}}{s}\dfrac{1}{s+2}$,输入信号 $R(s)=\dfrac{1}{s}$, $T_2=\dfrac{T_1}{n}=0.5$, $n=2$,求系统的输出 $Y(z_1)$。

4.伪双速率系统和单速率系统的区别和联系是什么？

附　　录

常见系统的 $\mathcal{Z}$ 变换和广义 $\mathcal{Z}$ 变换

$F(s)$	$f(t)$	$F(z)$	$F(z,m)$
e^{-kTs}	$\delta(t-kT)$	z^{-k}	z^{m-1-k}
1	$\delta(t)$	1	0
$\dfrac{1}{s}$	$1(t)$	$\dfrac{z}{z-1}$	$\dfrac{1}{z-1}$
$\dfrac{1}{s^2}$	t	$\dfrac{Tz}{(z-1)^2}$	$\dfrac{mT}{z-1}-\dfrac{T}{(z-1)^2}$
$\dfrac{1}{s^3}$	$\dfrac{1}{2}t^2$	$\dfrac{T^2z(z+1)}{2(z-1)^3}$	$\dfrac{T^2}{2}\left[\dfrac{m^2}{z-1}-\dfrac{2m+1}{(z-1)^2}+\dfrac{2}{(z-1)^3}\right]$
$\dfrac{1}{s-(1/T)\ln a}$	$e^{t/T}$	$\dfrac{z}{z-a}$	$\dfrac{a^m}{z-a}$
$\dfrac{1}{s+a}$	e^{-at}	$\dfrac{z}{z-e^{-aT}}$	$\dfrac{e^{-amT}}{z-e^{-aT}}$
$\dfrac{1}{(s+a)^2}$	te^{-at}	$\dfrac{Tze^{-aT}}{(z-e^{-aT})^2}$	$\dfrac{Te^{-amT}\left[e^{-aT}+m(z-e^{-aT})\right]}{(z-e^{-aT})^2}$
$\dfrac{a}{s(s+a)}$	$1-e^{-at}$	$\dfrac{z(1-e^{-aT})}{(z-1)(z-e^{-aT})}$	$\dfrac{1}{z-1}-\dfrac{e^{-amT}}{z-e^{-aT}}$
$\dfrac{a}{s^2(s+a)}$	$t-\dfrac{1-e^{-at}}{a}$	$\dfrac{Tz}{(z-1)^2}-\dfrac{z(1-e^{-aT})}{a(z-1)(z-e^{-aT})}$	$\dfrac{T}{(z-1)^2}+\dfrac{mT-\dfrac{1}{a}}{z-1}+\dfrac{e^{-amT}}{a(z-e^{-aT})}$
$\dfrac{\omega_0}{s^2+\omega_0^2}$	$\sin(\omega_0 t)$	$\dfrac{z\sin(\omega_0 T)}{z^2-2z\cos(\omega_0 T)+1}$	$\dfrac{z\sin(m\omega_0 T)+\sin\left[(1-m)\omega_0 T\right]}{z^2-2z\cos(\omega_0 T)+1}$
$\dfrac{s}{s^2+\omega_0^2}$	$\cos(\omega_0 t)$	$\dfrac{z\left[z-\cos(\omega_0 T)\right]}{z^2-2z\cos(\omega_0 T)+1}$	$\dfrac{z\cos(m\omega_0 T)+\cos\left[(1-m)\omega_0 T\right]}{z^2-2z\cos(\omega_0 T)+1}$
$\dfrac{\omega_0}{(s+a)^2+\omega_0^2}$	$e^{-at}\sin(\omega_0 t)$	$\dfrac{ze^{-aT}\sin(\omega_0 T)}{z^2-2ze^{-aT}\cos(\omega_0 T)+e^{-2aT}}$	$\dfrac{\left\{z\sin(m\omega_0 T)+e^{-aT}\sin\left[(1-m)\omega_0 T\right]\right\}e^{-amT}}{z^2-2ze^{-aT}\cos(\omega_0 T)+e^{-2aT}}$
$\dfrac{s+a}{(s+a)^2+\omega_0^2}$	$e^{-at}\cos(\omega_0 t)$	$\dfrac{z^2-ze^{-aT}\cos(\omega_0 T)}{z^2-2ze^{-aT}\cos(\omega_0 T)+e^{-2aT}}$	$\dfrac{\left\{z\cos(m\omega_0 T)-e^{-aT}\cos\left[(1-m)\omega_0 T\right]\right\}e^{-amT}}{z^2-2ze^{-aT}\cos(\omega_0 T)+e^{-2aT}}$
$\dfrac{a^2}{s(s+a)^2}$	$1-(1+at)e^{-at}$	$\dfrac{z}{z-1}-\dfrac{z}{z-e^{-aT}}-\dfrac{aTe^{-aT}z}{(z-e^{-aT})^2}$	$\dfrac{1}{z-1}-\left[\dfrac{amT(a-b)-b}{z-e^{-aT}}+\dfrac{aT(a-b)e^{-aT}}{(z-e^{-aT})^2}\right]e^{-amT}$

参 考 文 献

[1] 朱苏朋,符文星,杨军.计算机控制及仿真[M].北京:国防工业出版社,2009.

[2] 胡寿松.自动控制原理[M].北京:国防工业出版社,2016.

[3] 杨军,袁博,朱苏朋,等.现代导弹制导控制[M].西安:西北工业大学出版社,2015.

[4] 李东升,朱文兴,高瑞,等.计算机控制系统:分析、设计与实现技术[M].北京:科学出版社,2017.

[5] 刘金琨.先进 PID 控制 MATLAB 仿真[M].4 版.北京:电子工业出版社,2016.

[6] 薛定宇.控制系统计算机辅助设计:MATLAB 语言与应用[M].3 版.北京:清华大学出版社,2012.

[7] 赵守香.计算机应用基础[M].北京:机械工业出版社,2015.

[8] 于海生,等.微型计算机控制技术[M].3 版.北京:清华大学出版社,2015.

[9] 刘建昌,关守平,周玮,等.计算机控制系统[M].2 版.北京:科学出版社,2016.

[10] 王锦标.计算机控制系统[M].3 版.北京:清华大学出版社,2018.

[11] 符文星,朱苏朋.导弹计算机智能控制系统[M].北京:科学出版社,2018.

[12] OGATA K.现代控制工程:第 5 版[M].卢伯英,佟明安,译.北京:电子工业出版社,2018.

[13] 康波,李云霞.计算机控制系统[M].2 版.北京:电子工业出版社,2015.

[14] 李华,侯涛.计算机控制系统[M].北京:机械工业出版社,2016.

[15] 徐国保,张冰,石丽梅,等.MATLAB/Simulink 权威指南:开发环境、程序设计、系统仿真与案例实战.北京:清华大学出版社,2019.

[16] OGATA K.控制理论 MATLAB 教程[M].北京:电子工业出版社,2019.

[17] 李晓东.MATLAB R2016a 控制系统设计与仿真 35 个案例分析[M].北京:清华大学出版社,2018.

[18] 王正林,王胜开,陈国顺,等.MATLAB/Simulink 与控制系统仿真[M].4 版.北京:电子工业出版社,2017.

[19] 邓奋发.MATLAB R2016a 控制系统设计与仿真[M].北京:电子工业出版社,2018.

[20] 张德丰.MATLAB/Simulink 电子信息工程建模与仿真[M].北京:电子工业出版社,2017.

[21] MICHAEL A J，MOHAMMAD H M. PID control new identification and design methods[M]. Zurich：Trans Tech Pubilcations，Ltd，2005.

[22] SIVA G J，ANIRUDDHA D，BHATRACHAYYA S P. PID controllers for time-delay systems[M]. Boston：Birkhäuser，2005.

[23] 谢剑英，贾青. 微型计算机控制技术[M]. 北京：国防工业出版社，2001.

[24] 江秀汉，周建辉，汤楠. 计算机控制原理及其应用[M]. 西安：西安电子科技大学出版社，2000.

[25] 周雪琴. 计算机控制系统[M]. 西安：西北工业大学出版社，1998.

[26] 盛珣华，李润梅. 计算机控制系统[M]. 北京：北京交通大学出版社，2007.

[27] 何克忠，李伟. 计算机控制系统[M]. 北京：清华大学出版社，2007.

[28] 肖诗松，刘明，刘明进，等. 计算机控制系统：基于 MATLAB 实现[M]. 北京：清华大学出版社，2006.

[29] 高金源，夏洁，张平，等. 计算机控制系统：理论、设计与实现[M]. 北京：北京航空航天大学出版社，2001.

[30] ASIROM K J，WIITENMARK B. 计算机控制系统：原理与设计[M]. 周兆英，刘中仁，林喜荣，译. 北京：电子工业出版社，2001.

[31] 陈炳和. 计算机控制系统基础[M]. 北京：北京航空航天大学出版社，2001.

[32] 理查德 C 多尔夫，罗伯特 H 毕晓普，等. 现代控制系统[M]. 北京：电子工业出版社，2018.

[33] 陶永华，尹怡欣，葛芦生. 新型 PID 控制及其应用[M]. 北京：机械工业出版社，2005.

[34] 瞿亮. 基于 MATLAB 的控制系统计算机仿真[M]. 北京：清华大学出版社，2006.

[35] 薛定宇，陈阳泉. 基于 MATLAB/Simulink 系统仿真技术与应用[M]. 北京：清华大学出版社，2002.

[36] 孙亮. MATLAB 语言与控制系统仿真[M]. 修订版. 北京：北京工业大学出版社，2006.

[37] 王正林，郭阳宽. 过程控制与 Simulink 应用[M]. 北京：电子工业出版社，2006.

[38] 张志涌，等. 精通 MATLAB 5.3 版[M]. 北京：北京航空航天大学出版社，2000.

[39] 苏金明，阮沈勇. MATLAB 6.1 实用指南[M]. 北京：电子工业出版社，2002.

[40] 徐昕，程卫国，冯峰，等. MATLAB 5.3 应用指南[M]. 北京：人民邮电出版社，2000.

[41] 徐昕，李涛，伯晓晨. MATLAB 工具箱应用指南：控制工程篇[M]. 北京：电子工业出版社，2000.

[42] 陈桂明，张明照，戚红雨，等. 应用 MATLAB 建模与仿真[M]. 北京：科学出版社，2001.

[43] 黄忠霖，黄京. 控制系统 MATLAB 计算及仿真[M]. 北京：国防工业出版社，2001.

[44] 薛定宇. 控制系统计算机辅助设计：MATLAB 语言与应用[M]. 北京：清华大学出版社，2006.

[45] 薛定宇,陈阳泉.控制数学问题的 MATLAB 求解[M].北京:清华大学出版社,2007.

[46] 舒怀林.PID 神经元网络及其控制系统[M].北京:国防工业出版社,2006.

[47] 程鹏.自动控制原理[M].北京:高等教育出版社,2006.

[48] 王万良.自动控制原理[M].北京:科学出版社,2001.

[49] 薛定宇,任兴权.线性连续系统的仿真与解析算法[J].自动化学报,1992,19(6):694 - 702.

[50] 席育棕.基于遗传算法的 PID 参数整定与优化[J].工程建设与设计,2005,1(8):91 - 92.

[51] DE ARRUDA,G H M,BARROS P R. Relay based gain and phase margins PI controller design[C]. Instrumentation and Measurement Technology Conference, Proceedings of the 18th IEEE,2001(2):1189 - 1194.

[52] CS BANYASZ,KEVICZKY. An adaptive and iterative seheme for PID autotuning based on design formulae[C]. Proceedings of the Amerian Control Conference,San Diego, California, 1999,4358 - 4362.

[53] ARATANI T. PID control system fed back along with squares of control error and its derivative-optimum design of nonlinear PID controller[J]. Proceedings of the 41st SICE Annual Conference, 2002,4(s):2628 - 2631.

[54] BENASKEUR A R,DESBIENS A. Backstepping-based adaptive PID control [J]. Control Theory and Applications, IEE Proceedings,2002,149(s):54 - 59.

[55] CHEN J Y. An integration design approach in PID controller [J]. Proceedings of the Second International Conference,1999,2(s):901 - 907.

[56] VISIOLI A. Practical PID Control [J]. Automatic Control, IEEE Transactions, 2008,53(s):2217 - 2218.

[57] KAYA I,TAN N,ATHERTON D P. A simple procedure for improving performance of PID controllers [J]. Proceedings of 2003 IEEE Conference,2003,2(s):882 - 885.

[58] TONG J L,BOBIS J P. A model for designing digital PID controllers [J]. Power Electronics and Motion Control, Proceedings of the 1992 International Conference, 1992,3(s):1157 - 1162.

[59] 李新国,方群.有翼导弹飞行动力学[M].西安:西北工业大学出版社,2005.

[60] 袁子怀,钱杏芳.有控飞行力学与计算机仿真[M].北京:国防工业出版社,2001.

[61] 张有济.战术导弹飞行力学设计[M].北京:宇航出版社,1996.

[62] 吕学富.飞行器飞行力学[M].西安:西北工业大学出版社,1995.

[63] 杨军,杨晨,段朝阳.现代导弹制导控制系统设计[M].北京:航空工业出版社,2005.

[64] MORADI M H. New techniques for PID controller design[J]. Proceedings of 2003 IEEE Conference,2003,2(23/24/25):903 - 908.

[65] GAWTHROP P J. Self-tuning PID control structures,Getting the Best Our of PID in Machine Control[J]. IEE Colloquium,1996[suppl]:1 - 4.

［66］ KIAM H A，YUN LI. PID control system analysis，design，and technology［J］. Control Systems Technology，IEEE Transactions，2005，13［suppl］:559 - 576.

［67］ YUKITOMO M，SHIGEMASA T，BABA Y，et al. A two degrees of freedom PID control system，its features and applications，Control Conference，2004［suppl］:456 - 459.

［68］ 王素青，姜维福. 基于 MATLAB/Simulink 的 PID 参数整定［J］. 自动化技术与应用，2009(3):24 - 25.

［69］ 朱苏朋，杨军. 两种位置反馈方法在垂直发射导弹程控段的应用［J］. 弹箭与制导学报，2005,3(1):97 - 99.

［70］ 王勃群，蔺小林，汪宁. 基于 Matlab 参数自整定 PID 控制器的设计与仿真［J］. 自动化技术与应用，2009,23(1):31 - 33.

［71］ 王君荣，陈名松. 数字 PID 控制算法的研究和仿真［J］. 大众科技，2008(4):27 - 28.

［72］ 吴春，庞洪. 一种 PID 参数调整方法研究［J］. 兵工自动化，2009(4):91 - 93.

［73］ 朱建公，张俊俊. 变参数 PID 控制器设计 ［J］. 西北大学学报，2003(4):397 - 400.

［74］ 杨智，朱海锋，黄以华. PID 控制器设计与参数整定方法综述 ［J］. 化工自动化及仪表，2005(5):1 - 7.

［75］ 张亚萌. 一种高效的 PID 参数优化方法 ［J］. 太原科技，2006(7):62 - 65.

［76］ 仇慎谦. PID 调节规律和过程控制［M］. 南京:江苏科技出版社,1987.